马植杰 著

三国史

山西出版传媒集团
山西人民出版社

图书在版编目（CIP）数据

三国史 / 马植杰著. — 太原：山西人民出版社，
2024.8（2024.12重印）
ISBN 978-7-203-13338-4

Ⅰ.①三… Ⅱ.①马… Ⅲ.①中国历史 — 三国时代
Ⅳ.①K236

中国国家版本馆CIP数据核字(2024)第069044号

三国史

著　　者：	马植杰
责任编辑：	崔人杰　张志杰
复　　审：	李　鑫
终　　审：	梁晋华
装帧设计：	陈　婷

出 版 者：山西出版传媒集团·山西人民出版社
地　　址：太原市建设南路21号
邮　　编：030012
发行营销：0351-4922220　4955996　4956039　4922127（传真）
天猫官网：https://sxrmcbs.tmall.com　电话：0351-4922159
E – mail：sxskcb@163.com　发行部
　　　　　sxskcb@126.com　总编室
网　　址：www.sxskcb.com

经 销 者：山西出版传媒集团·山西人民出版社
承 印 厂：山西出版传媒集团·山西人民印刷有限责任公司

开　　本：890mm×1240mm　1/32
印　　张：17.875
字　　数：415千字
版　　次：2024年8月　第1版
印　　次：2024年12月　第3次印刷
书　　号：ISBN 978-7-203-13338-4
定　　价：98.00元

如有印装质量问题请与本社联系调换

目 录

第一章　东汉王朝的衰落 …………………………001
　一、东汉后期宦官的擅权 …………………………001
　二、士人阶层的壮大及其与宦官的斗争 …………004
　三、黄巾大起义与东汉王朝的崩溃 ………………009

第二章　军阀混战局面的展开 ……………………013
　一、董卓专政及其暴行 …………………………013
　二、关东军阀起兵讨伐董卓 ……………………016
　三、李傕等之乱 …………………………………023
　四、袁绍的强盛 …………………………………030

第三章　官渡之战与曹操统一北方 ………………036
　一、曹操的兴起 …………………………………036
　二、官渡之战 ……………………………………051
　三、曹操统一北方 ………………………………059

第八章　孙权对吴国的统治 ⋯⋯⋯⋯⋯⋯⋯⋯164

一、孙权的用人 ⋯⋯⋯⋯⋯⋯⋯⋯164

二、张温、暨艳与吕壹事件 ⋯⋯⋯⋯⋯⋯174

三、皇位继承人问题与陆逊之死 ⋯⋯⋯⋯179

第九章　曹魏的政治与司马氏专政 ⋯⋯⋯⋯⋯183

一、曹丕、曹叡的统治 ⋯⋯⋯⋯⋯⋯⋯183

二、司马懿和曹爽两派的矛盾与曹爽被杀 ⋯⋯⋯196

三、司马懿和曹爽两派的优劣 ⋯⋯⋯⋯204

四、司马氏专政与消灭反抗势力 ⋯⋯⋯⋯209

第十章　蜀汉之亡和司马氏代魏成晋 ⋯⋯⋯⋯⋯215

一、蒋琬、费祎相继执政 ⋯⋯⋯⋯⋯215

二、姜维北伐与蜀汉的灭亡 ⋯⋯⋯⋯⋯219

三、司马氏代魏成晋 ⋯⋯⋯⋯⋯⋯⋯227

第十一章　吴国晚期的政治及其衰亡 ⋯⋯⋯⋯⋯229

一、诸葛恪辅政及孙峻、孙綝相继专权 ⋯⋯⋯229

二、孙皓的暴政 ⋯⋯⋯⋯⋯⋯⋯⋯233

三、陆抗镇守荆州 ⋯⋯⋯⋯⋯⋯⋯236

四、晋灭吴 ⋯⋯⋯⋯⋯⋯⋯⋯⋯240

第十二章　曹魏的屯田 ⋯⋯⋯⋯⋯⋯⋯⋯⋯245

一、募民屯田的举办 ⋯⋯⋯⋯⋯⋯⋯245

二、民屯的组织 …………………………………… 251

三、屯田民的赋役负担 …………………………… 258

四、军屯 …………………………………………… 263

五、屯田的作用及民屯的废止 …………………… 271

第十三章　士家制度 ……………………………… 280

一、士家制的建立 ………………………………… 280

二、士家的待遇和地位 …………………………… 283

三、士家屯田 ……………………………………… 293

第十四章　曹魏扶植自耕农政策与田租户调制 ……… 295

一、曹魏扶植自耕农和抑制豪强的措施 ………… 295

二、田租户调制 …………………………………… 305

第十五章　曹魏的农田水利与工商业 …………… 314

一、农田水利与漕运 ……………………………… 314

二、手工业和商业 ………………………………… 318

三、曹魏与倭人的和平友好往来 ………………… 325

第十六章　蜀汉的经济 …………………………… 329

一、军士屯田 ……………………………………… 329

二、自耕农和地主经济概况 ……………………… 333

三、水利和农业 …………………………………… 338

四、手工业与商业 ………………………………… 341

第十七章　孙吴的经济 …………………………346

　　一、屯田的兴办时间和地点…………………346

　　二、孙吴屯田的衰落………………………354

　　三、孙吴的自耕农经济和地主土地所有制的发展…359

　　四、孙吴的手工业和海外交往………………369

第十八章　三国时的匈奴和乌桓、鲜卑……………373

　　一、匈奴………………………………373

　　二、乌桓………………………………383

　　三、鲜卑………………………………389

第十九章　三国时的羌族和氐族……………………397

　　一、羌族………………………………397

　　二、氐族………………………………408

第二十章　蜀汉的少数民族…………………………415

　　一、叟族………………………………415

　　二、僰族………………………………419

　　三、濮族………………………………420

第二十一章　吴国的少数民族………………………423

　　一、山越………………………………423

　　二、武陵蛮……………………………427

　　三、南越………………………………428

第二十二章　中央官制 ·················431

一、曹操时期的司空、丞相掾属 ·················431

二、三公及诸卿 ·················439

三、尚书、侍中、中书等近官 ·················453

第二十三章　地方官制 ·················464

一、州官 ·················464

二、郡国官 ·················466

三、县官 ·················473

第二十四章　三国的经学和史学 ·················478

一、曹魏的经学 ·················478

二、蜀、吴的经学 ·················482

三、荀悦的《汉纪》 ·················484

四、鱼豢的《魏略》 ·················487

第二十五章　三国的哲学思想 ·················492

一、玄学的兴起 ·················492

二、何晏与王弼的玄学 ·················494

三、嵇康、阮籍的哲学思想 ·················504

第二十六章　三国的文学艺术 ·················522

一、三国的文学 ·················522

二、三国的书法与绘画 ·················539

第二十七章　三国的科学技术 …………………………545

　　一、马钧在机械学上的新成就 …………………………545

　　二、杰出的地图学家裴秀 …………………………546

　　三、刘徽在数学上的贡献 …………………………548

　　四、张仲景和他的《伤寒论》《金匮要略》…………………………553

　　五、著名外科医生华佗 …………………………555

后记 …………………………557

第一章　东汉王朝的衰落

一、东汉后期宦官的擅权

东汉的历史，从建武元年（25年）①刘秀称帝算起，到黄初元年（220年）曹丕代汉截止，总共196年。实际上，从汉灵帝中平六年（189年）董卓率军进入洛阳开始，东汉皇帝便陷于军阀的挟制之中，全国一统的局面也随着瓦解，所以我们说东汉王朝的寿命实际只有165年。

在封建时代，无论哪一个王朝，由于剥削阶级的贪婪性和腐朽性，统治集团内部总是矛盾百出，顾此失彼。秦统一中国以后，建立了专制主义的中央集权的封建王朝，废除封国制，建立郡县制。秦始皇认为这样就可以把皇位传至子孙万代。因之骄纵淫侈之心大炽，对人民的役使和榨取无所不用其极，诸如造宫室，修坟墓，求仙药，盛巡游，闹得民不聊生，海内愁怨。很快就招致了陈胜领导的农民大起义，秦王朝便短命夭折了。刘邦及其子孙吸取了秦速亡的教训，在地方上不断分封同姓王；在朝廷内部经常将政柄交给母后和外戚，结果，外戚王莽篡夺了政权。刘秀统一中国以后，吸收了王莽篡位的教训，采取了一些加强皇

①括号内为公元纪年，下同。

帝专制的措施。可是，东汉的皇帝只有刘秀和明、章二帝能够做到政由己出。其余各帝由于宫廷生活过于荒淫腐化等原因，差不多都短命而亡，继位的皇帝年纪都很幼小，因此政权便落在母后及其父兄（即外戚）手里。等到皇帝长大以后，想要收回政权，只有和自己身边的宦官商量，于是皇帝在宦官的协助下，打倒了外戚。宦官因为打倒外戚有功，并且又能包围和愚弄皇帝，所以实权便落在宦官手里。不久，这个皇帝又短命死了。于是再来一套外戚专权以至宦官擅势的过程。东汉中后期一百余年的历史，可以说是外戚和宦官争夺统治权的历史。从外戚和宦官斗争的事实看，宦官越来越占上风。东汉时宦官曾经六次打倒外戚（和帝时，郑众捕杀窦氏；安帝时，李闰等谋害邓氏；顺帝时，孙程等捕杀阎氏；桓帝时，单超等诛杀梁氏；灵帝时，曹节等诛杀窦氏；少帝时，张让等诛杀何氏）。宦官为什么这样嚣张？这是因为：

（1）统治集团内部矛盾重重，皇帝既和外戚有矛盾，又害怕同姓诸王和大臣篡夺政权，同时也不愿让他们同士人过多地接近，所以容易信任宦官。因宦官大都出身于门第低的家庭；本人又是刑余之人，没有声望和什么社会地位，使皇帝感到他们没有篡夺政权的危险，所以对宦官的猜疑最轻。

（2）宦官常在皇帝身边，他们对皇帝察言观色，包围之，愚弄之，迷惑之，使皇帝容易把他们当作最可信任的人。

（3）宦官多自幼生长宫禁，对宫中朝中之事颇为熟悉。特别是在宫中，他们的势力盘根错节，耳目众多，外戚、大臣同太后有什么预谋，往往被他们事先侦知，因而能随机应变，先发制人。

（4）由于东汉统治者强化君主专制，内官一般由宦者担当。而且还不断增加宦官的人数、扩大其职权。当皇帝年幼或腐化无能、执掌不起政柄时，宦官便乘机盗窃权柄。

（5）外戚虽然同宦官有矛盾，但东汉母后临朝者多，不能不让宦者传达政令，因之宦官"手握王爵，口含天宪"①；并能利用皇帝同太后的矛盾，从中窃取权力。

基于以上各种原因，宦官势力逐渐膨胀，形成了"群辈相党"②的政治集团，特别是诛除外戚梁冀以后，"权势专归宦官"。单超等五个宦官因诛梁冀有功，同日被封为侯。当时人称之为"五侯"，并用"回天""雨坠"等字眼形容宦官势力的强大和猖狂。五侯的"兄弟姻戚，皆宰州临郡，辜较百姓，与盗贼无异"③。宦官侯览，"前后掠夺人宅三百八十一所，田百一十八顷，起立第宅十有六区，皆有高楼池苑，堂阁相望，饰以绮画丹漆之属。制度重深，僭类宫省"④。宦官苏康和管霸"用事于内，遂固天下良田美业，山林湖泽，民庶穷困，州郡累气"⑤。永康元年（167年），桓帝死，灵帝立，外戚大将军窦武与官僚士大夫领袖人物陈蕃欲尽诛宦官当权者，但事机不密，反而被宦官所杀。这时灵帝才十三岁，完全是宦官曹节、王甫、张让、赵忠等手中的傀儡。灵帝甚至说："张常侍是我公，赵常侍是我母。"⑥

①《后汉书》卷78《宦者列传》。
②《后汉书》卷61《黄琼列传》。
③《后汉书》卷78《宦者列传》。
④《后汉书》卷78《宦者列传》。
⑤《后汉书》卷67《党锢列传》。
⑥《后汉书》卷78《宦者列传》。

范晔在《后汉书》卷78《宦者列传》中叙述宦官的权势与为虐情况时说：

> 举动回山海，呼吸变霜露。阿旨曲求，则光宠三族；直情忤意，则参夷五宗。汉之纲纪大乱矣。……子弟支附，过半于州国……皆剥割萌黎，竞恣奢欲，构害明贤，专树党类……同敝相济，故其徒有繁，败国蠹政之事，不可单书。所以海内嗟毒，志士穷栖。

由上可知东汉后期宦官之害政祸民已到了十分严重的地步。

二、士人阶层的壮大及其与宦官的斗争

东汉后期宦官的害政祸民，不仅激化了日益尖锐的阶级矛盾，并且也严重堵塞了士人阶层的仕进之路，因而引起了他们的抗争。

中国历史发展到春秋战国时代，"士"这一阶层已经壮大起来，他们凭借其文化知识积极参预政治，到处游说。各国诸侯对之多加宾礼，或予以重用。有些士人出将入相，纵横捭阖，诸子百家，变法争鸣。所谓"得士者强，失士者亡"[1]，充分说明了士人在政治舞台上举足轻重的地位。多数士人为了找到一个可以建功立业的机会，经常"朝秦暮楚"，只顾个人功名利禄，谈不上忠于哪个政权。秦统一以后，早已成为显学的儒家虽然具有广泛的社会力量，但秦王朝所重用的只是狱吏，对儒家不但不重

---

[1]《史记》卷126《滑稽列传》。

用，而且还用"焚书坑儒"的办法加以打击。秦王朝这样做的目的，是为了统一思想，加强君主专制。但实际上却削弱了支持自己的社会基础，扩大了对立面。所以当陈胜领导农民进行反秦斗争时，有的儒生也跟着造反。西汉政权建立以后，吸收了秦王朝这个教训，对儒生有一定程度的重视。到汉武帝时，更"罢黜百家，独尊儒术"，正式确立了儒家思想的正统地位。但西汉时期，只是加强了儒生的政治地位和经济利益，并没有成功地给他们灌输忠于刘氏的思想。到王莽把持政权时，给王莽歌功颂德，甚至劝王莽做皇帝的儒生也不少，致使王莽轻而易举地篡夺了政权。刘秀及明、章二帝吸取了这个经验教训，特别注意表彰士节，对不肯在王莽驾下做官和隐居山野的士人加以表扬和优待，或者给以高官厚禄。这样做，是为了让士人知道要想做官和求得名誉，不一定专门去投靠权贵，只要一个人的行为清白，照样可以出人头地。所谓"逃名而名我随，避名而名我追"①，就是指此而言。这对以往士风的矫正，无疑起了很大的作用。

东汉统治者除了积极表彰士节以外，还大力提倡学习儒家经典，给士人开辟广阔的利禄之途，从而扩大忠于王朝的依靠力量。刘秀时已经恢复太学。明帝崇尚儒学，命令皇太子及王侯大臣子弟都读经书，连卫士都要读《孝经》②。其他如掌朝政多年的和帝邓后、顺帝梁后，也有类似的劝学措施。在统治者的大力提倡下，太学迅速扩充，太学生多至三万余人，那时攻读儒家经典更成为士人做官发迹的敲门砖。读儒家的书，自然要受儒家思

---

① 《后汉书》卷83《逸民列传》。
② 《后汉书》卷79上《儒林列传》。

想的影响，到东汉后期，忠、孝、节、义等封建道德更进一步浸透于士人的头脑。

东汉时期，由于太学弟子员日益增多，公私讲学之风大开，以及进入太学、郡国学能够得到免除徭役等特权，因而使属于中小地主阶层的士人队伍日益扩大，他们的经济力量和社会政治地位也与日俱增。例如陈寔和郭泰原来都出身寒素，后来都享有很高的名望，当郭泰从京师洛阳返回故里时，"衣冠诸儒送至河上，车数千两。"①陈寔老死于家，"海内赴者三万余人，制衰麻者以百数"②。说明到东汉后期，士人阶层已不只是达官贵人的攀附者，而俨然成为一支具有广泛社会基础的政治力量了。

如上所述，士人力量壮大之时，恰好也是宦官权势猖獗之日。顺帝初年，李固已反映"中常侍在日月之侧，声势振天下，子弟禄仕，曾无限极……谄伪之徒，望风进举"③。桓帝时，宦官势盛，"州牧郡守承顺风旨，辟召选举，释贤取愚"。④这样，士人的仕进便受到阻塞。再者，由于宦官专权等因素所引起的政治腐化，使农民起义事件层出不穷。因此，士人为了挽救垂危的东汉政权和保护自身的利益，便不能不与宦官进行斗争。

在士人和宦官两个敌对力量中，前一集团除了一般地主阶级出身的士人和太学生以外，还包括许多中央和地方大小官吏。因为这些官吏原来也是士人，彼此之间有着千丝万缕的联系。在东汉所崇尚的名节中，其中最重要的是忠和义。那时的忠义行为已

---

① 《后汉书》卷68《郭泰列传》。
② 《后汉书》卷62《陈寔列传》。
③ 《后汉书》卷63《李固列传》。
④ 《后汉书》卷78《宦者列传》。

不只是忠于皇帝，因为在阶级社会里，士人求得仕进，殊非容易，所以士人对选用自己的官吏，常怀知遇之感，因而有报恩和尽忠的道德上的义务。例如名士荀爽被司空袁逢举为有道，他虽然并未应召，但袁逢死后，荀爽仍为他服丧三年。而州郡长官察举孝廉，也多取年少能够报恩的人。至于僚属与长官的关系，自然更是如此。这样，便增添了士人与官僚在政治上结合的因素。太学生与朝中大官往来，既然是为了求仕，而大官亦愿诸生为他效力，乐于和太学生交结，如外戚窦武把两宫赏赐全部分赐给太学生。当时太学生标榜的士人领袖，最高的是"三君"，即以大官僚窦武、陈蕃、刘淑当之。说明有些官僚已经和士人结合起来了。在东汉尚名节和激浊扬清的风气影响下，太学生、名士和有声望的官吏的言论，常常能够影响和指导各地士人的行动，使他们向往并参加这一结合，形成了广阔的士大夫集团，而与宦官相敌对，于是招致了所谓"党锢之祸"。

所谓"党锢"，就是操纵政柄的宦官把对他们进行抗争的士大夫指为党人而剥夺其政治权利。在东汉中后期，外戚与宦官轮流把持政权，可是士人反对外戚的时候少，而对宦官则无时不反对，这是因为东汉的外戚多出身于高级世族，他们与士人有政治、社会、文化等多方面的联系。宦官多出身于非读书仕宦的家庭，与士人一向缺乏联系；在外戚里面还有一些比较谨饬的。而宦官有势者则多肆无忌惮。众所周知，梁冀是外戚中最坏的，在他被杀以前，士人对外戚、宦官均有斗争，梁冀被杀以后，权力专归宦官，士人一直与宦官进行斗争。士大夫和太学生不仅在舆论上抨击宦官，许多做地方官的士人还用实际行动惩治作恶多端的宦官及其党羽。由于昏庸的皇帝经常袒护宦官，所以许多士人遭到打击报复，但他们仍不畏缩，为了激励士气，他们把孚众望的官僚士大夫加上各种名号，有"三君、八俊、八顾、八及、八厨"等名目。桓帝永康元年（167年）十二月，灵帝立，窦太后临朝，窦太后父窦武与陈蕃共同辅政，于是重新起用遭受禁锢的李膺、杜密等，共同筹谋诛除宦官，但措置不力，遭到失败。宦官杀死窦武、陈蕃，还制造了一个"钩党"之狱，捕杀李膺、范滂等一百多人，并把"天下豪杰及儒学有行义者"都指为党人，"有怨隙者，因相陷害，睚眦之忿，滥入党中。州郡承旨，或有未尝交关，亦罹祸毒，其死、徙、废、禁者又六七百人"①。

在党锢之祸中，被宦官杀害的正是作风比较耿直的士人。实际上，他们还是比较忠于汉朝皇帝的。士大夫看到他们的同伴不断惨遭杀戮之后，对东汉的腐朽统治逐渐产生厌恶，甚至不复希望其继续存在。例如当时名士郭泰即说："'人之云亡，邦国殄瘁'，汉室灭矣，但未知'瞻乌爰止，于谁之屋'耳。"②从此，有的士人公开宣讲："天下将乱"③，"汉家将亡"④。士人或转而采取明哲保身的态度，或"阴交结豪杰"⑤，准备到天下大乱时，建立一番改朝换代的事业；有的士人更劝说有实力的将领发动兵变，以取代汉室⑥。只是由于士人阶级立场的限制，他们不可能直接以武装行动推倒东汉王朝，只有当农民革命发生及统治阶级

---

①《资治通鉴》卷56灵帝建宁二年。

②《资治通鉴》卷56灵帝建宁二年。

③《三国志》卷1《武帝纪》。

④《后汉书》卷67《何颙传》。

⑤《后汉书》卷60《郑太传》。

⑥《后汉书》卷71《皇甫嵩传》。

内部斗争使皇帝不能行使权力时，他们才出来从事武装角逐，以重新建立地主阶级政权。

三、黄巾大起义与东汉王朝的崩溃

东汉时代，压在农民群众头上、进行残酷剥削的是皇帝、宦官、外戚、官吏、豪族等，作为最高统治者的皇帝自然是最大的吸血鬼。汉桓帝的妻妾多到五六千人，其他在宫中服役的更兼倍于此。灵帝的贪婪更胜过桓帝。他把原有的卖官制度扩大执行，每品官都有定价。如果买官的人，当时拿不出钱来，还可赊欠一下，到任后再加倍缴纳。当时地方官吏贪污成风，"官非其人，政以贿成"①。各种类型的地主包括贵族、世家大族、地方豪强、富商等，无不广占田地，役使农民，敲诈勒索，奢侈逾制。由于地主阶级进行竭泽而渔的剥夺，广大人民群众纷纷破产逃亡，饥寒交迫，求生无路，只有起来进行反压迫斗争。从汉安帝时起，农民起义即不断发生，而且规模越来越大，次数越来越多，终于在中平元年（184年）酝酿成张角领导的黄巾大起义。愤怒的起义群众到处烧官府，杀官吏，镇压豪强恶霸，攻打地主庄园。东汉统治者惊惶万状，急忙颁布大赦令，赦免了原来因反对宦官而被禁锢的士人、官吏，以团结统治阶级内部力量，共同对付农民起义军。同时任命皇后兄何进为大将军，布置京师洛阳的防务，并派遣皇甫嵩、朱儁、卢植等率领军队镇压活动在今河南、河北等地的黄巾起义军。这时，各地的豪强大族也利用他们的人力、财力招兵买马，组织私人武装，修建坞壁营垒，以与农民起义军

---

① 《后汉书·志》第14《五行二》。

相敌对。皇甫嵩等官僚对于改善政治虽然束手无策，可是对于镇压农民起义仍然富有军事伎俩。起义军面对着强大的阶级敌人，作战虽极英勇，但缺乏军事经验，只有半年多的时间，张角直接领导的黄巾军便被镇压下去了。

农民起义的暴风骤雨，并不能使封建统治者有所收敛，他们反而变本加厉地向人民搜刮。《后汉书》卷31《贾琮传》言："时黄巾新破，兵凶之后，郡县重敛，因缘生奸。"《后汉书》卷71《皇甫嵩传》也言："嵩既破黄巾，威震天下，而朝政日乱，海内虚困。"中平二年（185年），灵帝为了修宫室和铸铜人，增收天下田赋，每亩多出十钱。并令太原、河东、陇西诸郡输送材木、文石。运抵京师后，宦官验收时，百般挑剔，折钱贱买，十才酬一。而调发不已，来回折腾。结果，材木搁得腐朽了，可是宫室连年修不成。刺史、太守也趁机打劫，增派私调，百姓承受不了，怨声载道。灵帝规定凡是新任和调职的郡守等官都要先到西园缴纳助军修宫钱，然后才准到任。有些比较清廉的官，宁愿不去上任，也不肯出钱。可是朝廷不答应，硬逼着去上任。当时有位新任命为钜鹿太守的名士司马直，"以有清名，减责三百万"。司马直愤慨地说："为民父母，而反割剥百姓，以称求时，吾不忍也。"终于"吞药自杀"[1]。汉灵帝原是河间国的解渎亭侯，因桓帝无子，被迎入为帝。他生母董太后是有名的敛财婆，灵帝更采取各种办法搜刮民脂民膏。除了吞占郡国贡物和增加田赋及铸钱、经商、卖官以外，还"造万金堂于西园，引司农金钱、缯

---

[1]《后汉书》卷78《宦者列传》。

帛，牣积堂中……又于河间买田宅，起第观"①。他把许多私财存放在宦官家中；设置西园八校尉，以小黄门蹇硕为统帅，于是宦官的气焰更加嚣张。统治者倒行逆施，所招致的后果只能是农民的不断反抗。《后汉书》卷71《皇甫嵩朱儁传》言：

> 自黄巾贼后，复有黑山、黄龙、白波、左校、郭大贤、于氐根、青牛角、张白骑、刘石、左髭丈八、平汉、大计、司隶、掾哉、雷公、浮云、飞燕、白雀、杨凤、于毒、五鹿、李大目、白绕、畦固、苦哂之徒，并起山谷间，不可胜数。其大声者称雷公，骑白马者为张白骑，轻便者言飞燕，多髭者号于氐根，大眼者为大目，如此称号，各有所因。大者二三万，小者六七千。

另外，青、徐、并、幽各州也都有黄巾余部崛起，而凉州北宫伯玉、李文侯、边章、韩遂等领导的反抗斗争历时最久，使东汉政府疲于应付。这样，东汉政府便不能不加强各州刺史的职权，使其兼管军政财赋。有的地方更设置州牧，使朝廷重臣出任其职，以便让他们更有力地联络地主武装，随时镇压农民起义。这样也增加了地方的独立性，形成了内轻外重的局面。

中平六年（189年）汉灵帝死，长子刘辩继立为帝，其生母何太后临朝听政，于是外戚同宦官的斗争又重新激烈起来。太后兄大将军何进为了一举杀尽宦官，召并州牧董卓带兵入京，董卓

---

①《资治通鉴》卷58灵帝中平二年。

还没有赶到，何进已为宦官所诱杀，官僚世族袁绍等又大杀宦官。持续百年的外戚同宦官的斗争至此最终结束。但身拥强兵、骄纵跋扈的董卓也已到京，从此，皇帝被挟制于强臣之手，东汉王朝也就名存实亡了。

第二章 军阀混战局面的展开

一、董卓专政及其暴行

董卓，陇西郡临洮县（今甘肃岷县）人，父曾为颍川郡轮氏县尉。卓少时尝游羌中，与诸豪帅相结，诸豪帅赠他杂畜千余头。卓有膂力，能左右驰射，"以健侠知名"，先为凉州兵马掾。东汉后期，羌人屡次起兵反汉，董卓以六郡良家子为羽林郎，参加了镇压羌人的战争，积功做到并州刺史、河东太守。中平元年（184年），黄巾起义发生，汉政府任命董卓为东中郎将，代替卢植与张角作战，兵败免官。当年冬，凉州又发生了以北宫伯玉、李文侯、边章、韩遂为首的羌汉各族的反汉朝斗争。董卓又被起用，派往凉州作战的高级将领除董卓外还有皇甫嵩、张温等。董卓率领的军队多是籍隶关西的汉族和羌胡人，关西各族人民屡遭战乱，习性尚武，妇女亦多能挟弓而斗，因此卓军具有较强的战斗力。董卓看到汉政府腐朽无能，逐渐骄傲放纵，不服从上级指挥。当时孙坚劝身为统帅的张温、皇甫嵩以军法斩卓，两人都不敢听从，张温还说如杀卓，则"西行无依"[1]。汉政府也已看到董卓跋扈难制，曾试图解除他的兵柄，调他回朝为少府。他以所

---

[1]《资治通鉴》卷58灵帝中平二年。

部羌胡不让他离开为借口，上书拒命，汉朝也无可奈何。中平六年（189年），汉朝调董卓为并州牧，令他把部队交皇甫嵩带领，他又不应命。当何进召他将兵诣京协助诛除宦官时，郑泰认为"董卓强忍寡义，志欲无厌，若借之朝政，授以大事，将恣凶欲，必危朝廷"①。可是昏懦的何进不能采纳。等何进与宦官张让等相继被杀后，董卓也已引军赶到，引狼入室的错误已经铸成了。

董卓到京后，凭仗武力，专擅朝政，他废掉少帝刘辩而立陈留王刘协（即汉朝最后一个国君——汉献帝）。不久卓又杀何太后。刘辩是灵帝长子，何皇后生；刘协是灵帝次子，王美人生。王美人与何皇后均有宠于灵帝，何皇后忌妒王美人，王美人生刘协后，即被何皇后鸩杀。刘协由灵帝生母董太后抚养长大。灵帝死，何太后与董太后争权，何太后逼死董太后。灵帝在世时已看出刘辩懦弱，欲立刘协为太子，但碍于皇后及何进，犹豫未决。灵帝死后，何进辅政，帝位自然是刘辩的了。董卓到京后，曾同少帝刘辩谈话，那时刘辩已十四岁②，对朝中事说不清楚，陈留王刘协虽只九岁，讲话却有条理，董卓认为刘协比少帝刘辩聪明；卓又说抚养刘协的董太后与他同族。于是有废立之意。实际上，董太后是冀州河间人，董卓是凉州临洮人，彼此相距太远，无缘同族。董卓骨子里也和历史上其他权臣一样，不过欲借废立以增加自己的威权。董卓要独揽大权，自然不愿让原来的皇帝与太后仍旧在位，因为原来在位或当权者是不甘心作傀儡的，他虽

①《资治通鉴》卷59灵帝中平六年。

②《资治通鉴》卷59灵帝中平六年胡注引《考异》曰："《帝纪》云'年十七'，张璠《汉纪》曰：'帝年十四'，今从之。"

手中无权，但仍可利用其原来的地位与威望伺机发动政变。如果另立一个皇帝，这个皇帝便比较容易接受当傀儡的处境，对于权臣的危害总是小一点。从史书的记载看，刘协也确实比刘辩聪明，这一点虽然给董卓废立提供了借口，但董卓废帝弑后的行为也给敌对者以重要口实。卓这样做，只表明其愚蠢与蛮干而已。

如前所述，士大夫阶层发展到东汉时，力量已很雄厚。宦官纵然能嚣张一时，但缺乏雄厚的社会基础，往往皇帝一死，宦官便失去势头。在战争年代，士人尤其为割据的军阀所倚重。董卓虽然是一个粗暴的武夫，但他还是知道撇开士大夫是难以维持统治的，所以在他掌权之始，也曾征用才学与名望俱高、屡遭阉党陷害的蔡邕。蔡邕到京以后，"甚见敬重，举高第，补侍御史，又转持书御史，迁尚书，三日之间，周历三台"①。董卓征另一处士荀爽，"自被征命及登台司，凡九十三日"②。卓重用名士尚书周毖、城门校尉伍琼、尚书郑泰、长史何颙等，"沙汰秽恶，显拔幽滞，……又以尚书韩馥为冀州牧，侍中刘岱为兖州刺史，颍川张咨为南阳太守。卓所亲爱，并不处显职，但将校而已。"③

虽然如此，士大夫还是不肯真诚与卓合作，袁绍、袁术、曹操等都从洛阳逃出，积极从事反卓活动。从董卓方面来说，他之重用士人，也只是一时权宜之计，他的残暴面目很快就显露出来了。《三国志》卷6《董卓传》载：

---

① 《后汉书》卷60下《蔡邕列传》。

② 《资治通鉴》卷59灵帝中平六年。

③ 《资治通鉴》卷59灵帝中平六年。

卓既率精兵来，适值帝室大乱，得专废立，据有武库甲兵，国家珍宝，威震天下。卓性残忍不仁，遂以严刑胁众，睚眦之隙必报，人不自保。尝遣军到阳城。时适二月社，民各在其社下，悉就断其男子头，驾其车牛，载其妇女财物，以所断头系车辕轴，连轸而还洛，云攻贼大获，称万岁。入开阳城门，焚烧其头，以妇女与甲兵为婢妾。至于奸乱宫人公主。其凶逆如此。

《后汉书》卷72《董卓传》亦言：

是时，洛中贵戚室第相望，金帛财产，家家殷积。卓纵放兵士，突其庐舍，淫略妇女，剽虏资物，谓之"搜牢"。人情崩恐，不保朝夕。及何后葬，开文陵（灵帝陵），卓悉取藏中珍物。又奸乱公主，妻略宫人。

以上所述董卓的罪恶，虽或有过分之处，但从董卓本人及其部将之残暴放纵而言，基本上还是符合实际情况的。这种罪行不仅引起了贵族官吏的反对，也招致了广大人民群众的厌恶。其必然失败，中智以上皆能看出。这样，卓在引用士人方面之矫情措施，亦失去其意义，卓之凶暴适足为自己掘坟墓而已。

二、关东军阀起兵讨伐董卓

在何进已被宦官杀害而董卓尚未到来之前的短暂时间里，朝中较有实力的是袁绍。袁绍，字本初，汝南汝阳（今河南商水西南）人，出身于"四世五公"的大官僚家庭，袁氏门生故吏遍于天下。袁绍本人"能折节下士，士多附之"。灵帝建立西园八校尉时，绍为中军校尉。何进欲诛宦官，任命袁绍为司隶校尉，假节，专命击断。绍叔父袁隗时为太傅，与何进参录尚书事，绍从弟袁术为虎贲中郎将，统率一部分禁卫军。何进被张让等诱入宫中杀死以后，何进部曲将吴匡与袁绍、袁术等"勒兵捕诸宦官，无少长皆杀之，凡二千余人"①。张让等困迫，将少帝与陈留王等数十人步行出洛阳北门，夜至小平津（今河南巩县西北），朝中大臣惟尚书卢植、河南中部掾闵贡随帝。至黄河岸边，闵贡厉声叱责张让等，让等惶怖，投河而死。闵贡等扶帝与陈留王南行还宫。这时董卓的军队已经到达，卓与公卿迎帝于北邙阪下。董卓凭借其强大武力，高踞于群臣之上。当董卓欲废少帝时，袁绍首先反对。卓因刚刚到京，"见绍大家，故不敢害"②。绍亦畏卓，私自逃奔冀州。卓先曾下令缉拿袁绍，后来怕绍在东方联合其他地方势力反对自己，所以任命绍为勃海太守。并用仍在京的袁术为后将军，前典军校尉曹操为骁骑校尉。袁术、曹操也不愿与卓合作，术出奔南阳，操出奔陈留。

献帝初平元年（190年）初，关东州郡纷纷起兵讨伐董卓，推勃海太守袁绍为盟主。绍自号车骑将军，与河内太守王匡屯于河内（郡城在今河南武陟县西南）。冀州牧韩馥留邺（今河北临漳县西），供应军粮。豫州刺史孔伷屯颍川（郡城在今河南禹县）。兖州刺史刘岱、陈留太守张邈、邈弟广陵太守张超、东郡

----

① 《资治通鉴》卷59灵帝中平六年。
② 《资治通鉴》卷59灵帝中平六年。

太守桥瑁、山阳太守袁遗、济北相鲍信及曹操均屯酸枣（今河南延津县北十五里）。后将军袁术屯鲁阳（今河南鲁山）。他们的军队，多者数万，少者数千人[①]。

在关东州郡起兵以前，灵帝中平五年（188年）二月，黄巾军余部郭太等已在西河白波谷（今山西襄汾县永固镇）重新起义。中平六年（189年）十月，白波起义军挺进到河东（今山西西南隅之地，郡城在今夏县北），队伍扩大到十余万人。董卓令其女婿中郎将牛辅率军前往镇压，不能取胜。关东联军兴起以后，卓见联军声势很大，又怕白波军渡河南下截断其往关西老巢的退路，拟把汉献帝从洛阳迁到长安。但公卿大臣多持反对意见，卓既怨自己封拜的东方州郡官吏背叛自己，又因大臣反对迁都，十分恼怒，乃杀原来替袁绍等人说话的伍琼、周毖，并免去杨彪、黄琬的三公职位，还征召屯兵扶风的左将军皇甫嵩回朝，以防他配合东方联军夹击自己。京兆尹盖勋与皇甫嵩长史梁衍劝嵩起兵讨卓，嵩因兵力不足，不肯听从，还是应征回朝了。

皇甫嵩回朝以后，洛阳以西再无能够反抗董卓的人。初平元年（190年）二月，董卓强令献帝及群臣西行，洛阳城内外人民数百万口被迫西迁，路上被卓军车骑践踏，加以饥病交迫，死亡相继，积尸满路。董卓自己留镇洛阳毕圭苑内，纵火焚烧洛阳二百里内的宫庙、官府、居家。又令吕布发掘诸帝及公卿陵墓，取其珍宝。还遣将四出掳掠。使东汉近二百年来在洛阳的建筑文物毁灭略尽。这许多文物皆劳动人民血汗造成，董卓的罪恶固在不

[①]《资治通鉴》卷59献帝初平元年记以上诸军"众各数万"，实际多无此数，如曹操即只有几千人。

救，但东汉王朝长期以来的腐朽统治实是招致董卓为虐的根源，所以我们说历史上的罪人并非只董卓一人。从董卓的所作所为可以看出他并无真正统治天下的能力，只能猖狂一时，为新的朝代开拓道路而已。

董卓的罪恶既如洪水滔天，至于起兵讨伐董卓的诸将又是怎样呢？

袁绍等人虽然打着勤王招牌，但从他们的阵营来判断，其中多数将领没有战斗经验和韬略。在太平时日，他们靠交游士林和养名钓誉，以捞取功名官位。但在战争年代，他们便缺乏决敌制胜的真实本领。他们外慕勤王戡乱的美名，内实胆怯畏敌，诚如史书所描述：陈留太守张邈是个"东平长者，坐不窥堂"①；豫州刺史孔伷只会"清谈高论，嘘枯吹生"②；冀州牧韩馥本系恇怯庸才；青州刺史焦和则是"入见其人，清谈干云，出观其政，赏罚淆乱"③。在起兵讨卓的十余人中，累世公卿的袁家就有三人，其中山阳太守袁遗是袁绍的从弟，他喜欢读书，学问渊博，但无军旅之才；后将军袁术最狂妄骄奢，虽无才干，可野心顶大；袁绍在当时最有声望，为豪杰所归向，但身为盟主，既不能部署诸将，给董卓以有效的打击；他自己也未曾接一仗，发一矢，只图谋占领地盘，扩充实力。诸人对董卓打仗，虽畏缩不前，可是自相兼并，却越来越卖劲。曹操后来曾经作诗形容这时的情况说："军合力不齐，踌躇而雁行。势力使人争，嗣还自相

---

① 《后汉书》卷70《郑孔荀列传》。

② 《后汉书》卷70《郑孔荀列传》。

③ 《资治通鉴》卷59献帝初平元年三月。

戕!"①当时同卓军作战比较积极主动的有两个人,即曹操和孙坚。

曹操看到诸将不敢与董卓争锋的畏惧心理,乃慷慨激昂地向他们说:"举义兵以诛暴乱,大众已合,诸君何疑?向使董卓闻山东兵起,倚王室之重,据二周之险,东向以临天下;虽以无道行之,犹足为患。今焚烧宫室,劫迁天子,海内震动,不知所归,此天亡之时也。一战而天下定矣,不可失也。"②曹操虽言之谆谆,但诸将既害怕董卓兵强,又想保存实力,不肯听从。曹操只好独自引兵西进,打算占据军事要地成皋。诸将对他进军,不肯支援,只有张邈遣将卫兹带领一支部队随操。

曹操进到荥阳(在今河南荥阳县东北)西南的汴水,遭遇卓将徐荣,双方交战,曹操部队多是招募的新兵,人数既少,又缺乏训练,自然不是久经战阵的凉州军的对手,所以吃了败仗,士兵伤亡甚多,操本人也被流矢射中,所乘马受伤,幸亏从弟曹洪把自己的马给操骑了,才得于夜色朦胧中逃回酸枣。

曹操虽然战败,但整天的坚强战斗,也使徐荣存有戒心,以为酸枣联军不易攻克,便引兵退走了。

曹操退到酸枣以后,关东诸军共十余万,天天置酒高会,不图进取,曹操责备他们,并再次献策说:"诸君听吾计,使勃海③引河内之众临孟津,酸枣诸将守成皋(今河南荥阳汜水镇),据敖仓(今河南荥阳县北),塞辕辕(今河南巩县西南)、太谷(今

① 《曹操集·诗集》,中华书局本第4页。
② 《三国志》卷1《武帝纪》。
③ 指袁绍,因当时绍任勃海太守。

河南登封县城东南），全制其险，使袁将军①率南阳之军军丹、析，入武关（今陕西丹凤县东南），以震三辅，皆高垒深壁，勿与战，益为疑兵，示天下形势，以顺诛逆，可立定也"②。"今兵以义动，持疑而不进，失天下之望，窃为诸君耻之！"③由此可知，曹操也看到了董卓兵强，但人心不附的两种情势，故主张采取稳扎稳打，以待其变的策略，说明曹操能够随宜制变，并非一味冒进。可是依然得不到袁绍等人的采纳。曹操只好自己去扬州募兵，扬州刺史陈温、丹阳太守周昕给操四千余人，回来经过龙亢（今安徽怀远县西）时，士卒叛逃很多，只剩下千余人，屯于河内。（《资治通鉴》卷59献帝初平元年胡注："从袁绍也"。）

孙坚原为长沙太守，因他起自武官，素被荆州刺史王叡所轻视。及州郡起兵讨伐董卓，王叡、孙坚亦皆起兵，坚遂杀叡。进兵到南阳，有部队数万人。南阳太守张咨不肯以粮供军，坚诱而斩之。坚虽勇悍善战，但因自己出身地方豪强，名望不高，还是到鲁阳（今河南鲁山县）投靠了袁术，术遂有南阳。术表坚行破虏将军，领豫州刺史。坚以鲁阳为据点，进兵讨卓。献帝初平元年（190年）冬，坚与官属会饮于鲁阳城东，卓军步骑数万，猝然来临，坚视若无睹，照常行酒欢笑，但令部队整顿行列，不得妄动。后敌骑越来越多，坚始罢坐，导引部队入城。卓将见坚兵整齐，不攻而退。坚乃谓部属曰："向坚所以不即起者，恐兵相

---

①指袁术，时后将军袁术据有南阳。

②《资治通鉴》卷59献帝初平元年胡注："观操之计，但欲形格势禁，待其变起于下耳，非主于战也。"

③《三国志》卷1《武帝纪》。

蹂藉，诸君不得入耳。"①此后，坚与卓军战于梁县（今河南临汝西）及其东之阳人聚，先败后胜，杀卓都尉叶雄②。孙坚的英勇战斗，使袁术心怀忌妒，怕孙坚力量壮大之后，难以驾驭，因而停止调运军粮。孙坚立即驰往见术，曰："（坚）所以出身不顾，上为国家讨贼，下慰将军家门之私仇（袁绍、袁术起兵后，卓杀袁家之留在洛阳者）。坚与卓非有骨肉之怨也，而将军受谮润之言，还相嫌疑！"③术无言可答，只好调发军粮。

董卓惮坚猛壮，欲笼络之，派人说坚，欲与和亲，令坚疏其子弟堪任刺史、郡守者，许表用之。坚曰："卓逆天无道，荡覆王室，今不夷汝三族，悬示四海，则吾死不瞑目，岂将与乃和亲邪！"④于是进兵向洛阳，连败卓及其将吕布等。至洛后，扫除汉宗庙，得传国玺于城南甄官署井中。复分兵击卓于新安、渑池间。卓谓其部下曰："关东军败数矣，皆畏孤，无能为也。惟孙坚小戆，颇能用人，当语诸将，使知忌之……坚……固自为可（胡注：言其才可用也），但无故从诸袁儿，终亦死耳！"⑤卓令其将董越屯渑池（河南今县），段煨屯华阴（陕西今县），牛辅屯安邑（今山西夏县西）。其余诸将亦分守诸要县，卓自引军回长安。

孙坚在洛阳重新把东汉各帝陵墓修理一番，然后退回鲁阳。

①《三国志》卷46《孙坚传》。

②《三国志》卷46《孙坚传》作"都督华雄"，卢弼《三国志集解》引潘眉曰："《广韵》29叶引《吴志·孙坚传》有都尉叶雄。知宋本如此，今本误。"

③《三国志》卷46《孙坚传》。

④《三国志》卷46《孙坚传》。

⑤《资治通鉴》卷60献帝初平二年。

董卓西去后，关东联军解除了西顾之忧，可是他们之间的兼并战争也激烈展开了。

三、李傕等之乱

董卓西归以前，他已自为太师，官位居诸王之上。他到长安，公卿迎拜，卓不还礼。卓所乘车装饰极为华丽，同于天子御驾。卓如此骄奢僭拟，适足说明他没有安定天下的大志。关东诸将的互讦，也助长了他的嚣张气焰。卓以弟旻为左将军，封鄠侯，兄子璜为侍中、中军校尉，分别统率军队，卓之宗族亲戚，盘居要津，卓侍姜怀抱中子亦封侯，未及笄的孙女，则封邑君。卓府第在长安城东坚固营垒中，尚书以下官员处理政务都要到卓府请示。卓在郿县修建了与长安城等高的坞，号称"万岁坞"，多积粮谷于内，够三十年食，卓自言"事成，雄据天下；不成，守此足以毕老"①。

董卓残忍嗜杀的习性，至此也充分暴露出来，大臣讲话稍不合意，即遭诛戮。被俘虏的关东士兵和被捕获的关西人民更遭到惨不忍睹的折磨与屠戮。因之众叛亲离，人心惶惶。当时朝中大臣受卓倚重的是王允，他是并州祁县人，"少好大节"，素有名誉。卓入京时，允为河南尹，卓以允为守尚书令，初平元年（190年），进允为司徒，仍领尚书事。献帝西迁后，卓留镇洛阳期间，朝政全由王允主持。允对卓佯为尊重，得其信任，献帝及大臣也靠王允佑护，得以粗安。

初平三年（192年），王允与司隶校尉黄琬、尚书仆射士孙瑞

①《三国志》卷6《董卓传》。

等密谋诛卓。卓亲信部将吕布，并州五原郡九原县人，初为并州刺史丁原手下亲信将领。灵帝死，何进召董卓、丁原进京，卓到京，欲专兵柄，诱布杀丁原而并其众。布善骑射，膂力过人，号称飞将，卓对布颇宠信，两人誓为父子。卓自知怨己者众，常令布卫护左右。卓性暴急寡虑，忿不思难，吕布因一细事惹卓恼怒，卓立即以手戟掷布，布眼明身捷，躲闪过去，向卓请罪，卓怒始息。自此，布稍衔恨。后布与卓侍婢私通，恐被发觉，心不自安。布与王允同为并州人，允早已着意笼络布。及布将卓掷戟事吐露给允，允知离间卓、布的时机已至，当即劝布除卓，为朝廷建立奇功。布以与卓有父子关系为虑，允曰："君自姓吕，本非骨肉，今忧死不暇，何谓父子？掷戟之时，岂有父子情邪？"[1]布遂许诺。

初平三年（192年）夏四月丁巳，献帝有疾初愈，群臣朝贺未央殿，董卓乘车入朝，途中步骑夹道，戒备森严。吕布使同郡骑都尉李肃率亲信勇士十余人，伪着卫士服，待卓于北掖门内。卓入门，李肃即挺戟刺卓，卓内披甲，未得刺入，伤臂，坠车，卓大呼："吕布何在？"布曰："有诏讨贼臣！"卓大骂："庸狗，敢如是邪！"[2]布以矛刺卓，令兵斩卓首。布从怀中取出诏书以令吏士曰："诏讨卓耳，余皆不问。"[3]于是吏士皆称万岁。百姓歌舞载道，长安士女市酒肉以相庆贺，填塞街市。王允使皇甫嵩往郿坞攻卓弟旻，杀卓母妻宗族。"坞中有金二三万斤，银八九万

---

① 《资治通鉴》卷60献帝初平三年。
② 《资治通鉴》卷60献帝初平三年。
③ 《资治通鉴》卷60献帝初平三年。

斤，锦绮、奇玩积如丘山。"①

但是，当此政局发生重大变化的关键时刻，身系朝廷安危的王允，却缺乏应变能力。他原先惧怕董卓，故屈身降志，委曲承奉，杀卓之后，以为再无患难，就居功骄傲，同朝臣接触，常乏和悦颜色，因之群僚对之不甚亲附。王允对吕布也瞧不起，只以剑客待之。吕布自恃功大，嫌允轻己，于是两人不和。王允的杀蔡邕，即措施失当的事例之一。蔡邕闻卓被杀，只在王允座前"有叹惜之音"②，王允即视之为卓党，而收付廷尉狱，蔡邕承认罪过，"愿黥首刖足，继成汉史"③。士大夫及太尉马日磾多矜救之，允均不从。终使邕死于狱中。邕虽受卓亲用，却也谈不上卓党，卓所重用的还是王允自己。蔡邕的被杀，颇使卓部属将吏恐惧。王允之更大错误是低估了卓所属凉州将士的实力，没有及时颁下赦诏和做出适当安置。当时"悉诛凉州人"的传言已经广泛流传。诸将校以为"蔡伯喈但以董公亲厚尚从坐，今既不赦我曹，而欲使解兵，今日解兵，明日当复为鱼肉矣"④。于是他们拥兵自守。原先卓女婿牛辅领重兵屯驻陕县（今河南三门峡市），曾遣校尉李傕、郭汜、张济等率步骑数万往中牟击朱儁。当吕布遣李肃持诏书来诛牛辅时，李傕等尚未归还，牛辅只以见兵就打败了李肃，说明凉州诸将兵力甚强。牛辅虽然打了胜仗，但仍极胆怯，因营中偶然发生惊扰，便恐惧出奔，致在途中为部下所杀。这又说明辅等凉州将帅实无作为。假如王允措置得当，尚可

----

① 《资治通鉴》卷60献帝初平三年。

② 见谢承《后汉书》。《资治通鉴》作"闻之惊叹"。

③ 《资治通鉴》卷60献帝初平三年。

④ 《资治通鉴》卷60献帝初平三年。

免除或减轻祸殃。牛辅死后，李傕等始回陕县。他们甚怀恐惧，不知所措，乃派人到长安请求大赦。王允此时仍不应允。傕等益恐，想各自解散，回归乡里。这时讨虏校尉贾诩向傕等献计曰："诸君若弃军单行，则一亭长能束君矣，不如相率而西，以攻长安，为董公报仇。事济，奉国家以正天下；若其不合，走未晚也。"①贾诩，凉州武威人，在军中素以多谋著称，他的倡议，立即得到傕等同意。他们乃相与结盟，率军数千，晨夜西行，边走边收兵，临近长安时，已有兵十余万，并与卓故部曲将樊稠、李蒙等合围长安城。长安城墙高厚，本来不易攻下，可是吕布军中的叟兵（蜀地的少数民族军队）发生叛变，导引傕等入城，吕布战败，出奔关东。傕等纵兵大掠，吏民死者数万人。

早些时候，王允以同郡宋翼为左冯翊（官名，辖今陕西省中部西安市以东之地，故亦作地名用），王宏为右扶风（辖今陕西省中部西安市以西之地）。李傕等欲杀王允，恐二郡反抗，乃以朝命调二人回朝。王宏遣使谓宋翼曰："郭汜、李傕以我二人在外，故未危王公。今日就征，明日俱族。计将安出？"翼曰："虽祸福难量，然王命，所不得避也。"②翼既不从，宏不能独留，遂俱就征。果然，二人刚一回朝，傕等便把他们和王允一齐杀害了。

傕等既掌朝政，欲封贾诩为尚书仆射，诩曰："尚书仆射，官之师长，天下所望，诩名不素重，非所以服人也。"③于是以诩

---

① 《资治通鉴》卷60献帝初平三年。

② 《后汉书》卷66《王允列传》。

③ 《三国志》卷10《贾诩传》。

为尚书。贾诩这次给李傕等出了败坏朝廷的主意，其罪过诚然不小；但从当时李傕等凉州将领兵力之强盛及王允之无应变能力来看，即无贾诩的建议，亦难以扭转局势。后来贾诩在傕等与献帝、大臣之间，也还起了一些从中调解的作用。陈寿在《贾诩传》称"（诩为）尚书，典选举，多所匡济，傕等亲而惮之"。后来李傕与郭汜讧斗时，贾诩对被他们劫持的献帝和大臣也曾加以佑护，使傕等的为恶与破坏程度有所减轻。所以从贾诩在这一阶段的表现来看，还是坏好皆有的。

傕等既专朝政，首先给自己加官封爵，傕为车骑将军，领司隶校尉；郭汜为后将军；樊稠为右将军；张济为镇东将军，皆封侯。傕、汜、稠在长安坐镇，张济出屯弘农（今河南灵宝县）。

先前，董卓回到关中时，约韩遂、马腾共同对付山东，遂、腾率众自陇右到长安。遇上董卓被杀，李傕等以韩遂为镇西将军，遣还金城；马腾为征西将军，屯驻郿县。兴平元年（194年）二月，腾私有求于傕，未得如愿，怒而欲攻傕，韩遂闻之，率众来助腾。谏议大夫种邵、侍中马宇、左中郎将刘范谋使腾袭长安，以诛傕等。邵等谋泄，出奔槐里（今陕西兴平县）。傕使樊稠、郭汜及兄子利击腾、遂，战于长平观下，遂、腾败，走还凉州。种邵等皆被攻杀。

樊稠、李利追马腾、韩遂至陈仓（今陕西宝鸡市东），遂谓稠："本所争者非私怨，王家事耳。与足下州里人（二人皆凉州人），欲相与善语而别。"于是二人接马交臂而语，良久始罢。李利回去告诉李傕说："韩、樊交马语，不知所道，意爱甚密。"[1]

---

[1]《资治通鉴》卷61兴平二年。

于是催猜疑稠，又因稠"勇而得众"，更使催忌。但在表面上，仍令郭汜及稠开府，与三公合为六府，皆典选举。催等竞用自己的人，如违其意旨，便忿恚发怒，主管官吏只好按照排队次序录用，先从催起，汜、稠次之。至于三公所举，则不得用。催等争权不和，长安城中盗贼横行，白日掳掠，催等分城而守，仍不能禁。有时催等子弟还带头"侵暴百姓"。"是时谷一斛五十万，豆麦二十万，人相食啖，白骨委积，臭秽满路。"①

李催数设酒请郭汜，有时还留汜住宿，汜妻恐汜爱催婢妾，思离间之。一次，催送食给汜，汜妻掺黑豆豉于食内，称食内有毒，因对汜说："一栖不两雄，我固疑将军信李公也。"②于是汜治兵攻催，战斗不休。二人争迎献帝至其营，催抢先得帝，其兵入殿中掠宫人、御物。催徙御府金帛置其营，放火烧宫殿、官府、民房。郭汜则劫留公卿大臣。大司农朱儁愤懑发病死，太尉杨彪几乎被汜手刃。催召羌胡数千人，先以御物、缯綵与之，许以宫人、妇女，欲令攻汜。汜阴与催党中郎将张苞等谋攻催。汜将兵夜攻催，矢射到献帝帘帷中，穿催左耳。催又徙帝幸其北坞，惟伏皇后、宋贵人跟随。催自为大司马，与郭汜相攻数月，死者万数。

张济闻知，自陕来和解，济欲迁帝幸弘农，帝亦思旧京，因遣使诣催求东归，往返十次，始获允准。李催出屯曹阳（今河南灵宝县东北），以张济为骠骑将军，复还屯陕（今河南三门峡市）。迁郭汜车骑将军，杨定（故董卓部曲将）后将军，杨奉

---

① 《后汉书》卷72《董卓列传》。
② 《资治通鉴》卷61兴平二年。

（原傕将，本白波帅，叛傕）为兴义将军，故牛辅部曲将董承安集将军。汜等并侍送帝。汜复欲胁帝幸郿，杨定、杨奉、董承不听。汜恐惧，乃弃军还就李傕。车驾进至华阴，宁辑将军段煨供具服御及公卿以下资储，请帝幸其营。杨定与段煨有隙，诬煨欲反，进攻煨营，十余日不下，煨供御膳，禀赡百官，终无二意。

李傕、郭汜悔令天子东归，闻杨定攻段煨，共来救之，因欲劫帝西去。杨定为汜所遮击，亡奔荆州。张济与杨奉、董承不和，又同傕、汜共追乘舆，战于弘农东涧，承、奉军败，百官士卒死者不可胜数，于是弃妇女、辎重、御物、符策、典籍，略无所遗。射声校尉沮儁被创坠马，骂傕被杀。献帝露次曹阳。承、奉乃谲傕等与连和，而密遣使至河东，招故白波帅李乐、韩暹、胡才及南匈奴右贤王去卑，皆率其众数千骑来，与承、奉共击傕等，大破之。乘舆乃得进。董承、李乐护卫车驾，胡才、杨奉、韩暹、去卑为后拒。傕等复来战，奉等大败，死者甚于东涧。奉等且战且走，始得至陕，乃结营自守。

时残破之余，虎贲、羽林不满百人，傕、汜兵绕营叫呼，吏士失色，皆有离心。董承、杨奉等乃潜议过河，使李乐于夜先渡，潜具船，举火为应。献帝步行出营，岸高十余丈，不得下，乃以绢为辇，使人居前负帝，余皆匍匐而下，或从上自投，死亡伤残，不复相知。人争攀船，董承、李乐以戈击之，不少手指坠入船中。随帝渡过河者，惟皇后、宋贵人、杨彪以下数十人，宫女皆为傕兵所掠，衣服尽失，发亦被截，冻死者不可胜数。献帝到大阳（今山西平陆东北十五里），幸李乐营。河内太守张杨使数千人负米来贡饷。献帝乘牛车到安邑，河东太守王邑奉献绵帛，悉赋公卿以下，封王邑为列侯，拜胡才征东将军，张杨安国将军。派人至弘农与李傕、郭汜、张济等和，傕等乃放归公卿百官及宫人妇女。

四、袁绍的强盛

关东诸将既不能同心协力进讨董卓，他们之间便不能不发生利害冲突。既得利益比较大的不仅想保住利益，并且还要扩充势力；既得利益小的不仅想生存下去，而且还图伺机夺取土地和人民。袁绍虽身为盟主，但只据有冀州东部沿海的勃海一郡，所以他便利用其为盟主和为豪杰所归向的优越条件扩充势力。

袁绍首先倡议另立一个皇帝，当董卓废少帝而立献帝时，袁绍就不同意。所以袁绍与献帝一开始就有矛盾。袁绍除了说献帝是董卓掌中的傀儡以外，还一再作书给袁术说献帝非灵帝子。袁绍与韩馥联名倡议立幽州牧刘虞为帝，可是刘虞拒不答应，绍等只好作罢。史书叙述此倡议时，虽将冀州牧韩馥的姓名列在绍前，但实际上还是绍的主意，因为刘虞如果当了皇帝，袁绍这个盟主必会成为首辅，权势可立即到手。

立帝之议不成以后，袁绍下一步棋就是迫使韩馥把富庶的冀州让给自己。在扰攘时期，同处一州的将领不可能不发生冲突。当袁绍刚从洛阳逃到勃海时，韩馥怕袁绍打着讨伐董卓的旗号攫取冀州，曾派人到勃海监视袁绍，使他不得起兵。但当时州郡起兵讨伐董卓的浪潮十分高涨。《三国志》卷1《武帝纪》注引《英雄记》载："东郡太守桥瑁诈作京师三公移书与州郡，陈卓罪恶，云'见逼迫，无以自救，企望义兵，解国患难'。馥得移，请诸从事问曰：'今当助袁氏邪？助董氏邪？'"可见袁氏势力是很大的，韩馥迫于形势，只好听绍起兵，可是仍经常少拨军粮给绍，企图令绍军无食自溃。在袁绍方面，也确有伺机夺取冀州的意图，所以当韩馥部下骁将麴义叛馥后，袁绍立即将麴义拉到自己方面来；袁绍曾秘密作书给在幽州的公孙瓒，令他前来夺取冀州；还让外甥高幹及韩馥手下谋臣辛评、荀谌、郭图等向馥陈说利害，言如不将冀州让绍，绍必与公孙瓒共攻冀州。辛评等身为韩馥亲信要员，犹劝馥让出冀州，说明他们已经打算背离韩馥，转向袁绍，这就使素性怯怯的韩馥十分恐惧。当馥长史耿武、别驾闵纯劝馥勿将冀州让给袁绍时，馥言：“吾，袁氏故吏，且才不如本初（袁绍字），度德而让，古人所贵，诸君独何病焉！”①于是馥不顾部下的反对，而乖乖地将冀州牧印绶让给袁绍了。

当时的冀州是中国诸州中人口、粮食都比较富足的，号称“带甲百万，谷支十年”②。再加袁绍的声望和雄厚的家庭凭借，使袁绍的势力骤然强大起来。他下一个打击的目标就是屯兵于幽州的公孙瓒。

东汉晚期，经常发生战乱的缘边地带，除了凉州以外，就是幽州。汉灵帝时，曾经做过中山相的渔阳人张纯，勾结乌桓贵族丘力居等叛汉，做过涿令的公孙瓒因对张纯等作战有功，被封为骑都尉。但是公孙瓒与张纯等战斗五六年，未能取得胜利，丘力居等的钞略范围反而日益扩大，波及冀、幽、青、徐四州。灵帝中平五年（188年），汉朝任命刘虞为幽州牧。刘虞过去即曾做过幽州刺史，对乌桓、鲜卑等少数民族一向采取安抚的政策，成效较好。所以这时汉朝仍把他遣回幽州。刘虞到蓟后，“罢省屯兵，

---

① 《三国志》卷6《袁绍传》。
② 《后汉书》卷74上《袁绍列传》。

务广恩信"①，对乌桓贵族"开许善路"②，只悬赏缉拿张纯。纯走出塞，为部下所杀。于是灵帝遣使就拜刘虞为太尉，封容丘侯。董卓掌权，又进虞为大司马、襄贲侯。幽州地处边塞，资用经常不能自给，每年需从青、冀二州赋调抽款二亿余，始得维持开支。后来连年战争，幽州无法再得到外州援助，赖有刘虞处置得当，情况有所好转。《后汉书》卷73《刘虞传》称虞：

> 务存宽政，劝督农植，开上谷胡市之利，通渔阳盐铁之饶，民悦年登，谷石三十。青、徐士庶避黄巾之难归虞者百余万口，皆收视温恤，为安立生业，流民皆忘其迁徙。虞虽为上公，天性节约，敝衣绳履，食无兼肉，远近豪俊夙僭奢者，莫不改操而归心焉。

以上叙述，不免有渲染过甚之处，特别是最后两句言豪强富人因刘虞持身节俭，便改变了自己的奢侈僭越行为，显然是不可能的。但刘虞注意生产，提倡节约，使幽州经济情况有所好转，应是可信的。

刘虞到幽州后，撤去诸屯兵，惟留下了原来立有功效的降虏校尉公孙瓒，令他率步骑万人屯驻右北平。但公孙瓒一向主张用武力扫灭乌桓，刘虞却"欲以恩信招降"，公孙瓒经常"纵任部曲，颇侵扰百姓"；可是刘虞却"为政仁爱，念利民物"③，因此

---

① 《后汉书》卷73《刘虞列传》。
② 《后汉书》卷73《刘虞列传》。
③ 以上见《后汉书》卷73《刘虞公孙瓒传》。

这两个主张和作风迥然不同的要员，便不能和平相处，嫌隙日益严重。

献帝初平二年（191年），青州黄巾军三十万人进入勃海，准备与黑山军汇合。公孙瓒率领步骑二万迎击于东光县（属勃海郡，在今河北东光县东），打败了黄巾军，收得生口七万余人，车甲财物，不可胜算。公孙瓒因镇压农民军有功，被提升为奋武将军，封蓟侯。随着公孙瓒军事实力和官爵的升高，其贪欲也跟着增长，他迫不及待地要与袁绍争夺冀州。他先上书朝廷，陈述袁绍不忠不孝的各种罪恶，然后提师南下。战争开始时，瓒军颇占上风，冀州各城多叛绍从瓒，瓒以田楷为青州刺史，严纲为冀州刺史，单经为兖州刺史。初平三年（192年）春，公孙瓒与袁绍大战于界桥（今河北威县东）之南。瓒以步兵三万余人为方阵，骑为两翼，左右各五千余骑，白马义从为中坚。旌旗铠甲，至为鲜明，光照大地。绍令麹义以八百兵为先登，强弩千张夹两侧，绍自以步兵数万结阵于后。麹义久在凉州，晓习羌斗，兵皆骁锐。瓒见义兵少，纵使骑兵直前陵蹈。义兵先皆伏楯下不动，瓒骑未至数十步，义兵始同时俱起，扬尘大呼，直前冲突，强弩雷发，所中必倒。瓒兵顿时土崩，大败奔逃，瓒所置冀州刺史严纲临阵被杀。义兵一直追至瓒营，拔其牙门，瓒退还蓟。从此，瓒与绍战，常居劣势。

公孙瓒不仅与袁绍是对头，他同刘虞的关系也越来越坏。瓒与绍战，虞屡加禁止，瓒不从命，刘虞缩减对瓒的军粮供应，二人怨隙愈深。瓒为防虞袭己，于蓟城（今北京市大兴西南）建筑高台。虞数请瓒相会，瓒托病不至，于是虞有讨瓒之意。初平四年（193年）冬，虞亲率诸屯兵合十万人攻瓒，从事程绪以"兵起萧墙，非国之利，加胜败难保"，劝虞勿行。虞嫌绪"临事沮议"，杀之。虞出师时，告诫军士："无伤余人，杀一伯珪而已。"①时州从事公孙纪知虞谋而夜告瓒，瓒部曲放散在外，瓒仓促间闻虞军将至，颇为恐惧，即掘东城欲走。可是刘虞素来不习兵事，平日既不训练士卒，战时又不让烧人庐舍，所以军队虽多，却攻不下城。公孙瓒见有隙可击，乃率锐士数百人，因风纵火，直冲虞军而大败之。刘虞北奔，被擒还蓟。不久，献帝派遣使者段训到蓟。瓒诬虞前与袁绍等谋为天子，胁训斩虞于蓟市。

公孙瓒既杀刘虞，尽有幽州之地。但虞素有恩信，部下多欲为之复仇。兴平二年（195年），虞部属鲜于辅等率州兵并招聚乌桓及汉民数万人，大破公孙瓒所置渔阳太守邹丹于潞（今北京市通县东）北。袁绍又遣麹义及虞子和将兵与鲜于辅合击公孙瓒，败之于鲍丘（在今北京市密云县）。于是瓒地日蹙，退守易京（在今河北雄县西北），不敢出战。瓒在易京城内为围堑十重，于堑内筑京（大粮仓），积谷三百万斛。自言："兵法百楼不攻，今吾楼橹千重，食尽此谷，足知天下之事矣。"②可是到建安四年（199年）春，这个具有高台深堑的堡垒还是被袁绍攻克，公孙瓒自知无救，乃尽杀其妻子，然后引火自焚。

在袁绍与公孙瓒不断攻战的八年中，除了双方在冀州、幽州直接交锋外，还有公孙瓒所署青州刺史田楷与袁绍长子袁谭在青州的战争。袁谭初至青州时，只据有平原一郡，建安元年（196年），谭北逐田楷，东攻北海相孔融，略有青州。袁绍灭公孙瓒

---

①以上引文见《后汉书》卷73《刘虞列传》。
②《三国志》卷8《公孙瓒传》。

后，又以中子熙为幽州刺史，甥高幹为并州刺史。于是绍兼有冀、青、幽、并四州，地广兵多，成为当时最强大的军事力量。

第三章　官渡之战与曹操统一北方

一、曹操的兴起

（1）出身和初仕

曹操，字孟德，豫州沛国谯县（今安徽亳县）人，生于汉桓帝永寿元年（155年）。他祖父曹腾是一个很有权势的大宦官，曾做中常侍、大长秋，封费亭侯。腾在宫中服事达三十余年，前后经安、顺、冲、质、桓五帝。如前所述，东汉后期，中央政权的实际掌握者，很多时候都是宦官。曹腾的政治作风与一般宦官不同，他对官僚士大夫竭力拉拢。当时名士如虞放、边韶、延固、张温、张奂、堂谿典等都由于他的提携而致位公卿①。因此，士大夫对他颇有好感，例如当种暠做到司徒后，对曹腾十分感激，他说："今身为公，乃曹常侍力焉。"②腾养子嵩由于腾的庇荫，历任司隶校尉、大司农、大鸿胪等高级官吏。灵帝中平四年（187年），嵩以亿元巨款买得三公之首的太尉。曹氏一门做高官、享厚禄的颇不乏人。所以曹操是出身于有人、有钱、有势的大官僚家庭。

---

① 《三国志》卷1《武帝纪》注引司马彪《续汉书》。
② 《后汉书》卷78《宦者列传》。

但曹嵩究竟是从哪家过继来的呢？有的书说曹嵩是夏侯氏之子、夏侯惇的叔父。陈寿在《三国志》卷9《诸夏侯曹传》中评说："夏侯、曹氏世为婚姻，故惇、渊、仁、洪、休、尚、真等并以亲旧肺腑，贵重于时。"有人以同姓不婚为理由，断定嵩非出自夏侯氏。但从操对夏侯氏的重用情况看，操与夏侯氏绝非一般婚媾关系。夏侯氏既非操之母家，又非妻族，却得操格外重用，待遇很特殊。清代学者潘眉说："《陈志》于《帝纪》云：'莫能审其生出本末'，于《列传》则以诸夏侯、曹为一卷，显以夏侯氏为宗室矣。"[1]其言颇能抓住问题的契机。《资治通鉴》胡三省注更明言："曹氏，夏侯氏之出也。"[2]

曹操是曹嵩的长子，幼机警，有权术，喜任侠，行为放荡，然而极为好学，博览群书，特别嗜好兵法。曹操的文学武略，从小便打下了扎实的功底。

东汉时代，一般士人要想进入政界，除了依靠父祖庇荫外，本人也要"交游士林"[3]，以便互相赏识和援引。东汉宦官虽很跋扈，但宦官一般出身于非读书仕宦的家庭，没有雄厚的社会基础，往往本人一死或失势，其子孙亲党也跟着垮台。曹腾子孙与此不同，不仅其子曹嵩一直在朝中做高官，其孙曹操也从幼就和官僚士大夫有密切的交往。

许多学者认为曹操由于是宦官之后，少时为士大夫所不齿，这是与事实不符的。操少时，官僚名士如桥玄、何颙、张邈、蔡

---

① 卢弼：《三国志集解》卷1《武帝纪》引。

② 《资治通鉴》卷75嘉平元年。

③ 《三国志》卷54《鲁肃传》。

邕等都和他关系密切。出身于四世五公家庭的袁绍是一个不轻易接待宾客、非海内知名不得相见的高贵公子，曹操少时也与他交往。可见曹操少时并没有受到士大夫的排斥。反之，曹操少时的表现已经受到一些官僚名士的重视。如太尉桥玄曾对曹操说："天下将乱，非命世之才不能济也，能安之者，其在君乎？"①名士何颙见到曹操，叹曰："汉家将亡，安天下者，必此人也。"②

当时一般公卿子弟做官非常容易，曹操二十岁，即被举为孝廉，做侍卫皇帝的郎。接着又被任命为洛阳北部尉。那时东汉王朝腐败已极，到处豪强横行，欺压贫民，目无法纪。曹操年轻气锐，颇思有所改革，为百姓除残害，为自己树名誉。他一到洛阳北部尉衙门，便修缮四门，造五色棒，在每门左右各悬十余枚，有犯法者，不避豪强，都用棒打杀。一次，灵帝最宠爱的宦官蹇硕的叔父于夜间行走，也被用棒打杀。因此，豪强有所畏惧，不敢轻易犯法。而豪强及其幕后支持者都把曹操看作眼中钉，必欲拔去之而后快。但由于曹操也有靠山，他们无可奈何，只好改变手法，在灵帝面前夸奖曹操甚有吏能，于是外调为顿丘（今河南清丰县西南）令，这时他二十三岁，不久，曹操又回朝为议郎。

曹操在议郎任内，曾因从妹夫瀙强侯宋奇被诛事，一度免官。由于曹操能明古学，不久复职。议郎不担任实际政务，专门给皇帝提供意见，论列是非。当时朝政昏浊，奸邪充塞，皇帝为宦官、贵戚所包围愚弄，不知下情。灵帝建宁元年（168年），皇后父大将军窦武，太傅、名士陈蕃谋杀宦官，结果反被宦官所

---

① 《三国志》卷1《武帝纪》。
② 《后汉书》卷67《党锢列传》。

杀。曹操特为窦武、陈蕃上书申诉，指言"奸邪盈朝，善人壅塞"。灵帝不能采纳。

光和五年（182年），灵帝下诏令三公举奏州郡官吏无治绩而为民蠹害者。三公倾邪，贪恋禄位，不敢得罪宦官，反而乘机收取贿赂，只把边远小郡一些清贫守法的地方官纠举塞责。曹操对此甚为忿恨，上书斥责三公所举，专回避贵戚。灵帝稍有感悟，责让三府，把蒙冤被诬的地方官拜为议郎。此后政教日乱，豪猾益炽，多所陷害。操知不可匡救，遂不复献言。

灵帝中平元年（184年）春，黄巾起义发生，曹操被任命为骑都尉，在镇压颍川黄巾军的战争中，做了皇甫嵩、朱儁的帮凶。被提升为济南国相，国有十几个县，长吏多阿附贵戚，赃污狼藉。以前国相不敢检举，曹操到任后，奏免了其中八县长吏。于是豪强震怖，窜入他郡。另外，操在济南还禁断淫祀，堵塞浪费，济南国在曹操治理下，政治有了一定程度的清明。

曹操在济南为官时间较久，后来被征入朝。当时宦官当权，贵戚横恣，曹操不能违道取容，屡屡干忤，也恐招致家祸，于是只做了议郎闲官。朝廷曾发表曹操任东郡太守，操不赴任，称疾返乡里，在谯县城外建筑住室，春夏读书，秋冬射猎，以自娱乐，养名待时。

曹操这时在政界已有相当声望，他虽屏居乡里，当冀州刺史王芬等图谋废灵帝，另立合肥侯时，曾征求操的意见，操以为废立大事，不能轻率行动，严词加以反对。芬等终以事泄被杀。

综观以上事实，可知在东汉地主统治集团中，曹操还是一个有作为、企图改善吏治的人，就是对刘氏皇室，他也想维护匡救，只是东汉王朝已经从根腐烂，无可救药了。

（2）占领兖州

献帝初平二年（191年），当酸枣等地的讨卓联军已经离散的时候，曹操还带着千余人的部队在河内寄居，没有固定地盘。这时，黑山（今河南浚县西北太行山区）起义军于毒、白绕、眭固等部十余万人攻入东郡，东郡太守王肱不能抵挡，曹操乃引兵进入东郡，在濮阳打败了白绕农民军，袁绍因表操为东郡太守，操以东武阳为郡城（今山东莘县南）。

献帝初平三年（192年）春，于毒等农民军趁曹操引军去顿丘的时候，进攻东武阳。曹操闻知，并不回军援救东武阳，而西入山攻农民军本屯，操手下诸将认为应先还救东武阳，操曰："使贼闻我西而还，武阳自解也；不还，我能败其本屯，虏不能拔武阳必矣。"[1]于是继续西行。

果然，农民军听说本屯被攻，立即舍弃东武阳而归，途中遭到曹操阻击而致大败。曹操又在内黄（今河南内黄西北）打败了於夫罗的军队，于是东郡得以确保。

当年夏，青州黄巾号称百万，进入兖州，杀死刺史刘岱。济北相鲍信等迎接曹操领兖州牧。操进兵击黄巾军于寿张（今山东东平南）东，黄巾军奋勇抵抗，操初战失败，鲍信战死。后操屡设诡计，黄巾军受挫撤退，操追至济北（今山东长清县），黄巾军被迫投降。《三国志》卷1《武帝纪》载：操"受降卒三十余万，男女百余万口，收其精锐者，号为青州兵"。以上几句记述，常为史家所引用，故应予以探讨。据《后汉书》卷74《袁绍传》载，建安元年（196年）袁绍给献帝上书有云："黄巾十万，焚烧

---

① 《三国志》卷1《武帝纪》注引《魏书》。

青、兖"，袁绍这里所说的黄巾显然即指以上自青入兖的黄巾，然而人数之差距却为十万比百万，究竟哪个说法接近事实呢？我以为"青州黄巾众百万"的数字是太夸大了，由于史料出自官方，对交战双方人数，常把多者说得过多，少者说得过少。如《武帝纪》注引《魏书》就把同青州军作战的操军说得过少，说操只"将步骑千余人"；还说其中旧兵少，新兵不习练；又说黄巾兵皆精悍，如此说来，青州黄巾人数既居于几百倍的压倒优势，且兵又皆精悍，操纵善于用兵，宁能"数开示降路，遂设奇伏，昼夜会战，战辄禽获"。据《三国志》卷11《国渊传》所说"破贼文书旧以一为十"的惯例，以上"黄巾众百万"的数字至少有十倍的夸大。仅从《武帝纪》就不难看到一些令人不敢置信的数字，如载同时俱起兵讨伐董卓的袁术及其他三个州六个郡长官，"众各数万"。在当时人民死伤离散的战乱情况下，六个郡国的兵力竟各达数万之多，是不合情实的。又如诸书皆云操在官渡战役坑杀袁绍士众八万或七万。裴松之以为"非其实录"。我们看书，应具体观察各种情况，不可根据片言只句，盲目相信书中数字。我以为青州黄巾军的人数应以袁绍所说"十万"为近是。至于操从青州黄巾中所挑选出来的所谓"精锐"者，在操军中究起多大作用？我以为也不能估计过高。当兴平元年（194年），吕布与操战于濮阳时，布"先以骑犯青州兵，青州兵奔"，致使操军阵乱，操本人几被活捉，说明青州兵是操军中的薄弱环节。据《三国志》卷17《于禁传》记述：当操军在宛受到降而复叛的张绣的突然袭击而致溃败时，青州兵乘乱劫人，被于禁加以制止。当官渡战役时，于禁只带领二千人"守延津以拒绍"。于禁为操手下五良将之一，所将士卒犹如此之少，青州兵自然不会更多，假若青州兵多于于禁所部，当青州兵在宛劫人时，于禁就不能那样轻而易举地"讨之，数之以罪"了。当然，曹操吸收一些青州黄巾加入其军队，无疑会使其军事力量有所增强，但并不能改变曹操军事集团为地主武装的事实。根据史书记载，操在起兵初期，除了其同族兄弟曹洪、曹仁、曹邵等领有家兵以外，其他地主武装，如谯县的许褚、中牟的任峻、钜野的李典、任城的吕虔等，都率领宗族、部曲数千或数百家参加。所以说曹操的军队还是以地主武装为骨干的。

操本人饶有雄图，他并不以占有兖州为满足。兖州为四战之地，各军阀对之亦虎视眈眈，所以一连串的战争随之而来。初平四年（193年），南阳方面的军阀袁术引兵进入州界，被操击败，逃奔扬州。

操父嵩于中平五年（188年）罢太尉官后，曾回谯县，因躲避兵乱，移居徐州琅邪郡。初平四年（193年），嵩又移家往兖州出发，嵩财物装满百余辆车，一路浩浩荡荡，行到泰山郡时，遭到徐州牧陶谦属下将士抢劫，嵩及少子德遇害。于是操以报父仇为名，大兴挞伐之师，接连攻下徐州十几个县城。陶谦退保郯县城（今山东郯城），操攻之不克，转而攻屠取虑（今江苏睢宁县西南）、睢陵（今江苏睢宁县）、夏丘（今安徽泗县）等县，"凡杀男女数十万人，鸡犬无余，泗水为之不流，自是五县城保，无复行迹。初三辅遭李傕乱，百姓流移依谦者皆歼"[1]。

兴平元年（194年）二月，陶谦告急于青州刺史田楷，楷与平原相刘备来救，曹操军食亦尽，乃引兵还。同年夏，操留荀

---

[1]《后汉书》卷73《陶谦传》。

彧、程昱守鄄城，自己再次率军攻徐州，一直攻到东海郡，依旧
大杀，所过残破。当操疯狂杀人之际，兖州发生了兵变，操部将
陈宫与陈留太守张邈合谋，迎接屯兵河内的吕布入兖州，操闻，
仓皇奔回。

　　这时兖州郡县多响应吕布，只有鄄城（今山东鄄城北）、范
（今山东梁山西北）、东阿（今山东阳谷东北五十里阿城镇）三个
县城由于荀彧、程昱、夏侯惇、枣祗等竭力保守，未曾沦陷，使
操归来尚有立足之地。操一见程昱，就拉着他的手说：“微子之
力，吾无所归矣。”①

　　吕布攻鄄城不能下，屯于濮阳（今河南濮阳南），操曰：“布
一旦得一州，不能据东平，断亢父（今山东济宁市南）、泰山之
道（此谓阻操由徐州还兖州之道），乘险要我，而乃屯濮阳，吾
知其无能为也。”②遂进兵与布战。

　　这次操与布争夺兖州的战争是颇为激烈的：曹操首先于夜间
袭破吕布屯于濮阳西的部队，尚未退还，吕布亲自率军前来搏
战，自日出战到日落，始各引退。

　　操又进军濮阳，濮阳大姓田氏为反间，操得入城，特烧毁东
门，以示必死，而无反意。但在城中战斗，操被布击败，布骑兵
遇操而不识，问：“曹操何在？”操指另一骑马奔逃的人说：“乘
黄马走者是也。”③于是布骑舍操而追骑黄马者，操乃得逃脱。这
时东门的火还在燃烧，操突火而出，左手掌被烧。操回营，忍着

---

① 《三国志》卷14《程昱传》。
② 《三国志》卷1《武帝纪》。
③ 《三国志》卷1《武帝纪》注引袁暐《献帝春秋》。

伤痛，亲自劳问军士，以安人心。然后传令赶制攻具，复进兵与布战。双方相持百余日，蝗虫起，百姓大饥，布粮食亦尽，各自退军。操还鄄城。布到乘氏（今山东巨野西），为县中大姓李进所破，东屯山阳（今山东金乡）。

这时袁绍使人说操携家居邺，其用意显然是让操去依靠他。操失兖州，军食乏，心中也有投绍之意。程昱劝阻说："兖州虽残，尚有三城，能战之士，不下万人，以将军之神武，与文若、昱等，收而用之，霸王之业可成也。愿将军更虑之！"①操乃止。

战争和屠杀，带来了人为的饥荒，这时谷一斛至五十余万钱，人相食。曹操为了节省军粮，只好遣退新募的吏兵。

兴平二年（195年）春，曹操打败吕布于定陶。夏，布又从东缗（今山东金乡东北二十里）与陈宫将万人来战，时操兵多出收麦，营内留兵不足千人，营西有大堤，堤南树木幽深，操设伏于内，及布军至，先以少量士卒诱之使进，然后伏兵齐发，布军大败，布乘黑夜遁逃。操复攻拔定陶，分兵平诸县。这时，徐州牧陶谦已死，刘备代领徐州，布乃往投备。于是曹操收复了兖州全部县城。

（3）迎献帝都许

兴平二年（195年），河东与河内一带将领杨奉、董承、韩暹、李乐、胡才、张杨等迎接献帝东归，经过难苦奔波，始到达河东。这时袁绍手下谋臣沮授向绍建议派兵迎接献帝到邺，然后挟天子讨不从命。但遭到淳于琼等人的反对，他们以为当今群雄并峙，各欲为帝，如迎得天子，每事都要表请，如听天子，则不

---

① 《三国志》卷14《程昱传》。

得自行其素；不从，则为抗拒圣旨，诸多不便。袁绍本人既早已不忠于献帝，又自恃宗族强大，有帝号自为之意，故不出兵迎接献帝。

建安元年（196年）正月，献帝在韩暹、董承卫护下，回到洛阳。曹操当时驻兵于许，有意迎帝，部属或以山东未平，韩暹、杨奉兵力尚强，未可猝制。荀彧进言："诚因此时，奉主上以从民望，大顺也；秉至公以服雄杰，大略也；扶弘义以致英俊，大德也。天下虽有逆节，必不能为累，明矣。韩暹、杨奉其敢为害！若不时定，四方生心，后虽虑之，无及。"[1]程昱、丁冲亦劝操迎帝[2]。于是操遣曹洪将兵西迎天子，董承等据险拒之，洪兵不得进。后韩暹矜功骄纵，专乱政事。董承又潜自招操，操乃将兵至洛，韩暹遁走。操自领司隶校尉、录尚书事。操以洛阳残破，且自己一时尚无力控制邻近诸军事势力，乃移驾幸许。从此，曹操尽收豫州之地，挟天子以令诸侯，造成政治上的极大优势，关中诸将望风服从，袁绍未能迎接献帝，后悔也来不及了。

曹操迁帝都许后，改兴平三年为建安元年（196年）。这时全国各地的割据者有：

曹操据兖、豫二州

袁绍据冀、青、并三州

公孙瓒据幽州

吕布据徐州

---

①《三国志》卷10《荀彧传》。
②程昱劝操迎帝见《武帝纪》；丁冲劝操迎帝见《三国志》卷19《陈思王植传》注引《魏略》。

袁术据淮南

孙策据江东

张绣据南阳

刘表据荆州

刘焉据益州

张鲁据汉中

韩遂、马腾据凉州

公孙度据辽东

各军阀为了争夺土地、人民，连年攻战不休，经济文化素称发达的黄河流域生产遭受严重破坏，人民大量死亡，造成"出门无所见，白骨蔽平原"①的凄惨景象。董卓徙献帝都长安时，以步骑驱使洛阳数百万人民西行，人民饥饿困顿，积尸满路。卓还放火焚烧洛阳周围二百里以内的大小建筑物，略无孑遗。李催等破朱儁于中牟，"因掠陈留、颍川诸县，杀略男女，所过无复遗类"。②献帝初入关时，"三辅户口尚数十万，自催、氾相攻，天子东归后，长安城空四十余日，强者四散，赢者相食，二三年间，关中无复人迹"③。徐州原来"百姓殷富，谷食甚丰，流民多归之"④。不久，曹操攻徐州，"所过多所残戮"⑤。袁绍与公孙瓒所置青州刺史田楷"连战二年，粮食并尽，士卒疲困，互掠

---

①王粲：《七哀诗》，见《先秦汉魏晋南北朝诗》第365页（中华书局本）。

②《后汉书》卷72《董卓传》。

③《后汉书》卷72《董卓传》。

④《后汉书》卷73《陶谦传》。

⑤《三国志》卷1《武帝纪》。

百姓，野无青草"①。袁术初到南阳，"户口尚数十百万，而不修法度，以钞略为资，奢欲无厌，百姓患之"②。术后至淮南，"荒侈滋甚，后宫数百，皆服绮縠，余粱肉，而士卒冻馁，江淮间空尽，人民相食"③。没有被杀被吃被饿死的人民便大量逃亡，劳动人手离开土地，更使生产荒废，饥馑频仍。

战乱和灾荒，不只给人民带来了浩劫，就是军阀也自受其殃，连军粮都供应不上。在这种情况下，各军阀要想保证军粮供应，只有把人们重新安排在农业生产上。初平三年（192年），曹操初得兖州时，毛玠就向曹操提出"奉天子以令不臣，修耕织以蓄军资"的两项建议，为操所赞同。建安元年（196年），曹操打败了汝南、颍川黄巾何仪、刘辟、黄邵、何曼等众各数万的农民军，获得了大量劳动力和耕牛、农具，并进据许县。随后枣祗、韩浩向操建议兴办屯田，操本人亦早有"急农"与"屯田"的愿望，乃募民屯田许下，得谷百万斛。于是扩大推行范围，为操扫灭群雄，提供了重要的经济基础。关于屯田的详细情况，将在后面介绍。

（4）进攻南阳

南阳先为袁术所占有。袁术是司空袁逢的儿子，袁绍的同父异母弟。术少时是一个骄奢任性、喜爱飞鹰走狗的浪荡公子，因为家门显赫，他稍一改变行操，便被举为孝廉，任郎中，累迁至虎贲中郎将。董卓入京，想取得袁家的支持，任术为后将军。术

---

① 《后汉书》卷73《公孙瓒传》。

② 《后汉书》卷75《袁术传》。

③ 《三国志》卷6《袁术传》。

不肯与卓合作，奔往南阳郡鲁阳县。那时，孙坚已杀南阳太守张咨，引兵归附袁术，术得以占有南阳。南阳是刘秀发迹之地，达官贵人历代多有，境内户口百余万，财富充溢。可是袁术骄纵奢淫，贪取无厌，弄得百姓穷困，怨声载道。袁术内不能任贤，外不能辟土。他和袁绍虽是一家兄弟，仍互相猜忌，袁绍欲立刘虞为帝，以便从中操纵政柄。袁术更目无汉室，连汉帝的招牌都不屑要，只图自己很快当上皇帝。当袁绍派人把欲立刘虞为帝的意图告诉术时，术表示反对，于是兄弟不和。术结好绍的仇敌公孙瓒；绍则联合术的劲敌刘表。当时官僚豪族多归附绍，而术门前颇为冷落，术怒言："群竖不吾从而从吾家奴乎？"术在与公孙瓒书中骂"绍非袁氏子"。术的生母是袁逢的嫡室，绍是袁逢的侍婢所生，而过继于伯父袁成。所以术瞧不起绍。绍少时行止比术检点，也较得人心，可能和他们在袁府的身份不无关系。古人说："生而富者骄，生而贵者傲，生富贵而能不骄傲者，未之有也。"[1]袁术就是典型的骄傲公子。初平四年（193年）初，术为刘表所逼，退出南阳，东入陈留，被曹操打败，率领余部奔往九江（郡治寿春，今安徽寿县），杀扬州刺史陈温，据有淮南。

建安二年（197年）初，曹操引军进攻屯兵在南阳的张绣，打算除掉这个不甚强大、但却逼近许都的后顾之忧。张绣是张济的族子，建安元年（196年），张济因饥饿由弘农进入荆州，攻穰县（今河南邓县），为流矢射死，绣代领其众，与刘表合，屯于宛（今河南南阳市）。当曹操初到宛时，张绣本已举军投降，但由于操纳张济之妻，张绣既怀恨，又趁操贪色无备之际，掩袭操

---

[1]《资治通鉴》卷47章帝章和二年。

营。操一子一侄被杀，亲信骁将典韦战死，操本人亦中流矢。但绣军力毕竟单薄，在追击中，未能取胜，绣还保穰，继续与刘表联合。

同年冬，曹操复进军攻张绣，攻克二县而还。

建安三年（198年）三月，曹操又准备出兵攻绣，谋臣荀攸劝阻说："绣与刘表相恃为强，然绣以游军仰食于表，表不能供也。势必离。不如缓军以待之，可诱而致也；若急之，其势必相救。"①操不从，进兵围绣于穰。刘表果来救，军不利。

不久，操闻袁绍将袭许，乃撤围而还，张绣率军来追。这时刘表援救张绣的军队亦已到达安众（今南阳市西南），截住操军还路，操腹背受敌。但操却说："吾策之，到安众，破绣必矣。"及到安众，于夜间凿险为地道，先过辎重，伪装逃走，而以奇兵设伏于旁。天明，绣以为操已遁走，率领全部兵力来追，操乃纵奇兵步骑夹击，大破绣军。

操还许，荀彧问："前以策贼必破，何也？"操曰："虏遏吾归师，而与吾死地战，吾是以知胜矣。"②

可是，曹操也有百虑之一失。张绣战败之后，又听取贾诩的计策，收集败卒再来追操。操果疏于防范，以精兵前行，弱兵在后，张绣取得了胜利。

（5）占领徐州

灵帝中平五年（188年），青、徐黄巾军复起，汉朝以陶谦为徐州刺史。谦，字恭祖，丹杨人，父曾为余姚县长，谦少好学，

---

① 《三国志》卷10《荀攸传》。

② 以上引文见《三国志》卷1《武帝纪》。

仕于州郡，举茂才，除卢县（今山东长清县南五十里）令。寻迁幽州刺史、参车骑将军张温军事。初平二年（191年），为徐州刺史，破走黄巾军。及李傕等挟制献帝，谦屡遣使至长安，迁徐州牧，加安东将军，封溧阳侯。当献帝兴平元年（194年）谦遭曹操痛击时，平原相刘备前来救助。谦死，徐州官吏遵谦遗嘱，拥立刘备为徐州牧。建安元年（196年），刘备遭到淮南军阀袁术的攻击，两军相持不下，寄居在徐州的吕布，乘机袭得州城下邳（今江苏邳县东）。备在徐州无处安身，至许投靠了曹操。程昱向操建议："观刘备有雄才，而甚得众心，终不为人下，不如早图之。"操曰："方今收英雄时也，杀一人而失天下之心，不可。"①曹操这时处在强敌环伺之中，比刘备更具有危险性的人还有。曹操不杀刘备，一是显示自己宽容，有利于广泛招徕人才；二是想暂时利用刘备对付其他敌人。于是操表备为镇东将军，封宜城亭侯。并增其兵，给其粮，令东屯沛，收散兵以图吕布。

建安三年（198年），吕布又与袁术连合，遣其将高顺、张辽击刘备，曹操遣夏侯惇往救备，为顺等所败。顺等遂破沛，虏备妻子，备单身走。操欲自往击布，诸将以为张绣、刘表在后，如东击布，后方堪虑。荀攸曰："表、绣新破，势不敢动，布骁猛，又恃袁术，若纵横淮泗间，豪杰必应之。今乘其初叛，众心未一，往可破也。"②操称善，乃引兵往击布。这时泰山屯帅臧霸、孙观、吴敦、尹礼、昌豨等皆附布。操与刘备遇于梁（今河南商丘市），进至彭城（今徐州市）。

① 《三国志》卷1《武帝纪》。
② 《资治通鉴》卷62建安三年。

陈宫劝吕布击操，以收以逸待劳之效。布不从，欲待操军横渡泗水时，蹙之于河。但操军战斗力甚强，布连战皆败，操攻克彭城之后，仍滥杀人民，进行屠城。吕布最后退守下邳，操引沂、泗二水灌城。布部将多叛，布亦被迫出降，操缢杀之。

布将张辽率其众降操，拜中郎将。臧霸亡匿，操得而赦之，使招吴敦、尹礼、孙观等，皆以为守相。这样，曹操在徐州的统治大致稳定了。

淮南的袁术，已于建安二年（197年）称帝，他只知骄奢淫逸，后宫妻妾数百，皆着罗纨，食粱肉。对百姓则一味榨取，毫不体恤。等到百姓的脂膏被吮食尽了，他也“资实空尽，不能自立”，被迫离开淮南，企图北上，把皇帝的桂冠送给袁绍，途经下邳时，遭到曹操的邀击，不能前进，又折回寿春（今安徽寿县），呕血而死。

二、官渡之战

在曹操迎接汉献帝到许以前，曹操和袁绍分别在黄河南北发展自己的势力，双方还一直保持着友好的关系。但随着双方势力的扩张，利害冲突也跟踪而来。曹操打着“天子”招牌，操纵封赏大权，自为大将军，以袁绍为太尉。袁绍素来骄贵，声望和地位一向在曹操之上，这时，绍耻班在曹操下，怒曰：“曹操当死数矣，我辄救存之，今乃背恩，挟天子以令我乎！”[1]不肯接受太尉官职。由于袁绍势力很大，曹操不得不把大将军让给他，而自为司空、行车骑将军。

---

[1]《三国志》卷6《袁绍传》注引《献帝春秋》。

建安三年（198年）十二月曹操擒杀吕布，取得徐州，次年三月，袁绍削灭公孙瓒，兼并幽州，于是袁、曹两大势力之间的对立显得更加突出，便不能不以战争相见了。

就地广、兵多、粮足各方面而论，袁绍都胜过曹操。曹操所占领的兖、豫、徐三州，都是残破之余。袁绍所统辖的冀、青、幽、并四州，则受战争破坏较少，比较富实。再就四周形势来说，袁绍所控制的地区，西界黄河，东临大海，北面的乌桓素受袁绍笼络。曹操则南有刘表，东南有孙策。关中将帅韩遂、马腾等都拥强兵，徘徊观望于袁曹二者之间。

客观形势是利于袁绍而不利于曹操的。

建安四年（199年）三月，袁绍灭公孙瓒之后，挑选步兵十万，骑兵一万，准备进攻许都。当时谋臣沮授向袁绍建议利用优越的人力、物力与地理形势，对曹操进行持久战以消耗其军事实力。"进屯黎阳，渐营河南"，从正面稳扎稳打；同时"分遣骑兵，抄其边境，令彼不得安，我取其逸"。这样就可十全必克，而不必决胜负于一役。可是袁绍不能用。

曹操针对当时情况，采取了一系列措施。首先进取河内，河内地区北靠太行山，南临黄河，占有了它，不仅可以阻挡袁绍在并州东南地区的军队东下，而且可以有效地阻止袁绍大军从东沿河西上。建安四年（199年）八月，曹操派遣原泰山将帅臧霸等带领精兵回到青州，利用他们在当地原有的影响进行活动，以牵制袁绍在青州方面的军队，使之不能西上增援。十一月，曹操又舍弃杀子之仇，把正在被袁绍招诱的张绣争取过来。这时，关中诸将见袁曹将要战争，皆中立观望。曹操使卫觊前往关中协助司隶校尉钟繇安抚韩遂、马腾等，使其不致为患。并开始派遣谒者仆射到关中监盐官，以市盐钱购买耕牛，供回到生产线上的农民使用，这对于安定关中社会秩序也起了一定的作用。这样，曹操就把一些不利因素转变为有利因素。后来曹操从关中获得一千余匹军马，弥补了一部分骑兵不足的缺陷。张绣在与袁绍作战中，亦"力战有功"。

曹操在做了以上部署以后，于建安四年（199年）年底，亲自率领大军进驻重要战略要地——官渡（今河南中牟北）。就在这时，发生了一件对曹操不利的事，就是刘备在徐州的叛变。刘备自投归曹操后，操给他一个豫州牧的名义，一同驻在许都。这时，淮南军阀袁术由于屡吃败仗，力穷势窘，打算经过徐州北上投奔袁绍，曹操派刘备前往截击，袁术被阻南归，刘备占据徐州叛操，并与袁绍联合。曹操派将前往击备，未能取胜。操留下部分兵力把守官渡，自己率领精锐骑兵前往击备。诸将恐袁绍乘机进攻，操曰："刘备，人杰也，今不击，必为后患。袁绍虽有大志，而见事迟，必不动也。"①遂东行，很快就击溃了刘备的军队，迫使刘备连妻子都扔掉，仓皇北上投奔袁绍。刘备手下亲信大将关羽，也被操俘获。操再回到官渡，前后还不到一个月的工夫。

曹操东征刘备，给袁绍造成的可乘之机，在袁绍集团中，并不是没有人看到。袁绍的谋臣田丰就曾经劝他抓住这个战机，袭取许都，但绍却以幼子患病的理由不肯出击，田丰急得用手杖击地说："遭难遇之机，而以婴儿之病失其会，惜哉！"②

---

① 《三国志》卷1《武帝纪》。
② 《三国志》卷6《袁绍传》。

袁绍在曹操进攻刘备时，不采取积极的行动，但当曹操打垮了刘备，回军官渡后，他却召集部属商议出兵的问题。田丰重申沮授前议，说："曹公善用兵，变化无方，众虽少，未可轻也，不如以久持之。将军据山河之固，拥四州之众，外结英雄，内修农战，然后简其精锐，分为奇兵，乘虚迭出，以扰河南，救右则击其左，救左则击其右，使敌疲于奔命，民不得安业；我未劳而彼已困，不及二年，可坐克也。今释庙胜之策，而决成败于一战，若不如志，悔无及也。"①袁绍对田丰的意见，不但不听，反而认为"沮众"，把他囚禁起来。沮授原来在袁绍幕府中是内为谋主、外监诸将的首要人物，这次也因谏阻出兵，违背了袁绍的意旨，郭图等人又乘机进谗，说沮授权势太大，继续重用下去，会无法控制，引起了袁绍对沮授的怀疑，终于把沮授统率的军队分为三部分，让他和郭图、淳于琼各统一军，这就大大削减了沮授的职权。

袁绍集团就在这种意见不一、矛盾重重的情况下，出动大军南下进攻曹操了。

建安五年（200年）正月，袁绍首先向各州郡发布了一篇讨伐曹操的檄文。二月，袁绍亲自率领大军由邺城南下，进驻黎阳。

袁绍向曹操进攻的第一步棋，就是派遣骁将颜良渡过黄河进攻白马（今河南滑县东），以便为主力渡河打下前进基地。曹操是要救援白马的，但所使用的战略，并不是派军直奔白马，而是声东击西，分散袁军兵力。曹操首先引兵到延津，装出要渡河抄

①《三国志》卷6《袁绍传》。

袭袁军后路的样子。袁绍忙分兵西上进行邀击，曹操则率领轻骑迅速驰往白马。在曹军离白马只有十几里的时候，颜良才发觉，仓促应战。曹操令张辽、关羽为先锋，关羽望见颜良麾盖，迅速冲进敌阵，刺死颜良，袁军失去主将，登时溃散，于是曹军胜利解救了白马之围。

曹操深知白马孤城在袁绍优势兵力的压迫下，终究不能坚守，乃向官渡进行战略转移，令白马居民和辎重一齐跟随军队沿黄河南岸向西撤退。

袁绍凭仗兵多势众，率领大军继续推进，沮授再次向袁绍进谏，劝他不可轻率冒进。袁绍不但不听，还把沮授仅余的部分军队交由郭图带领。

袁军先头部队在离延津不远的地方，赶上了曹军。这时，曹操令部队停止后撤，在南山下扎好营垒，派人登高瞭望。瞭望者报告袁军大约有五六百骑来到。接着又报敌骑续有增加，步兵多得不可胜数。操吩咐不要再报告了，他要骑兵解鞍放马，休息待命。这时，从白马撤出的辎重还在路上，诸将担心敌骑掳掠，建议连人马带辎重一齐进入营垒。荀攸认为现在正是利用辎重引诱敌人的时候，怎能移进营内呢！胸有成竹的曹操对荀攸的意见，点头表示赞同，脸上不禁发出会心的微笑。

袁绍骑将文丑和刘备带领五六千骑先后到来。诸将催请曹操赶紧上马迎战。操不动，过了一会儿，袁军骑兵到来，见路上有那样多的辎重，分外眼红，争先恐后地去抢劫，因而队伍大乱，操乘隙下令冲击，这时操身边骑兵不满六百人，但他们是以逸击劳，故能一举击杀文丑。文丑和颜良都是袁军名将，经过两次战役便被斩杀，大大提高了曹军的士气。

曹操在初战胜利之后，仍旧按照原定计划，退到官渡，集中兵力，筑垒固守。这样，既免遭敌人包抄，又缩短了军粮供应线。也使得袁军远离后方，给自己以更多伺隙出击的机会。

袁绍尽管两次受挫，但凭仗其兵多势众，仍旧推进至阳武（今河南原阳东南）。八月，袁军进临官渡，于是关系袁曹成败的官渡之战进入了决战阶段。然而，从史料上看，这个阶段的战争情况是含糊不清的，如《三国志》卷1《武帝纪》载：

> 八月，绍连营稍前，依沙塠为屯，东西数十里。公亦分营与相当，合战不利。时公兵不满万，伤者十二三①。绍复进临官渡，起土山地道。公亦于内作之，以相应。绍射营中，矢如雨下，行者皆蒙楯，众大惧。时公粮少，与荀彧书，议欲还许。彧以为："绍悉众聚官渡，欲与公决胜败。公以至弱当至强，若不能制，必为所乘，是天下之大机也。且绍，布衣之雄耳，能聚人而不能用。夫以公之神武明哲，而辅以大顺，何向而不济！"公从之。

所谓"合战不利"，虽然不能说是打了败仗，至少也是受到挫折。史书上关于官渡战役的描述，多来自曹魏官方，讳败夸胜，自为情所难免。从以上叙述可知，两军相持，曹守袁攻，曹军虽然焚过袁军的运粮车，但曹军乏食的情况仍较袁军严重。操非暗于军事者，犹欲知难而退，退保许都，从知曹军缺粮情况实为严重。

---

①操军人数绝不会如此之少，裴注已论之甚详。如果说是固守大营的兵数倒是可能的。

而曹操集团在军事上亦必有隐讳败衄之事，惜后人已无从知晓当时真相了。

在袁曹两军半年多的敌对中，袁绍未能取胜，曹操更陷于窘境，百姓困于役赋，反抗事件不断发生。汝南郡是袁绍的老家，袁氏门生故吏遍布境内，他们大都拥有武装，乘机起兵反操，遥为袁绍声援，刘备也一再领兵到汝南，骚扰曹操后方。袁绍还多次派出小股军队抄掠曹军的粮食供应线。这些都给曹操造成了很大的困难，迫使曹操一度考虑退守许都。经过荀彧谏阻，操始决定在官渡与袁绍周旋到底。他派遣曹仁带兵到汝南把刘备赶走，镇压了地方反抗势力，稳定了后方。

曹操除了采取严密措施，以足够的武装卫护粮食运输外，也十分注意用劫粮的办法制服袁军。恰好这时侦察到袁绍部将韩猛押运粮车数千辆来到官渡北面几十里的故市（今河南延津）。操知韩猛有勇无谋，乃派得力将领徐晃、史涣前往截击，把韩猛押送的粮谷全部烧掉。十月，袁绍大将淳于琼等率兵万余，押送大队粮车，停在离袁绍大营北面四十里的乌巢（今河南延津东南）。沮授为了确保这支运粮部队的安全，向绍建议派一支军队协助守卫，以防曹操再次抄袭。可是，袁绍认为没有必要。

这时，谋士许攸向绍献策：曹操兵少，其主力部队都集中在这里，许都防务必然空虚，可遣精骑前往偷袭，操失许都，进退狼狈，必然不能再战。绍不从，一定要先攻下操营。恰好这时许攸家人在邺犯法，被留守审配收治，攸既因此怀恨，又嫌绍无能，乃转而投奔曹操。据《三国志》卷1《武帝纪》注引《曹瞒传》曰：

公闻攸来，跣出迎之，抚掌笑曰："子远，卿来，吾事济矣！"既入坐，谓公曰："袁氏军盛，何以待之？今有几粮乎？"公曰："尚可支一岁。"攸曰："无是，更言之！"又曰："可支半岁。"攸曰："足下不欲破袁氏邪？何言之不实也！"公曰："向言戏之耳。其实可一月，为之奈何？"攸曰："公孤军独守，外无救援而粮谷已尽，此危急之日也。今袁氏辎重有万余乘，在故市、乌巢，屯军无严备；今以轻兵袭之，不意而至，燔其积聚，不过三日，袁氏自败也。"

以上即许攸给曹操献的乌巢劫粮之计，操与亲信商议，诸谋士对许攸的话半信半疑，只有荀攸、贾诩劝操采纳。于是操断然采取行动，留下曹洪和荀攸守住大营，亲自率领步骑五千，趁朦胧的月色，从小道直趋乌巢。操军打着袁军旗帜，每个士兵带上一捆干柴，嘴衔枚，马缚口，路上遇人盘问，答以袁公怕曹操抄袭我军后路，特地前往加强戒备。这样，顺利地到达了乌巢。曹军在袁军屯地周围点燃干柴，大火顿时燃烧起来。袁军从梦中惊醒，只见大火熊熊，喊杀之声，震耳欲聋，于是惊惶失措，乱作一团。至拂晓，淳于琼等见曹军兵少，又产生轻敌情绪，出营迎战，操不待其摆好阵势，即挥军急击，琼等抵挡不住，退回营中。

袁绍听说操往袭乌巢，并不赶紧派兵救援，还对其子谭说："即使曹操攻破淳于琼等，我攻下其大营，他就无处措身了。"于是命高览、张郃等加紧攻营。张郃建言："曹操兵精，往必破琼等；琼等破，则将军事去矣，宜急引兵救之。"①可是袁绍只遣少量骑兵往救琼，而以全力进攻曹营。曹营坚固，屹立不动。

当操正激励士卒攻打淳于琼等的时候，传来了袁绍援军将到的消息，有人劝操分兵拒敌。操以为兵分势弱，后顶不住援军，前攻不下敌营，必致两头败衄，于是令士卒拼命进攻琼等，一举破之，除杀琼等外，还烧掉袁军全部存粮。及袁绍援军到来，乌巢已经失守，援军也就不战而溃了。

乌巢粮谷被烧的消息传到官渡，袁军登时土崩瓦解，张郃、高览烧毁攻具，率部降操，其他将士，也不再听从袁绍指挥，纷纷逃命。袁绍、袁谭父子率领仅存的八百骑兵渡过黄河，逃回冀州。袁军的辎重、图书、珍宝都成了曹操的战利品，来不及逃跑的袁军多向操投降。

经过这次战役，袁绍的主力部队基本被消灭，曹操的军事力量大大增强，为日后统一北方奠定了牢靠的军事基础。

三、曹操统一北方

（1）进取冀、青、幽、并四州

建安五年（200年）十月，曹操在官渡大败袁绍后，冀州城邑，多降于操。但曹军也已人困马乏，特别是军粮短缺，使操无力再行北进。直到次年三月，操军仍缺粮，不能不就食于东平郡的安民②（亭名，在今山东东平西南）。

由于刘备仍在汝南，所以曹操打败袁绍后，亲自率军击备，

---

① 《三国志》卷17《张郃传》。

② 《三国志》卷10《荀彧传》。

备不战而奔荆州。刘表令备屯驻新野，以防曹操。

袁绍归邺后，收集散卒，平定诸叛郡县。原先，绍爱少子尚貌美，欲以为后，乃令长子谭出任青州刺史。沮授当时进谏说："谭长子，当为嗣，而斥使居外，祸必始于此矣。"①绍不听，曰："吾欲令诸子各据一州，以视其能。"②又以中子熙为幽州刺史；外甥高幹为并州刺史。袁谭与袁尚之间的矛盾，便由此形成。绍部下要员亦跟着分为两派：审配、逢纪为尚派；辛评、郭图为谭派。建安七年（202年）五月，绍死，尚继立，谭不服，自号车骑将军，屯兵黎阳。

尚、谭互讧，给操以吞并河北的良机。九月，操进军攻谭，谭、尚在曹军的重大压力下，惧而合力拒操，谭、尚数败。建安八年（203年）二月，操攻黎阳，谭、尚败走。郭嘉向操建议："（谭、尚）各有党与，急之则相保，缓之则争心生。不如南向荆州，以待其变；变成而后击之，可一举定也。"③操以为善，遂引军还许。

不出郭嘉所料，操退军后，谭、尚就厮杀起来，谭为尚所败，退保平原，尚围城急攻，谭竟遣辛毗求救于操。辛毗劝操乘机略定冀州。操称善，许助谭。十月，操引兵至黎阳，尚闻操军北上，乃释平原还邺。尚部将吕旷、吕翔叛尚归操。谭阴刻将军印给旷、翔。操知谭怀诈，为子整聘谭女以笼络之。操因军粮不足，引军暂还。建安九年（204年）正月，操引淇水入白沟，以

① 《资治通鉴》卷64献帝建安七年。
② 《后汉书》卷74上《袁绍列传》。
③ 《资治通鉴》卷64献帝建安八年。

通粮道。二月，尚又进兵攻谭，留审配、苏由守邺。操乘尚东去，再来攻邺，先为土山、地道攻城，至五月，毁土山、地道，而绕城凿长堑，周回四十里。起初挖得甚浅，审配从城上望见，笑其无用。至夜，操急掘之，广深各二丈，引漳水以灌城，城中饿死者过半。

袁尚闻邺城危急，率兵万人还救。操诸将以为尚来保卫老巢，人自为战，有必死之心，不如避之。操以为尚从大道来，当避之；若循西山来，则有依险自全之心，而无轻生必死之意，可一战而擒。尚果循西山来，被操战败。尚奔中山（今河北定州市）。八月，邺城被操攻占。

邺为冀州州城，冀州在操所辖各州中，户口与财赋都居首位，操对之极为重视，自领冀州牧，经常驻邺。

操围攻邺城时，袁谭亦乘机略取冀州数郡，并攻袁尚于中山，尚败走，到幽州依袁熙。操责谭负约，与之绝婚，然后进讨。十二月，操入平原，略定诸县。建安十年（205年）正月，操击杀谭于南皮。于是冀、青二州郡县皆为操有。

袁熙为其将焦触等所攻，与袁尚俱奔辽西乌桓。焦触自号幽州刺史，带领诸郡守、县令降操，操皆封为列侯。

并州刺史高幹于邺城陷落时，曾向操投降，后叛，发兵守壶关口（今长治市东南）。建安十一年（206年）春，操攻破壶关。高幹自往匈奴求救，单于不受，幹南奔荆州，行至上洛（陕西商县），为都尉王琰捕斩。至此，袁绍原来占有的冀、青、幽、并四州均为操平定。

（2）北征乌桓

汉末军阀混战之际，居住在幽州之辽东、辽西、右北平、上谷各郡的乌桓强盛起来，掠有汉民十余万户，袁绍立其酋帅为单于，以家人子为己女妻之。辽西乌桓蹋顿尤为强盛，曾助袁绍灭公孙瓒。后袁尚兄弟前往归附，蹋顿欲助尚收复故地，屡入塞为寇。操将击之，凿平虏渠（由今河北省饶阳县至沧州市）、泉州渠（在今天津市宝坻、武清二县境）以通海。

建安十二年（207年）春，曹操准备击乌桓，诸将皆曰："袁尚亡虏耳，夷狄贪而无亲，岂能为尚用？今深入征之，刘备必说刘表以袭许，万一为变，事不可悔。"郭嘉曰："公虽威震天下，胡恃其远，必不设备，因其无备，卒然击之，可破灭也。且袁绍有恩于民夷，而尚兄弟生存，今四州之民，徒以威附，德施未加，舍而南征，尚因乌桓之资，招其死主之臣，胡人一动，民夷俱应，以生蹋顿之心，成觊觎之计，恐青、冀非己之有也。表坐谈客耳，自知才不足以御备，重任之则恐不能制，轻任之则备不为用，虽虚国远征，公无忧矣。"①操从嘉议，率军北征，行抵易县，郭嘉献计："兵贵神速，今千里袭人，辎重多，难以趋利，且彼闻之，必为备。不如留辎重，轻兵兼道以出，掩其不意。"②操复从之。

七月，操军至无终（今天津市蓟县），时正当夏季多雨季节，滨海低洼，泞滞不通，乌桓遮守径要，军不得进。操患之，问路于右北平郡人田畴，畴曰："此道秋夏每常有水，浅不通车马，深不载舟船，为难久矣。旧北平郡治在平冈，道出卢龙，达于柳城；自建武以来，陷坏断绝，垂二百载，而尚有微径可从。今虏将以大军当由无终，不得进而退，懈弛无备。若嘿回军，从卢龙

---

① 《资治通鉴》卷65献帝建安十二年。
② 《资治通鉴》卷65献帝建安十二年。

口（今河北平泉县南柳河口处），越白檀（今河北承德市西南古北口东北一百四十里滦河之滨）之险，出空虚之地，路近而便，掩其不备，蹋顿可不战而禽也。"操称善，乃引军还，而署大木表于水侧路旁曰："方今夏暑，道路不通，且俟秋冬，乃复进军。"①乌桓候骑见之，以为大军已退，故乌桓不复设备。

操令畴将其众为向导，上徐无山（在今河北玉田东北二十里），堑山堙谷，五百余里，经白檀，历平冈（今内蒙古喀喇沁左翼），涉鲜卑庭，东指柳城（今辽宁兴城北），未到二百里，乌桓始觉之。尚、熙与蹋顿及辽西单于楼班、右北平单于能臣抵之等率数万骑迎战。八月。操登白狼山（在平冈东），猝与乌桓遭遇，乌桓军容甚盛，操辎重在后，被甲者少，左右皆惧，操登高望见敌阵不整，乃纵兵击之，使张辽为先锋，乌桓大溃，斩蹋顿。胡汉降者二十余万口。

袁尚、袁熙奔辽东太守公孙康。有人劝操继续追击。操曰："吾方使康斩送尚、熙首，不烦兵矣。"九月，操引兵自柳城还，公孙康果派人送尚、熙首来。众问操："公还而康斩送尚、熙，何也？"操答："彼素畏尚等，吾急之则并力，缓之则自相图，其势然也。"②

到这时，中国北方，除辽东的公孙康和关西的马腾、韩遂尚仅是名义上的服从外，其他州郡都直接隶属于曹操的管辖之下了。

---

① 《资治通鉴》卷65献帝建安十二年。
② 《三国志》卷1《武帝纪》。

第四章　孙策、孙权兄弟和刘备的
　　　　兴起与赤壁之战

一、孙坚、孙策的相继兴起与被人刺杀

孙坚，字文台，吴郡富春（今浙江富阳）人，祖先世代在本郡为吏。坚年十七，随父乘船去钱塘，遇海贼掠夺了商人财物，正在岸上分赃。船人畏惧，不敢前进。孙坚操刀上岸，用手东西指挥，佯做部分兵士以包剿贼的模样，海贼望见，以为是官兵来捕，赶紧舍弃财物，往海岸奔逃。孙坚追上前去，砍杀一人，提其首而归。孙坚这种果敢机智的行为很快便被传播开来，名扬一方。

汉灵帝熹平元年（172年），会稽郡发生了道教徒许生的起义，许生自称阳明皇帝，邻近各县农民踊跃参加，共达万人。那时孙坚任吴郡司马，他招募精勇壮丁千余人，与州郡官兵联合，镇压了许生的起义。孙坚以后相继为盐渎、盱眙、下邳三县县丞。

灵帝中平元年（184年），黄巾起义发生，汉朝派遣车骑将军皇甫嵩、中郎将朱儁率军镇压，朱儁以孙坚为佐军司马。孙坚原有乡里少年数百人，又募得商旅及淮、泗精兵千余人，跟随朱儁

征战，积功至别部司马。

黄巾起义发生不久，边章、韩遂在凉州起兵，中郎将董卓征讨无功。中平三年（186年），汉朝又派司空张温前往镇压，张温令孙坚参军事。至长安后，温以诏书召董卓，卓逾期始至，温责让卓，卓应对不顺。孙坚劝温以卓应召稽留、轻上无礼为借口诛之，温不听。边章、韩遂闻大兵至，不战而退。温亦班师。孙坚在朝中任议郎。那时长沙郡又发生了区星的起义，朝廷以孙坚为长沙太守。孙坚因镇压区星和其他农民起义有功，被封为乌程侯。

前已叙及，在关东诸将讨伐董卓的战争中，孙坚表现积极，战果较好。他当时依附于袁术。献帝初平二年（191年），术使坚往荆州击刘表，表遣将黄祖拒战，两军战于樊城与邓县间，坚连战皆捷，长驱直入，渡过汉水，包围襄阳。坚虽善斗，但防身不周，一次单骑轻出，被黄祖部下军士暗箭射杀。时年三十七[①]。

从孙坚的事迹来看，他是一个骁勇善战的人，他的军队战斗力所以很强，乃因他善于抚恤士卒。《三国志》卷46《孙坚传》裴注引《江表传》言：

> 坚历佐三县，所在有称。吏民亲附。乡里知旧，好事少
> 年，往来者常数百人，坚接抚待养，有若子弟。

----

① 《三国志》卷46《孙坚传》谓孙坚死于初平三年（192年）。同卷《孙策传》裴注引《吴录》载策上表言："臣年十七，丧失所怙。"《孙策传》言策死于建安五年（200年），时年二十六。据此推算，策生于灵帝熹平四年（175年），至初平二年（191年），策年为十七岁，故裴注以为孙坚死于初平二年（191年）。今从之。

同传裴注引《山阳公载记》述董卓之语：

> 关东军数败矣。皆畏孤，无能为也。唯孙坚小戆，颇能
> 用人，当语诸将，使知忌之……但杀二袁、刘表、孙坚，天
> 下自服从孤耳。

由上可知，孙坚除了善于接待吏兵以外，还能用人。惟他出身于地方豪族，论社会地位和声望，远远比不上世家豪族，所以他仍投靠了大世族袁术。在讨伐董卓的战争中，孙坚表现颇为积极。然而他也并非真正忠于汉室。他初至荆州，因刺史王叡轻己而杀之；因南阳太守张咨不肯供给军粮，亦诱而斩之。这种因私嫌擅杀朝廷命官的行径，还是越轨与非法的。袁术对孙坚心存疑忌，不敢放手使用。据《三国志》卷50《妃嫔传》载：

> 孙破虏吴夫人，吴主权母也。本吴人，徙钱唐，早失父
> 母，与弟景居。孙坚闻其才貌，欲娶之。吴氏亲戚嫌坚轻
> 狡，将拒焉。坚甚以惭恨。夫人谓亲戚曰："何爱一女，以
> 取祸乎？如有不遇，命也。"于是遂许为婚。

由上所述，孙坚之娶吴氏，颇有逼婚性质，"吴氏亲戚嫌坚轻狡"，"轻狡"，即欠稳重与躁急横暴之意。孙坚所以享年不永，遭人暗算，即吃了他这种性格的亏。如果说孙坚是一位能征善战的军事家，那是当之无愧的，但他似乎不是深沉有大略的政坛能

手。

孙策是孙坚长子，字伯符。因坚经常征战在外，所以把家属留在寿春，坚死时，策年十七，已经交结知名之士，在江淮间著有声誉。

兴平元年（194年），孙策往见袁术，术甚奇之，但不肯还其父兵，时术用策舅吴景为丹杨太守，术令策去丹杨募兵。策募得数百人，遭到泾县大帅祖郎的袭击，几乎丧命。策又往见术，术还其父兵千余人，并表策为怀义校尉。术初许策为九江太守，但结果用了别人。后遣策攻庐江太守陆康，对策言："今若得康，庐江真卿有也。"可是策攻克庐江后，术又用其故吏刘勋为太守，策更失望。

这时扬州所管辖的地区，除长江以北的九江和庐江两郡外，尚有江南的丹杨、吴、会稽、豫章四郡。汉朝任命的扬州刺史刘繇系兖州刺史刘岱之弟，兄弟皆当时名士。扬州州城本来在寿春，后寿春被袁术占据，刘繇就把丹杨郡郡城曲阿（今江苏丹阳县）作为州城，刘繇把袁术所用的丹阳太守吴景赶到江北，派遣樊能、于麋屯横江津（今安徽和县东南），张英屯当利口（今和县东），以拒吴景等。景等攻樊能等，年余不克。兴平二年（195年），孙策请准袁术，前往援助吴景。策原只有兵千余，骑数十匹，宾客愿从者数百人。及到历阳（今安徽和县），众骤增至五六千人。于是渡江攻刘繇牛渚[①]营，获得了许多粮谷和战具。这时投靠刘繇的原彭城相薛礼屯据秣陵城，原下邳相笮融屯据秣陵城南。孙策把他们击破以后，进击刘繇于曲阿，繇弃军遁逃。

[①]牛渚山，在今安徽当涂县西北，其山脚突入长江部分叫采石矶。

策进入曲阿后，劳赐将士，告谕诸县："其刘繇、笮融等故乡部曲来降者，一无所问，乐从军者，一身行，复除门户，不乐者勿强也。"①于是，旬日之间，四面云集，得见兵二万余人，马千余匹。策治军严整，兵士遵守约束，鸡犬菜蔬，一无所犯。史称策"美姿颜，好笑语，性阔达听受，善于用人"②。是以将士用命，战无不克，威震江东。

刘繇、笮融被孙策战败后，均溯江奔豫章郡。笮融用诡诈手段，杀害豫章太守朱皓。刘繇自彭泽（今江西湖口县）进军讨融，融败走入山，为山民所杀。汉朝以名士华歆为豫章太守。

袁术在淮南，毫无建树，只残酷压榨人民，破坏生产。在军事上，他屡遭败北，仍不顾别人谏阻，硬要做皇帝，以前他听说孙坚在洛阳得到汉朝的传国玺，便用拘留坚妻的办法，迫使孙坚将玺交出。后来孙策听说袁术将称帝，曾投书责让，术不听。于是双方断绝了关系。

就在袁术称帝的建安元年（196年），孙策部将朱治驱走吴郡太守许贡，许贡投奔吴郡豪帅严白虎。严白虎有众万余，处处屯聚。孙策手下诸将主张先击破严白虎等。策曰："虎等群盗，非有大志，此成禽耳。"③策遂引兵东渡钱塘江，进击会稽太守王朗。朗功曹虞翻劝朗曰："策善用兵，不如避之。"④朗不听，打了两次败仗，还是向策投降了。

孙策自为会稽太守，复命虞翻任功曹，待以交友之礼。建安

---

① 《三国志》卷46《孙策传》注引《江表传》。
② 《三国志》卷46《孙策传》。
③ 《三国志》卷46《孙策传》。
④ 《资治通鉴》卷62献帝建安元年。

三年（198年），曹操表策为讨逆将军，封吴侯。以弟女配策小弟匡，又为子彰娶策从兄贲女。操征王朗还朝，以为谏议大夫，参司空军事。

袁术遣使赍印绶给丹杨宗帅祖郎等，使激动山越，共图孙策。刘繇奔往豫章。太史慈遁于芜湖山中，自称丹阳太守，进住泾县，大为山越所附。孙策平定丹杨东部以后，又西讨祖郎于陵阳（今安徽石埭东北），擒之，策谓祖郎曰："尔昔袭孤，斫孤马鞍，今创军立事，除弃宿恨，惟取能用，与天下通耳，非但汝，汝勿恐怖。"①即以郎为门下贼曹。又擒太史慈于勇里（在今安徽泾县），策捉慈手曰："宁识神亭时邪？若卿尔时得我云何？"慈曰："未可量也。"策大笑曰："今日之事，当与卿共之。闻卿有烈义，天下智士也，但所托未得其人耳。孤是卿知己，勿忧不如意也。"②即署慈为门下督。当策引军还时，太史慈与祖郎都在前导引，军人以为荣。

这时刘繇已在豫章病故，留下部曲万余人。孙策命太史慈前往安抚，谓慈曰："吾先君兵数千人，尽在公路（袁术字公路）许，吾志在立事，安得不屈意于公路而求之乎！其后不遵臣节，谏之不从，……不得不离……今……卿往……宣孤意于其部曲，部曲乐来者与俱来，不乐来者且安慰之……卿须几兵？多少随意。"慈曰："慈有不赦之罪，将军量同桓、文，当尽死以报德。今……兵不宜多，将数十人足矣。"左右皆曰："慈必北去不还。"策曰："子义（太史慈字子义）舍我，当复从谁！"饯送昌门，把

腕别曰：“何时能还？”答曰：“不过六十日。”慈行，议者犹言遣之非计。策曰：“太史子义虽气勇有胆烈，然非纵横之人，其心秉道义，重然诺，一以意许知己，死亡不相负。诸君勿忧也。”①太史慈果如期而返。

策不仅对武将如此信任，对年高望重的文臣也照样体贴，不加猜忌。策略定江东以后，对流寓江东的彭城人张昭颇为信重。“命昭为长史、抚军中郎将，升堂拜母，如比肩之旧，文武之事，一以委昭。”因张昭颇有声望，北方士大夫在写给张昭的信中，把策创业功绩，多加到张昭身上。张昭觉得很过意不去，因之进退不安。策知之，欢笑曰：“昔管仲相齐，一则仲父，二则仲父，而桓公为霸者宗，今子布贤，我能用之，其功名独不在我乎？”②

建安四年（199年）冬，策攻庐江太守刘勋，袭得皖城，获袁术、刘勋妻子及部曲三万余人。勋逃走，投归曹操。策收得勋兵二千余人，船千艘。遂进击刘表江夏太守黄祖，祖败走，获其妻子及船舰六千艘。祖士卒被杀及溺死者数万人。

策接着又向豫章进军，太守华歆不战而降。由于歆年高望重，策不以战胜者自居，身自拜歆，礼为上宾。

策从豫章郡分出庐陵郡，以从兄孙贲为豫章太守，贲弟辅为庐陵太守。

建安五年（200年）夏，策西击黄祖。广陵太守陈登招诱严白虎余党，图袭吴郡。策既败黄祖，将还击登，军到丹徒，因待运粮，暂时停住。策性好猎，数出驱驰，所乘马精骏，从骑追随不及。猝遇前吴郡太守许贡客三人，射策中颊，及随骑至，刺杀贡客。策因伤重，数日死，时年二十六。

二、孙权继业与孙氏政权的巩固

建安五年（200年），孙策临死时，令长弟孙权作自己的继承人，嘱托张昭等曰："中国方乱，夫以吴、越之众，三江之固，足以观成败，公等善相吾弟。"呼权，佩以印绶，谓曰："举江东之众，决机于两陈之间，与天下争衡，卿不如我；举贤任能，各尽其心，以保江东，我不如卿。"①

这时，东吴的情况是怎样的呢？当时虽已有会稽、吴、丹杨、豫章、庐陵五郡及江北庐江郡一部分，可是山区居民还多受强宗豪帅的控制，不接受孙氏政权的征调，而土著豪杰及因逃避兵祸而渡江南下的士大夫也都在观望形势，以自己的安危利害决定动向。他们和孙氏政权并没有建立牢固的君臣关系。正因为这样，孙策刚死，原为孙策所表用的庐江太守李术就"不肯事权，而多纳其亡叛"②。既多有"亡叛"，说明当时逃离孙氏政权的民丁并不在少数。本来已经和周瑜过江准备投靠孙策的鲁肃，这时也有北还的意图。甚至连孙权的从兄孙辅也"恐权不能保守江东"，背地里"遣人赍书呼曹公"③。孙权另一从兄孙暠更野心勃勃，想趁机夺取会稽，幸赖会稽郡吏民保城固守，使孙暠未能得

---

① 《三国志》卷46《孙策传》。
② 《三国志》卷47《吴主传》。
③ 《三国志》卷51《宗室传》注引《典略》。

逞①。凡此，都说明怎样安定人心和巩固政权是孙权的首要任务。好在这时孙权年已十九岁，他虽不及孙策那样英武善战，但也已有一定的军事和行政经验。当建安元年孙策刚平定江东各郡时，权年十五，已经做过阳羡县县长，继为行奉义校尉，跟随孙策征战，表现了一定的才能和识见。张昭、周瑜等认为孙权"可与共成大业，故委心而服事焉"②。孙权统事以后，首先要做的就是以下各事：

（1）招延人才，团结部属

除了重用原来孙策时的文武要员张昭、张纮、周瑜、吕范、董袭、程普、朱治、太史慈等外，还"招延俊秀，聘求名士"③。渡江南下的士人如鲁肃、诸葛瑾、步骘、严畯等都受到亲待，给以重任。武将如从荆州投奔过来的甘宁，经过周瑜、吕蒙推荐，权甚为器重，待之如同旧臣。对年轻能干的吴人陆逊，也招致到幕府任职，"以兄策女配逊，数访世务"④。经过亲自考察和谈话，孙权还赏识了吴县县丞广陵人吕岱，逐步予以重用。这样，六七年间，做到了"国险而民附，贤能为之用"⑤，从而使孙氏在江东的统治稳定下来。

（2）镇抚山越，讨不从命

长江以南的广大地区，很早就有百越与汉族人民共同居住。秦始皇统一中国以后，修筑了从咸阳直接通往会稽的驰道，并谪

---

① 《三国志》卷57《虞翻传》注引《吴书》。

② 《三国志》卷47《吴主传》。

③ 《三国志》卷47《吴主传》。

④ 《三国志》卷58《陆逊传》。

⑤ 《三国志》卷35《诸葛亮传》。

发内地罪人至江南，加强了南北联系和民族融合。汉武帝几次将东瓯、东越的人民迁徙到江淮之间。随着秦汉四百年中央集权的加强和社会经济文化的发展，汉越人民之间的民族界限也越来越淡薄。许多沿江和平原地区的人民已基本消除了民族隔阂。孙氏在江东建立政权后，为了与强大的曹操等势力抗争，更加紧对广大山区汉越人民的镇抚。当孙策进入曲阿，驱逐刘繇时，已有军队数万人。他对周瑜说："吾以此众取吴会平山越已足，卿还镇丹杨。"[1]说明孙策要彻底平定吴、会二郡，就必须令二郡山区越民纳入其统治之下。孙策死时，因"恐邻县山民或有奸变"，吴郡各县县长甚至不敢离开县城给孙策送葬[2]。因此，孙权统事之初，就"分部诸将，镇抚山越"[3]。建安八年（203年），孙权"使吕范平鄱阳，程普讨乐安，太史慈领海昏，韩当、周泰、吕蒙等为剧县（山越反抗剧烈之县）令长"[4]，分别镇压山越。另外，会稽南部都尉贺齐也平定了建安（今福建建瓯）、汉兴（今福建浦城）、南平（今福建南平市）的反抗，擒获山中名帅洪明等五人，料出兵万人。以后仍不断对山越用兵，虽不能根本解决问题，但毕竟从山民中榨取了一定数量的兵员和物资，从而增强了孙氏政权的力量。

除了山越以外，孙权也镇压了其他的反抗势力。如上述庐江太守李术，原为孙策所表用，孙策死后，术"不肯事权，而多纳其亡叛"，权命术送回叛者，术回答说："有德见归，无德见叛，

①《三国志》卷54《周瑜传》。

②《三国志》卷57《虞翻传》。

③《三国志》卷47《吴主传》。

④《三国志》卷47《吴主传》。

不应复还。"①权进军攻术于皖城，枭术首，徙其部属三万余人。又建安九年（204年），权弟丹杨太守孙翊为郡都督妫览、郡丞戴员杀死，妫览欲逼取翊妻徐氏。徐氏与翊亲信旧将孙高、傅婴共设谋杀览、员。权闻讯，从椒丘（今江西南昌市）赶到丹杨，族诛览、员余党。

（3）三征江夏，斩杀黄祖

荆州居吴上游，孙吴早就图谋攻取荆州。江夏守将黄祖曾射杀孙坚，更成为被孙氏讨伐的借口。建安八年（203年），孙权又攻黄祖，正胜利进军之际，"而山寇复动"，因之孙权不得不回军镇压山越。建安十二年（207年），权再次"西征黄祖，虏其人民而还"②。次年春，权第三次出击黄祖。祖水军横置两蒙冲，挟守沔口（即夏口），蒙冲上有千人，以弩交射，飞矢雨下。权前锋董袭、凌统各率敢死士百人，人被两铠，乘大船，突入蒙冲内。董袭用刀切断两绁，蒙冲乃漂流。权军遂得前进，吕蒙在前亲枭黄祖手下水军都督陈就之首。于是将士乘胜，水陆并进，遂屠其城，祖逃走，被追及斩首，虏获男女数万口。

经过以上各种措施，孙权在江东的统治得到了巩固。

三、刘备的兴起

刘备，字玄德，涿郡涿县（今河北涿州市）人，是汉景帝子中山靖王刘胜的后裔。祖父刘雄做过东郡范令，父刘弘去世很早。备生于汉桓帝延熹四年（161年）。少时家贫，与母以贩鞋织

---

① 《三国志》卷47注引《江表传》。
② 《三国志》卷47《吴主传》。

席为业。十五岁，母令外出求学，与公孙瓒一同师事大儒卢植。瓒年长，备以兄事之。备不喜欢在古书上下功夫，好交结，周围团聚了不少年轻人。黄巾起义发生后，备亦参加了镇压活动。他虽是汉朝宗室，但那时刘氏宗姓已没有多少号召力。备早年所以能招聚一些队伍，是由于得到大商人张世平、苏双的资助。备因镇压黄巾有功，做过下密县丞、高唐县尉。后被农民军击败，投奔公孙瓒。献帝初平二年（191年），做到平原相。兴平元年（194年），徐州牧陶谦受到曹操攻击时，备应邀前往救助，被陶谦表为豫州刺史。谦死，备受徐州官吏的拥护，一跃而为徐州牧，并被曹操表为镇东将军、宜城亭侯。建安元年（196年），刘备被吕布袭破，走归曹操。操给以豫州牧的头衔，进封左将军。建安四年（199年），备乘曹操派他到徐州阻击袁术之际，背叛曹操，战败后，北归袁绍，绍败，又到荆州依刘表。

　　刘备早期所以屡遭挫折，同他出身贫寒，缺乏凭借，固然很有关系，但这样的出身，对他的作风也带来了有益的影响。刘备少时与母从事贩鞋织席等手工劳动，后来他有了一定的官爵地位后，仍没有完全脱离劳动。例如他在许跟随曹操时，曾和佣人一道种菜；到荆州以后，也亲手结毦。正因为这样，刘备和一般中下层人士有所接近，他年轻时就"善下人，喜怒不形于色，好交结豪侠，年少争附之"。史书上说他："士之下者，必与同席而坐，同簋而食，无所简择，众多归焉。"①虽然如此，有的社会上层豪强还是瞧不起他。当他已经做到平原相时，士绅刘平还认为在他手下为民，是很大的耻辱，因而派遣刺客去杀害他。刘备不

---

　　①《三国志》卷32《先主传》注引《魏书》。

知这人是刺客，仍殷勤招待，致使刺客深受感动，不仅不忍下手，还把真情吐露给他。这种化敌为友的事实，不能不说是刘备平日热诚待人的结果。备在开始招聚队伍之先，已与关羽、张飞结成亲密同伴，三人"寝则同床，恩若兄弟"①。备每逢有公私聚会时，羽、飞二人经常"侍立终日，随从周旋，不避艰险"②。后来关羽被曹操俘获以后，虽然受到操的优厚待遇，仍旧不忘故主，终于辞操奔备。赵云原来隶属于公孙瓒，一见刘备，即受到亲切接待，因之成为备日后经得起考验的亲信将领。当备在徐州受到吕布袭击后，饥饿困顿，大商人兼州吏麋竺"于是进妹于先主为夫人，奴客二千，金银货币以助军资"③。刘备赖此得以重整军队。后来麋竺虽被曹操封为嬴郡太守，仍旧去官随备周旋。备不但能得到部属的倾心拥戴，当时其他人对他的才略与作风，亦多所称许。比如徐州牧陶谦临死时，让刘备代领徐州，他对部下说："非刘备不能安此州也。"④谦死，州中官吏迎接备去到任，备谦让不敢当。"有隽才、轻天下士"的广陵太守陈登，认为备"雄姿杰出，有王霸之略"⑤，因而表示愿为备"合步骑十万"，建"匡主济民"之业。另一"名重天下"的孔融也对备说："今日之事，百姓与能，天与不取，悔不可追。"⑥事后，袁绍也说：

① 《三国志》卷36《关羽传》。
② 《三国志》卷36《关羽传》。
③ 《三国志》卷38《麋竺传》。
④ 《三国志》卷32《先主传》。
⑤ 《三国志》卷22《陈矫传》。
⑥ 《三国志》卷32《先主传》。

"刘玄德弘雅有信义，今徐州乐戴之，诚副所望也。"①曹操曾当面对刘备说："今天下英雄，惟使君与操耳，本初之徒，不足数也。"②操部下谋臣程昱说："刘备有雄才，而甚得众心。"③《傅子》说："刘备宽仁有度，能得人死力。"④所以我们说：在军阀混战的第一阶段，刘备已显示出有较好的作风与魄力。只因史简有缺，我们无由知道他所以受人称述的许多具体事迹。但相信话出有因的。

四、三顾草庐

当曹操与袁绍在官渡作战时，刘备被袁绍派往汝南（袁绍的本郡）一带活动，以扰乱曹操的后方。建安六年（201年），曹操打败袁绍后，亲自率军进击刘备，备逃到荆州，刘表令备屯驻新野，看守荆州的北门，以防曹操。从这时起，备在荆州居住达十年之久。

荆州靠近中原，情况比较安定，北方士大夫到这里避难的很多。刘表是一个徒有虚名而缺乏实际才干的人，他既不能利用曹操同袁氏交兵的机会袭取许都，又不能收用荆州土著及侨居的许多人才。所以当刘备来到荆州后，"荆州豪杰归先主者日益多"⑤。刘备本人深切认识到自己所以屡遭挫败，主要是由于没有优秀的参谋人员，所以对访求人才，十分注意。当时襄阳有一

---

① 《三国志》卷32《先主传》注引《献帝春秋》。

② 《三国志》卷32《先主传》。

③ 《三国志》卷32《先主传》。

④ 《三国志》卷32《先主传》注引《傅子》。

⑤ 《三国志》卷32《先主传》。

个名士司马徽，擅长识别人才，人称"水镜"。备找他访问天下大计。司马徽自称"儒生俗士，不识时务"。而在备面前夸奖号称"卧龙"和"凤雏"的两个年轻俊杰。备问是谁，他说就是诸葛亮和庞统。另外，已经归附刘备的徐庶也向备称述诸葛亮好比是潜伏在人世间的龙。两人不约而同的介绍，自然引起了刘备的深切关注，他立即对徐庶说："君与俱来。"徐庶说："此人可就见，不可屈致也。将军宜枉驾顾之。"徐庶自从跟随刘备以后，极为备所器重，他这样称赞诸葛亮的才能和风格，怎能不引起刘备对诸葛亮的倾慕和向往呢！于是刘备郑重而谦逊地前往隆中求见诸葛亮，第一次没有见到，第二次又落了空，到第三次才获得了亮的接见。

相见之后，刘备说："汉室倾颓，奸臣窃命，主上蒙尘。孤不度德量力，欲信大义于天下，而智术浅短，遂用猖獗，至于今日，然志犹未已，君谓计将安出？"诸葛亮在答语中，先用曹操打败袁绍的事例，说明只要措置得当，弱者也可以变强。然后指出现在曹操强大，一时难同他死打硬拼。江东的孙权亦无隙可击，只能利用孙权，共同对付曹操。接着，亮又言荆州刘表、益州刘璋都是凡庸之辈，难以守住基业。他们下边的智能之士，都想另择明君。诸葛亮肯定了刘备具有"帝室之胄，信义著于四海"及"思贤如渴"等优点，同时提出了今日之计，应先取荆、益，再图曹氏的战略部署[1]。刘备听了，连声称善。于是二人情好日密。可是关羽、张飞不相信这个初出茅庐的年轻人会有多么大的本领，刘备对他们解释说："孤之有孔明，犹鱼之有水也。

---

[1] 以上见《三国志》卷35《诸葛亮传》。

愿诸君勿复言。"关羽、张飞毕竟对刘备是极信服的，见刘备说出这种话，自然也就不再提出异议了。

以上"三顾草庐"的故事，一千多年来，一直被人们传诵着。一提到这事，人们就极推崇诸葛亮的才智和预见；对于刘备的屈身下士虽然也普加赞扬，但认识程度尚嫌不足。实际上，像刘备这样虚怀求贤、屈身访贤、慧眼识贤、诚心用贤、临终托贤的一系列行为见识在中国古代封建帝王中是极其难得的，古代的人也已经认识到：才智之士几乎到处都有，可是能够识贤用贤的君主却累世难见，像刘备这样对待诸葛亮的事，确实应当给以高度的评价。

五、赤壁之战

荆州牧刘表，兖州山阳郡高平县（今山东鱼台县）人，是东汉末年士大夫中著名人物之一。献帝初平元年（190年），荆州刺史王叡为孙坚所杀，刘表代为荆州刺史，屯驻襄阳。荆州辖区"南接五岭，北据汉川，地方数千里，带甲十余万"①。由于荆州所受战争破坏较少，关西和中原人民到这里来避难的很多。刘表在荆州，经济和军事力量都比较雄厚。襄阳处于中原与南方交通要道，荆州又居长江中游，往北可以进取中原，西可略定巴蜀，往东又对吴居于顺流而下的地理优势，正是用武之地。可是刘表是典型的清议派人物，当时人郭嘉已经说他不过是一个"坐谈客"②。他只求"保境自守""观天下变"。在这种消极的单纯防

―――――――――――

① 《后汉书》卷74下《刘表传》。

② 《三国志》卷14《郭嘉传》。

御政策指导下，刘表失去了许多主动出击以壮大自己的大好时机。曹操曾说："我攻吕布，表不为寇；官渡之役，不救袁绍，此自守之贼。"①特别是当建安十二年（207年）曹操远去进攻乌桓的时候，他又不能听从刘备的建议，袭取许都，眼巴巴地把几个进取的机会都丢失了。刘表的消极观望态度，只有等待敌人发展得更加强大时来收拾自己。如前所述，荆州早已为邻近军阀所觊觎。东吴孙氏政权三世以来，一直对荆州用兵，而且在军事上常居优势；甚至连寄居荆州的刘备在谋臣诸葛亮的倡议下，也图伺机攫取荆州；特别是北方的强大势力曹操已在邺凿成玄武湖，积极训练水军，显然，曹操下一个攻击目标，就是指向荆州了。

刘表不仅坐失战机，而且也不能较好地处置其身后之计。他有二子，按照惯例，长子刘琦是当然的继承人，可是刘表却听信继室蔡氏的话，让少子刘琮做自己的继承人，而把刘琦外放到江夏郡做太守。刘表的部下也分成了两派：蔡氏及其弟蔡瑁等属于刘琮一派，因为他们能包围刘表，所以占绝对的优势。刘备则暗中与刘琦相结。由此可知，荆州已成各军阀觊觎的中心、矛盾的焦点。荆州究将属谁，已是必定要以战争来见分晓了。

建安十三年（208年）七月，炎热的夏季刚一过去，曹操便亲自率领大军从邺城南下往攻荆州。曹操这次出动的军队大约有十五六万人，刘表的军队总共不到十万人。操军多为身经百战的劲旅，荆州军在"不习军事"的刘表的统率下，一向缺乏军事训练和实战经验。所以操军占绝对的优势。曹操采取了快速进攻的方针，大军经叶县（今河南叶县）、宛城，直趋樊城、襄阳，以

---

① 《三国志》卷1《武帝纪》注引《魏书》。

掩敌不备，力求一举击溃荆州军的主力，或用强大兵势逼使敌人投降。

操军出发后不久，刘表便病死了，部下拥立刘琮为荆州牧。刘表病重时，长子刘琦自江夏前来省视，被琮党遏于户外，不令他与刘表见面。表死后，刘琦打算趁奔丧的机会发兵进攻刘琮，但这时曹操大军已经压境了。

早在官渡之战时，刘表部下大员韩嵩、刘先、蒯越等就曾劝表归附曹操，刘表没有同意。这时，在曹操大军压境的情况下，蒯越、傅巽与侨居荆州的大族王粲等人更竭力怂恿刘琮向操投降。理由是：操打着天子的旗号前来，如果抗拒，有违臣子之道，于理不顺；且以荆楚一州之地抗拒强大的操军，亦无侥幸取胜的可能；如果利用刘备去抵抗曹操，也是力量悬殊，没有胜利的希望。即使刘备能击退了曹操，他也不会甘居人下，与其受制于刘备，不如早早迎降曹操。于是刘琮决定迎操，操在到达新野时，接受了刘琮的投降。

这时，刘备正屯驻樊城，他连操军已经南下的消息都不知道，更不用说刘琮要投降了。直到曹操到达宛城时，他才了解情况，只得匆忙往江陵退却。刘备除令关羽率领一支水军乘船数百艘沿汉水南下外，其余主力部队则由自己和诸葛亮、张飞、赵云等率领从陆路撤退。刘琮部下及荆州人跟随刘备南逃的很多，走到当阳（今湖北当阳东）时，队伍扩大到十余万人，辎重也有数千辆，因此行动很慢，一天只能行十几里。有人劝告刘备撒下大众，迅速去保据江陵。备答：要成就大事，"必以人为本，今人归吾，吾何忍弃去！"[1]

江陵有很多粮食和军用物资，曹操恐怕被刘备占有，于是留下辎重，轻装疾进。到襄阳时，闻备已过，就亲率精骑五千，一日一夜奔驰三百余里，终于在长坂（今湖北当阳东北）追及。备仓皇间抛弃妻子，只与诸葛亮、张飞、赵云等数十骑脱身逃走。如果不是张飞在后拆断一座渡桥，险些被操军捉获。备等与从水道南下的关羽的船只会合，渡过汉水，遇江夏太守刘琦，与他一同到夏口（今武汉市南）。这时刘备的军队只有关羽水军及刘琦江夏军，总共也不到两万人，自然无法抵御操军，情势显然是危急万分。

恰好这时，孙权已经先派鲁肃来和刘备联系。孙权听说刘表病死，也图染指荆州，故派鲁肃以吊丧为名，来荆州伺察动静。鲁肃行至夏口，闻操军已进攻荆州，便晨夜兼行，及至南郡界，又闻刘琮降操及备南逃的消息，便从捷路迎备，双方遇于当阳长坂坡。肃劝备进驻樊口（今湖北鄂州市西五里），与权并力抗操，这自然是备所迫切需要的。所以备派诸葛亮与鲁肃一同去见孙权。

这时，孙权正驻军柴桑（今江西九江市西南），密切注视局势的发展。诸葛亮到后，见权尚在犹豫观望，就对他说："（曹操已）破荆州，威震四海，英雄无所用武，故豫州遁逃至此，将军量力而处之，若能以吴越之众与中国抗衡，不如早与之绝；若不能当，何不案兵束甲，北面而事之！今将军外托服从之名，而内怀犹豫之计，事急而不断，祸至无日矣！"孙权反问道："苟如

① 《三国志》卷32《先主传》。

君言，刘豫州何不遂事之乎？"亮曰："田横，齐之壮士耳，犹守义不辱，况刘豫州王室之胄，英才盖世，众士慕仰，若水之归海，若事之不济，此乃天也，安能复为之下乎！"年方二十七岁，血气正盛的孙权，被诸葛亮这样一激，不禁勃然大怒，曰："吾不能举全吴之地，十万之众，受制于人。吾计决矣！非刘豫州莫可以当曹操者，然豫州新败之后，安能抗此难乎？"诸葛亮怕孙权事后畏缩动摇，又详尽地给他分析了敌我情况，指出："豫州军虽败于长阪，今战士还者及关羽水军精甲万人，刘琦合江夏战士亦不下万人，曹操之众，远来疲敝，闻追豫州，轻骑一日一夜行三百余里，此所谓'强弩之末，势不能穿鲁缟'者也。故兵法忌之，曰：'必蹶上将军'。且北方之人，不习水战，又荆州之民附操者，逼兵势耳，非心服也。今将军诚能命猛将统兵数万，与豫州协规同力，破操军必矣。操军破，必北还，如此则荆、吴之势强，鼎足之形成矣。成败之机，在于今日。"①权听毕，大悦。可是，就在此时，权接到了曹操一封书信，说："近者奉辞伐罪，旄麾南指，刘琮束手。今治水军八十万众，方与将军会猎于吴。"②显然，曹操做出这种咄咄逼人的架势，是企图迫使孙权投降，不战而取江东。

孙权把这封信交给群臣讨论。张昭、秦松诸人慑于操的强大兵威，主张迎操。他们除了重弹曹操代表汉朝，拒之不顺等老调以外，还强调操新得荆州水军及"长江之险已与我共之"等理由。鲁肃听了，很不以为然，散会之后，他私下对孙权说："向

①以上见《三国志》卷35《诸葛亮传》。
②《三国志》卷47《吴主传》注引《江表传》。

察众人之议，专欲误将军，不足与图大事。今肃可迎操耳，如将军不可也。何以言之？今肃迎操，操当以肃还付乡党，品其名位，犹不失下曹从事，乘犊车，从吏卒，交游士林，累官故不失州郡也。将军迎操，欲安所归？愿早定大计，莫用众人之议也。"①

孙权很赞赏鲁肃的意见。当时周瑜因事到鄱阳（今江西波阳东北），鲁肃劝权召回周瑜，共商大计。周瑜回来后，力主抗操，他说：

操虽托名汉相，其实汉贼也。将军以神武雄才，兼仗父兄之烈，割据江东，地方数千里，兵精足用，英雄乐业，尚当横行天下，为汉家除残去秽。况操自送死，而可迎之邪？请为将军筹之：今使北土已安，操无内忧，能旷日持久，来争疆场，又能与我校胜负于船楫间乎？今北土既未平安，加马超、韩遂尚在关西，为操后患。且舍鞍马，仗舟楫，与吴、越争衡，本非中国所长。又今盛寒，马无藁草。驱中国士众远涉江湖之间，不习水土，必生疾病。此数四者，用兵之患也，而操皆冒行之。将军禽操，宜在今日。瑜请得精兵

①《三国志》卷54《鲁肃传》。

五万人①，进驻夏口，保为将军破之。

孙权听了周瑜详尽的分析，抗操决心更加坚定。他说："老贼欲废汉自立久矣。徒忌二袁、吕布、刘表与孤耳，今数雄已灭，惟孤尚存，孤与老贼势不两立。君言当击，甚与孤合，此天以君授孤也。"②

由于五万兵一时难凑足，孙权只令周瑜、程普、鲁肃等率领水军三万，溯江而上，与刘备共同迎击操军。孙刘联军与曹军遭遇于赤壁（今湖北蒲圻西一百二十里，在长江南岸）。这时操军已流行疾疫，初次战斗，操军就受了挫折，退到长江北岸的乌林（在今湖北洪湖县东北的邬林矶）。

这时，曹操已经发现了自己的军队不习水战的严重弱点，把所有船舰都用绳索连上，让它们首尾相接，以防止风浪的颠簸和敌军偷袭。但这样做，却大大削弱了水军作战的机动性。吴将黄盖看到这种情况，建议用火攻战术。周瑜采纳了这个意见。命黄盖为先锋，黄盖向操送了诈降书，言孙权"用江东六郡山越之人，以当中国百万之众，众寡不敌，海内所共见也。东方将吏，无有愚智，皆知其不可，惟周瑜、鲁肃偏怀浅戆，意未解耳。今日归命，是其实计。瑜所督领，自易摧破，交锋之日，盖为前

----

①《三国志》卷54《周瑜传》作"瑜请得精兵三万人"。同传注引《江表传》作瑜"得精兵五万"。《江表传》又载孙权言："五万兵难卒合。"故应以作五万人为是。《资治通鉴》卷65先言瑜请精兵"数万人"，后二处记为"五万人"，说明司马光不以"三万人"为确。事实是瑜请精兵五万人，结果只得了三万人。

②《三国志》卷54《周瑜传》。

部，当因事变化，效命在近"①。黄盖挑选蒙冲斗舰十艘，内装干荻枯柴，灌以油膏，覆上帐幕，竖起旌旗，趁正刮着东南风的大好时机，身率战舰在前，顺风举帆，向操军开去，其他战船亦鱼贯而进。

曹操对黄盖虽非完全相信，但丝毫未曾料及吴军会采用火攻，因之无任何预防措施。所以当黄盖的舰只已经接近，吴兵高喊投降的时候，操军官兵还伸颈观望，并指着来舰传述黄盖来降的消息。黄盖到距操军只有二里多远的时候，命各舰一齐点火，猛烈的东南风助长了火势，奔驶着的船舰顷刻间就把火烧到操军船舰上，甚至蔓延到岸上的营寨。一时烟焰滚滚，冲天盖野，整个操军驻地被吞没在火海之中。操军大乱，人马被烧坏和溺死的甚众。周瑜、刘备水陆并进，擂鼓之声，震天动地。曹操慌忙破坏掉一些船舰物资，引军从陆路华容道（今湖北监利县境）向江陵撤退。时寒风凛冽，道路泥泞，操命病卒负草填路，骑兵才得过去，病卒为人马所践踏，死伤狼藉。操军在退却中因饥饿和疠疫，死亡大半。

曹操经此重大败衄，恐本土发生变故，不敢再在荆州停留，留下亲信大将曹仁守江陵，乐进守襄阳，自己引军北还。

周瑜进攻江陵，费了一年多的工夫才将城拿下，迫使操军退守襄、樊。在此期间，刘备除以少数兵力协助周瑜攻江陵外，主力部队南下攻占了荆州长江以南的四个郡，即：武陵（郡城在今湖南常德市）、长沙、桂阳（郡城在湖南郴县）、零陵（湖南今县）。

<hr>

① 《三国志》卷54《周瑜传》注引《江表传》载盖书。

　　赤壁之战是以少胜多的著名战役。在这次战役中，三国的曹、孙、刘三家都参加战斗。大战以前的形势是，曹操以强大的兵势，不战而使刘琮投降，企图顺江东下，一举而并江东。但他对孙权的实力估计过低，对孙、刘联盟给自身带来的危害认识不足，因而产生了骄傲轻敌的情绪。在孙、刘方面，军事力量虽远不及操，但双方有远见卓识的决策人物，如诸葛亮、鲁肃、周瑜，都力主抗操。在强敌面前，周瑜、黄盖等人也能知己知彼，以己之长，制敌之短，充分发挥了南军擅长水战的优点，利用曹操骄傲轻敌的情绪，采用诈降、火攻，一举袭破操军。在曹操方面，赤壁战前，"军众已有疾疫"，战争开始，遭到火攻，兼以饥疫，死者大半[1]，军遂败退。由此可见，操军失败的主要原因之一还是先已遇疫，假若不是士卒有疾，水军纵然败退，还有十余万精锐步骑，犹足以抵挡孙、刘联军的攻势。关于疫疠流行对士兵战斗力的损耗，必须给以足够的重视。比如，建安二十二年（217年），操率领大军南下攻濡须坞，军中发生了大疫，连司马朗在前线给士兵送医药，亦遇疫而卒，致使操不得不引军北还；又如嘉平五年（253年），吴大将军诸葛恪率大军包围合肥新城，因士卒疲病，死者大半，恪亦被迫退军。由此可知，遭遇疾疫，往往是战争失利的原因之一。操于赤壁战后之次年下令说："自顷以来，军数征行，或遇疫气，吏士死亡不归，家室怨旷。"[2]操与孙权书亦言："赤壁之役，值有疾病，孤烧船自退。"[3]裴松之

---

①《资治通鉴》卷65献帝建安十三年。

②《三国志》卷1《武帝纪》。

③《三国志》卷54《周瑜传》注引《江表传》。

在《三国志》卷10《贾诩传》注以为："赤壁之败，盖有运数，实由疾疫大兴，以损凌厉之锋，凯风自南，用成焚如之势，天实为之，岂人事哉！"裴松之所说"有运数"和"天实为之"，实际只能指偶然事故。假若操不轻敌冒进，在得到襄、樊和江陵之后，就巩固既得成果，然后俟机进取，则赤壁之败，就不是不可避免的了。所以我们说：赤壁之战，操所以败北，既有人为因素，也有偶然情况，二者相较，人事的因素，仍然是主要的。

第五章　三国分立局面的确立

一、曹操平定关陇

赤壁战后，曹操看到孙权和刘备手下都有些出类拔萃的文武人才，他们如果继续合作下去，吞并南方殊非易事，故北归以后，分别写信给孙权、刘备，试图拆散其联盟；并密遣蒋干以私人名义往说周瑜，劝瑜背离孙权，归附自己。这两事均未取得成功。与此同时，曹操对因作战或遇疫死亡的吏士家室进行抚恤。还在谯"作轻舟，治水军"，并以合肥作为对吴战争的军事重镇，重新部署扬州郡县长吏，开芍陂（今安徽寿县南，周百二十余里）屯田，以储军粮。

赤壁战前，操所以不能从容在荆州作好战斗准备，以致匆匆东下，迅遭败北，诚如周瑜所分析："马超、韩遂尚在关西，为操后患。"这是操战败的原因之一。所以建安十六年（211年）春，操即着手解决关西问题，以解除西顾之忧。

关西的武装力量，最强的是马超和韩遂。马超是马腾的长子，操在进攻荆州之前，已将马腾征召入朝，任为卫尉。腾留在关西的军队由马超统率。关西地区除了马超和韩遂以外，还有不少武装力量，其将帅虽无大作为，但人马尚称精悍，且陇右地形险塞，疆域辽阔，平定亦非易事。操西征的借口是讨伐汉中的张鲁。三月，操先令司隶校尉钟繇进兵关中，然后使征西护军夏侯渊出河东，与繇会师。

关陇诸将知道操进军矛头是指向他们，于是马超、韩遂、侯选、程银、杨秋、李堪、张横、梁兴、成宜、马玩等十部一齐反叛，共十万人，屯据潼关。操遣安西将军曹仁督诸将拒之。诚以关西兵精悍，且坚壁自守，不与交锋。至秋七月，操留长子丕守邺，自率大军西征，议者多言："关西兵习长矛，非精选前锋，不可当也。"操曰："战在我，非在贼也。贼虽习长矛，将使不得以刺，诸君但观之。"[1]

八月，操至潼关（今陕西省潼关县东南），与超等夹关对峙。操故意做出将与超等全力拼搏的模样，而潜遣徐晃、朱灵以步骑四千人，从河东渡过蒲坂津（今山西永济县西黄河渡口）到河西扎营。闰八月，操大军自潼关北渡黄河，兵士先渡，操自与虎士百余人留南岸断后。马超将步骑万余人来攻，矢下如雨，操犹坐胡床不动。许褚扶操上船，船工中流矢死，许褚左手举马鞍蔽操，右手刺船。校尉丁斐为转移敌兵攻击目标，乃放牛马以饵敌，敌乱取牛马，操始得渡。操自蒲坂再渡河到河西，沿河向南筑了一条甬道，绕到潼关背后。超等后方受到威胁，退守渭口（今陕西华阴县东北）。

操又多设疑兵以迷惑敌人，暗地在渭水上架一浮桥，渡兵扎营于南岸，而设伏于营旁。超等夜袭营，被伏兵击破。超等见渭水南岸已被操兵突入，遣使请和，表示愿割河以西之地，操不

———————————————
[1]《资治通鉴》卷66建安十六年。

许。九月，操军全部渡过渭水，超等数挑战，又不许。超等又请割地，并送任子。操用贾诩策，伪许之，而施离间之计。

韩遂请与操阵前叙谈，操与遂父同岁孝廉，又与遂少共交游，于是二人交马而语，不谈军事，只叙京都旧故，拊手欢笑。是时超、遂军各族士兵观看操者，前后重沓。操笑谓之曰："汝欲观曹公邪？亦犹人也，非有四目两口，但多智耳！"

超等见遂、操谈话时间很长，状甚亲切，会毕，超等问遂谈话内容，遂曰："无所言也。"①超、遂本来就多摩擦，这时超对遂更疑团重重。他日，操与遂书，多加点窜，好像是遂自己改过的，超等看见，更加狐疑，因此对抗操便谈不上精诚合作、同仇敌忾了。

操作了以上动作之后，乃与超等约期会战。操先以轻兵挑战，等敌人力量消耗殆尽时，乃纵虎骑夹击，超等大败，临阵斩成宜、李堪等。遂、超奔凉州，杨秋奔安定（郡治临泾县，故城在今甘肃镇原县东南）。

操既得胜，诸将问操："初，贼守潼关，渭北道缺，不从河东击冯翊，而反守潼关，引日而后北渡，何也？"操曰："贼守潼关，若吾入河东，贼必引守诸津，则西河未可渡，吾故盛兵向潼关；贼悉众南守，西河之备虚，故二将得擅取西河；然后引军北渡，贼不能与吾争西河者，以有二将之军也。连车树栅，为甬道而南，既为不可胜，且以示弱。渡渭为坚垒，虏至不出，所以骄之也；故贼不为营垒而求割地。吾顺言许之，所以从其意，使自安而不为备，因畜士卒之力，一旦击之，所谓疾雷不及掩耳。兵

①《三国志》卷1《武帝纪》。

之变化，固非一道也。"①

战争开始时，操闻关西每一支敌军开到，都面露喜色。敌破之后，诸将问其故。操答曰："关中长远，若贼各依险阻，征之，不一二年不可定也。今皆来集，其众虽多，莫相归服，军无适主，一举可灭，为功差易，吾是以喜。"②由此可知，关西之兵虽号称精强，但团结不牢固，指挥不统一，是其致败弱点。

冬十月，操又自长安讨杨秋，围安定，秋不战而降，操使秋留守原地，官爵如故。

这时，冀州河间郡（治乐成，在今河北献县东南）民田银、苏伯趁曹操西征之际，聚众起义，被曹丕自邺遣将镇压下去。这次起义规模虽不大，但发生在曹魏统治中心地区，所以曹操便不能不自安定撤兵东归，而留下其亲信将领夏侯渊屯驻长安。

操东归前，参凉州军事杨阜对操曰："（马）超有信、布之勇，甚得羌胡心……若大军还，不严为之备，陇上诸郡非国家之有也。"③后马超果率羌胡击陇上诸郡县，郡县皆应之，惟为凉州刺史及汉阳郡太守治所的冀县城（在今甘肃甘谷县东南）固守。马超率诸戎渠帅万余人攻城，自建安十八年（213年）正月至八月，救兵不至，州遣别驾阎温循水潜出求救，为超所杀，刺史韦康为人素仁，不愿看到士民伤亡过多，欲与超媾和。参凉州军事杨阜、赵昂等苦口谏阻，康不听，终于开城门迎超。超既入，背约杀韦康及太守。杨阜等州吏及士大夫内有报超之志，时阜姑子

① 《三国志》卷1《武帝纪》。

② 《三国志》卷1《武帝纪》。

③ 《三国志》卷25《杨阜传》。

抚夷将军姜叙屯历城（今甘肃礼县东南），杨阜借口丧妻请假得出，遂直奔叙家，见叙及姑，号陶大哭。叙曰："何以如是？"阜即告以马超杀害刺史韦康事，而请叙与己并力讨超。叙未及答，叙母即慷慨谓叙曰："韦使君遇难，岂一州之耻，亦汝之负……汝无顾我……但当速发，我……不以余年累汝也。"①于是叙与阜定计，使人至冀，结赵昂、梁宽、赵衢等为内应。九月，阜、叙进兵入卤城②，马超闻知，大怒，赵衢因谲说超，使自出击叙、阜。超出而赵衢、梁宽等闭冀城门，尽杀超妻子。超进退失据，乃袭破历城，执叙母。叙母骂超，被杀。阜与超战，身被五创，昆弟宗族死者七人。超败奔汉中，投张鲁。

二、别具特色的汉中张鲁政权

张鲁，字公祺，沛国丰县（今江苏丰县）人。祖父张陵，在汉顺帝时（126至144年），学道于鹤鸣山（今四川大邑县北），造作道书，入道者出米五斗，因被称为"五斗米道"。陵死，子衡、孙鲁相继传其道。黄巾起义发生，张鲁和另一五斗米道首领张修在巴郡率领道徒响应。汉灵帝中平五年（188年），刘焉为益州牧，张鲁母由于传道，常往来焉家。初平二年（191年），刘焉以张鲁为督义司马，张修为别部司马，使二人率部往攻汉中，张鲁得汉中后，断绝通往关中的谷道，杀汉使者，并袭杀张修，并其部伍。兴平元年（194年），刘焉死，张鲁脱离刘璋，自树一

---

①《三国志》卷25《杨阜传》注引皇甫谧《列女传》。

②卤城，应为西城，西字古作"卥"，卥字讹为卤（繁体字为鹵），西城在历城与冀城之间。

帜，并进而夺取巴郡。

张鲁在汉中建立的政权，有许多特殊之处：

第一，它是政教合一的政权。五斗米道的教众是有鬼论者。认为人无时不受鬼的监督，鬼能根据人的行为而降灾或赐福。鲁自号"师君"，入道的一般徒众称"鬼卒"。部门首脑和带领徒众者称"祭酒"。其中统率徒众多者称"治头大祭酒"。负责某部门事务者有"都讲祭酒""奸令祭酒"等。除祭酒外，不另设其他官员。无论本地和外来者都需入道，不准有例外。

第二，和黄巾起义者信奉的太平道类似，五斗米道对道徒也提倡诚信，反对欺诈虚妄。废除一切严刑酷法，务行宽惠。主张先教后刑，有小过者，先自己反省；服罪后罚修路百步的劳役。犯重法者，先原宥三次，然后行刑。春夏禁止杀人，秋冬始能处决犯人。

第三，祭酒辖区在交通路衢修筑义舍，备有义米义肉，行人可以量腹取用。

第四，禁止造酒、喝酒。市肆百物都保持平常价格，没有暴涨暴跌现象。

由上可知，五斗米道的一些政治、经济措施，如简化行政机构、废除残酷刑法、主张先教后刑、设置义舍义米、平抑物价等，都有一定程度的积极意义。这在古代通过农民起义而建立的政权中也是少见的。张鲁在汉中统治的结果是："民夷便乐之""竞共事之""关西民从子午谷奔之者数万家"。这里的人民过着比较安定和睦的生活。所以张鲁能够"雄据巴、汉垂三十年"①。

---

① 以上见《三国志》卷8《张鲁传》及裴注。

因此，我们认为张鲁在汉中的政权乃是农民起义胜利的结果，不能视之为一般封建割据政权。应当给以足够的重视和评价。

建安十九年（214年）秋七月，曹操东征孙权，无功而还。这时刘备已经从刘璋手中夺取益州。刘备和孙权都是曹操难以制服的劲敌，邻近益州的张鲁则是军事力量薄弱的一环。曹操如不进取汉中，张鲁势必被刘备吞并。因此，曹操于杀伏皇后、并迫使献帝立自己的女儿曹节为皇后之后，于建安二十年（215年）三月亲自引军西征张鲁。四月，从陈仓（今陕西宝鸡市东）出散关（宝鸡市西南五十二里），至河池（今甘肃徽县西北十五里）。氐王窦茂众万人，恃险不服。五月，操攻屠之。秋，操军至汉中西部的重要关头——阳平关，张鲁欲降，其弟卫不肯，率众数万拒守，拦山腰筑了一道长十余里的城墙。操攻阳平山上诸屯，山峻难登，士卒伤亡甚多，军粮将尽。操无计可施，乃使夏侯惇、许褚呼唤山上进攻部队退却。但却发生了一偶然事件，使敌人不攻自破。

事情是发生在这天黑夜，操先行部队因迷路，误入张卫别营，营内军士见操军突然到来，惊惶失措，四处奔逃。操文臣辛毗、刘晔首先看到这种情况，告知夏侯惇等速去占领营地。夏侯惇还不相信，直到他亲自向前看了，才向曹操报告。操喜出望外，指挥诸军一齐出击，张卫等当夜逃遁。

张鲁闻阳平失陷，恐惧欲降，功曹阎圃曰：“今以迫往，功必轻；不如依杜濩（賨人渠帅），赴朴胡（板楯蛮渠帅），与相拒，然后委质，功必多。”[1]鲁乃经南山（今陕西勉县南、四川南

---

① 《资治通鉴》卷67建安二十年。

江县北）逃入巴中（今四川南江县南）。鲁部属欲尽烧所有宝货仓库，鲁曰："本欲归命国家，而意未得达，今之走，避锐锋，非有恶意。宝货仓库，国家之有。"①遂封藏而去。

操入南郑，见仓库完好，意甚嘉之，又知鲁本有降意，乃遣人前往抚慰劝喻。鲁即率家属出降。操拜鲁为镇南将军，封阆中侯，邑万户。鲁五子及阎圃等皆封侯。

操有汉中，对益州构成重大威胁，故当鲁逃入巴中时，备即派军迎接，虽未迎得鲁，但得占有巴中。操将张郃前来争夺，为张飞所拒，双方相持五十余日，飞率精卒万余人，从他道邀郃交战，山道狭窄，前后不得相救，飞遂破郃，郃弃马缘山，独与麾下十余人从间道退还南郑。

汉中是益州咽喉，被操占领后，成为刘备家门之祸，所以备势必来争。但备新得益州，一时尚无力来夺取汉中；操因山路险远，粮运困难，取得汉中，尚且非易，更无力再图益州。于是操留夏侯渊、张郃、郭淮等镇守汉中，自己引军北归。

三、刘备取益州、汉中

赤壁战后，刘备占有长江以南的武陵、长沙、桂阳、零陵四郡，原庐江营帅雷绪率领部曲数万口间关归备，荆州原有吏士归备的也不少。刘备为了安抚荆州人和堵塞孙权欲独吞荆州的意图，特表刘琦为荆州刺史。不久，琦病死，群下推备为荆州牧，治公安（今湖北公安县油江口）。孙权这时占有江夏和南郡，权见备已有相当实力，既想拉拢备继续对抗曹操；也怕备势力增

---

① 《资治通鉴》卷67建安二十年。

长，对自己构成威胁。由于前一因素更为紧要，所以权对备继续采取笼络手段，嫁妹于备。备往京（今镇江市）见权，周瑜、吕范主张拘留刘备，鲁肃则持不同态度，他对权说："曹公威力实重，初临荆州，恩信未洽，宜以借备，使抚安之，多操之敌，而自为树党，计之上也。"①孙权权衡利害，认为鲁肃的主张比较稳妥，所以同刘备继续保持盟好关系。周瑜这时镇守江陵，他到京见权，建议进取益州。孙权答应了他。可是他在回江陵的路上就病死了。权令鲁肃接替周瑜的职任。肃劝权把江陵借给刘备，与之共拒曹操。权从之。于是以鲁肃为汉昌太守②，屯驻陆口（今湖北蒲圻县陆溪口）。

当时吴人流传着刘备向孙权借荆州的说法。实际上，荆州的江南四郡是刘备自己取得的，江夏郡原为刘琦所有，战后被吴占领，所以赵翼在《廿二史札记》卷7曾论述借荆州之非。我认为南郡郡城江陵主要是周瑜从曹仁手中夺取的，如果说刘备向孙权借了江陵或南郡，还大致说得过去，如果说江南四郡都是借的，就缺乏理由了。一般人都说由于赤壁之战，形成了曹孙刘三分鼎立之局，这话并不中肯。因为那时刘备所占有的地区，不仅很小，而且人口寡少，经济落后，并且处于曹、孙及刘璋等强大势力的夹缝中，很难长久支撑下去。所以谋士庞统曾对刘备说："荆州荒残，人物殚尽，东有吴孙，北有曹氏，鼎足之计，难以得志。"诸葛亮后来谈到这时的情况也说："主公之在公安也，北

---

①《三国志》卷54《鲁肃传》注引《汉晋春秋》。

②卢弼《三国志集解》卷47《孙权传》建安十五年注引谢钟英曰："《寰宇记》：后汉分罗县为汉昌，孙权于县立郡。"郡城在今湖南平江县东。

畏曹操之强，东惮孙权之逼，近则惧孙夫人生变于肘腋之下。当斯之时，进退狼跋。"①可见当时刘备的处境是极为困难的。假若他不向西发展，取得"天府之土"的益州，实难维持住独立的局面。所以我们说赤壁战后的刘备也尚未得到安全保障。

当然，事业的成败盛衰不只在于力量的强弱，人谋和偶然性也常起作用。恰好就在这时，给刘备提供了西取益州的机遇。益州牧刘璋是一个懦弱无能的人，在他统治之下的益州，不但存在着土著将领与外来将领的矛盾，而且刘璋部下一些才智之士也感到没有出路，渴望另外找一个英明的君主，以保障自己的利益和前途。正如诸葛亮在隆中对刘备所说："益州……智能之士思得明君"。当刘璋听说刘琮向曹操投降的消息时，非常害怕，派出州中大员张松向操致敬，并观望动静。张松自负其才辩，也想从曹操那里捞到好处。可是这时曹操已到达江陵，把刘备打得七零八落，狼狈逃窜。操不免被胜利冲昏头脑，根本不把刘璋放在眼里，对张松更不屑给个脸色。因此张松怀恨在心，回去劝刘璋勿再与操来往，另外走与刘备联合的路。刘璋听从了张松的话，又派出谋士法正到荆州结好刘备。刘备巴不得有这样好的机会，他对法正"厚以恩意接纳，尽其殷勤之欢"。法正回去在刘璋面前极力称述刘备的好处，背地又给张松述说"备有雄略"，于是二人进一步密谋迎接刘备，以为州主。

建安十六年（211年），刘璋闻曹操要遣将征张鲁，甚怀恐惧。张松趁机向璋建议迎接刘备入蜀，使讨张鲁。于是刘璋再次派遣法正将兵四千，往迎刘备。法正至荆州，向刘备献策进取刘

①《三国志》卷37《庞统法正传》。

璋。备谋臣庞统亦劝备趁机取蜀，否则，刘璋亦终为他人所并。刘备遂留下诸葛亮、关羽守荆州，以赵云领留营司马，自与庞统将步卒二万余人，随同法正西上。刘备到江州（今重庆市）后，由垫江水（今涪水）乘船至涪（今四川绵阳市）。刘璋亲自率军来迎。法正、庞统向备建计于会所袭璋，刘备认为初入益州，恩信未著，不可如此仓促。刘璋增备兵，使击张鲁，又令督白水军（即白水关守军，白水关在今四川昭化西北一百二十里）。这时刘备的军队增至三万余人，车甲器械资货俱备。可是刘备到达葭萌（今四川昭化县南）以后，即停留不进，惟"厚树恩德，以收众心"①。

建安十七年（212年），曹操东击孙权，权求救于备。备向璋求增万兵及资粮。璋但许兵四千，其余皆减半。备即以此为反璋口实，他激怒军士说："吾为益州征强敌，师徒勤瘁，而积财吝赏，何以使士大夫死战乎！"②这时张松兄广汉太守张肃，恐松谋被璋发觉，祸连及己，因向璋告发。于是璋收斩松，敕关戍诸将勿复与刘备关通文书。备大怒，召璋白水军督杨怀、高沛，责以无礼，斩之，并其兵，进据涪城。南向成都。璋遣诸将拒战，或败或降。只是在雒城（今四川广汉县），备遇到坚强抵抗，费了一年的工夫，损失了庞统，才把雒城攻克。建安十九年（214年），备进至成都城下。这时，诸葛亮、张飞、赵云也自荆州分路引军来会。不久，马超脱离张鲁来降，与备等共围成都。刘璋见大势已去，乃出城投降，备遂得益州。刘备获得了形势险固、

---

① 《资治通鉴》卷66建安十六及十七年。
② 《资治通鉴》卷66建安十六及十七年。

物产富饶的益州，便可以进攻退守，应付裕如。所以我们说：刘备取得益州，是三国分立局面确立之始。

建安二十二年（217年）十月，法正向刘备献策说："曹操一举而降张鲁，定汉中（时在建安二十年）。不因此势以图巴、蜀，而留夏侯渊、张郃屯守，身遽北还，此非其智不逮而力不足也，必将内有忧逼故耳。今策渊、郃才略，不胜国之将帅，举众往讨，则必可克，克之之日，广农积谷，观衅伺隙，上可以倾覆寇敌，尊奖王室；中可以蚕食雍、凉……下可以固守要害，为持久之计。此盖天以与我，时不可失也。"①备善之，乃率诸将进兵汉中，法正亦从行。

建安二十三年（218年）四月，刘备进屯阳平关（今陕西勉县西北），与夏侯渊、张郃相拒。直至次年正月，备自阳平南渡沔水，缘山稍前，于定军山（勉县东南）作营。夏侯渊引军来争，法正建言可击，备使黄忠乘高鼓噪攻之，大破渊军，斩渊。三月，曹操自长安由斜谷道来至汉中，备敛众拒险，终不交锋。操军逃亡者多，操以汉中险远，粮运艰难，终于五月引诸军退还长安。刘备遂有汉中。

刘备先已遣宜都太守孟达从秭归往北攻占房陵（郡城在今湖北房县），得汉中后，又遣养子刘封自汉中乘汉水下统达军，与达会攻上庸（郡城在今湖北竹山县西南）。上庸太守申耽举郡降。备以耽领上庸太守，以耽弟仪为西城太守。

七月，刘备自称汉中王，立子禅为王太子。备留汉中太守魏延镇汉川。自己率军还成都。

---

① 《三国志》卷37《庞统法正传》。

这时是刘备势力发展的高峰期。汉中的取得，证明刘备有抵御曹操南下，而保卫自己三分基业的能力。刘备所以能从屡遭挫败中脱颖而出，与强魏劲吴鼎峙而立，不能不说是他善于访才用人的结果。除了三顾草庐、重用诸葛亮的事，为众所熟知以外，刘备其他用人的事例也值得一提。例如绰号"凤雏"的庞统，原来没有得到刘备的赏识，后经鲁肃和诸葛亮推荐，刘备把他叫来谈话，发现他确有见识，于是提拔他为"治中从事，亲待亚于诸葛亮，遂与亮并为军师中郎将"。庞统在攻取益州中，出谋划策，立下了卓著功劳。可惜他在率众攻打雒城时，中箭身亡，刘备极为"痛惜，言则流涕"①。

法正在攻降刘璋和夺取汉中中，更立有大功。刘备得益州后，"以正为蜀郡太守，扬武将军，外统都畿，内为谋主"。正死后，备"为之流涕者累日"②。陈寿在《三国志》卷37《庞统法正传》评语中，把庞统比作荀彧，法正比作程昱、郭嘉，就充分说明了二人在为刘备建立三分基业中所起的作用。

在随从刘备入蜀后的各次战役中，得到刘备赏识与提拔的武将有黄忠、魏延等。黄忠常先登陷阵，"勇毅冠三军"。在汉中攻夏侯渊时，"渊众甚精，忠推锋必进，……一战斩渊，渊军大败"③。刘备为汉中王时，拔忠为后将军，与关羽等齐位。魏延亦屡立战功。当刘备要挑选一员重将镇守汉川时，众人以为必定会选上张飞，飞亦以为非己莫属，可是到宣布时，却是魏延，于

①《三国志》卷37《庞统法正传》。
②《三国志》卷37《庞统法正传》。
③《三国志》卷36《黄忠传》。

是"一军尽惊"①。刘备所以不用张飞，是因他早已洞悉张飞的
弱点，即非常敬慕名流士大夫，可是不体贴吏卒。刘备常告诫张
飞说："卿刑杀既过差，又日鞭挝健儿，而令在左右，此取祸之
道也。"②后来张飞果然为其帐下将张达、范强所杀。说明刘备有
知人料事之明。至于魏延，史称其"善养士卒，勇猛过人"，以
后成为蜀汉著名宿将。但魏延也有严重缺点，即"性矜高，当时
皆避下之"③。当然，刘备在时，魏延资历尚浅，骄气尚未暴露
出来，刘备当时不可能对他看得十分透彻，并且，一个人也不可
能全无缺点，舍短用长，历来是善用人者的一致做法。

四、孙权袭取荆州

前已多次提及，孙氏政权自始即以夺取荆州为国策。赤壁战
后，荆州为曹、孙、刘三家分据。在荆州问题上，怎样对付刘
备，成为孙吴内部有争议的问题。周瑜、鲁肃二人私人关系至
好，但周瑜主张吞并刘备，鲁肃则建议联备拒操。孙权自己以为
"曹操在北，当广揽英雄；又恐备难卒制"，故采纳鲁肃的意见，
继续与刘备保持同盟关系。不久，领南郡太守、屯据江陵的周瑜
听说益州牧刘璋受到张鲁的侵犯，向权建议西进取蜀，然后再并
张鲁，留下孙权堂兄孙瑜镇守巴蜀及汉中，他本人再回荆州夺取
襄阳以图中原。孙权同意了周瑜这个计划。但因周瑜得病身亡，
这个取蜀计划也就跟着夭折了。实际上，即使周瑜不死，也是难

①《三国志》卷40《魏延传》。
②《三国志》卷36《张飞传》。
③《三国志》卷40《魏延传》。

以实现其雄图壮志的。刘备所以能进入益州，系有张松、法正作内应，刘璋开门引纳，即使如此，刘备还是费了三年工夫才把益州拿下。周瑜怎能以一支孤军进入益州呢？且当周瑜建策取荆之时，刘备尚在荆州，假如刘备一有变化，周瑜便将前后受敌，实属冒险之举。周瑜病逝之后，东吴也就不再提取蜀之事了。

周瑜死后，其职任由鲁肃代替。肃初驻江陵，他是一贯坚持联备拒操的，所以很快就劝权将江陵借给刘备，以共同对付曹操。孙权从之，令肃下屯陆口。鲁肃和孙权这样做对不对呢？我看，这样做至少有三条好处：第一，为吴解除了西顾之忧，孙权得以专力加强东方防务。及建安十七年（212年），孙权听说曹操将东来，便采纳了吕蒙的意见，"夹濡须水立坞"。建安十八年（213年）"正月，曹操进军濡须口，号步骑四十万，攻破孙权江西营，获其都督公孙阳，权率众七万御之，相守月余"[1]，操始撤军。曹操把这样大的压力加到孙权身上，若非孙刘和好，西线无虞，孙权还是难以应付的。第二，孙刘联盟的另一大好处，是孙权可以腾出手来加强他在岭南的统治，使雄长交州的士燮兄弟俯首帖耳，向权纳贡称臣。第三，孙刘联盟，使孙权能加强对山越的控制，这事容后再行叙述。

当然，孙刘联盟不仅对孙权有利，对刘备更有显而易见的好处，即使其在荆州能够站稳脚跟，并得伺机进入益州。在这段时期内，刘备的力量究属有限，并不能危及吴的安全。从整个全局来看，吴的安全还是得到了加强而非削弱。

情况总是变化着的，政策也不可能是一成不变的。等刘备取

---

[1]《资治通鉴》卷66建安十八年正月。

得益州以后，孙刘双方在荆州问题上的矛盾，便无法调和了。过去孙权还以为刘备的势力不大，乐得与他和好，以共同防御曹操。这时刘备已得益州，吴国西面又有了一个强有力的霸主，孙权自然不会放心。加之，吴国君臣对荆、益二州觊觎都已很久，而现在荆州多一半落于刘备之手，又使吴人很眼红。所以当刘备攻降刘璋的下一年，孙权就向刘备提出索还荆州的要求。刘备不答应，于是孙权便派吕蒙袭取长沙、桂阳、零陵三郡。刘备闻知，从蜀引兵下公安，命关羽争三郡。吴蜀大战眼看就要爆发，这时曹操将进攻张鲁，刘备恐操侵入益州，乃与吴讲和，平分荆州，以湘水为界：江夏、长沙、桂阳属权；南郡、零陵、武陵属备。时为建安二十年。

建安二十二年（217年），鲁肃死，孙权以虎威将军吕蒙兼汉昌太守，代鲁肃镇守陆口。

建安二十四年（219年）刘备称汉中王后，拜关羽为前将军，假节钺。七月，关羽使南郡太守麋芳守江陵，将军士仁守公安。自己率军往樊城攻曹仁。仁使左将军于禁、立义将军庞德等屯于樊城北。八月，连降大雨，汉水暴涨，平地水深数丈，于禁等七军皆遭水淹。于禁与诸将登高避水，羽乘大船往攻之，禁等穷迫降羽，独庞德力战，为羽所得，不降被杀。羽又急攻樊城，立围数重，外内断绝。羽又遣别将围魏将吕常于襄阳。魏荆州刺史胡脩、南乡太守傅方皆降于羽。十月，陆浑（今河南嵩县北）民孙狼等反操，南附关羽。自许以南，不断有人响应关羽，羽威震华夏。曹操与群臣商议徙出许都，以避关羽兵锋。丞相军司马司马懿、西曹属蒋济向操献策说："于禁等为水所没，非战攻之失，于国家大计未足有损。刘备、孙权外亲内疏，关羽得志，权必不愿也。可遣人劝权蹑其后，许割江南以封权，则樊围自解。"①操听从了他们的意见。

吕蒙既代鲁肃屯陆口，他以关羽素骁雄，有兼并之心，且居国上流，终难长久保持和局，密言于权说："今令征虏（权堂弟皎，时为征虏将军）守南郡，潘璋住白帝，蒋钦将游兵万人循江上下，应敌所在，蒙为国家前据襄阳，如此，何忧于操，何赖于羽！且羽君臣矜其诈力，所在反覆，不可以腹心待也。今羽所以未便东向者，以至尊圣明，蒙等尚存也。今不于强壮时图之，一旦僵仆，欲复陈力，其可得邪！"权曰："今欲先取徐州，然后取羽，何如？"蒙曰："（徐州）地势陆通，骁骑所骋，至尊今日取徐州，操后旬必来争，虽以七八万人守之，犹当怀忧。不如取羽，全据长江，形势益张，易为守也。"②权颇以吕蒙的意见为然。从我们今日的眼光观之，到此时，吕蒙、孙权等人为了其本国的利益，而图谋袭夺荆州，实无可厚非。

吕蒙看到关羽攻樊而多留兵，知道是羽怕自己袭击其后的缘故。蒙素多病，为众所知，这时蒙以回建业治病为幌子，以诱使羽多撤兵赴襄、樊，然后派军偷袭江陵城。于是蒙诈称病重，孙权露檄召蒙还。吕蒙乘船到达芜湖时，定威校尉陆逊献策曰："羽矜其骁气，陵轹于人，始有大功，意骄志逸，但务北进，未嫌于我；有相闻病，必益无备，今出其不意，自可禽制，下见至尊，宜好为计。"③陆逊的话纵然正合蒙意，但事关重大，蒙未敢

---

① 《资治通鉴》卷68献帝建安二十四年。

② 《资治通鉴》卷68献帝建安二十四年。

③ 《三国志》卷58《陆逊传》。

对逊吐露真情，只说了几句"羽素勇猛……未易图也"的话，就搪塞过去了。蒙到建业，权问："谁可代卿者?"蒙对曰："陆逊意思深长，才堪负重，观其规虑，终可大任，而未有远名，非羽所忌，无复是过也。"①于是权令陆逊代蒙。逊至陆口，写信与关羽，称颂羽赫赫战功，而深自贬抑，表示愿依托与和好。骄傲而喜人逢迎的关羽果然飘飘然信以为真，于是又从江陵调走了一部分兵力往援。

《三国志》卷36《关羽传》言："先是，权遣使为子索羽女，羽骂辱其使，不许婚，权大怒。"《三国志》卷54《吕蒙传》载："魏使于禁救樊，羽尽禽禁等，人马数万，托以粮乏，擅取湘关米。权闻之，遂行。"实际上，这类事都是孙权寻找或制造的借口，即无其事，权还是会袭羽的。权对荆州觊觎已久，亦料到袭羽成功以后，可能会招致与刘备的大规模战争，所以在袭羽前就秘密给曹操上书，"请以讨羽自效，乞不宣漏，令羽有备"。操得书，以问群臣，群臣咸言宜密之。董昭曰："军事尚权……宜应权以密，而内露之。羽……若还自护，围则速解，便获其利。可使两贼相对衔持，坐待其弊。秘而不露，使权得志，非计之上。又，围中将吏不知有救，计粮怖惧，傥有他意，为难不小。露之为便。且羽为人强梁，自恃二城守固，必不速退。"②操以董昭之言为善，"即敕救将徐晃以权书射著围里及羽屯中，围里闻之，志气百倍；羽果犹豫"③。至羽闻江陵失守的消息，始仓促南还。

---

① 《资治通鉴》卷60建安二十四年。

② 《三国志》卷14《董昭传》。

③ 《三国志》卷14《董昭传》。

　　吕蒙之袭得江陵城，是经过精心策划的。他到寻阳，尽伏其精兵于船舱内，使船人着商贾人服，摇橹划船，昼夜潜行，羽所置江边屯候，尽收缚之，故羽不闻知。江陵守将麋芳、公安守将士仁素皆嫌羽轻己，羽之出军，芳、仁供给军资，不悉相及，羽言："还，当治之。"①故芳、仁皆惧。于是吕蒙向芳、仁诱降，二人次第归附。吕蒙进入江陵以后，对羽及将士家皆加抚慰，约令军中："不得干历人家，有所求取"②。蒙麾下一兵士，是蒙同郡人，取民家一笠，以覆官铠，官铠虽是公物，蒙仍以犯法论处，垂涕斩之。于是军中震栗，路不拾遗。蒙更普施恩惠，使亲近存问耆老，问其所需，疾病者给医药，饥寒者赐衣服。

　　关羽部下吏士"咸知家门无恙，见待过于平时"③。故皆无斗心。蒙兵不血刃，即得了荆州。

　　关羽这时众叛亲离，自知孤穷，先走当阳，又保麦城（今湖北当阳东南五十里）。孙权使人诱羽，羽伪降，立幡旗为象人于城上，因遁走，兵皆解散，才十余骑。孙权使朱然、潘璋断羽退路。潘璋司马马忠获羽及其子平、都督赵累等于章乡（今当阳东北），即斩之。

　　当关羽始南还时，曹仁与诸将议。诸将认为羽已孤危，可追而获之。赵俨倡议勿追，宜纵羽使与孙权厮杀。曹仁从俨议。不久，得曹操敕令，果不令追羽。

　　孙权取得荆州之后，以吕蒙为南郡太守，封孱陵侯，赐钱一

　　①《资治通鉴》卷68献帝建安二十四年。按羽既责怒于芳、仁，犹令二人守要城，此其头脑简单处。
　　②《三国志》卷54《吕蒙传》。
　　③《三国志》卷54《吕蒙传》。

亿，黄金五百斤。以陆逊为宜都太守。陆逊到宜都以后，击破蜀将不降及大姓拥兵者，前后斩获招纳凡数万计。孙权以逊为右护军、镇西将军，进封娄侯。

吕蒙大功完成以后，未及受封而旧病复发。孙权时在公安，迎蒙至内殿，招募有能治愈蒙病者，赐千金。权时刻想知蒙病情，恐惊动蒙，乃穿壁看视，见蒙病稍佳，则喜形于色，为下赦令，群臣皆贺。后病转重，竟死于内殿，时年四十二（建安二十四年）。权哀痛特甚。

第六章　对曹操行事的剖析和评议

一、关于曹操与汉室的关系

司马光言东汉"及孝和以降，贵戚擅权，嬖幸用事，赏罚无章，贿赂公行，贤愚浑淆，是非颠倒……重以桓灵之昏虐，保养奸回，过于骨肉；殄灭忠良，甚于寇雠；积多士之愤，蓄四海之怒。"①东汉王朝已经失去士心民意，到了朽木难雕的地步，任何贤人智士都无法使之重新振作起来。诚如王船山在《读通鉴论》中所说："祸始于桓、灵，毒溃于献帝，日甚月滋，求如先汉之末，王莽篡而人心思汉，不可复得矣。"所以当汉献帝被董卓挟持时，各州郡长官虽曾一度起兵声讨董卓，但都不肯积极西进，反而互相吞噬。其中声望最大的，野心也最大，例如袁绍、袁术兄弟的表现，正如臧洪所说："诸袁事汉，四世五公，可谓受恩。今王室衰弱，无扶翼之意，欲因际会，觊望非冀。"②袁术既一味妄图为帝，袁绍也不肯迎接献帝到邺。当献帝从关中逃回洛阳时，"宫室烧尽，百官披荆棘，……群僚饥乏……或饥死墙壁间，

---

① 《通鉴》卷68建安二十四年。
② 《三国志》卷7《臧洪传》。

或为兵士所杀"①。情况如是之狼狈，可是，州郡各拥强兵，不但不去救驾，甚至连粮食都不肯送。曹操是在这种情况之下迎接献帝到许的。操迎献帝的目的，当然也只是为了"挟天子以令诸侯"，而非真正忠于汉室。当时也没有哪一个军阀忠于汉室。早在汉灵帝中平六年（189年）董卓入洛时，东汉已名存实亡。献帝自始即是一个傀儡，当时"尺土一民，皆非汉有"②。操乃取天下于群雄之手。操既有大功，他的政治地位及权力之与日俱增，也是势所必至。操虽不向献帝让权，但至死也未代汉称帝，这样，实未可以白脸的奸臣目之。操之所以被后世封建史家目为奸臣，只是因他搞了"挟天子以令诸侯"的把戏。这个把戏对操有利有弊，利是：（1）操迎献帝到许后，打着天子的旗帜，轻而易举地尽收豫州之地，并使关中诸将望风服从；（2）"操托名汉相，动以朝廷为辞"，名正而言顺，刘琮降操及张昭、秦松劝孙权迎操，也以此为遮羞布。弊是：（1）操百战艰苦，他扫灭北方群雄后，上有汉天子，尊之则不甘心，代之又受篡夺之名；（2）操集团内部亦出现拥汉派（如荀彧、吉本等），使操不能专心对付吴、蜀。从时间阶段看，在统一北方的过程中，挟天子利多于弊；及大局基本稳定后，则弊多于利。到操当权的后期，操本人也以此为虑，他外对吴、蜀敌国的诟骂，内对拥汉派的诽谤，于建安十五年（210年）十二月公开发表了一篇《让县自明本志令》③。令中再三解释自己并无代汉之意，但又明言："然欲孤便

① 《资治通鉴》卷62建安元年。
② 《三国志》卷1《武帝纪》注引《魏略》。
③ 《三国志》卷1《武帝纪》注引《魏武故事》。

尔委捐所典兵众，以还执事，归就武平侯国，实不可也。何者？诚恐己离兵，为人所祸也。既为子孙计，又己败则国家倾危，是以不得慕虚名而处实祸，此所不得为也。"曹操这段话，有合乎情理之处，假若操果真功成身退，是很难做一个保全天年的富家翁的。因为当权的天子会猜忌他，旧日的政敌也未必饶恕他。正因为这样，所以不少读者便认为以上的话是操由衷之言，我以为一个真正忠于朝廷的大臣是不会过多地考虑自身和子孙的安危的。操以上讲法，说穿了，也只是向群臣暗示他不会放弃军政大权。永远不弃权，就意味着身后让儿子继承自己的权势，并解决代汉问题。操令中所谓为"万安"之计，即指有进无退。令文所以闪烁其词，正是英雄欺人之语，读者如不仔细推敲，是容易被蒙蔽过去的。操的真正用意是："我功盖天下，能代汉而不代，只留给后人收拾。这样，我也对得住汉室了。假若别人不谅解，让他们议论吧！"然而，操这种暗示还是有其政治目的的，就是让臣下舍旧从新，为建立新的魏王朝立功勋。

从汉献帝本人来说，他九岁被董卓拥立为帝，到被操挟持时也才十六岁。他到许后，生活得到安定，但操对他监视更加严密，更不能自由行使权力。他不甘心作傀儡，曾指使董承、王服、种辑等密谋诛操，事未发即泄，承等被夷三族。从当时天子独尊的情况观之，固未可厚非，曹操先后杀了董贵人、伏皇后、数皇子及汉百官，也是属于统治阶级内部斗争性质。在"尺土一民，皆非汉有"的情况下，操不肯向献帝让权，而造成令其嗣子取代汉室的事实，实在也算不上什么篡夺。对操的评价，主要还是应当从其政经措施和历史作用来衡量。

二、从《求才三令》谈到曹操的用人

与曹操《自明本志令》相辅而行的还有操的《求才三令》。第一次《唯才是举》命令颁布的时间，比《自明本志令》还早十个月左右。《三国志》卷1《武帝纪》载建安十五年（210年）春操下令曰：

> 自古受命及中兴之君，曷尝不得贤人君子与之共治天下者乎？及其得贤也，曾不出闾巷，岂幸相遇哉？上之人不求之耳。今天下尚未定，此特求贤之急时也。"孟公绰为赵、魏老则优，不可以为滕、薛大夫"①。若必廉士而后可用，则齐桓其何以霸世！今天下得无有被褐怀玉而钓于渭滨者乎？又得无盗嫂受金而未遇无知者乎？二三子其佐我明扬仄陋，唯才是举，吾得而用之。

第二次《求才令》颁布于建安十九年（214年）曹操平定关中、杀伏皇后之后一两个月：

> 夫有行之士未必能进取，进取之士未必能有行也。陈平岂笃行，苏秦岂守信邪？而陈平定汉业，苏秦济弱燕。由此观之，士有偏短，庸可废乎！有司明思此义，则士无遗滞，官无废业矣。

---

① 《论语》卷7《宪问》。

　　第三次《求才令》颁布于建安二十二年（217年）八月。那时三国分立的形势已确立，曹操已于前一年由魏公进爵为魏王。令文曰：

　　　　昔伊挚、傅说出于贱人，管仲，桓公贼也，皆用之以兴。萧何、曹参，县吏也，韩信、陈平负污辱之名，有见笑之耻，卒能成就王业，声著千载。吴起贪将，杀妻自信，散金求官，母死不归，然在魏，秦人不敢东向；在楚，则三晋不敢南谋。今天下得无有至德之人，放在民间，及果勇不顾，临敌力战；若文俗之吏，高才异质，或堪为将守；负污辱之名，见笑之行；或不仁不孝，而有治国用兵之术。其各举所知，勿有所遗。

以上三个《求才令》所以颁布的目的究竟是为了什么？历来说法不一。一些人认为曹操所以下此三令，乃是为了打击自东汉以来专门拿封建道德相标榜的名士世族，所以用人只重才而不重德。我们且列举一些史料看看曹操用人是否就不注重个人的道德呢。据《后汉书》卷81《独行传》：

　　　　王烈……以义行称……曹操闻烈高名，遣征不至。

《三国志》卷16《郑浑传》：

> 郑浑……高祖父众，众父兴，皆为名儒……太祖闻其笃
> 行，召为掾。

可见曹操用人不但重视德行，就是对于一般舆论也相当重视；而且曹操用人还有重德胜于重才的事例。如《三国志》卷12《崔琰传》：

> 琰尝荐巨鹿杨训，虽才好不足，而清贞守道，太祖即礼辟之。

就是曹操给群下的教令中，也有更多强调德行的，如操为丞相后，曾给典管选举的东曹掾崔琰下教说：

> 君有伯夷之风，史鱼之直，贪夫慕名而清，壮士尚称而厉，斯可以率时者已。

可证曹操用人绝不是只重才不重德，不能因有《求才三令》就片面地认为操代表寒门地主打击世族地主。实际上，作为名士世族的表率人物荀彧，也是"取士不以一揆，戏志才、郭嘉等有负俗之讥，杜畿简傲少文，皆以智策举之"[1]。操在《庚申令》中说："治平尚德行，有事赏功能。"[2]可见曹操认为重德与重才须因时而异。当打天下时，为了减轻反对力量，壮大自己阵营，对于才

---

① 《三国志》卷10《荀彧传》注引《魏氏春秋》。
② 《三国志》卷1《武帝纪》注引《魏书》载《庚申令》。

智之士，需要努力罗致，所谓"文武并用，英雄毕力"①。曹操之所以能获得世族地主与庶族地主的共同支持，而扫灭群雄，其原因亦即在此。

我们如果要真正了解《求才三令》的用意，不能只从文句中去找，更需结合操的政治要求来探索。操的用人大致可分两个阶段，当创业之时，操为了扩充自己的力量，不能不想尽各种办法，通过各种渠道与手段，以招致各种类型的人才，故其用人有高出其他群雄之处。现举出下面事例：

（1）在某种情况下，能舍弃旧怨。例如操到南阳讨张绣，绣降而复叛，杀操一子一侄。但当绣再次投降时，操仍弃仇录用。又如官渡战前，陈琳为袁绍作檄辱骂操为"赘阉遗丑"②。当时出身于阉宦之家，最为人所不齿，亦系操所最忌讳者。可是当袁氏败，操获琳，仍"爱其才而不咎"③。

（2）在某种情况下，能用忠于故君、孝顺父母及对人崇尚信义之士。操南征荆州，刘琮迎降，琮将文聘耻于不能为故君刘表保全州境，不肯出降，直到操军渡过汉水，聘始往降，仍唏嘘流涕。操为之怆然，曰："卿真忠臣也。"④厚礼待之，授聘兵。操为兖州牧时，张邈叛操，劫持操部下毕谌之母弟妻子。操令谌去，谌顿首，示无二心。可是谌出，即叛操而去。后操虏谌，众人皆为谌惧。操曰："夫人孝于其亲者，岂不亦忠于君乎？吾所

---

① 《三国志》卷21《王粲传》。
② 《三国志》卷6《袁绍传》注引《魏氏春秋》。
③ 《三国志》卷21《王粲传附陈琳》。
④ 《三国志》卷18《文聘传》。

求也。"①仍以谌为鲁相。又如操在兖州，部将徐翕、毛晖叛操。及兖州定，翕、晖匿于臧霸所，操令刘备告霸斩送二人首。霸曰："霸所以能自立者，以不为此也。霸受公生全之恩，不敢违命，然王霸之君，可以义告，愿将军为之辞。"备以霸言白操，操叹息，谓霸曰："此古人之事，而君能行之，孤之愿也。"②乃皆以翕、晖为郡守。

（3）不隐瞒臣僚的密谋奇策，在一定情况下不轻易杀害不易驾驭的雄才。赵翼在其所著《廿二史札记》卷7《三国之主用人各不同》言："荀彧、程昱为操划策，人所不知，操一一表明之，绝不攘为己有，此固已足令人心死；刘备为吕布所袭，奔于操。程昱以备有雄才，劝操图之，操曰：'今收英雄时，杀一人而失天下之心，不可也。'③"

（4）较能放手起用降将及出身低微的人。史言操"知人善察，难眩以伪，拔于禁、乐进于行陈之间；取张辽、徐晃于亡虏之内，皆佐命立功，列为名将；其余拔出细微，登为牧守者，不可胜数。是以创造大业，文武并施"④。操部下的文臣武将，有不少是投降过来的。他们原来所投非主，操能重用之，他们自然感恩戴德，乐于为操效命。

（5）较能体谅部属的错误。操于官渡大败袁绍后，"收绍书中，得许下及军中人书，皆焚之"，曰："当绍之强，孤犹不能自

---

① 《三国志》卷1《武帝纪》建安三年。
② 《三国志》卷18《臧霸传》。
③ 《三国志》卷1《武帝纪》建安元年。
④ 《三国志》卷1《武帝纪》注引《魏书》。

保，而况众人乎?"①操这种做法，显然是效法刘秀"令反侧子自安"②的故智。因为任何仁君贤主不可能让所有部属在任何情况下都忠于自己，其中不少人是以安危祸福决定自己的动向的。只要在上者有作为，大多数人是愿意接受领导和做好工作的。然而非明智之主是不能做到这点的。这是操用人的可贵之处。

（6）较能鼓励臣下提反面意见。建安十一年（206年），操下令曰："治世御众……诚在面从，……吾充重任，每惧失中……自今以后，诸掾属治中、别驾，常以月旦，各言其失。"③操将北征三郡乌桓时，诸将皆言："今深入征之，刘备必说刘表以袭许，万一为变，事不可悔。"及操胜利归来，对以上谏阻自己的诸将，不但不加训斥，反而给以厚赏，对他们说："孤前行，乘危以徼幸，虽得之，天所佐也。故不可以为常。诸君之谏，万安之计，是以相赏，后勿难言之。"④操这样做，为的是让臣下知道，只要肯进谏，不管对不对，都应受到称许，以此鼓励臣下敢提反面意见。

（7）比较长于因才授职。战乱之初，各军阀多得不到充足的粮食。操用枣祗、韩浩等议，兴办屯田，军粮供应，得以部分解决。这事后面再说。在挑选州郡长官方面，操所任人，亦多称职。例如钟繇在关西，梁习在并州，苏则在金城，刘馥在扬州，杜畿在河东，郑浑在冯翊，均卓有建树。至于在军事方面，操之选将用人，尤为高明，留至下面谈作为军事家的曹操时，再行论

---

① 《三国志》卷1《武帝纪》注引《魏氏春秋》。

② 《后汉书》卷1上《光武帝纪》更始二年。

③ 《三国志》卷1《武帝纪》注引《魏书》。

④ 《三国志》卷1《武帝纪》注引《曹瞒传》。

及。

以上事例，说明曹操在收揽和使用人才方面，比较有度量和见识，证明他的成功并非侥幸。但是以上各种用人情况基本发生在操起兵讨伐董卓至平定关中这一段时间内。从此以后，三国分立的局面确定下来，操再往外扩张，已不大可能。于是他便把注意力转移到内部，为建魏代汉做准备工作。与此相适应，操在用人和驾驭臣僚方面也采取了一些剪除异己的措施。前一阶段是操艰苦创业的时期，故他能做到"矫情任算，不念旧恶"。等到后一阶段三分局面确定之后，操便有计划地铲除其统治集团内部的可疑人物，操之杀荀彧、崔琰、杨修等人，就是以上做法的具体体现。前已论及，操之《自明本志令》是向臣僚暗示其不得不代汉的信息，以令臣僚起而采取某些倡议行动。操的《求才三令》，自然也不可能不为此政治目的服务。第二次《求才令》中之所谓"进取"，不能只看作是要为操开疆辟土。事实上，操在西方，自动放弃了汉中；在东方对吴作战，操也未动用过大规模的兵力去争城夺地。所以他所说的"进取"，到了后一阶段，也包含了代汉为魏的内容。操在第三次《求才令》中所说的"负污辱之名、有见笑之行或不仁不孝"，无非是号召臣僚勿以舍弃衰汉为不忠不义及取讥惹辱之事。为此政治目的，操到后一阶段，不仅不"唯才是举"，而且要杀其臣僚中之有大才、大名望、大影响的人，上举杀荀彧、崔琰、杨修，亦有这方面的目的。荀彧才高望重，推荐的贤才、大臣多了，操把他视为心腹之患，不能不悄悄地把他置之于死地。崔琰、毛玠对操选拔人才的贡献也很大，而且他们用人主张德才兼备，不尚虚名，提倡廉节，都与操用人标准相近似。可是操为魏王以后，就以"莫须有"的罪名逼崔琰自杀了，把毛玠免了。杨修，是一个"颇有才策""为太祖所器重"的人。他曾为操"总知内外，事皆称意"①。可是这样一个才能之士，到建安二十二年（217年），即下第三次《求才令》那年，也做了操的刀下之鬼。以上一些事实充分说明了在前一个阶段，曹操"奉天子以号令天下，方招怀英雄以明大信"②。故虽枭雄如刘备而不加害。至后一阶段，操为其嗣子代汉作准备，需芟除异己，所以连杨修这样才华外露的文人也被杀害了。

三、对曹操的评价

（1）曹操统一北方的积极作用

前已叙及，东汉王朝后期，由于政治黑暗，社会生产遭到严重破坏，人民无法生活，终于爆发了轰轰烈烈的黄巾大起义。但在当时的历史条件下，农民起义不可能取得最终的胜利，继之而来的是东汉王朝的解体和军阀混战。在混战中，不仅董卓、李傕等凉州军阀到处屠杀人民，抢劫财物，就是打着勤王旗号的东方将领也"纵兵钞掠"③。因而普遍出现了"民人相食，州里萧条"的荒凉景象。这种情况的造成，除了应当归罪于东汉王朝的反动统治外，镇压农民起义和破坏社会生产的军阀，自然也是不可饶恕的罪首。但相对地说，各军阀之间，毕竟还是有所差别的。拿曹操来说，他虽然镇压过农民起义和滥杀过无辜人民，但从他在政治、军事、经济各方面的表现来看，他比被他消灭的那些军阀

---

① 《三国志》卷19《陈思王传》注引《典略》。

② 《三国志》卷14《郭嘉传》注引《傅子》。

③ 《三国志》卷15《司马朗传》。

还是胜过一筹的。比如他推行屯田，兴修水利，实行盐铁官卖制度，对社会经济的恢复和经济的整顿起了积极作用。这些都将在谈论经济时再介绍。

曹操一开始走上仕途就试图用比较严格的法律改变当时权豪横行的情况。但由于祸害根子在中央，操无法施展自己的意图。到他自己掌握政权以后，才得全面推行抑制豪强的法治政策。他说："夫刑，百姓之命也"①；"拨乱之政，以刑为先"②。他起用王修、司马芝、杨沛、吕虔、满宠、贾逵等地方官吏，抑制不法豪强。如果把袁绍和曹操在冀州先后推行的治术加以比较，就可以看出两种不同的情况："汉末政失于宽，绍以宽济宽，故不摄"。在袁绍的宽纵政策下，"使豪强擅恣、亲戚兼并，下民贫弱，代出租赋，衒鬻家财，不足应命"。这样，自然不能使"百姓亲附，甲兵强盛"③。所以袁绍虽地较大、兵较多、粮较足，终为操所败。操得冀州后，立即"重豪强兼并之法"，因而收到了比较能使"百姓喜悦"④的效果。我们只要翻看一下《三国志·魏志》，就可以看出在操统治下，从中央到地方的政治面貌和社会风气都与以前有所不同。朝中既少有倾轧营私的大臣；地方上恣意妄为而不受惩罚的官吏和豪强也受到一定程度的抑制。司马光说操"化乱为治"⑤，并非无据。而且操用人不重虚誉，他选用的官员要"明达法理"，能行法治。操还提倡廉洁，他用

① 《三国志》卷1《武帝纪》建安十九年。
② 《三国志》卷24《高柔传》。
③ 《三国志》卷1《武帝纪》注引《魏书》。
④ 《三国志》卷1《武帝纪》。
⑤ 《资治通鉴》卷66建安十七年。

崔琰、毛玠掌管选举，"其所举用，皆清正之士，虽于时有盛名而行不由本者，终莫得进。务以俭率人，由是天下之士莫不以廉节自励，虽贵宠之臣，舆服不敢过度"①。于是社会风气有所好转。

与推行法治政策相辅而行的是操力图集权于己，不容许臣下有结党行为。他下令说："今清时，但当尽忠于国，效力王事，虽私结好于他人，用千匹绢，万石谷，犹无所益。"②操为了监视群臣，设置"校事"。这件事受到大臣反对，认为"非居上信下之旨"。操对此加以解释说："要能刺举而办众事，使贤人君子为之，则不能也。"③所谓"贤人君子"，主要指世家大臣，他们累世为官，枝连叶附，名望和势力很大。操对之一方面不能不加以笼络，使之居上位而不予实权；一方面也利用出身微贱的校事来检查他们的行动。

至于这样做有无必要呢，我们可以用日后孙权的话来回答。孙权说："长文（陈群字）之徒，昔所以能守善者，以操笮其头，畏操威严，故竭心尽意，不敢为非。"④孙权也仿效操设校事一职，可知在当时情况下，设置监视大臣行动的校事，以防汉末和袁绍集团内大臣结党拉派的重演，还是不无道理的。从曹魏政权的内部结构看，世家大臣最多，潜在的危险也较重。曹操为自身及子孙计，设置校事以伺察大臣，虽有些苛刻和搞权术，但不这样，是难以制服他们的。史称："太祖性严，掾属公事，往往加

---

① 《三国志》卷12《毛玠传》。
② 《曹操集》，中华书局1962年版第54页《清时令》。
③ 《三国志》卷24《高柔传》。
④ 《三国志》卷52《诸葛瑾传》。

杖。"①操还令诸将家属居邺，以防其叛己外逃，都是操与属下存在着隔阂与矛盾的反映。

总起来看，黄河流域在曹操统治下，政治有一定程度的清明，经济逐步恢复，阶级压迫稍有减轻，社会风气有所好转。所以我们说操之统一北方及其相应采取的一些措施还是具有积极作用的。

（2）曹操是一位卓越的军事家

首先，操善于驭将；如建安十九年（214年）曹操东击孙权，退军时，留下张辽、乐进、李典三将及护军薛悌镇守合肥。次年，操于出军西击张鲁前，派人给薛悌送去教令，封面写明："贼至乃发"。不久，孙权亲自率领大军十万来攻合肥，薛悌等开函看教，乃是："若孙权至者，张、李将军出战，乐将军守，护军勿得与战。"②这时合肥守军总共才七千余人。敌众我寡，如果分兵出战，是否上策，诸将疑惑。张辽曰："公远征在外，比救至，彼破我必矣。是以教指及其未合逆击之，折其盛势，以安众心，然后可守也。成败之机，在此一战，诸君何疑！"③李典闻言，当即表示赞同。于是辽、典当夜招募敢从之士八百人，杀牛犒飨。次日天亮，辽被甲持戟，先登陷阵，杀数十人，斩二将，大呼己名，直冲至孙权麾下。权见辽来势凶猛，大为惊恐，其左右亦不知所措，只好走登高冢，以长戟自守。辽呼权下战，权不敢动，望见辽所将兵少，聚众围辽数重。辽一再突围，权人马皆

---

① 《三国志》卷12《何夔传》。
② 《三国志》卷17《张辽传》。
③ 《三国志》卷17《张辽传》。

披靡，无敢当者，自早战至日中，吴人夺气。辽等乃还修守备，众心遂安。权军经此一战，锐气顿失，守合肥十余日，即撤军退。大众既去，权和数将尚留逍遥津北。张辽从高望见，即率步骑前来捉权，权将甘宁、吕蒙、凌统等竭死格斗，权始乘骏马逃去，几被活捉。史家对操教令，颇为赞扬，胡三省认为操以"辽、典勇锐，使之战；乐进持重，使之守。"[1]孙盛认为操之本意是勇怯调配，"参以同异"[2]。我以为：张辽作战固极勇锐，乐进也以"骁果"显名，常先登陷阵，"奋强突围，无坚不陷"[3]。如果把乐进说成是"怯"者或仅能"持重"的人，恐怕是不妥的。操的本意，料知孙权来时必自恃人马众多，合肥守兵寡少，必然骄忽轻敌。正可乘此给以迅雷不及掩耳的突然袭击，即如张辽所说"及其未合，折其盛势"，如此而已。盖兵贵神速，掩其不备，操之知将料敌，固极高明。

由于孙权经常进兵侵犯合肥，所以曹魏一些靠近合肥的州刺史也带兵屯戍于此。建安二十四年（219年），操令屯戍在合肥的兖州刺史裴潜等做好行军准备。因这时合肥方面并无军事气氛，故裴潜等动作不速。扬州刺史温恢暗自对裴潜说："此必襄阳之急，欲赴之也。所以不为急会者，不欲惊动远众。一二日必有密书促卿进道，张辽等又将被召。辽等速知王意，后召前至，卿受其责矣！"[4]于是裴潜赶紧做好快速行军准备。果然不久接到快速进军的命令。接着张辽等也收到诏书。说明操对诸将约束甚严，

---

[1]《资治通鉴》卷67建安二十年胡注。

[2]《三国志》卷17《张辽传》注引孙盛语。

[3]《三国志》卷17《乐进传》。

[4]《三国志》卷15《温恢传》。

不容有忽慢诏令和动作迟缓的事。

由上可知，操善于用将，对之要求也很严格，但能得到他们的拥护。甚至连孙权都说操之"御将，自古少有"①。证明操是善于御将的。

曹操还富有韬略、足智多谋，在战略、战术方面，常能应付裕如。操在战斗时，常能根据敌我情况，临机决策，变化多端。如前所述。操在对于毒农民军、吕布、张绣、袁绍、马超、韩遂等一系列战争中，常用声东击西、避实就虚、埋伏、包抄、突袭、离间、劫粮、攻彼救此、弃物诱敌等方法，谲敌制胜，转弱为强。在战略方面，操能集中部属智慧，择善而从，少有失误。例如当操与吕布争夺兖州，相持不下时，徐州牧陶谦病死，操欲乘机袭取徐州，然后再击吕布。荀彧劝阻之。操乃改变主意，以全力击败吕布，平定了兖州。接着徐州也归附了。建安六年（201年），即官渡战后下一年，操因粮少，不足略定河北，欲因绍新破，以其间击刘表。荀彧说："今绍败，其众离心，宜乘其困，遂定之；而背兖、豫，远师江、汉，若绍收其余烬，承虚以出人后，则公事去矣。"②操从之，终究平定了冀州。

由上可知，荀彧在战略决策方面屡次纠正操的疑误想法，因而对操的成败存亡起了很关键的作用。其他谋臣如荀攸、郭嘉等亦有同样功勋，为操所称誉。足证操对战略部署极为重视，事先都与群僚仔细商讨。他能采纳别人的正确策略，说明他的判断力是很强的。

①《三国志》卷52《诸葛瑾传》。
②《三国志》卷10《荀彧传》。

当操与袁绍起兵讨伐董卓时，绍问操："若事不辑，则方面何所可据？"操曰："足下意以为何如？"绍曰："吾南据河，北阻燕、代，兼戎狄之众，南向以争天下，庶可以济乎？"操曰："吾任天下之智力，以道御之，无所不可。"操又对别人说："汤、武之王，岂同土哉？若以险固为资，则不能应机而变化也。"①操之所以能克敌制胜，主要原因之一是如同他自己所说的"任天下之智力"，即充分发挥臣下的智慧和将士的战斗积极性。所谓使"贤人不爱其谋，群士不遗其力"②。

无论曹操在战略、战术上做得怎样出色，如果其军队没有较强的战斗力还是不行的。吕布的军队号称勇悍；袁绍的军队人数最多，经过多次较量之后，都为操所败，说明操军的战斗力是很强的。操军战斗力之所以强，乃由于操一贯采取精兵、简政、重视粮食生产及运输等措施。操曾说："孤所以能常以少兵胜敌者，常念增战士，忽余事，是以往者有鼓吹而使步行，为战士爱马也；不乐多署吏，为战士爱粮也。"③操自言当官渡会战时，袁绍有铠甲一万领，他只有二十领；袁绍有马铠三百具，他连十具都不到。操军人数虽少，装备虽差，但操治军带兵，比较重视纪律，赏罚比较严明，结果打败了袁军。一次在行军途中，操传令不得让马践踏麦地。如有违犯，一律斩首。于是士兵皆下马步行，唯恐踏坏了麦子。可是操自己所骑的马却因吃惊而踏了麦田。于是操即拔剑割下自己一撮头发，作为处罚，这虽只是做做

①以上见《三国志》卷1《武帝纪》注引《傅子》。
②《三国志》卷1《武帝纪》注引《魏书》载操建安十三年令。
③《太平御览》卷567引操《鼓吹令》。

样子，但也可说明操在军中持法是比较认真的。操起兵初期，打过不少败仗，但军队始终没有溃散，就是因操治军严整，而且在政治、经济各方面也能较好地配合和支持军事。所以终能转危为安、变弱为强。其他军阀如袁绍则"御军宽缓，法令不立"；吕布则"勇而无计""轻狡反复"；刘表则"不习军事"，只"保境自守"；袁术则"奢淫放肆""无纤介之善"。所以操终能将他们各个击破。

由此，我们说曹操可以称得上古代卓越的军事家。

（3）曹操的为人和作风

曹操在中国历史上是为人熟知的人物之一，人们对他的看法纷纭错杂，毁誉不一。毁者把他说成白脸的奸臣、专门玩弄权术、"宁我负人，毋人负我"的极端利己者；誉者则目之为命世英雄、杰出的军事家、政治家、文学家。有关史书记载，善恶错出，真假难辨。我们如果片面地依据某些记述，断章取义，纵然再多发表评论文章，亦无济于事。评论历史人物，应当从有关的可靠记述中归纳出居于主流的东西（如德、才、功、过、善、恶、作用、影响等），从而得出确切的结论。不仅要把这一人物与他同时的人相比较，也要放在历史的长河中与同一类型的人相比较，这样便不难估计其在各方面的价值，以确定其历史作用。比如曹操的忠与奸的问题，我们在前面已经做过分析，曹魏政权是曹操在农民起义的影响下，自己苦心经营出来的。当时尺土一民，皆非汉有，汉朝还有什么可供曹操篡夺呢？曹操确实是玩弄了一套"挟天子以令诸侯"的把戏，但这样做，还是为汉朝延长了二十余年的名义上的国祚。假若操是奸臣的话，那末，二袁、刘表、刘备、孙权……谁是忠臣呢？如果找不出一个能维护汉政权的忠臣来，还能说操是奸臣吗？

至于曹操对人是否奸诈、专门倾人利己呢？传说中曹操所说"宁我负人，毋人负我"的话是否真实呢？据《三国志》卷1《武帝纪》注引《魏书》：

> 太祖以卓终必覆败，遂不就拜，逃归乡里，从数骑过故人成皋吕伯奢，伯奢不在，其子与宾客共劫太祖，取马及物，太祖手刃击杀数人。

《武帝纪》注又引《世语》：

> 太祖过伯奢，伯奢出行，五子皆在，备宾主礼。太祖自以背卓命，疑其图己，手剑夜杀八人而去。

《武帝纪》注又引孙盛《杂记》：

> 太祖闻其食器声，以为图己，遂夜杀之。既而凄怆曰："宁我负人，毋人负我！"遂行。

根据《魏书》的说法，操杀人系于被劫之后，这种杀人，不能说是负人，而只是惩罚歹徒的行为。《杂记》所说操夜杀人，乃是怕别人杀害自己，所以先下手为强，这还可以说是"宁我负人，毋人负我"的行为。但操过后，还是很快就感到凄怆伤怀，说明这次杀人是属于误会，并非操本性即安于做负人之事。而且，

"宁我负人，毋人负我"之语，只见于此书，其他二书均未道及。可知这话是不可靠的。从当时实际情况论，操恐惧出奔，方逃命之不暇，安能轻易做杀人惹祸之事。他当时如畏人图己，就应趁人无备时逃走，何必杀人以增罪累而稽行期？以上三书所记大相径庭，陈寿既不采用，裴注虽引出，但未置评，仅备遗闻。所以我们不宜视之为真实材料，与其在这个问题上多作纠缠，远不如从操许多比较确凿的行事中寻找答案。比如：陈宫，原来是拥戴操为兖州牧的有功大员，操"待之如赤子"①。但后来陈宫趁操东征徐州牧陶谦之际，叛操而迎吕布为兖州牧，使操几遭灭顶之灾。后来陈宫与吕布一起被操擒获，"宫请就刑，操为之泣涕"，颇有故人依恋之情。宫死后，"操召陈宫之母，养之终其身，嫁宫女，抚视其家，皆厚于初"②。又如建安十九年（214年），蒯越病死前，托操照料其家，操报书曰："死者反生，生者不愧，孤少所举，行之多矣，魂而有灵，亦将闻孤此言也。"③可见操对死者的嘱托，并无背负之事。王粲的儿子因参与魏讽谋反，为曹丕所诛，操闻叹息曰："孤若在，不使仲宣无后。"④操以金璧从南匈奴赎回蔡文姬之事⑤更为人所熟知。操还自言："前后行意，于心未曾有所负"，可知他是怕负人的，似不可能说出"宁我负人，毋人负我"的话。吕思勉谓："操之待人，大致尚偏于

---

① 《三国志》卷7《吕布传》注引《魏氏春秋》。

② 《三国志》卷7《吕布传》注引《典略》及《通鉴》卷62建安三年。

③ 《三国志》卷6《刘表传》注引《傅子》。

④ 《三国志》卷21《王粲传》注引《文章志》。

⑤ 《后汉书》卷84《列女传》。

厚。"①这种讲法，是符合事实的。那些述说操诈骗倾人的传闻、轶事，多非历史的真实。但这种讲法从何而来呢？首先，操用兵善"因事设奇，谲敌制胜"，吕布与操作战时，曾告诫部属："曹操多谲"。因此，有人就把操用兵时的"多谲"，扩大到其为人和作风上；其次，陈寿说操"少机警，有权术"，"挟天子以令诸侯"，就是他在政治上搞的权术，赵翼言操用人系以权术相驭。操在用人上，确实有用权术的地方，但说他用人全靠权术，就以偏概全了。封建政治首脑有几个不用权术的？有几个没有滥杀过人？袁绍早就让操杀杨彪、孔融、梁绍。就以孔融为例，他何尝不随意杀人！当他任北海相时，仅因"租赋少稽"，就一朝杀五部督邮。孔融既不能自力保境，又不肯同邻近州郡合作，因此，左承祖劝他"自托强国"，仅因这个建议，就被孔融杀害②。至于历代开国帝王，因铲除异己，而滥杀错杀的更史不绝书，如果只责操谲诈负人，是不公允的。

操的污点，首先是他参与镇压黄巾起义，关于此事，前面已多处提及，不再详述。其次是他有过屠杀徐州人民的罪行，此事前面也说过。关于操攻徐州牧陶谦的原因，各书说法不一。即使操父真为陶谦所杀，操也不该大量屠杀无辜人民。陈寿于《三国志》中叙述曹操之事，从不做过分的贬抑，对操攻徐州的暴行，所述亦较他书为简，然亦不能不承认："所过多所残戮。"③操还

---

①吕著《秦汉史》上册第368页，上海古籍出版社本。
②《三国志》卷12《崔琰传》注引《续汉书》。
③《三国志》卷1《武帝纪》。

曾有"围而后降者不赦"的法令①，操及其手下诸将常有"屠城"之事，这是不应宽恕的。其他如当操攻围吕布于下邳时，关羽屡向操求取布将秦宜禄之妻杜氏，操"疑其有异色，先遣迎看，因自留之"②。在此事稍前，操在宛收降张绣时，亦曾纳张绣的从叔母，以致引起张绣的叛变。诸如此类的事，在当时虽算不上什么很坏，但总是欠缺的。陈寿在评论曹操时，极称赞其谋略、权变、法术和用人、创业的功绩，从无一语赞及他的品德。陈寿论到刘备时，认为备"机权干略，不逮魏武"。可是极力称颂刘备的"弘毅宽厚，知人待士"③。说明陈寿是善于抓住曹、刘在德才上各自特色的。

许多同志认为曹操是我国古代卓越的军事家，我很同意。有些同志还认为曹操是我国古代卓越的政治家，我觉得有点偏高。因为曹操有过滥杀无辜百姓的暴行，一个卓越的政治家不应当这样。另外，在个人品德作风上，曹操也有些欠缺，不足为后世法。既然称作历史上的政治家，就应当对后世能起榜样作用，曹操在这方面还不够规格。

①《资治通鉴》卷66建安十七年及《三国志》卷14《程昱传》注引《魏书》。
②《三国志》卷36《关羽传》注引《蜀记》。
③《三国志》卷32《先主传》。

第七章　刘备托孤与诸葛亮的治蜀和北伐

一、夷陵之战与刘备托孤

建安二十五年（220年）十月，曹丕废汉献帝为山阳公，自立为帝（史称魏文帝），时蜀中"或传闻汉帝见害"①，于是群臣劝汉中王刘备称尊号，备谦让未敢当，诸葛亮进言说：

> 昔吴汉、耿弇等初劝世祖即帝位，世祖辞让，前后数四，耿纯进言曰："天下英雄喁喁，冀有所望。如不从议者，士大夫各归求主，无为从公也。"世祖感纯言深至，遂然诺之。今曹氏篡汉，天下无主。大王刘氏苗族，绍世而起，今即帝位，乃其宜也。士大夫随大王久勤苦者，亦欲望尺寸之功，如纯言耳。②

由上可知，刘备之建立蜀汉政权，也是其群臣的共同愿望与利

---

①见《三国志》卷32《先主传》。这实际只是刘备及其臣僚的托词，当时废献帝为山阳公的消息，蜀君臣岂能不知。

②《三国志》卷35《诸葛亮传》。

益①。于是刘备便作了皇帝，国号仍为"汉"，史称"蜀汉"，年号为章武（时为221年）。

史言刘备"忿孙权之袭关羽，将东征"。按刘备既以汉王朝的继承者自居，照理说他即位后应立即进兵讨伐篡汉的头号敌人曹丕，可是刘备却硬是要伐吴，"群臣多谏，一不从"②。连刘备的亲信将领赵云都说："国贼是曹操，非孙权也，且先灭魏，则吴自服，……不应置魏，先与吴战。"③可是刘备不肯听从。他这样做，既轻重倒置，也违背了联吴攻魏的既定方针。

孙权闻备将来伐，遣使求和，备不许。吴南郡太守诸葛瑾给备来笺说："陛下以关羽之亲，何如先帝？荆州大小，孰与海内？俱应仇疾，谁当先后？若审此数，易于反掌。"④来自吴人的议论，只能引起刘备的更大反感，而不会有何效果。

从刘备的态度看，好像是把替关羽复仇作为首要之务，实际也并非如此，从史书上看，刘备所最得力和喜爱的要员，首先是法正和庞统。他们死后，刘备都难过得流涕数日。《三国演义》说刘备闻关羽死讯，痛不欲生。正史并无此记述，只言备"忿孙权之袭关羽，将东征"。刘备之所以这样做，主要原因不是"忿"，而是"骄"。他一贯对吴估计不足，所以当他令关羽进攻襄、樊时，对吴戒备不周。根据避强攻弱的道理，他要攻吴而不听群臣谏阻。愿意跟随刘备伐吴的主要将领只有张飞。那时张飞

---

①从来夺权或称帝都是一部分人的集体行动，而非一二人所能立即造成。

②《三国志》卷37《法正传》。

③《三国志》卷36《赵云传》注引《云别传》。

④《三国志》卷52《诸葛瑾传》。

镇守巴西，他本准备从阆中率兵万人与刘备会江州（今重庆市）。但飞在临行前，被其帐下将张达、范强刺杀。赵云因谏阻征吴，刘备未令他同行，而留他督江州。从刘备此次出征带领的文武官员看，其中既无卓越谋臣，也无知名宿将。只有一个黄权，原为刘璋部将，曾劝璋勿迎备入蜀；又不肯在刘璋降备之前投降。因此备对权甚为叹赏。后黄权向备献策进取汉中，取得了胜利。这次权向备献言："吴人悍战，又水军顺流，进易退难，臣请为先驱以尝寇，陛下宜为后镇。"①备不从，只遣权督江北军，以防魏师。这样，权虽出征，亦未得发挥多大作用。这是为什么？只因一个"骄"字占领了刘备的脑海，他认为自己伐魏，虽不能克，但对付吴还是满可以的。

　　且看孙权是怎样处置这次战争呢？前已叙及，孙权在偷袭荆州之前，已遣使向曹操上书，请以讨羽自效。曹操对此，采取了两面派手法，一方面答应给孙权保密；一方面将权书用箭射给关羽屯中，令吴、蜀互斗，而己乘其敝。可是曹操也未料到关羽失败得那样快。孙权获胜以后，为了怕刘备前来报复，仍旧继续向操讨好。刘备将率军东下时，孙权除向备求和外，还向曹丕称臣求降，以使自己不陷于两面作战的困境。在选择抵御刘备的将帅时，孙权也恰恰做到好处，陆逊在袭击关羽前，也曾向吕蒙献策袭羽，蒙虽未敢向逊透漏袭羽谋划，但背地向孙权称赞逊才堪大任。蒙死后，陆逊成为东吴首要将领。当此关键时刻，权任命陆逊为大都督，另外，派出的将领有朱然、潘璋、宋谦、韩当、徐盛、鲜于丹、孙桓等。孙桓是年轻的宗室，其他人都是富有战斗

---

① 《三国志》卷43《黄权传》。

经验的宿将。至于调动的军队也达五万之众，从数量上看，尚较备军稍多①。

蜀汉章武二年（222年）二月，刘备率诸将自长江南岸缘山截岭，到达夷道县的猇亭（今湖北宜都县西北长江北岸）。吴将皆欲迎击，陆逊曰："备举军东下，锐气始盛，且乘高守险，难可卒攻，攻之纵下，犹难尽克，若有不利，损我大势，非小故也。今但且奖厉将士，广施方略，以观其变。若此间是平原旷野，当恐有颠沛交驰之忧，今缘山行军，势不得展，自当罢于木石之间，徐制其弊耳。"②诸将不解逊意，以为畏敌，皆怀忿恨。

刘备不仅沿路联结少数民族，并且还派侍中马良顺着从佷山通往武陵的路拿金锦赐给五溪诸蛮夷首领，授以官爵，令其反吴。

刘备以冯习为大督，张南为前部督，从巫峡至夷陵界，连营数十屯。自正月与吴军相距，至六月，尚未进行决战。这时，备先遣八千兵埋伏山谷中，然后派吴班率数千人在平地立营，向吴军挑战，吴将皆欲出击，陆逊阻拦说："此必有谲，且观之。"备计不得逞，只好召回伏兵。逊对诸将说："所以不听诸君击班者，揣之必有巧故也。"③

经过几个月的观察，陆逊给孙权上疏说："夷陵要害，国之关限，虽为易得，亦复易失，失之非徒损一郡之地，荆州可忧。今日争之，当令必谐。备干天常，不守窟穴，而敢自送。臣虽不

---

① 《资治通鉴》卷69黄初二年秋七月载："汉主……进兵秭归，兵四万余人……权以镇西将军陆逊……督将军朱然……等五万人拒之。"

② 《三国志》卷58《陆逊传》注引《吴书》。

③ 《三国志》卷58《陆逊传》。

材，凭奉威灵，以顺讨逆，破坏在近。寻备前后行军，多败少成，推此论之，不足为戚。臣初嫌之水陆俱进，今反舍船就步，处处结营，察其布置，必无他变。伏愿至尊高枕，不以为念也。"①

这时，曹丕听说刘备树栅连营七百余里，对群臣说："备不晓兵，岂有七百里营可以拒敌者乎！"②刘备这样把兵力分散在大江之滨的崎岖山岭间，既不能集中力量打击敌人，又难以互相救援，只有等着挨打了。

闰六月，陆逊终于下令要向汉军进行反击了。诸将并曰："攻备当在初，今乃令入五六百里，相衔持经七八月，诸要害皆以固守，击之必无利矣。"逊曰："备是猾虏，更尝事多，其军始集，思虑精专，未可干也。今住已久，不得我便，兵疲意沮，计不复生。掎角此寇，正在今日。"逊先派出一部分兵力，攻备一个营，结果不利。诸将皆曰："空杀兵耳！"逊曰："吾已晓破之之术。"③于是令兵士各持一把茅草，分别从水陆向敌营进行火攻。顷刻间，火光四起，汉军大坏。吴军同时冲杀，斩张南、冯习及胡王沙摩柯等首，破汉军四十余营。备升马鞍山，陈兵自绕。逊督诸军四面蹙之，汉军土崩瓦解，死者万数。备乘夜遁逃。驿人将败兵所弃铠甲烧之于道，始得稍阻追兵。备得逃还白帝城。汉军舟船器械，水步军资，一时略尽。尸骸塞江而下。刘备还不服输，叹息说："吾乃为逊所折辱，岂非天邪！"④可见他

---

① 《三国志》卷58《陆逊传》。
② 《三国志》卷2《文帝纪》。
③ 《三国志》卷58《陆逊传》。
④ 《三国志》卷58《陆逊传》。

原来多么轻视吴人了。

战争开始时，吴安东中郎将孙桓被备军围攻于夷道（今湖北宜都西北），桓向逊求救，逊不遣兵。诸将曰："孙安东公族，见围已困，奈何不救？"逊曰："安东得士众心，城牢粮足，无可忧也。待吾计展，欲不救安东，安东自解。"及逊破备，蜀军奔溃。桓后对逊说："前实怨不见救，定至今日，乃知调度自有方耳。"①

当逊刚被任命为大都督时，诸将或孙策时旧将，或公室贵戚，各自矜恃，不相听从。逊按剑曰："刘备天下知名，曹操所惮，今在境界，此强对也。……仆虽书生，受命主上，国家所以屈诸君使相承望者，以仆有尺寸可称，能忍辱负重故也。各在其事，岂复得辞！军令有常，不可犯矣。"及破备之后，计多出逊，诸将乃服。权闻之，问逊："君何以初不启诸将违节度者邪？"逊答："受恩深重，任过其才。又此诸将，或任腹心，或堪爪牙，或是功臣。皆国家所当与共克定大事者。臣虽驽懦，窃慕相如、寇恂相下之义，以济国事。"②权大笑，称善。加拜逊辅国将军，领荆州牧，改封江陵侯。

刘备败退以后，在江北的黄权，因还道断绝，率军降魏。执法官要按军法诛权妻子，备曰："孤负黄权，权不负孤也。"③对权妻子仍同往常一样。权降魏后，受到曹丕善待，有人向曹丕和黄权报告蜀已诛权妻子。权对丕曰："臣与刘、葛推诚相信，明

---

① 《三国志》卷58《陆逊传》。
② 《三国志》卷58《陆逊传》。
③ 《三国志》卷43《黄权传》。

臣本志。疑惑未实，请须后问。"①不久得到确实消息，果如权所料。

刘备回到永安后，由于疲困、惭恚各种情绪的侵袭，身患重病，没有再回成都，把丞相诸葛亮从成都召来，嘱托后事。据《三国志》卷35《诸葛亮传》载：

> 章武三年（223年）春，先主于永安病笃，召亮于成都，属以后事，谓亮曰："君才十倍曹丕，必能安国，终定大事。若嗣子可辅，辅之；如其不才，君可自取。"亮涕泣曰："臣敢竭股肱之力，效忠贞之节，继之以死！"先主又为诏敕后主曰："汝与丞相从事，事之如父。"

《先主传》裴注引《诸葛亮集》：

> （先主）临终时，呼鲁王与语："吾亡之后，汝兄弟父事丞相，令卿与丞相共事而已。"

以上记述即历史上有名的刘备托孤。刘备对诸葛亮的寥寥数语，表达了他对亮的倚重和信任。一个饱经世态的国君，面对着自己明智不足的嗣子，并不是教给他用各种权术，保住皇位，而只嘱咐他像儿子对父亲那样听从老丞相的指引，以免不辨忠奸，危及大业。假若儿子不能继承堂构，与其把国事弄坏、社稷丧掉，还

---

①《三国志》卷43《黄权传》注引《汉魏春秋》。

不如把皇位让给"功德盖世"①的老丞相好呢！这种语言应是出自刘备的内心深处，不仅表达了备的意向和情款，而且也是可以令人理解的最好的处置办法。而诸葛亮在答话中所表现的忠贞无二、以死相报的口吻，同他以后不畏艰险、鞠躬尽瘁的伐魏事迹，前后掩映，令人感觉到他们君臣真是如同乳水交融、珠联璧合。非此君不能得此臣，非此臣不能答此君。这样的"君臣际会"，怎能不得到人们的同情与赞扬呢？无怪乎陈寿说这是"君臣之至公，古今之盛轨也"；《资治通鉴》的注者胡三省也认为"自古托孤之主，无如昭烈（刘备）之明白洞达者"。赵翼亦盛赞刘备托孤之语云："千载之下，犹见其肝膈本怀，岂非真性情之流露。"②在这种罕见的君臣关系中，人们对诸葛亮的歌颂已达到极高的程度，可是对刘备的托孤，人们还缺乏足够的重视与评价。甚至还有个别人认为刘备托孤之语只是一种权术，这种看法未免流于狭隘和猜度了。

刘备在军事上，诚然不具有第一流的韬略，他之所以能有三分基业和长期受到人们喜爱，还是因他善于用人和具有较佳的作风。"三顾草庐"和"永安托孤"，就是以上两个优点加在一起的表现。刘备的用人待士，前面已提到一些事实。总起来看，刘备的用人有以下的长处与特点：

刘备比较能知人，善于发现人才。例如庞统、邓芝、马忠等都因与备谈话而受到赏识。备与马忠仅谈过一次话，就给尚书令

---

① 《三国志》卷36《赵云传》。
② 《廿二史札记》卷7《三国之主各能用人》。

刘巴说："虽亡黄权，复得狐笃，此为世不乏贤也。"①"世不乏贤"这句话，看来简单，但非善于知人者是不能道出的。那些庸碌或多疑的君主就经常感叹无才可用，或用而疑之。刘备临死时，告诫诸葛亮说："马谡言过其实，不可大用，君其察之。"②可是亮不以为然，后来亮初次伐魏，即用马谡为先锋，结果招致了街亭之败。说明刘备在知人方面，确实有高明之处。

刘备不只善于发现部属的才能，对于人的品性也有很强的辨别能力。例如当备被曹操击溃于当阳时，有人言赵云已北去投降曹操，备立即以手戟擿之曰："子龙不弃我走也。"③不久，赵云果然抱着备幼子阿斗（即后主刘禅）④回来了。又如刘备领益州牧后，有人诬告李恢谋反，刘备立即"明其不然"⑤。后备更提升恢为庲降都督。李恢在南中终于立下了很大功勋。

刘备对部属往往能体贴照顾，全其孝道。例如当备投靠公孙瓒时，渔阳郡人田豫"时年少，自托于备，备甚奇之"。后备为豫州刺史，田豫因母老，求归故里，备涕泣与别，曰："恨不与君共成大事也。"⑥又如刘备在新野时，得徐庶而器之。徐庶后跟随刘备南逃，为曹操所追破，庶母被俘，庶因此向备请求到曹操那边去，刘备体谅其母子深情，还是忍痛割爱，令庶归北。

---

①《三国志》卷43《马忠传》："忠少养外家，姓狐名笃，后复姓，并改名忠"。

②《三国志》卷39《马良传》。

③《三国志》卷36《赵云传》注引《云别传》。

④见《三国志》卷40《刘封传》孟达与备养子刘封书。

⑤《三国志》卷43《李恢传》。

⑥《三国志》卷26《田豫传》。

刘备用人注重德才兼备。备进取刘璋时，梓潼县令王连守城不降，备"义之，不强偪也"①。及刘璋投降，备对王连甚为重用。备对忠孝卓著而早死的将领霍峻甚为悼惜，曾"亲率群僚临会吊祭，因留宿墓上，当时荣之"。②

刘备同其部属的关系，比曹操、孙权更加诚恳和互谅。刘备个人的作风也较检点。赵翼言："亮第一流人，二国俱不能得，备独能得之，亦可见以诚待人之效矣。"③刘备在对待部属、百姓上，未见有屠城与灭人三族之事。至于曹操、孙权乃至司马懿均不能免此。如前所述，在赤壁战前，曹操已据有中夏，孙权亦有江东，而刘备则"众寡，无立锥之地"④。假若不是刘备在用人与作风方面有较好的表现，恐怕是不能成就其三分基业的。故我们可以说：在很大程度上，刘备是以用人和作风定三分的。

刘备在历代帝王中，具有显著的特色。他之所以为后人熟知并有较佳印象，并非由于偶然因素。他的军事才略虽不突出，但在用人待士方面，在历代帝王中是罕见的，对后世亦具有广泛而有益的影响。

二、诸葛亮治蜀

刘备在时，常外出征战，诸葛亮镇守成都，代行政事。备死后，刘禅继立，更"事无巨细，亮皆专之"。诸葛亮死后，蒋琬、

---

① 《三国志》卷41《王连传》。
② 《三国志》卷41《霍峻传》。
③ 《廿二史札记》卷7《三国之主各能用人》。
④ 《三国志》卷35《诸葛亮传》载陈寿《上诸葛氏集表》。

费祎相继执政，"咸承诸葛之成规，因循而不革"①。因此，蜀汉的政治，实以诸葛亮的措施为依归。我们现把诸葛亮治蜀的政策与措施叙述于下：

益州在刘焉、刘璋父子统治时期，不但外来地主与土著地主之间的矛盾未能得到解决；就是刘璋本人和他的高级官员之间也存在着矛盾。刘璋既没有充分的力量节制骄恣的诸将，也没有能力选拔或重用优秀人才。因此他手下有才干的官员如张松、法正等便策划迎接刘备入蜀。这种情况，正如诸葛亮在隆中对时所说："益州智能之士思得明君。"

刘备既利用刘璋统治集团内部的矛盾，夺取了益州，他对于刘璋的旧部，便不能不有一个较好的安排。《三国志》卷32《先主传》称：

> 董和、黄权、李严等本璋之所授用也，吴壹、费观等又璋之婚亲也，彭羕又璋之所排摈也，刘巴者宿昔之所忌恨也，皆处之显任，尽其器能。有志之士，无不竞劝。

这样，益州地主统治集团内部的矛盾缓和了，刘备的统治得到了巩固。诸葛亮执政后，对益州土著地主更注意笼络和擢用。如《三国志》卷42《杜微传》言：

> 建兴二年（224年），丞相亮领益州牧，选迎皆妙简旧

---

① 《三国志》卷44《蒋琬费祎姜维传》陈寿评曰。

德，以秦宓为别驾，五梁为功曹，微为主簿。

这三个人是书生儒士，其中秦宓比较有才学口辩。杜微则是一个老而且聋的人，刘备定蜀以后，他闭门不出。等到诸葛亮执政，则非把他罗致来不可。因他耳聋，两次给他做书面谈话；因他年老多病，不能做官，仍给他加上谏议大夫的名义。这是为什么？无非是以他做一个样子，以表示向益州地主开放政权罢了。

《华阳国志》卷9《李寿志》言"豫州入蜀，荆楚人贵"，诚然是事实。但蜀汉既在益州建国，诸葛亮便不能不从土著地主中选拔一些人才。如《三国志》卷41《杨洪传》：

> 始洪为李严功曹，严未至犍为，而洪已为蜀郡。洪迎门下书佐何祗，有才策功干，举郡吏，数年为广汉太守。时洪亦尚在蜀郡。是以西土咸服诸葛亮能尽时人之器用也。

我们如果把《蜀志》各传翻看一下，即可看出益州土著地主如张裔、杨洪、马忠、王平、句扶、张翼、张嶷、李恢等都做到重要的职位，只是比丞相、大将军低些罢了。蜀汉以益州一隅之地，而能与曹魏相抗衡，其统治集团内部矛盾较少，当为重要原因之一。

诸葛亮的用人，还是以其本人及蜀汉政权为中心，而不容许部下有结党成派之事。土著地主在本地总是容易养成党派势力，因此，诸葛亮对土著地主虽注意擢用，但对他本人的继承者始终只从外来地主中培养。不仅籍隶荆楚的蒋琬、费祎因他的授意而相继辅政，就是降将凉州人姜维，也因为受到他的培植而成为蜀汉政权的最后支撑者。这虽因他们有相当的才干，同时也因他们是外来人，在益州没有什么亲党关系的缘故。不过，诸葛亮对益州土著地主的团结和重用，还是超过了以前的统治者。从两汉以来，在政治上一直受着歧视的益州人，对于诸葛亮之向他们开放政权，是乐于拥护的。诸葛亮连年北伐，向益州征兵要粮，未见有土著地主的反对，在军事前线，还得到他们的积极参加，这是与诸葛亮笼络土著地主、缓和客主矛盾政策的成功分不开的。

刘璋时代，对益州地方豪强无法控制，只得纵容。诸葛亮辅政，则厉行法治，他说：

> 刘璋暗弱，自焉以来，有累世之恩，文法羁縻，互相承奉，德政不举，威刑不肃，蜀土人士，专权自恣，君臣之道，渐以陵替。宠之以位，位极则贱；顺之以恩，恩竭则慢。所以致弊，实由于此。吾今威之以法，法行则知恩，限之以爵，爵加则知荣，荣恩并济，上下有节。为治之要，于斯而著。①

诸葛亮对待豪强的政策，主要是赏罚分明，用罚以限制他们的为恶，用赏来给他们开辟政治上的出路。只要他们肯忠实地为蜀汉政权服务，便可以获得官爵禄位。因此诸葛亮的法治政策，不但收到了限制豪强的效果，也取得了利用豪强的成绩。同时也使蜀

---

① 《三国志》卷35《诸葛亮传》注引郭冲五事之一。

汉在政治上呈现了某种程度的清明。陈寿称亮之治蜀:

> 科教严明,赏罚必信。无恶不惩,无善不显。至于吏不
> 容奸,人怀自厉。道不拾遗,强不侵弱,风化肃然也。①

其他人也有类似的说法,实际上都未免形容过甚。因为在地主阶级统治的封建时代,要想把政治搞得这样公平合理,是不可能的事,如法正随意杀人,李严所在营私,诸葛亮都曾加以纵容。不过,诸葛亮对于官吏豪强的控制总是比较严格,为政也比较公平一些,这对人民来说,自然是有好处的。

另外,诸葛亮所施行的裁减官职、简化机构的措施,对于减轻人民的负担来说,也有些好处。

诸葛亮治蜀是刑法和德化并用。他能够以身作则。他的品质作风同他的能力一样受到人们的尊重和景仰。第一,亮工作勤谨,如《亮传》注引《魏氏春秋》说:"诸葛公夙兴夜寐,罚二十以上,皆亲揽焉。"又《三国志》卷45《杨戏传》注引《襄阳记》载亮主簿杨颙称亮"自校簿书,流汗竟日"。诸葛亮处理政务这样勤谨细致,一则可以使部属不易作弊和玩忽职守;二则可以了解下情,及时而较好地处理政务。第二,持身廉洁,如《亮传》言:"亮自表后主曰:'……臣在外任,无别调度,随身衣食,悉仰于官,不别治生,以长尺寸。若臣死之日,不使内有余帛,外有赢财,以负陛下。'及卒,如其所言。"第三,作风公正,《三国志》卷43《张裔传》:"裔……常称曰:'公赏不遗远,

---

① 《三国志》卷35《诸葛亮传》。

罚不阿近，爵不可以无功取，刑不可以贵势免，此贤愚之所以金忘其身者也。'"又《亮传》注引《亮集》："亮与兄瑾书曰：'乔（瑾次子，出继于亮）本当还成都，今诸将子弟，皆得传运，思惟宜同荣辱，今使乔督五六百兵，与诸子弟传于谷中。'"第四，不受谄谀，如《三国志》卷40《李严传》注引《亮集》：

> 严与亮书，劝亮宜受九锡，进爵称王。亮答书曰："吾与足下相知久矣，可不复相解！……吾本东方下士，误用于先帝，位极人臣，禄赐百亿，今讨贼未效，知己未答，而方宠齐晋，坐自贵大，非其义也。"

第五，虚心纳谏，如《三国志》卷39《董和传》载：

> 亮后为丞相，教与群下曰："夫参署者，集众思，广忠益也。若远小嫌，难相违覆，旷阙损矣。违覆而得中，犹弃弊跻而获珠玉。然人心苦不能尽，惟徐元直处兹不惑。又董幼宰参署七年，事有不至，至于十反，来相启告。苟能慕元直之十一，幼宰之殷勤，有忠于国，则亮可少过矣。"又曰："昔初交州平，屡闻得失，后交元直，勤见启诲。前参事于幼宰，每言则尽，后从事于伟度，数有谏止；虽姿性鄙暗，不能悉纳，然与此四子终始好合，亦足以明其不疑于直言也。"

诸葛亮诸如以上的品质作风，无疑在政治上产生了极其良好的作用和影响。

蜀汉的政治，在诸葛亮的统治下，不但较刘璋时代大有起色，就是与同时的魏、吴两国相比较，也要好一些。正因为如此，所以吴臣张温使蜀回去以后，曾赞美蜀政，以致引起了孙权的忌恨。当时魏国有才智的大臣刘晔、贾诩也说诸葛亮善治国。陈寿在《亮传》反复称颂诸葛亮治蜀的政绩，说得好似尽善尽妥，而陈寿对魏、吴两国的统治者则未有若此称述。诸葛亮死后，蜀汉的人民思念他，几十年不曾稍减，陈寿、袁准都说如西周人民之思念召公，可见诸葛亮之受人歌颂，在当时已经达到如是高度，若不是亮的政治措施能够符合人们的某些愿望和利益，岂能如此？至于诸葛亮在经济方面，也有很多重要成绩，此将在论述蜀国经济时再谈。

总之，诸葛亮德才兼备，其治蜀政绩是历史上罕见的。他的为政行事，固然也是代表地主阶级的利益，但对蜀国人民也有一定程度的益处，有些地方还可供后世借鉴。所以我们说：诸葛亮确实是我国古代一位卓越的政治家。

三、联吴与南征

夷陵之战的结果，基本上确定了吴、蜀二国的边界，从此以后，两国再未动干戈。蜀在三国中，领土和人民最为小弱。魏是诸葛亮声讨的对象，自然不能与之妥协，吴虽已与蜀恢复交往关系，但一直不同魏断绝来往。就蜀中情况而论，刘备伐吴失败，丧失了许多军队，丢掉了大批军用物资，而且内部也不稳定。汉嘉太守黄元素为诸葛亮所不善，当亮东行省视刘备之疾时，黄元即举郡反叛，虽很快被讨平，但刘备死后，南中诸郡又皆反叛。

诸葛亮为了让民休息，医治战败创伤，暂时撇开南中问题，首先从整顿内政和改善对吴关系着手。

诸葛亮是始终主张联吴的。他知道以弱小的蜀与强大的魏为敌，非先联吴不可。把吴国联络好以后，它纵然不能协同攻魏，蜀亦可无东顾之忧，而得全力对魏；魏则不能不以相当大的一部分兵力防吴。因此，诸葛亮于辅政之初，即派邓芝使吴，重申旧好。孙权这时还没有与魏断绝来往，迟迟不肯接见邓芝。邓芝给孙权上表说：“臣今来，亦欲为吴，非但为蜀也。”孙权才接见了他，谈话中仍以蜀弱魏强为虑。邓芝向孙权解释说：

> 吴蜀二国，四州之地，大王命世之英，诸葛亮亦一时之杰也。蜀有重险之固，吴有三江之阻，合此二长，共为唇齿，进可并兼天下，退可鼎足而立，此理之自然也。大王今若委质于魏，魏必上望大王之入朝，下求太子之内侍。若不从命，则奉辞伐叛，蜀必顺流，见可而进。如此，江南之地，非复大王之有也。[①]

孙权觉得邓芝的话确有道理，于是便与魏断绝关系，与蜀连和。从此蜀吴盟好，不但诸葛亮伐魏之师得以大举，就是终蜀之世，两国和好关系亦始终维持，说明诸葛亮的外交政策确实是正确的。

蜀汉南部的益州（郡城在今云南晋宁县东）、永昌（郡城在

---

① 《三国志》卷45《邓芝传》。

今云南保山市)、牂柯（郡城在今贵州福泉县）、越嶲（郡城在今四川西昌市东南）四郡，自秦代以来，就是少数民族与汉族杂居之地。这里的人民因为不能忍受当地官府的榨取，经常进行反抗。当地的豪强和少数民族上层人物则趁机进行叛乱活动。刘备在时，益州大姓雍闿已经开始反蜀活动，杀益州太守正昂，继位太守张裔也被缚送到吴。雍闿接受孙权永昌太守的封号，并派郡人孟获煽动各族上层分子反蜀。牂柯太守朱褒、越嶲叟帅高定一齐响应。诸葛亮因为蜀汉被吴击败不久，元气损失非常大；且刘备刚死，蜀人有些不安的情绪，故未便用兵镇压，一方面派人到吴与孙权重新建立起盟好关系；一方面务农殖谷，闭关息民。等到后主刘禅建兴三年（225年）三月，诸葛亮亲自率兵南征，参军马谡送之数十里，亮对谡曰："虽共谋之历年，今可更惠良规。"于是马谡提出以下的建议：

> 南中恃其险远，不服久矣；虽今日破之，明日复反耳。今公方倾国北伐，以事强贼，彼知官势内虚，其叛亦速。若殄尽遗类，以除后患，既非仁者之情，且又不可仓卒也。夫用兵之道，攻心为上，攻城为下；心战为上，兵战为下。愿公服其心而已。①

马谡这种"攻心"的策略，正与诸葛亮平素对付少数民族的政策相合。远在隆中对策时，他即主张"西和诸戎，南抚夷越"，即对少数民族只采用温和的怀柔政策，而不专凭武力的强压。所以

---

① 《三国志》卷39《马良传》注引《襄阳记》。

诸葛亮采纳了马谡的建议。这次南征，除杀掉高定、朱褒（雍闿先已被高定部曲所杀）等几个首先反抗的首领以外，对其他的少数民族与汉族上层分子，可以降服的则尽量收用，以便通过他们来统治南中人民。"七擒孟获"就是其中一个显著的例子。据《诸葛亮传》注引《汉晋春秋》：

> 亮至南中，所在战捷。闻孟获者，为夷汉所服，募生致之。既得，使观于营陈之间，问曰："此军何如？"获对曰："向者不知虚实，故败；今蒙赐观看营陈，若只如此，即定易胜耳。"亮笑，纵使更战。七纵七禽，而亮犹遣获，获止不去，曰："公天威也，南人不复反矣。"

诸葛亮对孟获所以这样不惮烦地屡擒屡纵，并非仅仅为了让孟获一个人心服口服，而是体现了他对待少数民族的政策。我们知道蜀汉的领土比起诸葛亮正要讨伐的曹魏来，要小得多。而在这块小小的领土中，南中又要占去一半，在这半壁疆土中，有丰富的金、银、丹、漆、耕牛、战马，还有性情质朴而强悍善战的各族人民，都是增加蜀汉人力物力的重要因素。诸葛亮如果不能好好地掌握这些条件，是很难与魏国抗衡的。然而诸葛亮怎样才能最大限度地利用这些条件呢？专门使用武力的政策是不能奏效的。因为诸葛亮既不能用武力驱使南中各族为他效命于北伐战场，更不能分出较多的兵力留戍南中，最好还是通过南中的上层分子来调动南中人民来为蜀汉政权效劳。这就是诸葛亮对孟获所以要七擒七纵的原因，也是诸葛亮对少数民族一向主张"和""抚"的真正动机。

有人怀疑这"七擒七纵"的事是否符合历史的真实，这事不见于陈寿《三国志》，可是司马光的《资治通鉴》采用了它。我认为不管诸葛亮擒过孟获几次，但他平素对少数民族主张"和""抚"政策，这次又采取了马谡以"攻心为上"的建议，而且，事实上，孟获后来也做了蜀汉中枢政权的"御史中丞"，从这一系列事实来看，这件七擒七纵的事还是与诸葛亮的一贯政策不相矛盾的，这种传说总是事出有因的。如果说一定没有这种事，也是缺乏根据的。

《汉晋春秋》又言诸葛亮收降孟获以后，"遂至滇池，南中皆平"。《三国志》卷39《马良传》注引《襄阳记》说：

> 赦孟获以服南方，故终亮之世，南方不敢复反。

在这里，我们需要知道的，即所谓"终亮之世，南方不敢复反"，并不是事实。据《三国志·蜀志》以下各传记载可以看出反叛之事还是不少的。《李恢传》：

> 后军还，南夷复版，杀害守将。恢身往扑讨，鉏尽恶类。

《吕凯传》：

> 亮至南，……以凯为云南太守，封阳迁亭侯。会为叛夷

所害。

《张嶷传》：

> 越巂郡自丞相亮讨高定之后，叟夷数反。

《马忠传》：

> （建兴）十一年，南夷豪帅刘胄反，扰乱诸郡。征庲降
> 都督张翼还，以忠代翼。忠遂斩胄，平南土。

可见在从建兴三年（225年）诸葛亮南征到建兴十二年（234年）诸葛亮死的九年中，南中各族仍屡有反抗事件，不过规模较小，影响不大罢了。

《三国志》卷35《诸葛亮传》注引《汉晋春秋》记述诸葛亮对南中的处理办法说：

> 南中平，皆即其渠帅而用之。或以谏亮，亮曰："若留
> 外人，则当留兵，兵留则无所食，一不易也；加夷新伤破，
> 父兄死丧，留外人而无兵者，必成祸患，二不易也；又夷累
> 有废杀之罪，自嫌衅重，若留外人，终不相信，三不易也。
> 今吾欲使不留兵、不运粮，而纲纪粗定，夷汉粗安故耳。"

以上"不留外人，不留兵"的记载是否可靠呢？根据《华阳国

志》卷4《南中志》与《三国志》卷43《李吕马张传》的记载，诸葛亮于征服四郡以后，改益州郡为建宁郡，从建宁、越嶲两郡分出云南郡，从建宁、牂柯两郡分出兴古郡，以原庲降都督建宁人李恢为建宁太守，仍兼庲降都督；以原永昌郡吏永昌人吕凯为云南太守；以原永昌府丞永昌人王伉为永昌太守；以原越嶲太守巴西人龚禄为越嶲太守；以门下督巴西人马忠为牂柯太守。六郡的太守，唯兴古郡不可考。从上面五个太守看，他们都参加过这次战争。如果说一点兵都不留，恐怕是不确切的，不过上面五个太守除马忠外，原来都在南中，并且有三个是南中人。这样，诸葛亮留下的兵自然是为数很少的。至于太守以下，则"皆即其渠帅而用之"，并不打乱各族的原状，不剥夺豪帅大姓的特权，以争取"夷汉粗安"，这就是诸葛亮"和""抚"政策的具体内容。所以《汉晋春秋》这段记载还是大致可信的。

我们把诸葛亮对待南中少数民族的政策归纳于下：

（1）采取令各族自治的政策。除了各郡长官由蜀汉政府委任以外，其他仍"皆即其渠帅而用之"，并不变动各族原有的组织，以争取豪帅大姓的合作，通过他们统治各族人民。

（2）各族中的豪帅，可以使用的便以官爵笼络，如孟获官至御史中丞，爨习官至领军，孟琰官至辅汉将军。至于其中不易制服的豪帅大姓，则把他们迁至成都，以便就近管束，减轻南中的反抗力量。

（3）取各族中的强壮者为兵。如《华阳国志》卷4《南中志》载："移南中劲卒青羌万余家于蜀，为五部，所当无前，号为飞军。"蜀将王平北伐时带领的"五部"，当即系由他们所组成的队伍。又孟琰亦曾参加北伐。^①这些少数民族质朴而勇悍善战，诸葛亮的军队作战能力很强，此为原因之一。

（4）在经济上，向各族征取贡赋，以弥补蜀汉物资的不足。如《诸葛亮传》载："军资所出，国以富饶。"《三国志》卷43《李恢传》载："南土平定，……赋出叟、濮耕牛战马金银犀革，充继军资，于时费用不乏。"^②

由上可知，诸葛亮对南方各族使用与榨取的程度是很重的，当后来魏将邓艾的军队深入蜀境时，刘禅曾考虑退保南中，主张向魏投降的谯周给刘禅上疏中就说到这种情况：

> 南方远夷之地，平常无所供为，犹数反叛。自丞相亮南征，兵势偪之，穷乃幸从。是后供出官赋，取以给兵，以为愁怨，此患国之人也。今以穷迫，欲往依恃，恐必复反叛。^③

不过，在此还须指出二点：

（1）诸葛亮的为政，陈寿称："科教严明，赏罚必信，至于吏不容奸，强不侵弱。"这种情况是对蜀汉治理国家的概括，当然也适用于南中各族。即在亮的统治下，他们被榨取的程度虽然

---

①《水经注》卷18《渭水中》引《诸葛亮表》云："臣遣虎步监孟琰据武功水东。"

②见《三国志》卷43《李恢传》。以上"赋出叟、濮耕牛战马"等物资，意谓叟、濮二族人民向蜀汉赋出耕牛、战马等物资，而非赋出叟、濮二族奴隶。故濮字后应无"、"号。

③《三国志》卷42《谯周传》。

并不轻，但官吏从中作弊的情况会较少一些，因此还是能够得到一点好处。蜀汉在南中任职的官吏如李恢、张翼、马忠、张嶷等都是声望较高的军政要员，他们在诸葛亮严格的法令、军纪监督下，可能有较好的表现，如马忠、张嶷死后，南中人民还为他们"立庙"，说明对之尚有好感，他们可能不是贪污的官吏。[①]

（2）诸葛亮对南中人民，一方面固然榨取他们，另一方面也给他们带来较先进的生产技术，以加速当地的生产。虽然亮的主观意图，是为了增加政府的收入，但落后地区的开发，对各族人民还是有利的。

由于以上两个理由，可知南中人民在诸葛亮的统治之下，所受政府的榨取数额可能比以前还多，但吏治较上轨道、生产有所提高，人民的负担就可能比以前轻些。

四、诸葛亮北伐

诸葛亮把蜀汉内部事务都做了安排以后，于蜀汉后主建兴五年（227年）率领诸军北驻汉中，企图完成他统一中国的事业。就在临行前，他给后主上了一个疏，即著名的《出师表》。据《三国志》卷39《董允传》言亮所以上此表，乃怕后主"朱紫难别"，故谆谆嘱咐，提醒庸碌的后主务必要"亲贤臣，远小人"。由于诸葛亮选用僚属首先注重品格和作风，所以他培养的接班人蒋琬、费祎、董允等皆公忠守正之士，直到蒋、费等人相继凋谢以后，后主所宠爱的宦人黄皓始干扰政事。由是观之，诸葛亮在《出师表》中苦口婆心地告诫后主亲贤远佞、广开言路，确实并

---

① 《三国志》卷43《马忠张嶷传》。

非过虑，而是针对后主不辨忠奸的致命弱点而发的，也是他解除后顾之忧以专心北伐而采取的重要措施。就当时形势而论，蜀汉既未能保有荆、益，以便从两路进军，对魏采取钳形的攻势，敌国又无变可乘。特别是魏、蜀两国的实力相差很大，蜀无论在领土、物产、兵力各方面，都不能和魏相比。所以诸葛亮伐魏的战争，是在极不利的条件下进行的。

综计诸葛亮自建兴六年（228年）春初次北伐，到建兴十二年（234年）秋病死于魏境，六七年之间，共与魏作战七次：

第一次：建兴六年（228年）春，诸葛亮扬声由斜谷道①攻取郿县，使镇东将军赵云、扬武将军邓芝率一支人马为疑军，据箕谷（箕山之谷，在今太白岭之西坡）；诸葛亮亲自率领大军攻祁山（今甘肃西和县北七里）。那时魏国人们只知道蜀有刘备，刘备死后，一直寂然无闻，所以对于蜀军进攻并无防备，猝然听说亮军将至，极为恐惧，加上诸葛亮的军队戎阵整齐，号令明肃，所以天水（郡城冀，今甘肃甘谷南）、安定（郡城临泾，今甘肃镇原南五十里）、南安（郡城獂道，今甘肃陇西东南）三郡一齐叛魏应亮，关中为之震动。于是魏明帝遣大将军曹真都督关右诸军，屯驻郿县，另外派出步骑五万，由右将军张郃率领西上，拒亮先锋。魏明帝还亲自到长安坐镇。

诸葛亮这次出军，形势是较好的。当时别人都说应用旧将魏延、吴懿等为先锋，可是诸葛亮却不顾众人的意见，令他素所赏

---

①斜谷道即褒斜道，因取道褒水、斜水两河谷而得名。两水源出秦岭太白山，褒水南注汉水，谷口在旧褒城县北十里；斜水北注渭水，谷口在郿县西南三十里。是汉以来秦岭南北交通要道之一。

识的马谡为先锋。谡率领诸军与魏将张郃战于街亭（在今甘肃秦安东北），谡违亮节度，又不听副将王平劝告，所采取的措施都迂阔而烦扰。他不肯守城，远离水源，把部队带到南山上，欲凭高作战，致使汲道被张郃断绝，士卒饥渴困顿，以至溃败。诸葛亮进无所据，只好拔西县（今甘肃西和县）千余家，回到汉中。

赵云、邓芝的部队亦因兵弱敌强，失利于箕谷，"然敛众固守，不至大败"①。退军时，云亲自断后，兵将未有离失，军资什物，亦无若何损失。当街亭战败时，诸军星散，唯王平"所领千人，鸣鼓自持，魏将张郃疑其伏兵，不往偪也"②。于是王平徐徐收合诸剩余兵将而还。诸葛亮"既诛马谡及将军张休、李盛，夺将军黄袭等兵，平特见崇显，加拜参军，统五部（由南中少数民族组成的劲旅），兼当营事。进位讨寇将军，封亭侯"。诸葛亮这次出军如说有收获，即徙西县人户千余家，并赏识了王平，收降了魏天水郡参军姜维。马谡虽饶有才华、口辩，又与亮关系亲近，但亮为了严肃军纪，还是挥泪斩了马谡。亮还引咎自责，给后主上疏说："臣……不能训章明法，临事而惧，至有街亭违命之阙，箕谷不戒之失，咎皆在臣授任无方。臣明不知人，恤事多闇，《春秋》责帅，臣职是当。请自贬三等，以督厥咎。"③于是以亮为右将军，行丞相事，所总统如前。

第二次：建兴六年（228年）秋，魏大司马、扬州牧曹休被吴大都督陆逊大破于石亭（今安徽潜山县东北）。至冬，诸葛亮

---

① 《三国志》卷36《赵云传》。

② 《三国志》卷43《王平传》。

③ 《三国志》卷35《诸葛亮传》。

复出军攻魏。据《三国志》卷35《诸葛亮传》注引《汉晋春秋》言，亮闻孙权破曹休，魏兵东下，关中虚弱，亮于是又给后主上了一个表——即所谓《后出师表》。《资治通鉴》亦和《汉晋春秋》一样，抄录了《后表》全文。按《后表》是否为诸葛亮自作，历来颇多争论。我以为《后表》绝非亮自作。第一，表中所言"丧赵云"等一系列事实与史实不符；第二，《后表》文辞浅陋，信心丧失，与亮气吞中原的素志迥不相合；第三，《后表》写作目的不明确，表中所言议者反对北伐，实无其事；第四，《后表》并非张俨所伪造，因俨对亮之将才估价极高，对亮之北伐亦抱乐观态度，此与《后表》之悲观失望口吻全不相合；第五，《后表》的作伪者乃是亮之胞侄、吴大将军诸葛恪，恪锐意北伐，吴人激烈反对，恪有造此表的必要，只要详察恪之谕众论文和当时吴政情，即可窥知《后表》系恪假造。①

十二月，诸葛亮引兵出散关（今陕西宝鸡市西南），围陈仓（今宝鸡市东）。原来曹真已料到"亮惩于祁山，后出必由陈仓，乃使将军郝昭、王生守陈仓，治其城"。②所以这次诸葛亮到来，陈仓魏军已有准备。亮先使郝昭乡人靳详于城外劝昭投降，昭坚辞拒绝。亮自以有众数万，而昭兵才千余人，又料魏援军未必能很快到达，乃进兵攻昭，起云梯冲车以临城。昭于是以火箭逆射其梯，梯燃，梯上人全烧死；昭又以绳连石磨压亮冲车，冲车折。乃更为井阑百尺以射城中，并以土丸填堑（同堑，绕城水

---

① 详见《三国志》卷64《诸葛恪传》及拙文《后出师表的作者问题》，载于中华书局《文史》第17辑（1983年）。

② 《三国志》卷9《曹真传》。

沟），欲直攀城，昭又于内筑重墙。亮又为地突（地道），欲踊出于城里，昭又于内穿地横截之，昼夜相攻拒二十余日。[1]

曹真遣将军费曜等来救，魏明帝又驿马召张郃自方城（今河南方城县）西上击亮。帝自到河南城（在洛阳西），置酒送郃，问郃："迟将军到，亮得无已得陈仓乎？"郃知亮深入无谷，屈指计曰："比臣到，亮已走矣。"[2]于是郃日夜赶路，未至，亮已因粮尽退军。魏将王双率骑追亮，为亮所杀。

第三次：建兴七年（229）春，诸葛亮遣陈式攻武都（郡治下辨，今甘肃成县西北）、阴平（郡治阴平县，今甘肃文县）。魏雍州刺史郭淮率众欲击式。亮自出，至建威（今甘肃西和县西）。郭淮退走，亮遂得二郡。后主复策拜亮为丞相。亮为巩固汉中防务，于本年底徙府营于南山下原上，筑汉城于沔阳（在今陕西勉县），筑乐城于城固（今陕西城固县）。

第四次：建兴八年（230年）秋七月，魏明帝从大司马曹真议，分兵三路大举伐蜀：司马懿由西城（陕西安康县西北）；张郃由子午谷（子午道南口曰午谷，在洋县东百六十里之子午河口。北口曰子谷，在长安南百里，子午谷长六百六十里）；曹真由斜谷，共攻汉中。诸葛亮闻魏军将至，率领诸军于城固赤阪（今洋县东二十里龙亭山南）待之，会天大雨三十余日，栈道断绝。九月，魏明帝诏曹真等班师。

第五次：建兴八年（230年），诸葛亮使魏延、吴懿西入羌中（今甘肃省临夏回族自治州等地），大破魏后将军费曜、雍州刺史

---

① 《资治通鉴》卷71明帝太和二年。

② 《资治通鉴》卷71明帝太和二年。

郭淮于阳溪（在今甘肃武山县西南）。延因功迁前军师、征西大将军，懿迁左将军、高阳乡侯。

第六次：建兴九年（231年）二月，诸葛亮率诸军再次进围祁山，用新造成之木牛运粮，并特令李严以中督护兼署丞相府事，在汉中专管督运军粮。这时魏大司马曹真已有疾，魏明帝特召镇守宛城的大将军司马懿入朝，告以"西方有事，非君莫可付者"①。乃使懿西屯长安，都督雍梁二州诸军事，统车骑将军张郃、后将军费曜、征蜀护军戴陵、雍州刺史郭淮等讨亮。张郃劝懿分军屯雍（今陕西凤翔县）、郿（今陕西眉县）为后镇。懿曰："料前军能独当之者，将军言是也，若不能当而分为前后，此楚之三军所以为黥布禽也。"②于是遂向祁山进兵。诸葛亮闻懿等将至，分兵留攻祁山，自逆懿于上邽。郭淮、费曜等迎击亮，为亮所破。亮因大芟其麦，进而与懿遇于上邽东。懿敛军依险，亮不得战，乃引军南还。懿等尾随亮，至西城，懿仍登山掘营自守，不与亮战。将军贾栩、魏平数请战，懿不允，诸将因曰："公畏蜀如虎，奈天下笑何！"③五月，懿使张郃攻蜀无当监何平于祁山之南屯，自按中道向亮。亮使魏延、高翔、吴班迎战，大破魏军，"获甲首三千级、玄铠五千领、角弩三千一百张"④。司马懿回营固守。祁山方面，因何平坚守南屯，张郃进攻不克，及闻懿军失利，郃亦退军。

六月，亮粮尽退军，懿使张郃追亮。郃曰："军法……归军

---

① 《晋书》卷1《宣帝纪》。
② 《资治通鉴》卷72明帝太和五年。
③ 《资治通鉴》卷72明帝太和五年。
④ 《三国志》卷35《诸葛亮传》注引《汉晋春秋》。

勿追"①，懿不听，郃不得已，遂进。追至木门（今甘肃西和县东南），与亮交哉，"蜀人乘高布伏，弓弩乱发，飞矢中郃右膝而卒"②。

第七次：诸葛亮鉴于每次出军，都因粮尽退还，所以自建兴九年（231年）再出祁山之后，即劝农讲武，作木牛、流马，运米集斜谷口，治斜谷邸阁；息民休士，三年而后用之。至建兴十二年（234年）二月，亮调动所能征发的军队，出斜谷北伐，并遣使至吴约孙权同时出兵击魏。

诸葛亮到达郿县后，屯于渭水之南。司马懿也引军渡渭，背水为垒以拒亮。懿谓诸将曰："亮若出武功，依山而东，诚为可忧；若西上五丈原（在武功西十里），诸将无事矣。"③亮果屯于五丈原。郭淮以为亮必争北原，宜先据之，议者多谓不然，淮曰："若亮跨渭登原，连兵北山，隔断陇道，摇荡民夷，此非国之利也。"④懿乃使淮屯北原。淮到，堑垒未成，蜀兵大至，淮以居高临下的优势，驱走之。司马懿这次对亮仍采取避不交锋以待其粮尽自退的办法，亮亦不能不作长久屯驻之计，于是分兵屯田，其兵耕种于渭滨居民之间，而各安生业，互不干扰。

司马懿与亮相守百余日，亮屡挑战，懿不出。亮乃遗懿巾帼妇人之服，懿怒，上表请战，魏明帝使卫尉辛毗杖节为军师以制止之。蜀护军姜维谓亮："辛佐治杖节而到，贼不复出矣。"亮曰："彼本无战情，所以固请战者，以示武于其众耳。将在军，

① 《三国志》卷17《张郃传》注引《魏略》。
② 《资治通鉴》卷72明帝太和五年。
③ 《资治通鉴》卷72明帝青龙二年。
④ 《资治通鉴》卷72明帝青龙二年。

君命有所不受，苟能制吾，岂千里而请战邪！"①

至八月，亮卒于军中，丞相长史杨仪按照亮临终前退军节度，整军上道。百姓奔告司马懿，懿引军追。姜维令杨仪反旗鸣鼓，若将还击者，懿遂退，不敢逼。于是蜀军结阵而去，入斜谷然后发丧。于是百姓为之谚曰："死诸葛走生仲达（司马懿字仲达）。"懿闻之，笑曰："吾能料生，不能料死故也。"懿巡视亮之营垒处所，叹曰："天下奇才也！"②追至赤岸（今陕西襃城北），不及而还。

在以上七次战争中，除第四次为守御外，其余六次均为诸葛亮主动出击，俗谓亮"六出祁山"，实际亮出祁山只有二次，即第一及第六次。

因为亮北伐没有成功，人们便提出了他是否长于将略的问题。对此我们不在这里仔细讨论，但确知，诸葛亮在军事上是颇具特色的：

（1）军纪严明。《亮传》载：

> 亮身率诸军攻祁山，戎陈整齐，赏罚肃而号令明……分兵屯田，为久驻之基，耕者杂于渭滨居民之间，而百姓安堵，军无私焉。

《亮传》注引《袁子》也说亮：

---

① 《资治通鉴》卷72明帝青龙二年。
② 《资治通鉴》卷72明帝青龙二年。

其兵出入如宾，行不寇，刍荛者不猎，如在国中。

诸葛亮的军队纪律很好，不随意杀人，不像曹操及其手下诸将常有屠城和滥杀的事。

（2）训练有素。诸葛亮对于兵士的训练极为重视，他对此亦极擅长。陈寿称他"治戎为长"；袁准说他的军队"止如山，进退如风"①。说明其军队是训练有素的。

（3）精制兵器。诸葛亮对兵器的制造极为讲求。陈寿在《亮传》称"亮性长于巧思，损益连弩，木牛流马，皆出其意"。《宋书》卷86《殷孝祖传》载："御仗先有诸葛亮筒袖铠帽，二十五石弩射之不能入。"《亮传》注引《魏氏春秋》言："损益连弩，谓之元戎，以铁为矢，矢长八寸，一弩十矢俱发。"这种武器在当时也算是先进的。故《亮传》注引《蜀记》载晋初镇南将军刘弘之言曰："神弩之功，一何微妙！"②诸葛亮的军队战斗力所以很强，擅长用箭，当为其原因之一。

（4）讲求阵法。陈寿称亮"推演兵法，作八陈图，咸得其要"；晋将刘弘也说："推子八阵，不在孙吴。"③亮自己亦言："八阵既成，自今行师，庶不覆败。"④及蜀亡，晋武帝还令陈勰"受诸葛亮围阵用兵倚伏之法"⑤。袁准称亮之行军，"所至营垒、井灶、圊溷、藩篱、障塞，皆应绳墨，一月之行，去之如始

---

① 《三国志》卷35《诸葛亮传》注引《袁子》。
② 《三国志》卷35《诸葛亮传》注引《蜀记》。
③ 《三国志》卷35《诸葛亮传》注引《蜀记》。
④ 《水经注》卷33《江水一》。
⑤ 《晋书》卷24《职官志》。

至"①。及亮身死军退之后，司马懿巡视了他的营垒驻所，叹赏为"天下奇才"。说明亮对与军事有关的各种事物多有自己独特的创造。

从诸葛亮军队的战斗力来看，他虽然处在兵少将寡和运粮困难的不利条件下，仍屡次对魏采取主动的攻击，使身拥强兵并富有军事韬略的司马懿任其"自来自去"，甚至受到"巾帼妇人之服"的污辱，还被时人讥之为"畏蜀如虎""死诸葛走生仲达"。就此而论，谓亮不长于将略，恐难令人心折。至于曹操，当诸葛出佐刘备时，操已称霸中原，而刘备尚无尺寸之土。而后备竟能据有蜀汉之地。就此观之，操之军事能力未必胜过诸葛亮，且军事不能离开政治、经济、外交及个人品质作风等因素。如果言诸葛将略非长，恐非确论。

---

① 《三国志》卷35《诸葛亮传》注引《袁子》。

第八章　孙权对吴国的统治

一、孙权的用人

如前所述，吴自孙权统事以后，所经历的几次重大战役，如赤壁之战、袭取荆州、夷陵之战以及平定交广等，都获得胜利。因此，孙权不仅保住了江东，并且还扩充了许多领土。孙权所以能够取得成功，是同他善于用人分不开的。本书第四章曾叙及孙权初立，为了稳定局势，很注意招延人才。这里继续并更具体地分析一下孙权用人的概况和特点。综观孙权的用人，约有以下优点：

（1）比较善于识别、培养和重用优秀人才。在战争年代里，能够却敌拓土的自然是富有韬略的将帅。孙吴表现突出的将帅，较之魏、蜀二国，实无逊色。周瑜、鲁肃、吕蒙、陆逊被人誉为"孙吴四英将"①。其中以周瑜最享盛名。他在孙策时已受到赏识和重用。周瑜同孙策一样，富有进取精神。孙策死后，孙权年轻继业，权母吴氏令权以兄事瑜。瑜"入作心膂，出为爪牙"。瑜之为人，并非如《三国演义》描写的那样气量狭隘。《三国志》卷54《周瑜传》言瑜"性度恢廓，大率为得人，惟与程普不睦"。

---

①洪迈：《容斋随笔》卷13。

《瑜传》注引《江表传》言：

> 普颇以年长，数陵侮瑜。瑜折节容下，终不与校。普后
> 自敬服而亲重之。乃告人曰："与周公瑾交，若饮醇醪，不
> 觉自醉。"

可见周瑜是有修养、能够虚心与同僚相处的。

鲁肃和周瑜早就"相亲结，定侨、札之分"①。周瑜曾两次
向孙权推荐鲁肃。第一次"荐肃才宜佐时，当广求其比，以成功
业，不可令去"②。第二次是瑜临死给权上疏言："鲁肃智略足
任，乞以代瑜。"③但孙权之所以重用肃，不单是靠瑜介绍，主要
还在他本人对肃有深切的赏识，如《三国志》卷54《鲁肃传》：

> 权即见肃，与语甚悦之……因密议曰："……孤承父兄
> 余业，思有桓文之功。君既惠顾，何以佐之？"肃对曰：
> "……曹操不可卒除，为将军计，惟有鼎足江东，以观天下
> 之衅……剿除黄祖，进伐刘表，竟长江所极，据而有之，然
> 后建号帝王，以图天下，此高帝之业也。"

以上鲁肃向孙权提出"进取荆州，全据长江，以图天下"的战略
部署，与诸葛亮《隆中对》甚相类似，只是不那样详尽罢了。那

① 《三国志》卷54《鲁肃传》。
② 《三国志》卷54《鲁肃传》。
③ 《三国志》卷54《鲁肃传》。

时身为大臣兼名士的张昭对鲁肃这种雄图，很看不惯，向权言"肃年少粗疏，未可用"①。权不以昭言为然，反而对肃更加重用。陈寿在《三国志》卷54《鲁肃传》评曰：

> 曹公乘汉相之资，挟天子而扫群桀，新荡荆城，仗威东夏，于时议者莫不疑贰。周瑜、鲁肃建独断之明，出众人之表，实奇才也。

周瑜、鲁肃固然很有胆识，但孙权能够重用他们，说明权是很能用人的。

吕蒙出身"贫贱"。十五六岁时，为摆脱贫贱，暗地在其姐夫邓当军中攻战。后为小将，以"兵人练习""所向有功"，受到孙权的赏识与拔擢。蒙在多次抗击曹操与同蜀汉争夺荆州的战争中，表现了过人的韬略。陈寿在《三国志》卷54《吕蒙传》评曰：

> 吕蒙勇而有谋断，识军计，谲郝普，禽关羽，最其妙者。初虽轻果妄杀，终于克己，有国士之量，岂徒武将而已乎！

吕蒙所以能有此丰功妙计，是与孙权的精心培植分不开的。蒙原来没有文化，"少不修书传，每陈大事，常口占为笺疏"②。《蒙

---

① 《三国志》卷54《鲁肃传》。
② 以上几处简短引语皆见《三国志》卷54《吕蒙传》。

传》注引《江表传》：

> 初，权谓蒙及蒋钦曰："卿今并当涂掌事，宜学问以自开益。"蒙曰："在军中常苦多务，恐不容复读书。"权曰："孤岂欲卿治经为博士邪？但当令涉猎，见往事耳。卿言多务孰若孤，孤……至统事以来，省三史、诸家兵书。自以为大有所益。如卿二人，意性朗悟，学必得之，宁当不为乎？宜急读《孙子》《六韬》《左传》《国语》及三史……蒙始就学，笃志不倦，其所览见，旧儒不胜。

吕蒙经过勤奋向学之后，一次同鲁肃言议，使肃常欲受窘。"非复吴下阿蒙"与"士别三日，即更刮目相待"[1]的成语，即鲁肃与吕蒙谈话时讲出的。孙权常叹赞说："人长而进益，如吕蒙、蒋钦，盖不可及也。"[2]

东吴主要将帅，除周瑜、鲁肃、吕蒙、陆逊等外，还有在交州立功的吕岱。吕岱早时只是一个代行吴县县丞的小官，因"处法应问，甚称权意"[3]，受到拔擢，两次镇守交州，卓有功效。《资治通鉴》胡三省注言："当方面者，当如吕岱；委人以方面者，当如孙权。"[4]孙权是善于因材授职的。

（2）在一定程度和情况下，用人能"效之于事"，不拘卑贱、

---

① 《三国志》卷54《吕蒙传》注引《江表传》。
② 《三国志》卷54《吕蒙传》注引《江表传》。
③ 《三国志》卷60《吕岱传》。
④ 《资治通鉴》卷74魏明帝景初三年十二月。

不计旧怨、不求全责备。孙皓统治时，陆凯上疏称道孙权用人，
"不拘卑贱"，唯"效之于事"①。从孙权不少用人情况看，也确
实如此。所谓"拔吕蒙于戎行，识潘濬于系虏"②。其他吴臣如
潘璋、丁奉、谷利、丁览、阚泽、步骘等都出身微贱，或忠于孙
氏，或干略卓著，或学问优异，受到孙权赏识和提拔。再如出身
"寒门"的周泰，被权拜为平虏将军，督领诸将镇守江边要
地——濡须。朱然、徐盛等对周泰不服，因此孙权"特为案行至
濡须坞，因会诸将，大为酣乐。权自行酒到泰前，命泰解衣，权
手自指其创痕，问以所起，泰辄记昔战斗处以对。毕，使复服，
欢宴极夜，其明日，遣使者授以御盖。于是盛等乃伏"③。将军
陈武在合肥交战时，因奋命扞权而丧生，其庶子表与诸葛恪、顾
谭、张休等一同奉事权太子登。陈寿在《三国志》卷55《陈表等
传》评曰："陈表将家支庶，而与胄子名人，比翼齐衡，拔萃出
类，不亦美乎!"按照当时社会风气，武人和庶子都是被士人所
瞧不起的。可是，作为"将家支庶"的陈表却与"胄子名人"同
样受到重视。据《三国志》卷51《宗室孙奂传》注引《江表传》：

> 初，权在武昌，欲还都建业，而虑水道泝流二千里，一
> 旦有警，不相赴及，以此怀疑。及至夏口，于坞中大会百官
> 议之。诏曰："诸将吏勿拘位任，其有计者，为国言之。"诸
> 将或陈宜立栅栅夏口，或言宜重设铁锁者，权皆以为非计。

---

① 《三国志》卷61《陆凯传》。
② 《三国志》卷48《孙皓传》末注引陆机《辨亡论》。
③ 《三国志》卷55《周泰传》。

时（张）梁为小将，未有知名，乃越席而进曰："臣闻'香饵引泉鱼，重币购勇士'，今宜明树赏罚之信，遣将入沔，与敌争利，形势既成，彼不敢干也。使武昌有精兵万人，付智略者任将，常使严整。一旦有警，应声相赴。作甘水城，轻舰数千，诸所宜用，皆使备具。如此，开门延敌，敌自不来矣。"权以梁计为最得，即超增梁位。后稍以功进至沔中督。

由上可知孙权颇能集思广益，择善而从，而不问其资历深浅，故能发现人才，破格提拔，甚至付以重任。

孙权用人有时能不计怨仇。如甘宁原属黄祖，曾射死吴将凌操，后降权，权对之颇加优待，令凌操之子凌统不得因父仇加害于宁。因此宁得展力建功。原扬州刺史刘繇与孙策旧"为仇敌"，但刘繇之子刘基很受权"爱敬"。一日，权于船中与群臣宴饮，忽降大雨，权命以盖覆基，其他人都不能得到这种优待。基官至光禄勋，分平尚书事[1]。最能体现权能重用原敌国人才的，是他对潘濬的使用，潘濬原属刘备，但备未能尽其用。《三国志》卷61《潘濬传》注引《江表传》：

> 权克荆州，将吏悉皆归附，而濬独称疾不见。权遣人以床就家舆致之。濬伏面著床席不起，涕泣交横，哀咽不能自胜。权慰劳与语，……使亲近以手巾拭其面。濬起下地拜

---

[1] 《三国志》卷48《刘繇传》。

谢，即以为治中，荆州诸军事一以谘之。

当时降权的荆州将吏，尚有郝普、麋芳、士仁等，而权独重用潘濬。由于潘濬德才兼优，所以权对他虚心接待。后来潘濬与陆逊"俱驻武昌，共掌留事"。成为权腹心重臣之一。濬为蜀汉大将军蒋琬的姨弟，有人向权言"濬密遣使与琬相闻，欲有自托之计"。权立即驳斥说："承明不为此也。"①于是将此人罢了官。权曾令濬"率众五万讨武陵蛮夷"②。濬所率军队人数达到如此之多，说明孙权是敢于放手使用降将的。单从对濬的使用来看，权尚胜过刘备，备当年如令濬代替关羽守荆州，也许不致失败得那样惨。

孙权对部属能用其所长，而不求全责备。例如典掌军国密事的胡综，"性嗜酒，酒后欢呼极意……搏击左右。权爱其才，弗之责也"③。又如大将吕范，"居处服饰，于时奢靡，然勤事奉法，故权悦其忠，不怪其侈"④。其他如善于战斗的将军凌统、潘璋、甘宁、朱桓等，或骄横不法，或粗暴杀人，权均原其过失，以展其用。故陈寿在《三国志》卷55《程黄韩蒋等传》末评曰："以潘璋之不修，权能忘过记功，其保据东南，宜哉！"⑤

（3）比较能听取反面意见，能用众力群智。《三国志》卷47《吴主传》注引《江表传》载权语曰：

①《三国志》卷61《潘濬传》注引《江表传》。
②《三国志》卷47《吴主传》。
③《三国志》卷62《胡综传》。
④《三国志》卷56《吕范传》。
⑤《三国志》卷55《程黄韩蒋等传》。

　　天下无粹白之狐，而有粹白之裘，众之所积也。……故
能用众力，则无敌于天下矣；能用众智，则无畏于圣人矣。

因为以上的话颇有至理，所以有人怀疑非权所能道出①。从孙权
的待人用士方面看，他还是能说出这样的话来的。《三国志》卷
48《三嗣主传》末注引陆机《辨亡论》称孙权：

　　求贤如不及………推诚信士，……披怀虚己，以纳谟士
之算。故鲁肃一面而自托，士燮蒙险而效命。高张公之德，
而省游田之娱。贤诸葛之言，而割情欲之欢。感陆公之规，
而除刑政之烦。奇刘基之议，而作三爵之誓。屏气踾踧，以
伺子明之疾。分滋损甘，以育凌统之孤……是以忠臣竞尽其
谋，志士咸得肆力。

赵翼《廿二史劄记》卷7《三国之主用人各不同》条亦言：

　　刘备之伐吴也，或谓诸葛瑾已遣人往蜀，权曰："孤与
子瑜有生死不易之操，子瑜之不负孤，犹孤之不负子瑜也。"
吴蜀通和，陆逊镇西陵，权刻印置逊所，每与刘禅、诸葛亮
书，常过示逊，有不安者，便令改定，以印封行之。委任如

——————————

①见卢弼《三国志集解》卷47《吴主传》赤乌元年注引《江表传》
卢弼引或曰。

此，臣下有不感知遇而竭心力者乎？权又不自护其非，权欲
遣张弥、许晏浮海至辽东，封公孙渊。张昭力谏不听，弥、
晏果为渊所杀。权惭谢昭，昭不起，权因出，过其门呼昭，
昭犹辞疾。权烧其门以恐之，昭更闭户，权乃灭火，驻门良
久，载昭还宫，深自刻责。倘如袁绍，不用沮授（当作田
丰）之言，以致于败，则恐为所笑，而杀之矣。

除了以上赵翼所说的以外，他如孙权准备袭取南郡时，欲令其堂
弟征虏将军孙皎与吕蒙为左右大督。吕蒙说："若至尊以征虏能，
宜用之；以蒙能，宜用蒙。昔周瑜、程普为左右部督，共攻江
陵，虽事决于瑜，普自恃久将。且俱是督，遂共不睦，几败国
事，此目前之戒也。"孙权听了，也感到自己做得不对，向蒙道
歉说："以卿为大督，命皎为后继。"[1]因此，定荆州、擒关羽的
事得以顺利进行。说明孙权和吕蒙君臣之间能够坦率交换意见，
孙权能改正自己原来不妥当的意图，是他们能够战胜敌人的原因
之一。

从以上的叙述来看，在封建帝王中，孙权是善于用人者之
一。但孙权的一些优点，也和曹操一样，主要表现在其统治的前
期。到了后期，孙权用人的黑暗面逐步上升，甚至出现重大错
误。其中原因，除了封建统治者所共有的通性以外，还需要从孙
吴统治集团内部成员的阶级状况及其利害关系等方面加以剖析：

当孙氏兄弟在江东建立政权时，中原战乱不堪，因之江北士

---

[1]《三国志》卷51《宗室·孙皎传》。

人不断渡江南下。孙氏兄弟对于笼络南下士人颇为注意，原来已经有一定名声的张昭、张纮较早投靠了孙策，受到重用。"纮与张昭并与参谋，常令一人居守，一人从征讨"①。但大多数士人逃到江南后，情况还是相当艰苦的。如步骘、卫旌、诸葛瑾等即是。但他们能够投归孙权幕府，还算比较幸运的。其他南下士大夫"有倒悬之患""糟糠不足"②，需要当地官府富人收留救济者所在多有。为了重新占有土地财产，并寻求政治上的出路，他们也千方百计投靠和效忠于孙氏统治者。而孙氏统治者为了壮大自己，也必须招徕人才，以抗拒来自北方的强大军事压力，自然乐于吸收江北的才智与有名望之士。鉴于以上这些情况，南下地主便成为孙氏政权的骨干力量。

　　两汉以来，江南籍士人仕进显名者，虽逐渐增多，但直至东汉晚期，江南士人犹为中原士大夫所轻视。如会稽郡人虞翻将其所著《易注》寄给孔融，融答书曰："闻延陵之理乐，睹吾子之治《易》，乃知东南之美者，非徒会稽之竹箭也。"③诸葛亮称赞吴使臣殷礼时亦言："不意东吴菰芦中乃有奇伟如此人。"④说明中原士大夫对江东士人的估价，仍旧偏低。孙氏政权的建立，无疑给江东士人带来了仕进的良机。因之，江南地主之乐于拥护孙氏，自不待言。随着孙氏统治的久长，江南籍士人在孙氏政权中的地位与权势也日益增长。如顾雍、朱治、朱然、朱据、陆逊、陆瑁、全琮、潘濬等均身为将相，子弟显赫。

---

① 《三国志》卷53《张纮传》注引《吴书》。
② 《三国志》卷57《骆统传》。
③ 《三国志》卷57《虞翻传》。
④ 《太平御览》卷1000。

孙氏集团中，除了江南北士人外，还有孙氏家族。当孙坚起兵之初，其季弟孙静即"纠合乡曲及宗室五六百人，以为保障"。说明孙氏家族在地方上还是有势力的。陈寿言诸孙"或赞兴初基，或镇据边陲"[1]。孙权对于宗族，虽未给以特大权位，还是优先任用，给以方面重寄。

孙权统治的前期，大敌当前，君臣上下都要求保全江南，所以内部比较协调，矛盾不甚明显。到三分局面大致确定以后，随着外部压力的减轻，长久积累的内部矛盾也日益显露出来。再者，立国时间长久以后，文武大臣和孙氏家族的经济、政治势力逐步膨胀，与此相适应，他们也日益腐化，心骄志逸，克敌拓境虽无作为，阻挠别人改革，排斥异己，却甚为张狂。吴国统治集团内部的这些消极因素的增长，也反映在孙权身上，使他逐渐失去锐意进取之心，对人才的渴望已不如前。加以孙权年事已高，身后的顾虑，如皇位继承及在位大臣是否可靠的问题，日益纠缠在脑海中。因而，孙权驾驭群臣的手法与用人的态度也逐渐失去原有的光辉面，"任才尚计"的孙权最后变成了"多嫌忌，果于杀戮"的孙权，"至于谗说殄行，胤嗣废黜"。孙权后期及身后的吴国终于坠落为派别斗争剧烈和政治黑暗残暴的王朝。

二、张温、暨艳与吕壹事件

张温，吴郡吴县人，父允，以轻财重士，名显州郡，为孙权东曹掾。温少修节操，"卓跞冠群"[2]。孙权闻之，问公卿曰：

---

[1]《三国志》卷51《宗室传》。

[2]《三国志》卷57《张温传》。

"温当今与谁为比？"大臣顾雍以为"温当今无辈"。孙权"征到延见，文辞占对，观者倾竦，权改容加礼……拜议郎、选曹尚书，徙太子太傅，甚见信重"①。吴主孙权黄武三年（224年），张温年三十二时，以辅义中郎将使蜀，权谓温曰："卿不宜远出，恐诸葛孔明不知吾所以与曹氏通意，故屈卿行。"温到蜀后，"蜀甚贵其才"②。连随员殷礼都受到诸葛亮的器重。诸葛亮还同温"结金兰之好"③。可是，从这时起，孙权对张温的看法却急遽变坏，"权既阴衔温称美蜀政，又嫌其声名大盛，众庶炫惑，恐终不为己用，思有以中伤之"④。恰好这时，发生了暨艳试图改革选官中一些弊病的事件。事件的缘由是：张温推荐吴郡人暨艳为选曹郎，至尚书，担任选用官吏的要职。暨艳为人狷直自负，不肯随俗浮沉，喜为清议，品评人物，企图改革当时选用人才不分贤愚、徇私舞弊、清浊混淆的种种恶习，于是"弹射百僚，核选三署，率皆贬高就下，降损数等，其守故者，十未能一，其居位贪鄙、志节污卑者，皆以为军吏，置营府以处之"⑤。结果招致了许多人的反对，他们用各种手法在孙权面前告状，"竟言艳及选曹郎徐彪，专用私情，爱憎不由公理。艳、彪皆坐自杀"⑥。

由于暨艳是张温推荐的，所以案件成为孙权加罪于张温的借

---

① 《三国志》卷57《张温传》。
② 《三国志》卷57《张温传》。
③ 《太平御览》卷407引《吴录》。
④ 《三国志》卷57《张温传》。
⑤ 《三国志》卷57《张温传》。
⑥ 《三国志》卷57《张温传》。

口。孙权以"温宿与艳、彪同意，数交书疏"①为理由，将温下狱。孙权还下令说：

> 昔令召张温，虚己待之，既至显授，有过旧臣，何图凶丑，专挟异心……艳所进退，皆温所为头角，更相表里，共为腹背，非温之党，即就疵瑕，为之生论……专衔贾国恩，为己形势，揆其奸心，无所不为。不忍暴于市朝，今斥还本郡，以给厮吏，呜呼温也，免罪为幸！②

将军骆统对孙权这样处理张温，颇为不平，上表为温申理，把孙权所加给张温的罪名，一一辩驳③。作为一个大臣，在专制君主面前陈述自己的意见，自然不敢虚妄，何况骆统是德才兼备的人呢？我们可以相信骆统的辩驳有其根据，而孙权所怪罪张温的事则是站不住脚的。据《张温传》注引《会稽典录》言："（诸葛）亮初闻温败，未知其故，思之数日，曰：'吾已得之矣，其人于清浊太明，善恶太分。'"陈寿在《张温传》评曰："张温才藻俊茂，而智防未备，用致艰患。"可见张温的失败，并非他做得不对，只缘他敢同不良现象作斗争，所以引起了力量大、人数多的保守派的反对。至于暨艳锐意改革的失败，也是同样情况。当暨艳不计个人得失，毅然要沙汰贪鄙时，著名大臣陆逊、朱据、陆瑁等都曾劝阻，认为事情办不通，且会招致祸患。

---

① 《三国志》卷57《张温传》。
② 《三国志》卷57《张温传》。
③ 《三国志》卷57《张温传》。

陆逊等是从改革是否可能和个人利益两方面考虑。暨艳则只从刷新政风考虑，而不顾个人安危得失。所以张、暨的失败只能说明：（1）孙权统治集团暮气已深，虽志于改革之士亦无法有为；（2）《三国志》卷55《陈表传》言："后艳遇罪，时人咸自营护，信厚言薄，表独不然，士以此重之。"可知暨艳不仅不是坏人，并且还为正人君子所同情；（3）张温、暨艳之遇祸，再次说明到了孙权统治的后期，孙权在用人方面的优点已逐渐由缺点所代替。

同一时期所发生的吕壹事件，也反映了孙吴集团内部的不和和矛盾。《三国志》卷52《顾雍传》载：

> 吕壹、秦博为中书，典校诸官府及州郡文书。壹等因此渐作威福，遂造作榷酤障管之利，举罪纠奸，纤介必闻，重以深案丑诬，毁短大臣，排陷无辜，雍等皆见举白，用被谴让。

同卷《步骘传》亦言：

> 后中书吕壹典校文书，多所纠举。骘上疏曰："伏闻诸典校摘抉细微，吹毛求瑕，重案深诬，辄欲陷人，以成威福，无罪无辜，横受大刑，是以使民踞天蹐地，谁不战慄！"

据上二条记载可知，孙权曾任用吕壹等人为校事，以监督纠察大臣。这些校事又多希旨迎合权意，因此引起了大臣们的反对。当时除步骘以外，太子孙登、上大将军陆逊、太常潘濬等都屡次向孙权陈说吕壹的奸邪倾害。潘濬甚至要在公众宴会时亲手杀死吕壹，宁愿以身当之。另外一个名叫羊衜的官吏则与大臣共同推举一位能言善辩的李衡为尚书郎，以便经常在孙权身边揭发吕壹的奸短①。吕壹最后还是因检举朱据贪污失实而被杀。事情经过是这样的：原来朱据的部曲应领钱三万缗，工匠王遂将此款吞为己有，吕壹却怀疑是朱据贪污了，于是审讯朱据部曲主管吏，吏活活被打死。朱据哀怜此吏死得冤屈，厚厚埋葬了他。吕壹见朱据如此厚待死者，进而告据与吏共同作弊，据无以自明，只好坐待判罪。可是工匠王遂从中作弊的事，随后被人揭发了。于是孙权杀死吕壹，以谢群臣。从这件事看，吕壹的错误在于未曾查清真相，即咬定朱据贪污，属于纠举失实。但是大臣们反对的不仅仅是吕壹。步骘以为："小人因缘衔命，不务奉公而作威福，无益视听，更为民害，愚以为可一切罢省。"②陆凯以为："校事，吏民之仇也。"③说明只要设立校事，大臣就反对。所有这些，表明大臣与校事的矛盾，正是大臣（大族）同孙权（皇权）的矛盾的曲折体现。但是孙权毕竟是依靠群臣以统治万民和对抗敌国的。所以当校事被大臣抓住罪证后，孙权即杀掉他，以安抚大臣。说穿了，吕壹事件也只是体现了孙权猜防大族与大族维护自己政治、经济特权的矛盾而已。

---

① 《三国志》卷48《三嗣主·孙休传》注引《襄阳记》。
② 《三国志》卷52《步骘传》。
③ 《三国志》卷61《陆凯传》。

三、皇位继承人问题与陆逊之死

魏文帝黄初二年（221年），孙权为吴王，立长子登为王太子。黄龙元年（229年），权称帝，都建业（今江苏南京市），登为皇太子。太子官属有诸葛恪、张休、顾谭、陈表等；宾客有谢景、范慎、刁玄、羊衜等，"于是东宫号为多士"①。登生母身份低贱，连其姓氏都未见于史册。孙权所爱王夫人生子和及霸，登常有让位于和之意。孙权赤乌四年（241年）登死。下一年，权立和为太子，不久，封霸为鲁王。权之爱霸，更甚于和，对霸的待遇，同太子没有什么两样。因此，和、霸不睦，大臣也分为二部，比较正派的大臣如陆逊、诸葛恪、顾谭、朱据、屈晃、滕胤、施绩、丁密等维护太子，公主鲁班（孙权宠姬步夫人所生的长女，嫁给全琮）、全琮子寄、杨竺、吴安、孙奇等则想依靠鲁王捞取政治上的好处，所以拥戴霸而"潜毁太子"。一次，权得疾，遣太子到长沙桓王孙策庙祈祷，太子妃叔父家离庙很近，乃把太子请到家中。公主鲁班闻知，乃向孙权进谗，言太子不去庙祷告，却往妃家计议，于是和宠益衰，两派大臣的争斗也更厉害。孙权认为"子弟不睦，臣下分部……一人立者，安得不乱"②。乃废太子和，赐鲁王霸死。另立所爱潘夫人幼子孙亮为太子。

以上的事，不只是立谁为太子的问题，而是孙权统治集团内部矛盾复杂的反映。其中最突出的事例，可以拿陆逊同孙权的关

---

① 《三国志》卷59《吴主五子传》。
② 《三国志》卷59《吴主五子传》注引殷基《通语》。

系来说明。前已叙及，陆逊是跟随孙权时间较久、功劳很大的大臣，孙权早时把孙策之女嫁给了陆逊。吕蒙死后，陆逊成为抗拒魏、蜀二国的主要支柱。但孙权对陆逊的重用，主要在军事方面，始终没有交给陆逊军政大权。最后权令逊代顾雍为丞相时，虽口头上说："有超世之功者，必应光大之宠；怀文武之才者，必荷社稷之重。"①但事实是：孙权既不听从陆逊屡求保安太子、黜降鲁王之谏，又相继流放陆逊外甥顾谭、顾承、姚信，诛亲近陆逊的吾粲。孙权更"累遣中使责让逊"，使逊"愤恚致卒"②。逼死了陆逊。

孙权所以逼死陆逊，绝不只是因逊维护太子的问题，主要症结在于权认为逊对其统治已构成威胁。根据当时情况，权所以疑忌和逼死逊，约有以下四个原因：

（1）逊"世江东大族"，从祖康，庐江太守，康子绩，郁林太守，绩从子瑁，选曹尚书。逊族子凯，建武校尉，凯弟胤，交州刺史。陆绩外甥顾邵为丞相顾雍之子，任豫章太守。顾邵子谭为陆逊外甥，任左节度，加奉车都尉。谭弟承，奋威将军。逊外甥姚信，太常。可见逊家族姻亲甚为显赫，此为孙权忌逊原因之一。

（2）吕蒙死后，逊一直镇守武昌，声望至隆。吴国权要，上自太子登，下至步骘、诸葛瑾、潘濬、朱据等将相都与逊交好，特别是逊功高震主，为权所畏忌。到孙权统治的后期，三国疆域大致已确定，权对外攻虽不足，守则有余。即无逊，亦可划江自

①《三国志》卷58《陆逊传》。
②《三国志》卷58《陆逊传》。

保，无何重大危险。所以权只让逊做了几天丞相，就借立太子事，悄悄地逼死了他。

（3）孙权为身后之计，怕嗣主驾驭不了逊，所以逊等越是拥戴太子和，孙权越疑惑不安。权在逼死逊之前，先剪除其亲党。以后孙权虽然立了幼子亮为太子，但挑选的首辅，却是资望较浅、社会关系比较单薄的侨居大族诸葛恪，就可以说明孙权是不愿从陆、顾等枝叶繁茂的江东大族中选择辅政者的。从史书记载上看，孙权于武多文少的吕蒙、凌统、朱然等病死后，极为哀悼伤怀。可是他不仅逼逊致死，并且还追诘逊子抗。这不是由于猜忌逊，还是什么呢？

（4）还有一个不易被人们发觉的因素，即逊为孙策之婿，权最初将策女嫁给逊时，当然是为了加强君臣间的关系，但当逊功高震主时，这门亲事便转化为双方关系的不利因素。权的江东基业本来是从兄策手中继承的，但权对策子并不与己子同样看待，陈寿即认为权对策子有亏待之处。寿在《孙策传》评曰："割据江东，策之基兆也，而权尊崇未至，子止侯爵，于义俭矣。"孙盛还为此替权辩护，认为这样做，是为了"正名定本，使贵贱殊邈，然后国无陵肆之责，后嗣罔猜忌之嫌"[1]。孙盛这种看法，是迂阔而不切合事实的。权既定孙和为太子，又给孙霸以过分的待遇，使之觊觎太子宝座，还谈得上什么"正名定本，使贵贱殊邈"呢？孙权诸子虽孩提亦封王，而策子却终身为侯，不是亏待是什么呢？这一点，连权本人也是不无内疚的。史言："吴主寝

---

[1]《三国志》卷46《孙策传》注引孙盛曰。

疾，遣太子祷于长沙桓王庙。"①权病了，不向其父武烈皇帝坚祷告，却偏向兄长祷告，正说明权内心隐处也觉得对不住创业的兄长，怕他怪罪，所以才有此举。权之猜防逊，不会与逊为策婿毫无关联。陈寿拿权与勾践相比，正是他识见高超之处。非深知权之为人，固不能道此。

　　因此，我们可以概括为一句话，孙权与陆逊两人的矛盾乃是君主专制与权势大族矛盾的体现。孙吴统治集团内部各种矛盾和冲突的加剧，导致了吴国的衰落。

---

　　①《资治通鉴》卷74正始六年。

第九章　曹魏的政治与司马氏专政

一、曹丕、曹叡的统治

曹丕，字子桓，生于汉灵帝中平四年（187年）。建安十六年（211年），曹丕为五官中郎将，做其父丞相操的副手。建安二十二年，立为魏王太子。建安二十五年（220年）正月，操死，丕继位为魏王。十月，丕代汉为帝，即魏文帝，国号魏，建都洛阳，丕先已改建安二十五年为延康元年，代汉后，又改是年为魏黄初元年。丕在位六年而死，寿四十岁。

曹丕原为操次子，他之最终被定为嗣子，还是几经周折的。他曾说："家兄孝廉①，自其分也；若使仓舒②在，我亦无天下。"事实上，最危及丕太子宝座的，还是比他小五岁的同母弟植。史称丕："年八岁，能属文，有逸才，遂博贯古今经传诸子百家之书。善骑射，好击剑。"③陈寿也说丕"天资文藻，下笔成章，博

①指曹昂。昂，操长子，操前妻刘氏生，刘早卒，昂为丁夫人抚养，宛城之役，昂为张绣所杀，事见《三国志》卷5《卞皇后传》注引《魏略》。

②仓舒，曹冲字，操子，冲早慧，而对人有德惠，为操所爱，常有传后意，年十三而夭折，事见《三国志》卷20《武文世王公传》。

③《三国志》卷2《文帝纪》注引《魏书》。

闻强识，才艺兼该"。①但曹植的文才口辩，更为突出，因之特受操宠爱。史言："植既以才见异，而丁仪、丁廙、杨修为之羽翼。太祖狐疑，几为太子者数矣。"②根据"立子以长不以贤"的传统习制，丕居有天然的优势，操手下大臣拥戴丕的占多数，丕也想尽各种办法，争取为继承人。而植却未用全力追逐。史称："植任性而行，不自彫励，饮酒不节。文帝御之以术，矫情自饰，宫人左右，并为之说，故遂定为嗣。"③

曹丕在位六、七年中的政治措施，值得注意的约有以下数端：

（1）颁布有利或关心庶民的诏令。如《文帝纪》载：

> （黄初）三年（222年）秋七月，冀州大蝗，民饥，使尚书杜畿持节开仓廪以振之。

> （黄初）五年……十一月庚寅，以冀州饥，遣使者开仓廪振之。

> （黄初）六年春二月，遣使者循行许昌以东，尽沛郡，问民所疾苦，贫者振贷之。

《文帝纪》注引《魏书》载癸酉诏曰：

---

① 《三国志》卷2《文帝纪》评语。
② 《三国志》卷19《陈思王植传》。
③ 《三国志》卷19《陈思王植传》。

近之不绥，何远之怀？今事多而民少，上下相弊以文法，百姓无所措其手足……广议轻刑，以惠百姓。

《文帝纪》又云：

（黄初）七年……夏五月，丙辰，帝疾笃……遣后宫淑媛、昭仪已下归其家。

（2）禁止妇人、宦官、外戚干预政事。《文帝纪》载延康元年二月令：

其宦人为官者，不得过诸署令；为金策著令，藏之石室。

黄初三年九月甲午诏曰：

妇人与政，乱之本也。自今以后，群臣不得奏事太后。后族之家，不得当辅政之任，又不得横受茅土之爵；以此诏传后世，若有背违，天下共诛之。

（3）下诏禁止厚葬、淫祀。《文帝纪》载黄初三年：

冬十月甲子，表首阳山东为寿陵，作终制曰："……吾营此丘墟不食之地，欲使易代之后，不知其处。无施苇炭，无藏金银铜铁，一以瓦器……饭含无以珠玉，无施珠襦玉匣……自古及今，未有不亡之国，亦无不掘之墓……祸由乎厚葬封树……若违今诏，妄有所变改造施，吾为戮尸地下……"

同书又载黄初五年十二月诏曰：

叔世衰乱，崇信巫史，至乃宫殿之内，户牖之间，无不沃酹，甚矣其惑也。自今，其敢设非祀之祭，巫祝之言，皆以执左道论，著于令典。

（4）尊孔崇儒。黄初二年诏曰：

昔仲尼资大圣之才，怀帝王之器……因鲁史而制《春秋》，就太师而正《雅》《颂》，俾千载之后，莫不宗其文以述作，仰其圣以成谋。咨！可谓命世之大圣，亿载之师表者也……其以议郎孔羡为宗圣侯，邑百户，奉孔子祀。

于是令鲁郡修起旧庙，又于其外广为室屋，以居学者。黄初五年夏四月，立太学，制五经课试之法，置《春秋穀梁》博士。

（5）下诏选用贤智之士。《文帝纪》载：

（黄初）二年……初令郡国口满十万者，岁察孝廉一人，其有秀异，无拘户口。

（黄初）三年春正月……诏曰："今之计、孝，古之贡士也；十室之邑，必有忠信，若限年然后取士，是吕尚、周晋不显于前世也。其令郡国所选，勿拘老幼，儒通经术，吏达文法，到皆试用。有司纠故不以实者。

（黄初）四年夏五月，有鹈鹕鸟集灵芝池。诏曰："此诗人所谓污泽也。……今岂有贤智之士处于下位乎？否则斯鸟何为而至？其举天下俊德茂才、独行君子。"

（6）制九品官人之法。《三国志》卷22《陈群传》言：曹丕为魏王后，通过尚书陈群的建议，制定了"九品官人"法。其内容即在州郡置中正，择本地之贤而有识鉴者为之。区别人物，定为九品（上上、上中、上下、中上、中中、中下、下上、下中、下下）。然后由吏部选用。但九品中正之制，并非丕一人突然决定施行，早在曹操当权时，何夔即向操建议：

自军兴以来，制度草创，用人未详其本，是以各引其类，时忘道德，……以为自今所用，必先核之乡闾，使长幼顺叙，无相逾越……又可修保举故不以实之令，使有司别受其负。在朝之臣，时受教与曹并选者，各任其责，上以观朝臣之节，下以塞争竞之源。

操对以上建议，已经表示"称善"，只是未及推行。操死，丕即位不过两三个月，即颁布了九品官人之法。

曹丕推行九品中正制之目的与结果：第一，为了让世族官僚拥护他代汉为帝，故推行了有利于世族的仕进制度；第二，设中正官以品评人物，如选用后发现名实不符，尚可治以保举不实之罪，以避免选官好坏无人负责；第三，由吏部选用人才，即意味着减少公卿二千石辟用属员名额，有助于加强皇权；第四，从史料上看，九品官人之法推行后，旧有察举征辟等制度，并未因之废除。

曹丕统治魏国前后共六年余，在军事上无何建树，他的最大失策，是未能乘刘备伐吴之际，挥师直捣吴国的江东心脏地区。他仅满足于孙权称臣纳贡的表面胜利，致使孙权安然渡过受蜀、魏夹攻的危机。后来曹丕两次兴兵伐吴，均徒劳往返。丕远不及其父节俭，曾筑陵云台、东巡台及九华台，已开明帝兴建宫室的奢侈风气。郝经在其所撰《续汉书》中谓丕"轻薄佻靡，未除贵骄公子之习，不矜细行，隳败礼律，刻薄骨肉，自戕本根"。丕纳袁熙之妻甄氏，索钟繇之璧，杀谏阻伐吴之霍性等，可以算是他轻佻骄贵的事例。但同其他封建帝王比较起来，诸如以上事例也还算不上什么大的缺陷。人们经常讥议丕对曾与他争为太子的曹植很刻薄，根据史书材料看，丕对曹植还不是很刻薄的。比如当曹操考虑是否立植时，邯郸淳曾在操面前"屡称植才"，由是"丕颇不悦"。但丕为帝后，虽杀了拥戴植最卖力的丁仪、丁廙并其男口①，可是曹丕始终没有对邯郸淳进行报复，还以他为博士、给事中②。说明丕对其政敌也并非皆刻毒。丕虽压抑曹植，但毕竟没有置之于死地。从丕的政治设施来看，也有些不错的。拿丕

---

① 《三国志》卷19《陈思王植传》。

② 《三国志》卷21《王粲传》注引《魏略》。

与其他封建帝王相比，尚属中等偏上者。

曹叡，字元仲，丕长子。母甄氏，本袁绍中子熙妻。建安四年（199年），袁绍攻灭公孙瓒后，熙出为幽州刺史，甄氏留邺。建安九年（204年）八月，操攻克邺，甄氏为丕所纳。叡生而操爱之，"每朝宴会同，（叡）与侍中近臣并列帷幄。好学多识，特留意于法理"。①延康元年（220年，即黄初元年），叡年十五，封武德侯。黄初二年六月，丕赐甄氏死。叡因母诛，未得立为太子。直至黄初七年（226年）五月，丕病重，始立叡为太子。丕死，叡即帝位，是为魏明帝。至叡景初三年（239年）正月，叡死，共统治魏国十二年半，寿三十四岁②（生于建安十一年）。

曹叡原来不曾交接朝臣，也不过问政事，平日只研读书籍。即位后，群臣想望风采。过了几天，叡单独召见侍中刘晔，整整谈了一天。刘晔出来后，众人问他对皇帝的观感，刘晔回答说："秦始皇、汉武帝之俦，才具微不及耳。"③《三国志》卷3《明帝

---

①《三国志》卷3《明帝纪》注引《魏书》。

②按叡死于景初三年正月，若从《明帝纪》"时年三十六"，则叡应生于建安九年（204年），是年八月丕始纳甄后，故不可能。《文帝纪》言："延康元年（220年）五月封皇子叡为武德侯。"据之推算，则叡生于建安十一年（206年），死时为三十四岁，这是比较可信的。裴松之谓明帝应以其母被纳之次年生，纯系推测之辞。妇人嫁后逾年不生子的情况所在多有，何况甄氏乃再醮之妇，其被纳前如刚生过孩子，则次年不再生的可能性是存在的，故应从周婴《卮林》之说。语见《三国志集解》。卢弼屡申其叡乃曹嗣袁胤之说，尤属臆测。古代贵族最重胤嗣纯粹，少数民族尚有杀首子以保种纯之俗，明智如曹孟德宁能不辨于此，而爱叡于襁褓哉！

③《三国志》卷3《明帝纪》注引《世语》。

纪》注引《魏书》言明帝：

> 料简功能，真伪不得相贸，务绝浮华谮毁之端，行师动
> 众，论决大事，谋臣将相咸服帝之大略。性特强识，虽左右
> 小臣，官簿性行，名迹所履，及其父兄子弟，一经耳目，终
> 不遗忘。

综观叡之行事，优缺点各占一半，其优点是：

（1）善为军计。《三国志》卷3《明帝纪》载：

> （黄初七年）八月，孙权攻江夏郡，太守文聘坚守。朝
> 议欲发兵救之，帝曰："权习水战，所以敢下船陆攻者，几
> 掩不备也。今已与聘相持，夫攻守势倍，终不敢久也。"

果然，当先时派遣慰劳边方将士的荀禹于江夏郡发所从兵乘山举
火时，孙权便赶紧退走了。
《明帝纪》又载：

> 初，帝议遣宣王（即司马懿）讨渊，发卒四万人。议臣
> 皆以为四万兵多，役费难供。帝曰："四千里征伐，虽云用
> 奇，亦当任力。不当稍计役费。"遂以四万人行。及宣王至
> 辽东，霖雨不得时攻，群臣或以为渊未可卒破，宜诏宣王
> 还。帝曰："司马懿临危制变，擒渊可计日待也。"卒皆如所
> 策。

（2）明察断狱。《三国志》卷22《陈矫传》引《世语》：

刘晔以先进见幸，因谮矫专权。矫惧，以问长子本，本不知所出，次子骞曰："主上明圣，大人大臣，今若不合，不过不作公耳。"后数日，……帝曰："刘晔构君，朕有以迹君；朕心故已了。"以金五饼授之，矫辞。帝曰："岂以为小惠？君已知朕心，顾君妻子未知故也。"

《资治通鉴》卷71太和三年（229）载：

冬十月，改平望观曰"听讼观"。帝常言："狱者，天下之性命也。"每断大狱，常诣观临听之……尚书卫觊……请置律博士。帝从之。又诏司空陈群、散骑常侍刘劭等删约汉法，制《新律》十八篇，《州郡令》四十五篇，《尚书官令》《军中令》合百八十余篇，于《正律》为增，于旁章科令为省矣。

《三国志》卷3《明帝纪》载青龙四年（236年）诏：

郡国毙狱，一岁之中，尚过数百，岂朕训导不醇，俾民轻罪，将苛法犹存，为之陷阱乎？有司其议狱缓死，务从宽简……

（3）比较能容人直谏。《明帝纪》注引孙盛曰：

> 闻之长老，魏明帝天姿秀出，立发垂地，口吃少言，而沉毅好断。初，诸公受遗辅导，帝皆以方任处之，政自己出。而优礼大臣，开容善直，虽犯颜极谏，无所摧戮，其君人之量如此之伟也。然不思建德垂风，不固维城之基，至使大权偏据，社稷无卫，悲夫！

陈寿在《明帝纪》评曰："明帝沉毅断识，任心而行，盖有君人之至概焉。于时百姓彫弊，四海分崩，不先聿修显祖，阐拓洪基，而遽追秦皇、汉武，宫馆是营，格之远猷，其殆疾乎！"《明帝纪》注引《魏书》亦言曹叡：

> 含垢藏疾，容受直言，听受吏民士庶上书，一月之中，至数十百封，虽文辞鄙陋，犹览省究竟，意无厌倦。

曹叡在容受直言、不杀谏臣方面，在古代封建君主中是少见的，这算是他的特色。

曹叡的最大缺点是奢淫过度。虽然他在位时期，魏国疆域比较大，总的讲军事、政治、经济诸情况也不坏。但他统治的最后四五年，即自蜀相诸葛亮死后，魏西方大患解除，他的奢侈淫佚的本性充分暴露出来了。于时大修洛阳宫室，起昭阳、太极殿，筑总章观，高十余丈，使百姓"力役不已，农桑失业"。他"耽于内宠，妇官秩石拟百官之数，自贵人以下至掖庭洒扫，凡数千人，选女子知书可付信者六人，以为女尚书，使典省外奏事，处当画可"①。"又录夺士女前已嫁为吏民妻者，还以配士，既听以生口自赎，又简选其有姿色者内之掖庭"。太子舍人张茂上书谏曰："诏书听得以生口年纪、颜色与妻相当者自代，故富者则倾家尽产，贫者举假贷赁，贵买生口以赎其妻；县官以配士为名，而实内之掖庭，其丑恶乃出与士……且军师在外数千万人，一日之费非徒千金，举天下之赋以奉此役，犹将不给，况复有宫庭非员无录之女，椒房母后之家，赏赐横兴，内外交引，其费半军。"②高堂隆也上疏说："今天下彫敝，民无儋石之储，国无终年之畜，外有强敌，六军暴边，内兴土功，州郡骚动，若有寇警，则臣惧版筑之士不能投命虏庭矣。又将吏奉禄，稍见折减，方之于昔，五分居一，诸受休者又绝廪赐，不应输者今皆出半，此为官入兼多于旧，其所出与参少于昔。而度支经用，更每不足，牛肉小赋，前后相继。"③除了高堂隆和张茂以外，其他进谏的还有二十余人。曹叡对之虽不加诛贬，亦不采纳其言，照旧大兴土木，致使国用匮乏，人民困苦，而日后曹魏政权之被司马氏所取代，亦与曹叡之奢淫过度有一定关系。曹叡的统治还有一个重要的失误，则在确定继承人和辅政大臣方面。

曹丕即位后，对于曾经帮助他当太子有功的臣僚贾诩、桓阶、陈群、司马懿等都予以重用，其中名士世族陈群甚至被任为镇军大将军、领中领军、录尚书事，另一世族司马懿为抚军大将

---

① 《资治通鉴》卷73青龙三年。

② 《三国志》卷3《明帝纪》注引《魏略》。

③ 《三国志》卷25《高堂隆传》。

军、录尚书事。这样，便打破了已往非曹氏亲族不能充当军事大员的惯例。黄初七年（226年）曹丕临死前，中军大将军曹真、镇军大将军陈群、征东大将军曹休、抚军大将军司马懿并受遗诏辅曹叡。往后五年中，曹休、曹真相继死去，陈群只担任文职，统兵大帅惟余司马懿一人。司马懿南擒孟达，西拒诸葛亮，东灭公孙渊，有很高的威望。当时曹魏统治集团内部有权势的大臣，除了司马懿以外，应推掌管机要的刘放和孙资。刘放、孙资在曹操时即已为秘书郎，曹丕改秘书为中书，以刘放为中书监、孙资为中书令。曹叡对二人尤为宠任，当景初二年（238年）曹叡考虑是否派司马懿去讨伐辽东的公孙渊时，刘放、孙资曾加以赞助，故辽东平定后，放、资以参谋之功，各进爵，封本县侯①。由此可知，掌握机要的刘放、孙资和统兵大帅司马懿的关系至少也是很好的，他们日后勾结在一起，就成为曹魏政权的隐患。据《三国志》卷22《陈矫传》注引《世语》说：

> 帝忧社稷，问矫：“司马公忠正，可谓社稷之臣乎？”矫曰：“朝廷之望，社稷，未知也。”

《三国志》卷25《高堂隆传》载高堂隆临终口占上疏说：

> 宜防鹰扬之臣于萧墙之内，可选诸王，使君国典兵，往往棋跱，镇抚皇畿，翼亮帝室。

---

① 《三国志》卷14《刘放传》。

陈矫对司马懿能否忠于魏室既表示怀疑；高堂隆所说鹰扬之臣也显然是指司马懿的。曹叡在位正当魏国兴盛时，然内部已经埋下了权臣擅权的种子。可是曹叡本人对此并无深刻察觉，对个别大臣的直言微意亦未能认真思考，自然也就无何对策了。

曹叡本人没有生儿子，按理说，他应当从父、祖后嗣中择立贤而长者，可是他却收养了两个婴儿曹芳和曹询作为己子。他所以这样做，是为了自己有"后裔"可以接替帝位，而不顾国祚之能否确保。景初三年（239年）曹叡病重，始正式指定齐王曹芳为太子。《三国志》卷4《三少帝纪》注引《魏晋春秋》言曹芳："或云任城王楷子"（即很可能为操次子彰之孙）。当时曹芳年始八岁，如何能支撑起外对吴、蜀，内有权门势族的艰巨重任呢？所以陈寿在《三少帝纪》评论说：

> 古者以天下为公，唯贤是与。后代世位，立子以适，若适嗣不继，则宜取旁亲明德，若汉之文、宣者，斯不易之常准也。明帝既不能然，情系私爱，抚养婴孩，传以大器，托付不专，必参枝族，终于曹爽诛夷，齐王替位。

陈寿首先指出曹叡应择立有为的长君，以维持曹氏的国祚，是极中肯的。他又指摘曹叡对司马懿托付不专，一定要在司马懿头上加一曹氏亲族，致使两个辅臣争权相讧，则用意颇为深婉。因寿为晋臣，不得不如此措辞，实则寿的真意还是认为既已令曹爽辅政，就不宜再让异姓枭雄司马懿参与，以造成"曹爽诛夷、齐王替位"，使政权归司马氏的结局。

对于选择辅政大臣，曹叡原来也曾产生过"使亲人广据权势"的想法，而且当他病重时，也曾拜少时与他同居相爱的曹操子燕王宇"为大将军，嘱以后事"①。使宇与夏侯献、曹爽、曹肇等共辅政②。这样，燕王宇等执政之后，必然要斥退久典机密的刘放和孙资。因此，引起了二人的激烈反响。他们以先帝遗诏藩王不得辅政的理由作挡箭牌，并制造了毁谤燕王宇等的谰言③。这时，曹叡头脑已经不大清醒，而且其父曹丕过去排斥亲兄弟的流毒也还在曹叡脑际徜徉作祟，所以听从了放、资的谗言，而免燕王宇等官。放、资接着就推荐曹爽与司马懿共辅政，曹叡也表示同意。燕王宇的被斥退和曹爽、司马懿上台，是关系魏政权由谁领导的大事，以"凡品庸人"的曹爽而与"情深阻""多权变"的枭雄司马懿并肩共事，其危险性已为当时有识之士所料知④。

总之，曹叡确定皇位继承人和辅政大臣的两项措施，都不利于其政权的延续。

二、司马懿和曹爽两派的矛盾与曹爽被杀

景初二年（237年）十二月，曹叡以宗室、故大司马曹真之子曹爽为大将军。次年正月，司马懿也自河内郡汲县应召至洛阳。三年正月，曹叡即病死。《资治通鉴》卷74景初三年条载其事云：

---

① 《三国志》卷20《燕王宇传》。
② 《三国志》卷3《明帝纪》注引《汉晋春秋》。
③ 《三国志》卷3《明帝纪》注引《汉晋春秋》。
④ 《三国志》卷25《辛毗传》注引《世语》、《三国志》卷44《费祎传》注引殷基《通语》、《晋书》卷1《宣帝纪》。

春，正月，懿至，入见，帝执其手曰："吾以后事属君，君与曹爽辅少子。死乃可忍，吾忍死待君，得相见，无所复恨矣！"乃召齐、秦二王以示懿，别指齐王芳谓懿曰："此是也，君谛视之，勿误也！"又教齐王，令前抱懿颈。懿顿首流涕。是日，立齐王为皇太子。帝寻殂。

于是年始八岁的曹芳登上了皇帝大位，尊曹叡皇后郭氏为皇太后，给曹爽、司马懿都加"侍中、假节钺、都督中外诸军、录尚书事"。二人各领兵三千人，轮流宿卫宫殿以内。终于出现了司马懿与曹爽的斗争。

从来两个大臣共同辅政，都有职任高低之分，不可能平起平坐，可是陈寿《三国志》并没有把曹爽、司马懿的主次交代清楚，只是说："大将军曹爽、太尉司马宣王辅政。"事实上，曹爽是首辅，司马懿居次，因陈寿为晋臣，未便直截了当地叙出，只把曹爽排列在司马懿之前。以让后人追寻其真。二人刚开始辅政时，表面上还能和睦相处。史称"宣王以爽魏之肺腑，每推先之"[1]；曹爽也以懿"年位素高，常父事之，每事谘访，不敢专行"[2]。曹爽辅政后的第一个措施，即把司马懿由太尉转为太傅。《三国志》卷9《曹爽传》言这样做系"丁谧画策，使爽白天子，发诏转宣王为太傅，外以名号尊之，内欲令尚书奏事，先来由己，得制其轻重"。这种讲法是否正确呢？我以为未必符合事实。

① 《三国志》卷9《曹爽传》注。
② 《资治通鉴》卷74明帝景初三年。

当时的情况是：司马懿早已是居于其他军政要员之上的太尉。论资历、功勋、名望和同文武官员的关系，司马懿都远远胜过曹爽。曹爽原来只是一个武卫将军，他之成为首辅，主要是凭其为皇族。因此，曹爽恐司马懿不服，所以倡议把司马懿由太尉提升为太傅，这样，既无损于爽的决策大权，也给懿以最高官位的尊荣，正如曹爽在上疏中所说："上昭陛下进贤之明，中显懿身文武之实，下使愚臣免于谤诮。"①司马懿既仍持节统兵、都督诸军，并录尚书事，则实权依然如故。

爽、懿共同辅政，前后整整十年，在前几年，从史书上还看不到二人有何直接冲突，不过，两个对立的集团已逐渐形成。据《三国志》卷22《卢毓传》载：

> 时曹爽秉权，将树其党，徙毓仆射，以侍中何晏代毓。顷之，出毓为廷尉；司隶毕轨又枉奏免官。众论多讼之，乃以毓为光禄勋。爽等见收，太傅司马宣王使毓行司隶校尉，治其狱。复为吏部尚书。

《三国志》卷21《傅嘏传》：

> 时曹爽秉政，何晏为吏部尚书，嘏谓爽弟羲曰："何平叔外静而内铦巧，好利，不念务本。吾恐必先惑子兄弟，仁人将远，而朝政废矣。"晏等遂与嘏不平，因微事以免嘏官。

---

① 《三国志》卷9《曹爽传》注引《魏书》。

起家拜荥阳太守，不行。太傅司马宣王请为从事中郎。曹爽
诛，为河南尹，迁尚书。

《三国志》卷24《王观传》：

（王观）徙少府，大将军曹爽使材官张达斫家屋材，及
诸私用之物，观闻知，皆录夺以没官。少府统三尚方御府内
藏玩弄之宝，爽等奢放，多有干求，惮观守法，乃徙为太
仆。司马宣王诛爽，使观行中领军，据爽弟羲营。

由上可知，在前数年，曹爽和司马懿还没有公开对抗，但已各有
亲信。曹爽派有何晏、邓飏、丁谧、毕轨、李胜及夏侯玄等；司
马派有刘放、孙资、傅嘏、卢毓、孙礼、王观等。《晋书》卷1
《宣帝纪》言：

（正始五年，244年）……尚书邓飏、李胜等欲令曹爽建
立功名，劝使伐蜀。帝（司马懿）止之，不可。爽果无功而
还……

六年（245年）秋八月，曹爽毁中垒、中坚营，以兵属
其弟中领军羲。帝以先帝旧制禁之，不可……

八年（247年）……曹爽用何晏、邓飏、丁谧之谋，迁
太后于永宁宫，专擅朝政。兄弟并典禁兵，多树亲党，屡改
制度。帝不能禁，于是与爽有隙。五月，帝称疾，不与政
事。

由上可知，最迟到正始五年（244年），曹爽和司马懿的矛盾已趋激化。这时曹爽遇事已不再征求司马懿的意见，而是独揽大权。由于曹爽在军事方面缺乏权力基础，所以他打算通过伐蜀建立自己的威望。司马懿对军权更不放松，他辅政以后，曾经两次率军南征，以对付吴人的挑衅，结果都完成了任务。然而正始五年曹爽发动伐蜀之举，结果却无功而返。正始六年，曹爽毁中垒、中坚营，将兵属其弟中领军曹羲统领，司马懿对以上二事，都出面阻拦。由于曹爽是首辅，司马懿阻挡无效，懿乃暗中与其子师、昭策划清除曹爽势力的兵变。为了掩人耳目和麻痹曹爽，懿诈称有疾，不问政事。

　　曹爽集团中人对懿的称疾，亦有所怀疑。适逢曹爽派的河南尹李胜改任荆州刺史，李胜趁当外出之际，谒懿辞行，以探视其病情。懿亦知之，故意示以羸形。胜进入懿卧室后，懿令婢进衣，懿手颤抖过甚，持衣衣落。懿又指口言渴，婢进粥，懿不能饮入口中，粥皆流出沾胸。胜言："众情谓明公旧风发动，何意尊体乃尔！"懿更佯装有声无气地说："年老枕疾（懿时年七十岁），死在旦夕。君当屈并州，并州近胡，好为之备！恐不复相见，以子师、昭兄弟为托。"司马懿故意把荆州说成并州，胜以为他真听错，因曰："当还忝本州，非并州。"懿更佯说道："君方到并州？"胜又曰："当忝荆州。"懿始说："年老意荒，不解君言，今还为本州，盛德壮烈，好建功勋！"胜退，告爽曰："司马公尸居余气，形神已离，不足虑矣。"他日，胜又向爽等垂泣曰：

"太傅病不可复济，令人怆然！"①因此，爽等不复设备。

曹爽除对司马懿疏于防范以外，他执政稍久，骄傲自满的情绪也与日俱增，例如《资治通鉴》卷75正始九年（248年）载：

> 大将军爽，骄奢无度，饮食衣服，拟于乘舆，尚方珍玩，充牣其家；又私取先帝才人以为伎乐。作窟室，绮疏四周，数与其党何晏等纵酒其中。弟羲深以为忧，数涕泣谏止之，爽不听。爽兄弟数俱出游，司农沛国桓范谓曰："总万机，典禁兵，不宜并出，若有闭城门，谁复纳入者？"爽曰："谁敢尔邪？"

曹爽以远支宗室，功绩未立，而独揽军国大权，开始辅政时，还能谨慎从事，过了几年之后，就滋长了骄纵情绪，以为自己真堪处群僚之右，再没有什么忧患了，这就为司马懿的夺权，提供了机会。

嘉平元年（249年）正月初六日，魏少帝往谒明帝高平陵。曹爽及其弟中领军羲、武卫将军训、散骑常侍彦也都跟随前去。于是司马懿使郭太后下诏关闭城门，懿父子紧急调集军队，占领储存兵器的武库。懿亲自率军出屯洛水浮桥。同时，懿令司徒高柔行大将军事，据曹爽大将军营；令太仆王观行中领军事，据曹羲中领军营。

接着就奏曹爽罪状于少帝说：

---

①以上见《资治通鉴》卷75正始九年。

臣昔从辽东还，先帝诏陛下、秦王及臣升御床，把臣臂，深以后事为念。臣言："二祖（应作'高祖'）亦属臣以后事，此自陛下所见，无所忧苦①；万一有不如意，臣当以死奉明诏。"黄门令董箕等，才人侍疾者，皆所闻知。今大将军爽背弃顾命，败乱国典，内则僭拟，外专威权；破坏诸营，尽据禁兵，群官要职，皆置所亲；殿中宿卫，历世旧人皆复斥出，欲置新人，以树私计，根据盘互，纵恣日甚。外既如此，又以黄门张当为都监，专共交关，看察至尊，候伺神器，离间二宫，伤害骨肉。天下汹汹，人怀危惧，陛下但为寄坐，岂得久安！此非先帝诏陛下及臣升御床之本意也。臣虽朽迈，敢忘往言！……太尉臣济、尚书令臣孚等皆以爽为有无君之心，兄弟不宜典兵宿卫，奏永宁宫，皇太后令敕臣如奏施行。臣辄敕主者及黄门令罢爽、羲、训吏兵，以侯就第，不得逗留以稽车驾；敢有稽留，便以军法从事！臣辄力疾将兵屯洛水浮桥，伺察非常。②

从以上奏章看，司马懿并没有举出曹爽准备篡夺帝位的确实证据，而真正图谋取代帝位的却是他自己。曹爽的罪状不过是骄

---

①《资治通鉴》引此，不作"二祖"，而作"太祖、高祖"，但太祖武帝操并未嘱懿以后事，唯有文帝丕曾以叡嘱懿，《三国志》卷3《明帝纪》景初元年言："文皇帝应天受命，为魏高祖。"故作"高祖"为是。

②《三国志》卷9《曹爽传》。

纵、奢侈和抑制司马懿的权势。曹爽既为首辅，他自然可以握有决策大权而不必事事征取司马懿的同意。司马懿在奏章中声称保留爽兄弟的爵位，意图是诱使爽兄弟放下武器，然后再进一步给他捏造罪状而杀害之。

曹爽得到司马懿奏事以后，不敢上呈皇帝，窘迫不知所为，于是把车驾留在伊水南岸住宿，砍伐树木以为鹿角；调发附近屯田兵数千人充当警卫。

司马懿怕只靠兵力不成，又施招诱之计，令侍中许允、尚书陈泰往说曹爽速归认罪。又使爽所信殿中校尉尹大目告爽只免其官位。懿还指洛水为誓，表示不食言。懿这种狡猾手法，果然使爽犹豫起来。

司马懿为了分化曹爽集团，特地笼络与曹爽关系比较密切的大司农桓范，打算让他领中领军。可是桓范仍旧出城投奔曹爽。桓范劝爽兄弟奉天子去许昌，调发四方兵，同懿对抗。可是爽兄弟不能听从。爽最后还是决定回自己府第，他说："司马公正欲夺吾权耳，吾得以侯还第，不失为富家翁。"①

于是曹爽把懿奏事呈报皇帝，请下诏免己官。可是曹爽回到家中只过四天，司马懿便给爽等加上谋反罪名，言："爽与尚书何晏、邓飏、丁谧、司隶校尉毕轨、荆州刺史李胜等阴谋反逆，须三月中发。"②于是逮捕曹爽、曹羲、曹训、何晏、邓飏、丁谧、毕轨、李胜及桓范，皆夷三族。

当然，司马懿也不是把曹爽的人都杀掉，一些忠于曹爽的部

①《三国志》卷9《曹爽传》注引《魏氏春秋》。
②《资治通鉴》卷75嘉平元年。

属还是得到了饶恕。例如曹爽出城谒陵后，其司马鲁芝还留在大将军府，鲁芝听说兵变发生，立即带领骑士砍津门往奔爽，爽诛，鲁芝还被擢为御史中丞。当爽要缴出印绶、回城归罪时，其主簿杨综劝阻曰："公挟主握权，舍此以至东市乎？"[1]爽不听。爽被诛以后，有人奏请逮捕杨综。司马懿说："彼各为其主也。"[2]宥之，还以杨综为尚书郎。司马懿所以这样做，是令曹爽的旧部知道：他并非把曾经忠于曹爽的人都当敌人看待，而只是惩办那些首要分子。这是司马懿笼络人心、减少和各个击破敌对力量的手段。

三、司马懿和曹爽两派的优劣

司马懿，字仲达，河内温县（今河南温县西）人，世族出身，祖先历任显职，父防曾为京兆尹。曹操少时所以能为洛阳北部尉，就是由于京兆尹司马防的推荐。司马懿长兄司马朗和懿都受到曹操的辟用。《晋书》卷1《宣帝纪》称懿原来"不欲屈节曹氏"。这是司马氏自行润饰之词，司马懿和一些世族官僚一样，都是称说天命，劝曹操父子代汉的鼓动者。在曹操时，司马懿尚未受到大用。曹丕为魏太子时，懿为丕中庶子，懿与陈群、吴质、朱铄号称太子"四友"。史称懿"每与大谋，辄有奇策"。所谓"奇策"，无非是给曹丕出主意，使丕保住太子宝座而已。因此，曹丕为帝后，对懿极为"信重"，给以领兵大权。丕临死，令曹真、曹休、陈群与懿"并受顾命"辅曹叡。以上四人，曹

---

① 《三国志》卷9《曹爽传》注引《世语》。
② 《三国志》卷9《曹爽传》注引《世语》。

真、曹休是曹氏宗族，名次在前。陈群系"文人诸生""从容之士"，官位稍在司马懿之上，但未曾实际带兵战斗。论老谋深算、文武俱备，应属司马懿。曹休、曹真相继死去后，司马懿遂成为曹魏第一统兵大将。幼主曹芳即位，曹爽与懿共同辅政。

过去许多史家认为曹爽与司马懿的斗争是代表庶族地主与世族地主两个阶层的斗争，这种说法是不太确切的。曹爽是魏大司马曹真的儿子、曹操的侄孙。曹氏自曹腾兄弟以来就累世富贵，曹仁祖襃颍川太守，父炽侍中；曹洪伯父鼎尚书令；曹休祖吴郡太守；曹操及其子孙多有文才，曹魏亲族曹氏和夏侯氏也多具有高度的封建文化水平，再加上他们是皇族，所以早已跻入世族之林。假若曹魏统治者不是首先代表世族的利益，那末，世族地主之所以乐于拥护曹操，曹魏统治者之所以屡次给世族地主以政治特权，都该作何解释呢？《三国志》卷9《夏侯玄传》：

> 玄……少知名，弱冠为散骑黄门侍郎。尝进见，与皇后弟毛曾并坐，玄耻之，不悦，形之于色，明帝恨之。

可见夏侯玄早已以名士世族自居，而不屑与出身于寒门的新贵族并肩共坐。和曹爽同时被司马懿杀害的曹爽派首要分子也多是权门大族出身。如何晏，是汉大将军何进之孙，其母被曹操霸占后，何晏亦为操"收养"，"见宠如公子"，并"尚主"①。显然是紧紧靠拢于曹氏皇族的人物；邓飏，是东汉开国元勋邓禹之后；

---

① 《三国志》卷9《曹爽传》注引《魏略》。

丁谧，父斐，为曹操"典军校尉、总摄内外"①；毕轨，父"建安中为典农校尉"②。桓范，"世为冠族"③。曹爽派这几个主要人物，只有桓范年高资深，然而他与曹爽的关系并"不甚亲"，其余何晏、邓飏、丁谧、毕轨都是少年公子。他们虽有高度的文化修养，但只利用他们的知识"修浮华，合虚誉"④。曹叡时，这些浮华少年都被抑黜。及曹爽秉政，"乃复进叙，任为腹心"⑤。这些少年，生于富贵之家，没有领受过农民起义的教训，充满骄奢淫逸，不切实际的气息。史言邓飏"为人好货"⑥；毕轨"在并州，名为骄豪"⑦；何晏"性自喜，动静粉白不去手，行步顾影"⑧。他们秉权之时，还搜刮土地财物，如史云"晏等专政，共分割洛阳、野王典农部桑田数百顷，及坏汤沐地以为产业，承势窃取官物，因缘求欲州郡"⑨。至于曹爽，如前所述"饮食衣服，拟于乘舆，尚方珍玩，充牣其家"，"作窟室，绮疏四周，数与其党何晏等纵酒其中"。如果说这些人代表什么比较先进的庶族地主，是难以令人理解的。确切地说，曹爽等人是代表腐化已深的曹氏皇族和世族地主中的浮华派。

再看司马懿一派。这派包括高柔、刘放、孙资、孙礼、王

① 《三国志》卷9《曹爽传》注引《魏略》。
② 《三国志》卷9《曹爽传》注引《魏略》。
③ 《三国志》卷9《曹爽传》注引《魏略》。
④ 《三国志》卷28《诸葛诞传》。
⑤ 《三国志》卷9《曹爽传》。
⑥ 《三国志》卷9《曹爽传》注引《魏略》。
⑦ 《三国志》卷9《曹爽传》注引《魏略》。
⑧ 《三国志》卷9《曹爽传》注引《魏略》。
⑨ 《三国志》卷9《曹爽传》。

观、卢毓、钟毓、傅嘏等，他们多系曹魏元老，对曹魏经济、政治事业，多作过一定贡献，言行措施比较切合实际。如前所述，曹爽等人是代表腐化已深的曹魏皇族和世族地主中的浮华派，司马懿则是代表从曹操以来世族地主中的事功派。后者工作与作风比较有魄力，行政效能较高，其所以能取得胜利，并非偶然。

首先司马懿对于农业生产比较注意。曹操把汉献帝迁到许都后所兴办的屯田，主要是民屯，至于大规模的军士屯田，则是由于司马懿的倡议而创办的。由于军屯的兴办，大大减轻了政府对军粮的供应，所以我们说继承执行曹操的屯田政策的是司马懿，而不是曹氏子孙，这些事后面再论。

在政治上，司马氏父子比曹爽兄弟也有较好的作为。《晋书》卷1《宣帝纪》言："魏明帝好修宫室，制度靡丽，百姓苦之，帝自辽东还，役者犹万余人，雕玩之物，动以千计，至是皆奏罢之，节用务农，天下欣赖。"《三国志》卷9《夏侯尚传》裴注引《魏略》亦言："护军总统诸将，任主武官选举，前后当此官者，不能止货赂……及景王（司马师）之代玄，整顿法令，人莫犯者。"从史书上看，当司马懿及其子司马师、司马昭相继专揽魏政期间，没有什么扰民虐政，虽然是由于司马氏企图篡夺曹魏政权，不能不采取一些收买人心的措施，但较之曹叡的大兴土木，扰民伤财，总是大有区别的。另外，司马懿也并非只倚重世族，他提拔了一些出身低贱但有实际能力的年轻人担任军政要职。例如原来曾"为襄城典农部民"及"御隶"的邓艾和石苞，都由于司马懿的赏识和拔擢而成为对蜀吴作战有功的大将；又如与邓艾为"州里时辈"的州泰，被司马懿提拔得如此之快，以致被钟繇嘲笑为"乞儿乘小车，一何驶乎？"①可见司马懿很能擢用一些才智之士。反过来看看身为皇族兼首辅的曹爽，到底提拔了哪些真正有能力的"庶族"呢？他所依靠与重用的，还不是像何晏、邓飏那班著名的浮华哥儿们吗？所以在两派斗争中，除了司马懿的少数政敌以外，大多数朝臣都愿意选择司马懿。司马懿对曹爽的胜利绝非只靠阴谋。司马懿的政敌王凌之子王广曾说：

> 今曹爽以骄奢失民，何平叔虚而不治，丁、毕、桓、邓虽并有宿望，皆专竞于世。……故虽势倾四海，声震天下，同日斩戮，名士减半，而百姓安之，莫或之哀，失民故也。今懿……擢用贤能，广树胜己，修先朝之政令（继曹操时之崇尚事功政策），副众心之所求。爽之所以为恶者，彼莫不必改，夙夜匪解，以恤民为先。②

当后来司马昭兴兵伐蜀的时候，吴国的张悌也说：

> 曹操虽功盖中夏，民畏其威而不怀其德也。丕、叡承之，刑繁役重，东西驱驰，无有宁岁。司马懿父子累有大功，除其烦苛，而布其平惠，为之谋主，而救其疾苦，民心归之亦已久矣。故淮南三叛，而腹心不扰；曹髦之死，四方不动。任贤使能，各尽其心，其本根固矣，奸计立矣③。

---

① 《三国志》卷28《邓艾传》裴注引《世语》。
② 《三国志》卷28《王凌传》裴注引《汉晋春秋》。
③ 《资治通鉴》卷78景元四年。

司马氏之所以能够灭蜀、代魏、吞吴，完成统一中国的事业，正是由于司马氏比魏、蜀、吴三国的统治者有作为，行政效能也较高的缘故。

四、司马氏专政与消灭反抗势力

司马懿杀曹爽之后，魏中央军政大权全归其掌握。可是，反对司马氏的活动还不断发生。主要有如下几件事。

（1）王凌图谋废立事件。王凌是王允之侄。正始初，官至征东将军、假节都督扬州诸军事。后迁车骑将军、司空。司马懿专政后，王凌与其甥兖州刺史令狐愚私议以为少主曹芳已是司马懿手中的傀儡，不如另立年长而有才的曹操子楚王彪为帝，建都于许昌。于是令狐愚一再派人与楚王彪相约结。可是就在这时，令狐愚一病身亡，王凌被司马懿崇以太尉的官衔，仍旧驻守扬州，于是废立事暂时搁置下来。

嘉平三年（251年）春，吴军堵塞涂水作堰（在今江苏六合县），企图放水淹没魏军南下之道。王凌因此请求发兵击敌，司马懿不从。王凌派将军杨弘把准备易帝的意图告知兖州刺史黄华，黄华与杨弘连名向司马懿告密。司马懿立即亲自统率中军从水道伐凌，首先下令赦凌罪，然后令凌子广写书告喻凌，诱凌投降。大军掩至百尺（堰名，今河南沈丘西北），凌自知势穷力孤，不得不乘船迎懿。懿进至丘头（今河南沈丘东南），凌面缚请罪，懿派人解其缚，慰劳之，继又派步骑六百人送凌还洛阳，凌知难幸免，于途中饮药而死。懿到寿春，穷究其事，牵连者皆夷三族。六月，赐楚王彪死。所有曹魏王公均录名安置在邺城，由专人监管，不令他们和外界来往。

（2）李丰、张缉反对司马师之失败。李丰，故卫尉李义之子，十七八岁时已饶有声誉。正始年间，李丰为尚书仆射，对曹爽、司马懿两方采取不偏不倚的态度。嘉平三年（251年）八月，司马懿死，其长子司马师代懿专政，用李丰为中书令。丰虽受司马师亲待，可是内心拥戴夏侯玄。玄，夏侯尚子，又为曹爽姑子，素有重名，因爽败而失势，心常怏怏不欢。皇后父张缉对司马师之专权亦颇不满。于是李丰同夏侯玄、张缉亲善。丰在中书二年，少帝多次召丰入内。司马师知道他们是谈论自己，特将李丰召来盘问。丰不肯吐露真情，师令勇士以刀镮杀丰，丰子韬及玄、缉等亦被收下廷尉，诬以图谋劫持少帝、诛大将军司马师，皆夷三族。

（3）废少帝曹芳另立高贵乡公曹髦的事件。少帝曹芳因李丰等被杀，心不自安，他想除掉司马师，可是又不敢采取行动。司马师亦怕为帝所图，因之借口"帝荒淫无度，亵近倡优"，拟废帝，使郭太后从父郭芝入胁太后。太后方与帝对坐，郭芝谓帝曰："大将军欲废陛下，立彭城王据。"帝乃起去。太后不悦，曰："我欲见大将军，口有所说。"芝曰："何可见邪！但当速取玺绶。"司马师又派人向太后请玺绶授彭城王。太后曰："彭城王，我之季叔也，今来立，我将何之？且明皇帝当永绝嗣乎？高贵乡公，文皇帝之长孙、明皇帝之弟子，于礼，小宗有后大宗之义，其详议之。"[1]于是司马师与群臣议，终于迎高贵乡公髦为帝。髦系曹丕子东海定王霖之子，时年十四。

---

[1]以上见《资治通鉴》卷76高贵乡公正元元年。

（4）毌丘俭、文钦起兵淮南的失败。扬州刺史文钦骁果粗猛，曹爽因与钦同乡里，故爱之。文钦凭恃曹爽的权势，多有骄纵及欺侮他人之事。曹爽被杀后，文钦亦内怀疑惧。镇东将军毌丘俭素与夏侯玄、李丰亲善，玄等死，俭亦不自安，故厚待文钦。两人情好欢洽。毌丘俭子甸谓俭曰："大人居方岳重任，国家倾覆，而晏然自守，将受四海之责矣。"①俭然之。

正元二年（255年）正月，毌丘俭、文钦在寿春起兵，声讨司马师。俭遣使邀镇南将军诸葛诞与己合作，诞不从而斩其使。俭、钦将兵五六万渡淮，西至项（今河南项城县东北）。俭守项，钦在外为游兵。时司马师刚割眼瘤，伤势甚重，因事关重大，仍带病东行，率中外诸军讨俭、钦。次月，司马师到达㶏桥（今河南周口市西），俭将史招、李续相继投降。时荆州刺史王基为前军，向师建议速进，占据"有大邸阁，计足军人四十日粮"的南顿（今河南项城西五十里）。师未即应允，王基复言："将在军，君令有所不受。彼得亦利，我得亦利，是谓争地，南顿是也。"②于是进据南顿。俭等亦感到南顿的重要，从项来争，行十余里，闻基先到，乃复还保项。

不久，吴丞相孙峻率骠骑将军吕据、左将军留赞来袭寿春。司马师令诸军皆深沟高垒，以待青、徐、兖诸军来集。诸将请进军攻项，师曰："诸君知其一，未知其二，淮南将士本无反志，俭、钦说诱之举事，谓远近必应；而事起之日，淮北不从……内乖外叛，自知必败。困兽思斗，速战更合其志，虽云必克，伤人

---

① 《资治通鉴》卷76正元元年。
② 《资治通鉴》卷76正元二年。

亦多。且俭等欺诳将士，诡变万端，小与持久，诈情自露，此不战而克之术也。"①师随后遣诸葛诞督豫州诸军自安风向寿春；征东将军胡遵督青、徐诸军出谯、宋（今河南睢阳）之间，绝其归路；师自在汝阳（今河南商水县西南）扎屯。毌丘俭、文钦进不得斗，退恐寿春被袭，计穷不知所为。由于诸将家皆在北，众心沮散，降者相属。惟淮南新附农民为之用。

俭初起兵时，遣使赍书往说兖州刺史邓艾，艾斩其使。艾率兵万余人趋乐嘉城（今河南项城西北），作浮桥以待师。俭使文钦将兵袭艾，师自汝阳潜遣兵援艾。钦猝见大军，惊愕不知所措。钦子鸯，年十八，勇力绝人，谓钦曰："及其未定，击之可破也。"②于是分为二队，夜夹攻师军，鸯率壮士先至鼓噪，师军震扰，师惊骇，所病目突出，恐众知之，啮被以忍疼。及天明，钦兵不至，鸯乃引还。文钦畏师军盛，遂与鸯俱退。

是日，毌丘俭闻钦退，恐惧夜走，军遂大溃。钦奔吴。俭于逃走途中，在安风津（今安徽霍丘县北）被民张属杀死，传首京师。诸葛诞进军至寿春，城中十余万口，因惧诛，或流窜山泽，或散走入吴。司马师以诞为镇东大将军、仪同三司，都督扬州诸军事。毌丘俭被夷三族，其党七百余人入狱，侍御史杜友治之，惟诛首事者十余人，余皆奏免之。

（5）诸葛诞起兵淮南的失败。毌丘俭、文钦在淮南起兵失败以后，司马师不久也在许昌病死，其弟司马昭代为大将军、录尚书事。曹髦甘露元年（256年），司马昭加号大都督，奏事不名，

① 《资治通鉴》卷76正元二年。
② 《资治通鉴》卷76正元二年。

假黄钺。昭叔司马孚升任太傅。司马氏之党高柔也被封为太尉，司马昭权势之大，更超过其父兄。

　　继毌丘俭都督扬州的诸葛诞，琅邪郡阳都县人，是诸葛亮的族弟，原任吏部郎、御史中丞、尚书等职，与夏侯玄、邓飏相善，在京师颇有名誉，因此也招致了一些元老大臣的反对，认为诞等"修浮华、合虚誉"。魏明帝对诞等亦甚厌恶，将诞等免官禁锢。明帝死，曹爽秉政，夏侯玄及诞等受到重用。诞与夏侯玄亲善，玄既被杀，王凌、毌丘俭等又相继夷灭，诞心不自安，倾帑藏振施，以结众心。又厚养亲附及扬州轻侠数千人为死士。甘露元年（256年）冬，吴军来向徐塌。司马昭估计诸葛诞所督兵马足可抵御。但诞仍求调十万军队帮助守卫寿春，还要在淮水旁边筑城以备吴，实际是想加强自己的实力。昭知诞有异心，甘露二年（257年）五月，征诞回朝任司空。诞得诏书，恐惧，遂举兵反。诞首先攻杀扬州刺史乐琳，然后敛淮南北屯田口十余万官兵，及扬州新附士众四五万人，聚谷足一年食，为坚守寿春之计。又遣长史吴纲携小子靓至吴，称臣求救。吴遣将全怿、全端、唐咨等率兵三万，与文钦同来救诞。

　　六月，司马昭奉帝及郭太后到项[1]。昭督诸军二十六万进屯丘头（今河南沈丘东南），以镇南将军王基行镇东将军，都督扬、豫诸军事，与安东将军陈骞等围寿春。王基初至，尚未将城完全围住，文钦、全怿等军已从东北突入城中。不久，吴将朱异亦率三万人进屯安丰（今安徽霍丘西南），与进入城内的吴军相呼应。

－－－－－－－－－－

　　[1]《资治通鉴》卷77高贵乡公甘露二年。胡注："昭若自行，恐后有挟两宫为变者，故奉之以讨诞。"

王基等四面合围，表里再重，堑垒甚峻。文钦等屡次出城攻围，均被击退。昭又使奋武将军石苞督兖州刺史州泰、徐州刺史胡质，挑选锐卒为游军，以防吴人再行增援。朱异与州泰战于阳渊（在今安徽寿县与霍丘之间），异走，泰追之，杀伤吴兵二千人。

秋，七月，吴大将军孙綝出兵屯于镬里（今安徽巢县西北），又遣朱异率丁奉等五将前来解救寿春之围，被石苞、州泰击破于黎浆（今安徽寿县南）。魏太山太守胡烈以奇兵五千袭都陆，尽焚异资粮，异军乏粮，以葛叶为食，走归孙綝。綝使异复前死战，异以士卒乏食，不从綝命。綝怒，斩异于镬里。司马昭知寿春被围已久，敌军食粮必成问题，乃遣反间，扬言吴人将来救援，北军乏食，已分遣羸兵就谷淮北，势难久攻。诞等闻知，果放宽粮食限额，因之很快就缺粮，可是外援不至。于是城中人心涣散，惶惶不可终日。

甘露三年（258年）春，正月，文钦欲尽出北方人省食，与吴人坚守，诞不听，诞、钦本不和睦，先以诡计苟合，事急转相猜疑，诞遂杀钦。钦子鸯、虎逾城投司马昭。昭不杀而赦之，使将数百骑巡行城外，呼曰："文钦之子犹不见杀，其余何惧！"[1]城内军民闻之，皆大欢喜。司马昭亲自临围，挥军四面进攻，同时鼓噪登城。二月乙酉，城破。诞窘急，单马将其麾下突小城欲出，将军胡奋部兵击斩之，夷其三族。

司马氏之消灭反对派的各种反抗，尤其平定诸葛诞之役，显示其军事实力和谋略，远远胜过诸对手。因而司马氏之代魏与灭蜀、吴，已成为不可扭转之势。

---

① 《资治通鉴》卷77甘露三年。

第十章　蜀汉之亡和司马氏代魏成晋

一、蒋琬、费祎相继执政

（1）魏延与杨仪的讧斗。蜀汉后主建兴十二年（234年）八月，诸葛亮在五丈原前线病故，立即发生了其部下两个文武大员杨仪与魏延争权讧斗的事件。魏延在跟随刘备攻取益州、汉中时，屡立战功，受到刘备赏识。刘备称汉中王后，将返成都，要物色一员重将以镇汉川，众人以为张飞素有骁勇之名，又和刘备关系密切，必然会被选中；张飞也以心自许。可是刘备却提拔魏延"为督汉中镇远将军，领汉中太守"①，全军都很惊讶！后来诸葛亮北伐时，曾令魏延别领一军，大破魏后将军费曜、雍州刺史郭淮于阳溪。次年，延又与高翔、吴班大破司马懿亲自率领的军队，获甲首三千级，迫使懿还保营，说明延确实是很能打仗的。诸葛亮最后一次北伐时，仍以魏延为先锋，在亮大营前十里驻扎。延既勇猛，又善抚养士卒，可是性情高傲，同僚对他都很容让，只有丞相长史杨仪不买他的账，魏延对此十分恼火，有时持刀威胁杨仪，使仪"泣涕横集"②。杨仪颇有才干，善于筹算

---

①《三国志》卷40《魏延传》。
②《三国志》卷44《费祎传》。

粮饷，既敏捷，又准确，但秉性狭傲，不能容人。诸葛亮对两人的文武才干颇为器重，不忍有所偏废。杨、魏不和之事，连孙权都知道。孙权早就预料，若一朝无诸葛亮，杨、魏二人必为祸乱。诸葛亮临死前，也预料及此，特地同杨仪、费祎、姜维等商定身后退军节度事，"令延断后，姜维次之，若延或不从命，军便自发"①。亮死，杨仪等准备按亮成规，诸营相次退军。魏延听说大为恼怒，趁杨仪等尚未动身时，自己率军径先南归，所过烧绝阁道。延、仪各上表指控对方叛逆。魏延行至南谷口，返身与杨仪等军交战。仪令王平在前御延，平叱延先登说："公亡，身尚未寒，汝辈何敢乃尔！"②延士众知曲在延，不肯为之卖命，皆四散奔走。延独自携子数人亡奔汉中，被马岱追及斩首。杨仪竟"夷延三族"③。由上可知，延虽很能打仗，但骄傲过分；杨仪虽很有才干，但狷狭太甚，二人都没有当辅政大臣的条件。

（2）蒋琬继诸葛亮辅政。蒋琬，字公琰，荆州零陵郡湘乡县人。蒋琬以州书佐随刘备入蜀，初为广都长。刘备到广都视察，见琬政事不理，时又沉醉。怒而将戮之。诸葛亮替琬解释说："蒋琬，社稷之器，非百里之才也。"④备虽未加罪于琬，还是免了他的官。诸葛亮辅政之后，辟琬为东曹掾，典管选举。建兴五年（227年），亮出驻汉中，琬与长史张裔留统丞相府事。建兴八年（230年）代裔为长史，加抚军将军。亮数北伐，"琬常足食足兵，以相供给"。亮常说："公琰托志忠雅，当与吾共赞王业者

<hr/>

① 《三国志》卷40《魏延传》。
② 《三国志》卷40《魏延传》。
③ 《三国志》卷40《魏延传》。
④ 《三国志》卷44《蒋琬传》。

也。"亮曾秘密给后主上表说："臣若不幸，后事宜以付琬。"①
《三国志》卷40《杨仪传》言："亮卒于敌场，仪既领军还，又诛
讨延，自以为功勋至大，宜当代亮秉政……而亮平生密指，以仪
性狷狭，意在蒋琬，琬遂为尚书令、益州刺史。"不久，琬又迁
大将军，录尚书事，封安阳亭侯。时新丧主帅，远近危竦，琬出
类拔萃，处群僚之右，"既无戚容，又无喜色，神守举止，有如
平日，由是众望渐服"②延熙二年（239年）琬进位为大司马。

大司马府东曹掾杨戏素性简略，琬与谈论，常不应答。有人
对琬说："公与戏语而不见应，戏之慢上，不亦甚乎？"琬曰：
"人心不同，各如其面，面从后言，古人之所诫也。戏欲赞吾是
耶，则非其本心，欲反吾言，则显吾之非，是以默然，是戏之快
也。"③又督农杨敏曾毁谤琬曰："作事愦愦，诚非及前人。"有人
把这话告诉了蒋琬，主管官吏请推治杨敏，琬曰："吾实不如前
人，无可推也。"主管官吏又乞问其愦愦之状，琬曰："苟其不
如，则事不当理，事不当理，则愦愦矣。"④后杨敏因事被捕入
狱，众人认为蒋琬不会饶恕他，可是蒋琬心无介蒂，杨敏得免重
罪，蒋琬对僚属忠厚宽容，于此可见。

蒋琬以为昔诸葛亮屡出秦川，道险运艰，未得成功，不如沿
汉水东下，乃多作舟船，欲顺水袭魏之魏兴、上庸二郡。"众论
咸谓如不克捷，还路甚难，非长策也。"⑤琬遂作罢。

①《三国志》卷44《蒋琬传》。
②《三国志》卷44《蒋琬传》。
③《三国志》卷44《蒋琬传》。
④《三国志》卷44《蒋琬传》。
⑤《三国志》卷44《蒋琬传》。

琬与费祎等商议，以姜维为凉州刺史，谋袭取凉州。又以涪（今四川绵阳市）水陆四通，若东北有急，从涪可以奔往接应。延熙六年（243年），蒋琬自汉中还驻涪，琬素有疾，至延熙九年（246年），病势转剧，遂卒。

（3）费祎的政绩。费祎，字文伟，荆州江夏郡人，少孤，依族父伯仁。伯仁姑，乃益州牧刘璋之母。刘璋遣使迎伯仁，伯仁将祎入蜀，正赶上刘备定益州，祎遂在蜀为官。刘备称帝后，祎为太子舍人，迁庶子。后主即位，祎为黄门侍郎。丞相诸葛亮南征还，群僚于数十里外逢迎，年位多在祎上，而亮特命祎与己同车，因此众人对祎无不另眼相看。亮以祎为昭信校尉，出使吴。孙权一向喜欢戏谑使臣，吴臣诸葛恪、羊衜等又博学善辩，论难不已，祎辞顺理正，终不能屈。孙权对祎颇为器重，对祎说："君天下淑德，必当股肱蜀朝，恐不能数来也。"[1]因祎奉使称旨，故多次至吴。建兴八年（230年），祎由参军转为中护军，后又为司马。值魏延与杨仪相憎，祎常谏喻分别，终亮之世，延、仪各尽其用，亦祎居中调解之力。蒋琬体素多病，令祎代为尚书令，延熙六年（243年），晋升大将军。

延熙七年（244年），魏大将军曹爽等发卒十余万，自骆谷进向汉中。时大司马蒋琬率重兵驻涪，汉中守兵不满三万，诸将皆恐，欲守城不出，以待涪援兵。但镇北大将军、统守汉中的王平主张派护军刘敏等往兴势拒敌。于是刘敏统率所领往据兴势，多张旗帜，绵亘百余里。次月，费祎督诸军救汉中。曹爽等在兴势受阻，关中及氐、羌转输不能供，牛马骡驴多死，民夷号泣道

---

① 《三国志》卷44《费祎传》。

路。涪军及费祎军继至。五月，曹爽等引军还，费祎进据三岭以截爽。爽争险苦战，仅乃得过，失亡甚众。

由上役看来，当初蒋琬率兵屯涪，是距离前线太远了。所以后主延熙八年（245年）十二月，费祎又到汉中行围守。

费祎当国功名，大致与蒋琬相仿佛，从琬到祎，虽经常不在成都，但军国大事，庆赏刑罚，都需经过他们同意，然后始能颁布施行，权限是极大的。

祎性"宽济而博爱"，这种性格，能得众心，是其优点，但疏于防范，也是欠缺。延熙十六年（253年），岁首，祎与僚属举行大会，饮宴之间，魏降人郭循趁祎欢饮沉醉，以刀刺杀祎。祎素谦素，家不积财，儿子皆布衣素食，出入不从车骑，无异凡人①。

二、姜维北伐与蜀汉的灭亡

（1）姜维北伐。姜维，字伯约，天水冀县人，少孤，与母居，好郑氏学。原为州、郡吏。建兴六年（228年），诸葛亮出军向祁山，天水太守马遵惶惧逃走，保守上邦。姜维等闻讯，追赶太守，太守关闭城门不纳。维等还冀，亦遭拒绝。于是维等乃降于诸葛亮。亮辟维为仓曹掾，加奉义将军，封当阳亭侯，时年二十七。亮与留府长史张裔、参军蒋琬书曰："姜伯约忠勤时事，思虑精密，考其所有，永南（李邵字）、季常（马良字）诸人不如也。其人，凉州上士也。"又说："姜伯约甚敏于军事，既有胆义，深解兵意，此人心存汉室，而才兼于人，毕教军事，当遣诣

---

① 《三国志》卷44《费祎传》注引《祎别传》。

宫，觐见主上。"①说明诸葛亮对姜维极为器重，并准备把他培养成栋梁大材。

建兴十二年（234年），诸葛亮卒，维还成都，为右监军，辅汉将军，统诸军，进封平襄侯。延熙元年（238年），维随大将军蒋琬出屯汉中，琬迁大司马，以维为司马，数率偏军西入。延熙十年（247年），迁卫将军，与大将军费祎共录尚书事。

维自以熟悉西方风俗，又负其才武，欲诱诸羌胡以为羽翼，谓自陇以西可断而有。屡求发动大军出击，费祎则比较持重，对维常加以节制，与其兵不过万人。费祎死前，姜维终未能发动大规模的北伐曹魏的战争。

延熙十六年（253年），费祎死后，姜维行动有较大的自由，常出动数万之众北击。次年，维再出陇西，破魏将徐质，乘胜多所降下，拔河关、狄道、临洮三县民还。延熙十八年（255年），维复与车骑将军夏侯霸等出狄道，大破魏雍州刺史王经于洮西，经众死者数万。经退守狄道城，维围之，魏征西将军陈泰进兵解围，维退住钟题。

延熙十九年（256年），维升任大将军，更整勒人马，与镇西大将军胡济期会于上邽。济失期不至，维为魏大将邓艾所破于段谷（今甘肃天水市东南），士兵星散，死者甚众。众庶因此怨望，而陇以西亦骚动不安。

延熙二十年（257年），魏征东大将军诸葛诞在淮南起兵反对司马氏，关中兵部分东下，维欲乘虚向秦川，率数万人出骆谷，径至沈岭（今陕西周至县西南五十里）。时长城（在沈岭北）积

----

① 《三国志》卷44《姜维传》。

谷甚多而守兵少，闻维将至，众皆惶惧。魏大将军司马望与邓艾皆屯守长城。维数挑战，望、艾不出。景耀元年（258年），维闻诸葛诞败，乃还成都。

自从刘备留魏延镇汉中以来，皆实兵外围以御敌，敌若来攻，使不得入。及兴势之役，王平扞拒曹爽，皆承此制。姜维以为"错守诸围……适可御敌，不获大利。不若使闻敌至，诸围皆敛兵聚谷，退就汉、乐二城，使敌不得入平，且重关头镇守以捍之，有事之日，令游军并进以伺其虚。敌攻关不克，野无散谷，千里县粮，自然疲乏；引退之日，然后诸城并出，与游军并力搏之，此殄敌之术也"[1]。于是令督汉中胡济退住汉寿，监军王含守乐城，护军蒋斌守汉城。《资治通鉴》卷77高贵乡公甘露三年注云："姜维自弃险要，以开狄焉启疆之心，书此为亡蜀张本。"按姜维这种御敌办法，遇小敌尚可，若遇强大数倍之敌前来，使其得入平地，何啻放虎出山！姜维以区区之蜀，竟敢如此冒险，诚非稳妥之计。

（2）蜀汉的灭亡。蜀汉自诸葛亮死后，蒋琬、费祎相继执政，陈寿评二人的政绩说："蒋琬方整有威重，费祎宽济而博爱，咸承诸葛之成规，因循而不革，是以边境无虞，邦家和一。"[2]在当时鼎立的三个国家中，蜀汉最为弱小，蒋琬、费祎二人虽无赫赫之功，但能够安稳地保住基业，说明诸葛亮挑选的接替人还是不错的。蜀汉的柱石大臣除了诸葛亮、蒋琬、费祎以外，还有董允。常璩《华阳国志》卷7《刘后主志》把以上诸葛亮等四人号

---

① 《三国志》卷44《姜维传》。
② 《三国志》卷44《蒋琬费祎传》末评。

为"四相",也称"四英"。诸葛亮时,把宫中府中视同一体,诸葛亮死后,宫、府之事由蒋、费、董三人共同管理,他们合作得很好,三人都是诸葛亮精心挑选与培植的辅政大臣。董允,父和,曾为掌军中郎将,与军师将军诸葛亮并署左将军、大司马府事。后主时,迁黄门侍郎。亮北伐,允主持宫省之事,统宿卫亲兵,掌管献可替否,很能匡救补缺。后主常欲采择以充后宫,允以为古时天子后妃之数不过十二,今已具备,不宜增益,终执不听,后主益严惮之。后主所爱宦人黄皓,善于迎合主意,允上则正色匡主,下则数责于皓,皓畏允,终允之世,皓位不过黄门丞。延熙七年(244年),允以侍中守尚书令。延熙九年(246年),允与蒋琬病故,尚书吕乂代允为尚书令,侍中缺由陈祗填补。吕乂"为政简而不烦,号为清能"①。陈祗为人,"矜厉有威容,多技艺,挟数术,费祎甚异之"②。延熙十四年(251年),吕乂卒,祗又以侍中守尚书令,加镇军将军。大将军姜维虽班在祗上,常率众在外,希亲朝政。祗上承主指,下与黄皓相表里,深受后主信爱,权重于维。景耀元年(258年)祗死,后主以尚书仆射董厥为尚书令,尚书诸葛瞻为仆射。景耀四年(261年),后主以董厥为辅国大将军,诸葛瞻为卫将军,共平尚书事。自陈祗死后,黄皓操纵国事,董厥、诸葛瞻皆不能矫正。于是蜀政益坏。这时孙权使薛珝聘于蜀,珝归后,孙权问蜀政得失,珝对曰:"主闇而不知其过,臣下容身以求免罪。入其朝不闻正言,经其野民皆菜色。臣闻燕雀处堂,子母相乐,自以为安也,突决

---

① 《三国志》卷39《吕乂传》。

② 《三国志》卷39《陈祗传》。

栋焚，而燕雀怡然不知祸之将及，其是之谓乎！"①

蜀政之坏，由于后主愚暗，黄皓窃权，投机嗜利士人依附黄皓。皓与右大将军阎宇亲善，阴欲废维，令宇掌握军权。姜维知之，给后主说："皓奸巧专恣，将败国家，请杀之。"后主曰："皓趋走小臣耳，往董允每切齿，吾常恨之，君何足介意。"②维见皓枝附叶连，惧于失言，逊辞而出。后主令皓诣维陈谢，维疑惧，因求种麦沓中（今甘肃甘南州舟曲西北），不敢还成都。

这时蜀吴二国政治都很腐朽，内部矛盾重重。魏国在司马氏统治下，虽然屡起内争，但国力强盛，人才不减于昔。魏元帝曹奂景元三年（262年）冬，司马昭欲大举伐蜀，先告谕众人说："自定寿春以来，息役六年，治兵缮甲，以拟二虏。今吴地广大而下湿，攻之用功差难，不如先定巴蜀……计蜀战士九万，居守成都及备他境不下四万，然则余众不过五万。今绊姜维于沓中，使不得东顾。直指骆谷，出其空虚之地，以袭汉中，以刘禅之暗，而边城外破，士女内震，其亡可知也。"③令钟会都督关中。

同年（蜀景耀五年），姜维上表于后主说："闻钟会治兵关中，欲规进取，宜并遣左右车骑张翼、廖化督诸军分护阳安关口（又叫关城，即今陕西阳平关，在今陕西宁强西北，南倚鸡公山，北靠嘉陵江，为当时从汉中入蜀正道）及阴平之桥头（桥头在白龙江与白水江汇合处，即今甘肃文县之玉垒关），以防未然。"④

①《三国志》卷53《薛莹附薛珝传》注引《汉晋春秋》。
②《资治通鉴》卷78景元三年。
③《资治通鉴》卷78景元三年。
④《资治通鉴》卷78景元三年。

但"黄皓信巫鬼，谓敌终不自致，启汉主寝其事，群臣莫知"①。

次年（263年）夏，司马昭大举伐蜀，"遣征西将军邓艾督三万余人自狄道趣甘松（在沓中西，今甘南州迭部县东南）、沓中，以连缀姜维；雍州刺史诸葛绪督三万余人自祁山趣武街桥头，绝维归路；钟会统十余万众分从斜谷、骆谷、子午谷趣汉中。以廷尉卫瓘持节监艾、会军事，行镇西军司"②。

蜀汉闻魏军将至，始遣廖化将兵诣沓中为姜维继援，张翼、董厥等诣阳安关口为诸围外助。敕诸围皆不得战，退保汉、乐二城，二城各有兵五千人。所以当钟会的军队进到汉中时，并未遇到抵抗。九月，钟会使前将军李辅统万人围乐城；护军荀恺围汉城。会率大军直趣阳安口，使护军胡烈为前锋，攻关口。蜀关口守将傅佥、蒋舒两人不和，蒋舒诡称出城杀敌，傅佥信以为真，既未阻拦，也未设防。舒率其众出城后，直奔胡烈投降，胡烈乘虚袭城，傅佥格斗而死。关口既下，钟会大军长驱而进，大得库藏积谷。

这时在沓中的姜维，受到邓艾所部诸军的进逼，又闻钟会已入汉中，引兵且战且走，但诸葛绪已屯驻桥头。姜维乃从孔函谷（今甘肃文县西北）入北道，绕出绪后，绪怕后路被断，却退三十里，维得过桥头。绪还截维，迟一日不及。维遂还至阴平，合集士众，欲向关城，未到，闻关城陷，乃退往白水，遇廖化、张翼、董厥等，合兵守剑阁，以拒钟会。

冬十月，邓艾进军至阴平，简选精锐，欲与诸葛绪自江油

①《资治通鉴》卷78景元三年。
②《资治通鉴》卷78景元四年。

（戍名、今四川江油东）趋成都。绪以本受节度邀姜维，西行非本诏，遂不从艾，而引军向白水，与钟会合。会欲专制军势，密告绪畏懦不进，绪被槛车征还，其军悉并属会。

维等在剑阁，列营守险，会不能克，粮运艰难，军食乏，欲退军。邓艾上言："宜乘胜进取，如从阴平由邪径经德阳亭趣涪，剑阁蜀军必还保涪，则钟会之军可方轨而进；如剑阁之军不还，则有利于我军攻涪。"于是邓艾自阴平行无人之地七百余里，凿山通道，造桥作阁，备历艰险。加以粮运将尽，濒于危殆。艾以毡裹身，推转而下，将士皆攀木缘崖，鱼贯而进。当先登到达江油时，蜀守将马邈投降。于是邓艾得继续挺进。

诸葛瞻督诸军前来拒艾，至涪，停住不进。尚书郎黄崇屡劝瞻速行据险，无令敌军得至平地。瞻不能从。艾长驱而前，击破瞻前锋，瞻退住绵竹，艾以书诱瞻曰："若降者，必表为琅邪王。"①瞻怒，斩艾使，列阵以待艾。艾遣子忠等自右击，司马师纂等自左击，忠、纂战不利，退还。言："贼未可击。"艾怒曰："存亡之分，在此一举，何不可之有？"②叱忠、纂等，将斩之。忠、纂驰还更战，大破蜀军，斩瞻及黄崇。瞻子尚叹曰："父子荷国重恩，不早斩黄皓，使败国殄民，用生何为！"③策马冒阵而死。

蜀人不意魏兵猝至，未作城守调度，及艾入平地，百姓惊扰，奔走山野，不可禁止。后主与群臣会议，或主张投吴；或主

①《资治通鉴》卷78景元四年。
②《资治通鉴》卷78景元四年。
③《资治通鉴》卷78景元四年。

张往南方四郡。光禄大夫谯周以为："自古以来，无寄他国为天子者，若入吴国，亦当臣服。且治政不殊，则大能吞小，此数之自然也。由此言之，则魏能并吴，吴不能并魏明矣。等为称臣，为小毅与为大，再辱之耻，何与一辱！且若欲奔南，则当早为之计，然后可果；今大敌已近，祸败将及，群小之心，无一可保，恐发足之日，其变不测，何至南之有乎！"或曰："今艾已不远，恐不受降，如之何？"周曰："方今东吴未宾，事势不得不受，受之不得不礼。若陛下降魏，魏不裂土以封陛下者，周请身诣京都，以古义争之。"①众人无以易周之理。后主犹欲入南。周上疏曰："南方远夷之地，平常无所供为，犹数反叛，自丞相亮以兵威偪之，穷乃率从。今若至南，外当拒敌，内供服御，费用张广，他无所取，耗损诸夷，其叛必矣！"②后主乃从周策，遣侍中张绍等奉玺绶以降于艾。北地王谌怒曰："若理穷力屈，祸败将及，便当父子君臣背城一战，同死社稷，以见先帝可也，奈何降乎！"③后主不听，是日，谌哭于昭烈之庙，先杀妻子而后自杀。

张绍等见邓艾于雒城，艾大喜，报书褒纳。后主遣人别敕姜维，使降钟会，又遣尚书郎李虎送士民簿于艾，凡有"户二十八万，口九十四万，甲士十万二千，吏四万人"④。艾至成都城北，后主率太子诸王及群臣六十余人，面缚舆榇，诣军门降。艾持节解缚焚榇，延请相见。检御将士，不得虏略，绥纳降附，使复旧业；辄依邓禹故事，承制拜后主行骠骑将军。以师纂领益州刺

①《资治通鉴》卷78景元四年。
②《资治通鉴》卷78景元四年。
③《资治通鉴》卷78景元四年。
④《资治通鉴》卷78景元四年。

史。

姜维等闻诸葛瞻败，未知后主消息，乃引军东入巴郡。钟会进军到涪，遣胡烈等追维。维至郪（今四川三台县南），得后主令降敕命，乃命兵士放下武器，送节传于胡烈，自从东道与廖化、张翼、董厥等同往降会。蜀将士咸怒，拔刀斫石。钟会厚待维等，皆还其印绶节盖。

钟会手握重兵，内有异志。姜维知之，欲先构成祸乱，然后乘机杀会复汉。由是会、维二人情好欢甚。会颇忌邓艾，乃与监军卫瓘密告艾有反状。魏咸熙元年（264年），司马昭令以槛车征艾。艾既败，会独统大众，威震西土，遂决意谋反，欲使姜维将五万人出斜谷为前驱。会自将大众随其后。姜维劝会尽杀北来诸将，会犹豫未决。时事已泄露，魏将士忿怒，争往杀会。姜维率会左右战，维、会皆被杀，会将士死者数百人。卫瓘部分诸将，数日乃定。邓艾本营将士追出艾于槛车。卫瓘自以与会共陷艾，恐为己祸，乃遣兵袭艾，斩艾父子于绵竹西。蜀后主刘禅举家东迁洛阳，被封为安乐县公。

蜀自建安十九年（214年）夏刘备攻克成都，至景耀六年（263年）冬，①刘禅向邓艾投降，共历年四十九。

三、司马氏代魏成晋

前面说过，司马懿杀曹爽之后，魏国大权已归司马氏掌握。接着，司马氏父子又镇压了反对派的各种反抗活动，威权更盛。

---

①蜀亡前，曾"改元为炎兴"。故景耀六年亦为炎兴元年。见《三国志》卷33《后主传》。

特别是司马昭掌权时，百官任用，皆由其自定。魏帝曹髦不胜其忿，对几位大臣说："司马昭之心，路人所知也。"①不久，魏帝亲率宫中卫士、僮仆数百人讨司马昭，但事前消息走漏，结果被司马昭杀害，时在甘露五年（260年）。司马昭另立曹操之孙、燕王曹宇之子曹奂为帝。灭蜀后一年，即咸熙元年（264年），司马昭进封晋王，并加九锡。咸熙二年（265年），司马昭建天子旌旗，其世子改称太子。是年八月司马昭病死，长子（太子）司马炎继立为晋王。同年十二月，司马炎废魏帝自立，国号晋，年号泰始，是为晋武帝。

魏自建安十八年（213年）建国，至咸熙二年（265年）名实俱亡，历时五十二年。若自曹丕代汉元年算起，则历时四十五年（220至265年）。

---

① 《三国志》卷4《高贵乡公纪》注引《汉晋春秋》。

第十一章　吴国晚期的政治及其衰亡

一、诸葛恪辅政及孙峻、孙綝相继专权

吴太元元年（251年），孙权得了风疾，太子孙亮年始九岁，需要物色一个精干而可靠的辅政大臣。当时以大将军诸葛恪的声望最高，官为侍中的宗室孙峻向孙权推荐恪，权"嫌恪刚愎自用"①，但又没有比他更合适的人选，于是召恪从武昌回朝。恪动身前，和他共同镇守武昌的上大将军吕岱告诫说："世方多难，子每事必十思。"恪答曰："昔季文子三思而后行，夫子曰：'再思可矣。'今君令恪十思，明恪之劣也。"②吕岱见恪这样拒谏，就再不开口。别人也都说吕岱的话是过分了。实际上，针对当时吴国内部各种矛盾交织复杂的情况，吕岱提醒诸葛恪办事要十分谨慎，是完全正确和必要的。

孙权除了让诸葛恪为首辅，总统军国重事外，还嘱托了几位协助辅政的大臣，即中书令孙弘、太常滕胤、侍中孙峻、将军吕据。吴太元二年（252年）四月，孙权死，享年七十一岁。孙亮即位，改元建兴。孙弘与诸葛恪平素就不和，惧为恪所治，当孙

---

① 《三国志》卷64《诸葛恪传》注引《吴书》。

② 《三国志》卷64《诸葛恪传》注引《志林》。

权尚未埋葬时，孙弘就打算先下手诛诸葛恪。孙峻告诉了恪，恪杀弘。恪既辅政，"罢视听，息校官，原逋责，除关税，事崇恩泽，众莫不悦。恪每出入，百姓延颈，思见其状"①。说明诸葛恪当时威望颇高。但恪未能利用这样有利的因素，整顿内部，以安基固本，他对吴国内部宗室强族山头林立所给自己带来的潜在危险，并未顾及，而一味想效法其叔诸葛亮决志北伐的宏图。他辅政不久就率众到东兴（今安徽巢县东南四十里），重新修筑孙权时所作大堤，左右依山，夹筑两城，使将军全端守西城，都尉留略守东城，各留千人，自己引军退还。

是年底，魏以吴军入其境内，耻于受辱，命大将胡遵、诸葛诞率众七万攻东兴。诸葛恪将兵四万，晨夜赴援。魏军造作浮桥，分兵进攻，两城高峻，不能攻下。吴援军赶到，诸葛恪使丁奉、吕据、留赞、唐咨为前部，俱从山西上。丁奉谓诸将："今诸军行缓，若敌据便地，则难以争锋。"②于是他带领麾下三千人抢先进军。时刮北风，丁奉举帆二日，即至东关，遂据徐塘。时天寒下雪，胡遵等方置酒高会。奉见其前部兵少，谓部属曰："取封侯爵赏，正在今日。"③于是兵皆解铠，放下戟矛，但持短兵，裸身攀塌。魏兵望见，觉得可笑，未加理睬。吴兵因得迅速进逼魏营，横冲直撞，登时破魏前屯。吕据等继至，魏军惊惶万状，争渡浮桥逃走，桥被踩坏，兵士或落于水，更相蹈藉，死者数万。魏将桓嘉及故吴叛将韩综（韩当子）均被杀。吴军获车马

---

① 《三国志》卷64《诸葛恪传》。

② 《资治通鉴》卷75嘉平四年。

③ 《资治通鉴》卷75嘉平四年。

牛骡驴各以千数，资器山积，振旅而还。

诸葛恪本来就有傲气，经过此次大捷，更滋长了轻敌之心。次年（253年）春，复欲出军攻魏，"诸大臣以为数出罢劳，同辞谏恪，恪不听"①。终于违众出师，大发州郡二十万众，百姓骚动，始失人心。

恪进军淮南，包围新城，打算于魏救兵到来时，与之决战。魏太尉司马孚督诸军二十万前来，采取按兵固守的策略。新城虽城小兵寡，但极坚固，吴兵围攻连月不下。时值盛暑，士兵疲困，加之饮水泻肚、流肿，病者大半，死伤涂地。诸营吏报告病情，恪以为诈，欲杀之，于是无人敢言。魏人伺知吴兵已疲，乃进救兵。恪始下令班师，士卒伤病，跌倒路途，或顿仆沟壑，或被略获，死者悽惨，存者哀痛。而恪晏然自若，停住江渚一月，由此众庶失望，怨声大兴。

恪既归，对己之处境，仍无察觉，仍"愈治威严，多所罪责"。孙峻因民之多怨，众之所嫌，构恪"欲为变"②，假称奉幼主诏令，诱恪入宫而杀之。于是大权落于孙峻之手。孙峻系孙坚季弟孙静的曾孙，本拥戴诸葛恪，后见恪有隙可乘，又杀恪，自为丞相、大将军，督中外诸军事。峻素无名德业绩，徒以宗室被用。他既得意，骄淫阴险，多杀滥害，朝臣侧目，士人失望，反抗者众，政局更加动荡不安。

孙亮太平元年（256年），孙峻遇暴疾，以后事付从弟偏将军孙綝。骠骑将军吕据闻孙綝代峻辅政，怒而与大司马滕胤谋废

———————————

① 《三国志》卷64《诸葛恪传》。
② 《三国志》卷64《诸葛恪传》。

綝，失败被杀。綝迁大将军，骄虐更甚。孙綝从弟宪与将军王惇亦谋杀綝，事泄遇害。

吴太平二年（257年），吴主亮年十六，始亲政事，对孙綝所上表章，多加难问。亮还调集兵家子弟三千余人，选大将子弟年少有勇力者使将之，日于苑中教习。言："吾立此军，欲与之俱长。"①这就更引起了孙綝的疑惧。綝称疾不朝，使其四弟分领禁卫诸营，以加强对朝廷的控制。于是吴主亮与孙綝的矛盾更趋尖锐。亮与亲近图杀孙綝，但事泄失败，被綝废为会稽王。

永安元年（258年），孙綝迎立孙权第六子、二十四岁的琅邪王孙休为帝。休进封綝为丞相，"綝一门五侯，皆典禁兵，权倾人主，自吴国朝臣未尝有也"②。孙休面对孙綝专横威逼的情况，外示迎合顺从，恩宠有加，暗中同亲信张布等筹划除綝之计，终于腊会日綝入朝时，以殿上宿卫兵杀綝。

孙休在位时，对于减轻人民兵役、劳役和田租负担，尚知注意。他"志善好学"，但不能选用良才，改革弊政，只重用自己的旧臣濮阳兴、张布。二人"皆贵宠用事；布典宫省，兴关军国，以佞巧更相表里，吴人失望"③。永安七年（264年），孙休卧病，口不能言，以手书呼丞相濮阳兴入，休把兴臂，指子霅以托之。不数日，休死，年三十，谥曰景帝，群臣尊朱皇后为皇太后。

---

① 《三国志》卷48《三嗣主·孙亮传》。
② 《三国志》卷64《孙綝传》。
③ 《资治通鉴》卷78元帝景元三年。

二、孙皓的暴政

孙休死时，蜀汉刚亡，交趾又叛吴降魏，举国恐惧，欲立长君。左典军万彧尝为乌程令，与乌程侯孙皓相善，屡向濮阳兴、张布称述"皓之才识明断，长沙桓王之俦也，又加之好学，奉遵法度"①。兴、布请示朱太后，欲以皓为嗣。太后曰："我寡妇人，安知社稷之虑，苟吴国无陨，宗庙有赖，可矣。"②于是迎皓为帝，时年二十三。改元元兴（魏咸熙元年，公元264年）。

孙皓刚即位，还做了一些"恤士民，开仓廪，振贫乏"的事。但没有多久，他骄暴淫奢的本性就显露出来，迅速失去人心，濮阳兴、张布也暗自懊悔。佞人乘机向皓进谗，于是皓诛兴、布。皓的统治牢固后，更肆无忌惮。在他统治的十六七年中，暴虐害民之事，史不绝书，今举其主要罪状如下：

（1）征调繁苛。《三国志》卷65《贺邵传》载邵向皓上疏言：

> 陛下……登位以来，法禁转苛，赋调益繁，中官内竖，分布州郡，横兴事役，竞造奸利，百姓罹杼轴之困，黎民罢无已之求，老幼饥寒，家户菜色。而所在长吏，迫畏罪负，严法峻刑，苦民求办。是以人力不堪，家户离散。

同卷《华覈传》载覈上疏，亦言农民役税负担之重曰：

———————————

① 《资治通鉴》卷78咸熙元年。
② 《资治通鉴》卷78咸熙元年。

都下诸官……不计民力，辄与近期，长吏畏罪，昼夜催民，委舍佃事，遄赴会日，定送到都，或蕴积不用，而徒使百姓消力失时。到秋收月，督其限入，夺其播殖之时，而责其今年之税，如有逋悬，则籍没财物，故家户贫困，衣食不足。

（2）穷奢极淫。《三国志》卷61《陆凯传》载凯上疏言：

今中宫万数，不备嫔嫱，外多鳏夫，女吟于中……陛下征调州郡，竭民财力，土被玄黄，宫有朱紫……宫女旷积，而黄门复走州郡，条牒民女，有钱则舍，无钱则取，怨呼道路，母子死诀。

《三国志》卷65《贺邵传》载邵上疏言：

今国无一年之储，家无经月之畜，而后宫之中坐食者万有余人，内有离旷之怨，外有损耗之费，使库廪空于无用，士民饥于糟糠。

《三国志》卷50《妃嫔·孙皓滕夫人传》注引《江表传》：

皓又使黄门备行州郡，科取将吏家女。其二千石大臣子女，皆当岁岁言名，年十五六一简阅，简阅不中，乃得出嫁。后宫千数，而采择无已。

（3）残暴杀人。《三国志》卷48《三嗣主·孙皓传》：

> 皓每宴会群臣，无不咸令沉醉。置……司过之吏，宴罢
> 之后，各奏其阙失，迕视（皓恶人视己，群臣侍见，莫敢举
> 目）之愆，谬言之愆，罔有不举。大者即加威刑，小者辄以
> 为罪。后宫数千，而采择无已。又激水入宫，宫人有不合意
> 者，辄杀流之。或剥人之面，或凿人之眼。

陈寿在《孙皓传》评曰：

> 皓之淫刑所滥，陨毙流黜者，盖不可胜数。是以群下人
> 人惴恐，皆日日以冀，朝不谋夕……况皓凶顽，肆行残暴，
> 忠谏者诛，谗谀者进，虐用其民，穷淫极侈，宜腰首分离，
> 以谢百姓。

（4）任奸虐贤。《三国志》卷65《贺邵传》载邵上疏谏曰：

> 自顷年以来，朝列纷错，真伪相贸，上下空任，文武旷
> 位，外无山岳之镇，内无拾遗之臣；佞谀之徒，附翼天飞，
> 干弄朝威，盗窃荣利，而忠良排坠，信臣被害。……严刑法
> 以禁直辞，黜善士以逆谏臣……仕者以退为幸，居者以出为
> 福。

《资治通鉴》卷80晋武帝咸宁二年（276年）载：

> 湘东太守张咏不出算缗，吴主就在所斩之，徇首诸郡。会稽太守车浚公清有政绩，值郡旱饥，表求振贷，吴主以为收私恩，遣使枭首。尚书熊睦微有所谏，吴主以刀镮撞杀之，身无完肌。（《通鉴》胡注："史详言吴主之昏虐。"）

《三国志》卷53《薛莹传》末注引干宝《晋纪》：

> （晋武帝）从容问（薛）莹曰："孙皓之所以亡者何也？"莹对曰："归命侯臣皓之君吴也，昵近小人，刑罚妄加，大臣大将，无所亲信，人人忧恐，各不自保，危亡之衅，实由于此。"

总之，吴在孙皓的残暴统治下，民不堪命，险象环生。只是当时赖有陆抗、陆凯、陆胤、施绩、范慎、丁奉、钟离斐、孟宗、丁固、楼玄、贺邵等文武大臣匡辅军政，还能支撑一时。其中最能身系安危、为国干城的是镇守荆州西疆的陆抗。

三、陆抗镇守荆州

陆抗是孙策的外孙，赤乌八年（245年）抗父逊死时，年始二十，拜建武校尉，领父兵五千人。陆抗从荆州送葬回吴时，孙权把杨竺所揭发陆逊的二十件事诘问抗，抗逐条解答，权对逊的怀疑得以基本消除。次年（246年），迁立节中郎将，与诸葛恪换屯柴桑，抗临去，皆更修缮城围、墙屋，居庐桑果，均无损伤。
恪至屯，俨然若新。而恪柴桑故屯，颇有毁坏。太元元年（251
年），抗到建业治病，病愈当还。孙权涕泣与别，谓曰："吾前听
用谗言，与汝父大义不笃，以此负汝。前后所问，一焚灭之，莫
令人见也。"①孙休时，拜抗镇军将军，都督西陵，管辖自关羽濑
（今湖南益阳西）至白帝城一带防线。孙皓即位，加抗镇军大将
军。建衡元年（269年），大司马施绩死，拜抗都督信陵、西陵、
夷道、乐乡、公安诸军事，治乐乡（今湖北松滋县东北）。史言
抗"贞亮筹干，咸有父风"。荆州屏藩上流，面对强敌，抗行军
御敌，虽少大胜，亦无负败。孙皓凤凰元年（272年），发生了西
陵督步阐据城降晋的事。抗闻，赶紧部署诸军奔赴西陵，令自赤
溪（今湖北远安县）至故市（今宜昌市）更筑严围，内以围阐，
外以御敌。昼夜督催，如敌已至。诸将皆谏抗："今及三军之锐，
亟以攻阐，比晋救至，阐必可拔。何事于围，而以弊士民之力
乎？"抗曰："此城地势既固，粮谷又足，且所缮修备御之具，皆
抗所宿规。……既非可卒克，且北救必至，至而无备，表里受
敌，何以御之？"诸将一再请求攻阐，抗为服众，听令一攻，攻
果无利。外围刚修好，晋车骑将军羊祜引军向江陵，诸将以为宜
援江陵，而不必急于收复西陵。抗曰："江陵城固兵足，无所忧
患，假令敌没江陵，必不能守，所损者小，如使西陵槃结，则南
山群夷皆当扰动，则所忧虑，难可竟言也。吾宁弃江陵而赴西
陵，况江陵牢固乎？"于是抗身率三军，利用新筑的围抗拒晋荆
州刺史杨肇等援军。将军朱乔、营都督俞赞亡诣杨肇。抗曰：

①《三国志》卷58《陆逊传附子抗传》。

"赞，军中旧吏，知吾虚实者，吾常虑夷兵素不简练，若敌攻围，必先此处。"①即夜易夷民，皆以旧将充之。明日，杨肇果攻旧夷兵防线。抗命猛烈还击，矢石雨下，肇军伤亡甚众。相持经月，肇计穷夜遁。羊祜等军皆撤还。抗遂陷西陵城，诛阐及其族。然后东还乐乡。虽获大胜，貌无矜色，谦冲如常，故得将士欢心。

陆抗镇守荆州，不仅为吴保住了半壁江山，他和晋将羊祜的来往也给史书上留下了两个敌对将帅在某些方面相互信任的佳话。

羊祜都督荆州诸军事，每修德信以怀吴人，降者去留皆听自由，然降者并不因此减少。有人掠吴二儿，祜遣送还其家，后儿之父亦率其属随吴将夏详、邵凯等来降。吴将邓香到夏口掳掠，祜俘而宥之。香感恩，率部曲降②。祜每与吴交兵，克日方战，不用诈谋掩袭。祜行军至吴境，所刈人谷，皆计价偿还。每游猎江、沔，常在晋境停止，若禽兽先为吴人所伤而被晋兵捕获者，皆送还之。于是吴边人翕然悦服，称之为羊公而不名。祜与陆抗相对，使命常通。抗称"祜之德量，虽乐毅、诸葛孔明不能过也"。抗尝病，祜馈之药，抗服之无疑心。人多谏抗，抗曰："羊祜岂酖人者!"③抗每告其将吏曰："彼专为德，我专为暴，是不战而自服也。各保分界而已，无求细利。"④孙皓闻抗与祜交和，以诘抗，抗答："一邑一乡，不可以无信义，况大国乎! 臣不如

---

① 《三国志》卷58《陆抗传》。

② 《晋书》卷34《羊祜传》。

③ 《晋书》卷34《羊祜传》。

④ 《资治通鉴》卷79晋武帝泰始八年。

此，正是彰其德，于祜无伤也。"①

孙皓用诸将之谋，数侵盗晋边，抗上疏曰：

> 今不务富国强兵，力农畜谷……而听诸将徇名，穷兵黩
> 武，动费万计，士卒彫瘁，寇不为衰，而我已大病矣！今争
> 帝王之资，而昧十百之利，此人臣之奸便，非国家之良策也
> ……诚宜暂息进取小规，以畜士民之力，观衅伺隙，庶无悔
> 咎。②

孙皓对陆抗以上的话，一点也听不入耳。他虽残暴，但始终令陆
抗看守着荆州的西疆，对抗有一定的容忍与尊重。

吴凤凰三年（274年）夏，陆抗病重，上疏说：

> 西陵、建平，国之蕃表，既处下流，受敌二境，若敌泛
> 舟顺流，舳舻千里，星奔电迈，俄然行至，非可恃援他部以
> 救倒悬也。此乃社稷安危之机，非徒封疆侵陵小害也……臣
> 死之后，乞以西方为属。③

至秋，抗死。孙皓使抗子晏、景、玄、机、云分领抗兵。自是之
后，不见吴国再有像陆抗这样富有韬略和远见的将帅。晋武帝咸
宁四年（278年）十一月羊祜病笃，举杜预自代，晋以预为镇南

---

① 《资治通鉴》卷79晋武帝泰始八年。
② 《三国志》卷58《陆抗传》。
③ 《三国志》卷58《陆抗传》。

大将军、都督荆州诸军事。预至镇，简选精锐，掩袭吴西陵督张政，大破之。政乃吴之名将，耻以无备取败，不以实告孙皓。预乃进行离间，将战利品还给孙皓，皓果中计，将张政召还，另派武昌监留宪代之。吴国既无良将，内政又极昏乱，其灭亡只是时间问题了。

四、晋灭吴

晋武帝登位后，就着手准备灭吴。他首先与羊祜密谋，让羊祜在荆州筹措各种伐吴事宜。如前所述，羊祜镇荆州，"与吴人开布大信"，与陆抗也有一定情况下的宾礼相待，因之流传下一些敌国将帅间的往来佳话，而被人称为中国历史上有名的儒将。但羊祜的主要功绩还在于他采取了灭吴的有效措施。主要工作是：

（1）使军粮供应日趋丰足。如《晋书》卷34《羊祜传》载：

> 吴石城守去襄阳七百余里，每为边害，祜患之，竟以诡计令吴罢守。于是戍逻减半，分以垦田八百余顷，大获其利。祜之始至也，军无百日之粮，及至季年，有十年之积。

（2）为灭吴，推荐了适当人选。《羊祜传》载：

> 祜以伐吴必藉上流之势……会益州刺史王濬征为大司农，祜知其可任……因表留濬监益州诸军事，加龙骧将军，密令修舟楫，为顺流之计。……疾渐笃，乃举杜预自代。

杜预和王濬在以后之灭吴战争中均立有大功。可知羊祜有知人之明。

（3）积极备战，并首建平吴之策。《羊祜传》称：

> 祜缮甲训卒，广为戒备。至是上疏曰："……今江淮之难，不如剑阁……孙皓之暴，侈于刘禅；吴人之困，甚于巴、蜀。而大晋兵众，多于前世；资储器械，盛于往时。今不于此平吴，而更阻兵相守，征夫苦役，日寻干戈，经历盛衰，不可长久……以一隅之吴，当天下之众，势分形散，所备皆急。巴、汉奇兵出其空虚，一处倾坏，则上下震荡……"

对于羊祜的建议，当时晋廷多有异议，唯度支尚书杜预、中书令张华与晋武帝赞成。羊祜死后，杜预继镇荆州，也积极谋划灭吴事宜。

为了灭吴，晋武帝又命益州刺史王濬在蜀造大船，练水军，准备顺流而下。王濬作"大船连舫，方百二十步，受二千余人，以木为城，起楼橹，开四出门，其上皆得驰马往来。……舟楫之盛，自古未有"[1]。王濬对于伐吴尤为积极，曾上疏重申羊祜前议：

---

[1]《晋书》卷42《王濬传》。

孙皓荒淫凶逆……宜速征伐……令皓卒死，更立贤主……则强敌也。臣作船七年，日有朽败。又臣年已七十，死亡无日。三者一乖，则难图也。诚愿陛下无失事机。[①]

由于在荆州、益州等地做了长期充分准备，加上张华、杜预、王濬等人不断上表或面陈，催促尽快出兵，晋武帝终于在咸宁五年（279年）十一月下诏大举伐吴：

> 遣镇东大将军琅邪王司马伷出涂中[②]；
>
> 安东将军王浑出横江[③]；
>
> 建威将军王戎出武昌；
>
> 平南将军胡奋出夏口；
>
> 镇南大将军杜预出江陵；
>
> 龙骧将军王濬、巴东监军、广武将军唐彬率巴蜀之卒浮江东下。

以上六路军共二十余万人，以太尉贾充为大都督，将中军，南屯襄阳，为诸军节度[④]。

----

①《晋书》卷42《王濬传》。

②涂中，即涂塘，亦曰瓦梁堰，在今安徽六合县西五十五里。

③其余各路军出发地均从《资治通鉴》，唯此路从《晋书》卷42《王浑传》。

④贾充本反对伐吴，晋武帝仍宠以大都督之任，实因其为司马氏代魏成晋之心腹大臣故也。

晋武帝太康元年（280年）正月，杜预向江陵、王浑出横江的二路军队进展颇为顺利。二月，王濬、唐彬攻克丹阳（今湖北秭归县）。先是吴人于江中要害之处，以铁锁横截之；又作铁锥，长丈余，暗置江中，以阻挡晋船舰。王濬为破除此等障碍，作大筏数十，方百余步，缚草为人，被甲持杖，令善水者以筏先行，遇铁锥，锥辄着筏而去。又作大炬，长十余丈，大数十围，灌以麻油，在船前，遇锁，燃炬烧之，于是船舰无阻。晋军相继克西陵、荆门、夷道。

杜预遣牙门将周旨等率奇兵八百泛舟趁夜渡江袭乐乡，吴都督孙歆惧，与江陵督伍延书曰："北来诸军，乃飞渡江也。"[1]旨等伏兵乐乡城外。歆遣军出拒王濬，大败而归。旨等率伏兵随歆败军入城，歆不觉，直至帐下，虏歆而还。王濬水军继之而至，遂克乐乡城，杀吴水军都督陆景。杜预亦克江陵，杀伍延。于是沅、湘以南，至于交、广，州郡皆望风而降。杜预仗节称诏而抚安之。

在东面，吴军更遭到惨败。孙皓闻王浑之军南下，使丞相张悌督丹阳太守沈莹、护军孙震、副军师诸葛靓率众三万渡江迎战。至牛渚，沈莹言："晋治水军于蜀久矣，上流诸军，素无戒备，名将皆死，幼少当任，恐不能御也。晋之水军必至于此，宜畜众力，以待其来，与之一战。若幸而胜之，江西自清。今渡江与晋大军战，不幸而败，则大事去矣。"张悌曰："吴之将亡，贤愚所知，非今日也。吾恐蜀兵至此，众心骇惧，不可复整。及今渡江，犹可决战。若其败丧，同死社稷，无所复恨；若其克捷，

---

[1]《资治通鉴》卷81太康元年。

北敌奔走，兵势万倍，便当乘胜南上，逆之中道，不忧不破也。若如子计，恐士众散尽，坐待敌到，君臣俱降，无一人死难者，不亦辱乎！"①

三月，悌等渡江，围王浑部将张乔于杨荷桥（在今安徽和县东南二十里）。乔众才七千，闭栅请降，诸葛靓欲屠之，悌曰："强敌在前，不宜先事其小，且杀降不祥。"靓曰："此属以救兵未至，力少不敌，故且伪降以缓我，非真伏也，若舍之而前，必为后患。"悌不从，进前与晋扬州刺史周浚结阵相对。沈莹率丹阳锐卒刀楯五千，三冲晋兵，不动。莹引退，其众乱，晋军因其乱而乘之，吴兵奔溃，将帅不能止。张乔自后击之，大败吴兵于版桥（今安徽含山县北）。诸葛靓率数百人遁，悌为晋兵所杀，孙震、沈莹等亦阵亡，吴人大震。

是时，王濬已破武昌，乘胜顺流，直趋建业。孙皓遣游击将军张象帅舟师万人御之，象众望旗而降。濬兵甲满江，旌旗烛天，军势甚盛，吴人大惧。时王浑及司马伷亦临近境。王濬最先入于石头。孙皓面缚舆榇，诣军门降。濬解缚焚榇，延请相见。收其图籍，领州四（荆、扬、交、广），郡四十三，县三百一十三，户五十二万三千，吏三万二千，兵二十三万。男女口二百三十万，米谷二百八十万斛，舟船五千余艘，后宫五千余人②。

吴自孙策于汉献帝兴平二年（195年）始入江东，据有丹阳、吴郡，至此（280年）历85年而亡。于是中国复归统一。

---

① 《资治通鉴》卷81太康元年。
② 《三国志》卷48《三嗣主·孙皓传》注引《晋阳秋》。

第十二章 曹魏的屯田

一、募民屯田的举办

关于曹魏屯田的兴办，本书第三章已经提及，这里再进一步探讨如下：

曹魏屯田，颇为史家重视，唯其中一些问题，迄未取得一致意见，因之在叙述时，便不能不按照自己认为稳妥的想法陈说。屯田制度固完善于曹魏，其渊源尚可追溯到汉代以前。我先民自古即注重农事，操国柄者皆知战胜或御敌，都离不开军粮供应。故晁错《论贵粟疏》引神农之教曰："有石城十仞，汤池百步。带甲百万，而亡粟，弗能守也。"[1]"神农"虽非真有其人，但假托者至少亦为战国时人，则可相信。秦孝公时，商鞅"以三晋地狭人贫，秦地广人寡，故草不尽垦，地利不尽出，于是诱三晋之人，利其田宅，复三代，无知兵事，而务本于内，而使秦人应敌于外"[2]。像商鞅这样给移民以国有土地而令其耕作，再以所产粮谷供应军食的策略，已与曹魏募民屯田有类似的目的与情况。《竹书纪年》载，魏襄王十七年（前302年）邯郸命吏大夫奴迁于

---

[1] 《汉书》卷24上《食货志》。

[2] 《通典》卷1《食货一》。

九原（今内蒙古自治区包头市以西）①；秦始皇三十三年（前214年）斥逐匈奴后，在今内蒙古自治区河套一带置四十四个县城②。以上两种措施显系移民垦殖，以供军食而固边防。《汉书》卷64上《主父偃传》载主父偃对汉武帝言："朔方地肥饶，外阻河，蒙恬筑城以逐匈奴，内省转输戍漕，广中国，灭胡之本也。"其中"内省转输戍漕"语，无论对秦对汉都同样适用，如果说秦始皇置县移民，原无就地产粮供军以省从内地运粮的用意，未免低估古人。可以相信屯田从战国时已见端倪，至秦而完成。

晁错在其著名的《守边备塞疏》中，即吸收了前代移民实边的经验而发扬完善之。其要点为使移民有配偶、室屋、土地、田器；还建立伍、里、连、邑组织，于农暇进行军事教习，并修筑防御工事。疏中所言安置内地移民诸措施，如"审其土地之宜"；"居则习民于射法，出则教民于应敌"；"使远方无屯戍之事，塞下之民父子相保，亡系虏之患"③。都与曹魏屯田相类似。其渊源关系不言而喻。汉武帝时，随着反击匈奴战争的胜利和西域的开通，汉在河西④、新秦中⑤等地屡兴屯田。东汉初年，陇西太守马援在苑川（今甘肃榆中县大营川地区）兴办之屯田，将收获物

①《水经注》卷3《河水注》引。
②《史记》卷110《匈奴列传》。
③《汉书》卷49《晁错传》。
④见《史记》卷110《匈奴列传》、《史记》卷123《大宛列传》、《汉书》卷96上《西域传》。
⑤《史记》卷30《平准书》。

与田户中分，为屯田收租开一新法①，而为曹魏所沿用。汉献帝初平四年（193年），徐州牧陶谦表陈登为典农校尉，"乃巡土田之宜，尽凿溉之利，秔稻丰积"②。陈登屯田时间较曹操在许屯田早三年。

所有以上事实，表明屯田之制，并非曹操独创，而是商鞅变法以来长期积累演进的结果。至于曹魏屯田规模与作用之大，则为前代与后世所不及。

曹魏屯田的兴办，陈寿在《三国志》卷1《武帝纪》中只有极简短的叙述：

> 是岁（建安元年），用枣祗、韩浩等议，始兴屯田。

裴注于此下引《魏书》言：

> 自遭荒乱，率乏粮谷。诸军并起，无终岁之计。饥则寇略，饱则弃余，瓦解流离，无敌自破者，不可胜数。袁绍之在河北，军人仰食桑椹。袁术在江淮，取给蒲蠃。民人相食，州里萧条。公曰："夫定国之术，在于强兵足食，秦人以急农兼天下；孝武以屯田定西域，此先代之良式也。"是岁，乃募民屯田许下，得谷百万斛。于是州郡例置田官。

---

① 《水经注》卷2《河水》："苑川水地为龙马之沃土，故马援请与田户中分，以自给也。"

② 《三国志》卷7《吕布传》注引《先贤行状》。

《资治通鉴》卷62建安元年载：

> 中平以来，天下乱离，民弃农业，诸军并起，率乏粮谷
> ……羽林监枣祗请建置屯田，曹操从之，以祗为屯田都尉，
> 以骑都尉任峻为典农中郎将，募民屯田许下，得谷百万斛。
> 于是州郡例置田官……军国之饶，起于祗而成于峻。

从以上三处记载看：裴注引《魏书》把屯田的创办，归功于曹操本人，未提谁曾向操建议屯田之事。《通鉴》则引用了《魏书》对当时诸军普遍缺粮的叙述，可是只字未提操本人原来对兴办屯田有何想法，同《武帝纪》一样突出枣祗的屯田建议，而只言操从之。我以为《魏书》所引操鉴于"秦人以急农兼天下，孝武以屯田定西域"而积极主张屯田之语，必有所本。从《曹操集》看，操素有"三年耕为九年畜"和"为战士爱粮"的农战思想；他自幼熟读兵书，对足食强兵之道，早有借鉴；且生死攸关的军食需要也必定使操产生兴办屯田的意图。操起兵后，屡遭败衄，兵少粮单，时而因粮尽退军，时而不得不吃人肉脯，直到建安元年在往迎献帝途中，仍不得不令士兵食干椹充饥[1]。因此，操本人不能不产生修农畜粮的强烈要求。故当操破汝颍黄巾时，得到许多耕牛农具，恰恰正是屯田所需，因之在操召集的"大议损益"会议上，枣祗首先提出兴办屯田，正与操意同，于是屯田遂得以创办。我们知道，一个军政领导者在有所作为时，往往先召开会议，广泛听取群下意见，然后决定取舍。假若先抛出自己的

---

[1]《三国志》卷15《贾逵传》注引《魏略》。

主张，然后交群下讨论，就会挫伤群下主动思维的积极性，也不利于观察群下的识见和才能。我们讲兴办屯田时，既肯定枣祗的首倡之功，同时也要肯定曹操善于借鉴先代良式和择善而从的识见。

枣祗不仅是曹魏屯田的最早倡议者，也是兴办屯田的领导者，建安元年①枣祗在许创办屯田成功，始广泛推行于各地。因枣祗对屯田事业贡献很大，他死后，曹操曾下令嘉奖说：

> 故陈留太守枣祗，天性忠能，始共举义兵，周旋征讨。后袁绍在冀州，亦贪祗，欲得之，祗深附托于孤。使领东阿令。吕布之乱，兖州皆叛，惟范、东阿完在，由祗以兵据城之力也。后大军粮乏，得东阿以继，祗之功也。及破黄巾，定许，得贼资业，当兴立屯田，时议者皆言当计牛输谷，佃科以定。施行后，祗白以为僦牛输谷，大收不增谷，有水旱灾除，大不便。反复来说，孤犹以为当如故，大收不可复改易。祗犹执之，孤不知所从，使与荀令君议之。时故军祭酒侯声云："科取官牛，为官田计。如祗议，于官便，于客不便。"声怀此云云，以疑令君。祗犹自信，据计画还白，执分田之术。孤乃然之，使为屯田都尉，施设田业。其时岁则大收，后遂因此大田，丰足军用。摧灭群逆，克定天下，以隆王室。祗兴其功，不幸早没，追赠以郡，犹未副之。今重

---

① 有些史家认为曹魏屯田在建安元年以前还有一段兴办时间，恐不可取，见拙作《论曹魏屯田的创始时间及有关问题》，载于《史学月刊》1991年第3期。

思之，祗宜受封，稽留至今，孤之过也。祗子处中，宜加封
爵，以祀祗为不朽之事。①

此令是有关屯田的第一手资料，在兴办屯田的具体措施上，枣祗
力排众议，确立了最能"丰足军用"的"分田之术"。由于枣祗
功效卓著，故祗死后，操特地下令表扬，充分显示了枣祗在曹魏
屯田中的突出作用。

在执行屯田任务中，任峻和国渊的贡献也很大。枣祗兴办屯
田成功后，曹操以任峻为典农中郎将，主管屯田事。《三国志》
卷16《任峻传》言"军国之饶，起于枣祗而成于峻"。

国渊原为曹操司空掾属，继枣祗、任峻之后，典掌屯田事，
"渊屡陈损益，相土处民，计民置吏，明功课之法，五年中，仓
廪丰实，百姓竞劝乐业"②。由此看来，操为司空时，总管屯田
事业的乃是国渊，而非以往人们所说的大司农。

对曹操屯田有贡献的人，还应提到袁涣。《三国志》卷11
《袁涣传》言：

是时，新募民开屯田，民不乐，多逃亡，涣白太祖曰：
"夫民安土重迁，不可卒变，易以顺行，难以逆动，宜顺其
意，乐之者乃取，不欲者勿强。"太祖从之，百姓大悦。

由上可知，刚招募人民屯田时，人民习惯于自耕自食的生产模

①《三国志》卷16《任峻传》注引《魏武故事》。
②《三国志》卷11《国渊传》。

式，一旦被强迫放置在国有土地上耕作，既疑虑谷物成熟后自己能否得到实惠，也厌恶军事编制的严格束缚，因此便擅自逃亡。不消说，典农官对待逃亡者的办法是追捕和惩罚。这样更加重了屯民的畏惧，甚至出现怠工情绪。袁涣向曹操建议变强迫为自由应募，既可使人民自觉自愿地参加屯田，也迫使典农官不敢过分虐待屯田民，从而有利于生产和积聚粮谷。袁涣的建议，得到了曹操的听从，从而得到了百姓的欢迎。当然，所谓"顺行民意"，也只能有限度地做到，但总会有所改善。所以说，曹魏屯田所以能成功，不仅应归功于倡议者和执行者，也应当赞扬使屯田得以顺利进行的袁涣。

二、民屯的组织

曹魏屯田原来并无所谓民屯与军屯之别，近代史家为了叙述和研究的方便，始加以区分。实则，二者很难截然辨别，因二者有同有异，同处在于均为供应军粮而兴办，且均采取军事编制，有战争时参加民屯的劳力亦须执干戈以对敌；异处在于军士以战守攻取为主，屯田民则主要从事农垦生产，二者在编制与待遇上亦有区别。论创办先后，民屯在先，兹先谈民屯，据《后汉书·百官志》注引《魏志》①曰：

> 曹公置典农中郎将，秩二千石；典农都尉，秩六百石，或四百石；典农校尉，秩比二千石。所主如中郎，部分别而

───────────

① 当时无《魏志》之书，应为《魏略》或《魏书》之误；《后汉书·百官志》即司马彪《续汉书》中的八志之一。

少为校尉丞①。

典农系统与一般郡县行政系统有不同的组织与编制。典农中郎将和典农校尉相当于郡国守相级地方官。大的郡国设典农中郎将，小郡设典农校尉。典农都尉也叫"屯田都尉"或"绥集都尉"。顾名思义，绥集都尉设置在边疆多事之地。如《三国志》卷16《仓慈传》言："建安中，太祖开募屯田于淮南，以慈为绥集都尉。"因淮南界吴，故置绥集都尉，亦寓有安抚屯田农民之意。典农都尉和绥集都尉相当于县令长。为了适应战争的需要和加强对屯田民的管制，屯田官带有军衔。典农都尉下面的生产单位是屯，屯置司马一人，主管屯内生产事务。《晋书》卷26《食货志》载晋武帝咸宁元年（275年）诏令说：

> 出战入耕，虽自古之常，然事力未息，未尝不以战士为念也。今以邺奚官奴婢著新城，代田兵种稻。奴婢各五十人为一屯，屯置司马，使皆如屯田法。

以上引文说明：（1）新城屯田原由"出战入耕"的战士担任种稻，自邺奚官奴婢来后，即改为民屯，所以按屯田法处理。（2）当时魏有两个新城，一为合肥新城，一为在今河南伊川县西南的新城。后者接近洛阳，当即武帝诏书中所说的新城。晋统治者把奴婢安置在这里，免除其奴婢身份，使之积极从事生产。（3）管

---

①"丞"当系衍字。上句言典农校尉与典农中郎将各自主管郡级屯田，其区别在于郡之大小或人口众寡而有不同官名。

理民屯的基层生产单位是屯，屯的长吏是司马，屯司马也叫"农司马"或"典农司马"。（4）"奴婢各五十人为一屯"句，一般均解释为一屯奴婢人数为五十人，我以为应当是有男奴女婢各五十人。因屯民通常均以家为单位，故以奴、婢各五十人配成五十对为一屯，这样，从一屯的总人数看，尚少于带有家属的屯田民。若男奴、女婢各五十人自行屯田，则不能繁殖后代，且易招致逃亡事件。故不论从文意与人事关系看，均应释为奴、婢各五十人，配成五十对，进行屯垦。以上诏令虽系入晋以后所颁布，但所言屯田法，当系曹魏旧制。

由于古代史家对类似屯田这样的经济制度重视不够，所以有关屯田史料极少。唯从《三国志》卷28《邓艾传》中尚可窥知一些民屯官吏的名称。邓艾原籍义阳郡棘阳县（在今河南南阳市与新野县之间），少丧父。曹操破荆州，被徙往汝南郡，为典农部民，养犊，年十二，又随母至颍川郡，后在典农都尉属下做学士，以口吃，不得做干佐（主要属吏），为稻田守丛草吏①。但，口吃的缺陷，毕竟掩盖不了邓艾的杰出才干。后来他还是做了典农功曹，功曹是襄城（从颍川郡分出的郡）典农中郎将属下主要官吏，典掌用人和刑赏，因之也被称为典农纲纪。邓艾还做过上计吏，上计吏每年年终代表典农中郎将去中央报告政绩，因此，邓艾有机会见到太尉司马懿。司马懿对他很赏识，辟之为掾。不久又升尚书郎。那时朝廷欲广田畜谷，故使邓艾"行陈、项已东

①有的史书将此区分为稻田守和丛草吏二种职务，应为一个看守稻田兼芟除丛草的小吏。

至寿春"①。艾遂倡议在淮南大规模进行屯田。

在这里，不能不谈一谈民屯系统的典农官归朝廷哪个部门管辖的问题，传统的说法是归大司农领导，这是不符合实际的②。东汉以降，君主专制体制日益强化，三公与诸卿的实权已被内朝的尚书台所夺，特别是曹操掌权时期，所谓公卿若非曹操亲信，更无权势可言。当时大司农的官职还是有的，建安十八年（213年），操晋位为魏公后，进其三女为贵人，献帝"使使持节行太常大司农安阳亭侯王邑"③往邺纳聘，像王邑这样的大司农自然不可能过问屯田之事。根据操褒奖枣祗令和任峻、国渊等传所显示，兴办屯田，乃由操亲自主持。当枣祗提出对屯田民采用分成制的剥削方式时，操本人亦拿不定主意，使枣祗与守尚书令荀彧"议之"。说明尚书令兼管屯田事务。前已叙及，当操兴办屯田后，前有枣祗、任峻，后有国渊。任峻是第一个典农中郎将，主管许下屯田事务，史言"军国之饶，起于枣祗而成于峻"，于是州郡例置田官。在建安十一年（206年）左右，国渊以司空、丞相掾主持屯田事，五年中，仓廪丰实。建安十六年（211年），操西征关中，改任国渊为"居府长史，统留事"。事实说明在曹操时代，屯田事务主要由各郡国典农官主持，遇有重要事项，例如对屯田地点的选择及处理屯田农民的逃亡等，则由屯田官直接向操请示办理。至于曹操领导下的司空、丞相府和魏国建立后的尚书台，都对屯田官起领导作用。以上邓艾以尚书郎在淮南大规模

① 《三国志》卷28《邓艾传》。
② 今人刘静夫撰《曹魏屯田官隶属大司农说质疑》一文，载《南充师院学报》1980年第3期，颇有独到见解，值得参阅。
③ 《三国志》卷1《武帝纪》注引《献帝起居注》。

地兴办军士屯田就足以说明问题。其他如尚书"（何）晏等专政，共分割洛阳、野王典农部桑田数百顷"①；司马炎为晋王时，"尚书令裴秀占官稻田"②等事，都说明尚书台主管屯田事务，故尚书台官长能利用职权侵占典农部田，即所谓"近水楼台先得月"者也。

曹丕代汉以后，随着军屯的普遍建立，设置了"专掌军国支计"的度支尚书。如《晋书》卷37《安平献王孚传》：

> 初，魏文帝置度支尚书，专掌军国支计。朝议以征讨未息，动须节量……及明帝嗣位……转为度支尚书。孚以为擒敌制胜，宜有备预。每诸葛亮入寇关中，边兵不能制敌，中军奔赴，辄不及事机，宜预选步骑二万，以为二部，为讨贼之备。又以关中连遭贼寇，谷帛不足，遣冀州农丁五千屯于上邽，秋冬习战阵，春夏修田桑。由是关中军国有余，待贼有备矣。

由此可见度支尚书的职掌是筹划军粮，足食济军。从这事例，更能说明为了供应军粮而兴办的屯田事业，归尚书台领导，自然是顺理成章的。

吴、蜀二国虽然没有设置度支官，但吴国的节度官，则相当于度支尚书。《三国志》卷64《诸葛恪传》言孙权令诸葛恪"守节度，节度掌军粮谷，文书繁猥，非其好也"。后来代替诸葛恪

---

① 《三国志》卷9《曹爽传》。

② 《晋书》卷35《裴秀传》。

为左节度的顾谭则"每省簿书，未尝下筹，徒屈指心计，尽发疑谬"①。可见节度官是执掌军粮的算计、支付等所有军粮供应事务的。《三国志》卷39《吕乂传》言吕乂"徙为汉中太守，兼领督农，供继军粮"。《三国志》卷44《蒋琬传》载有"督农杨敏"，说明蜀汉亦有掌供应军粮的专官。

屯田上的直接生产者多原为流民、降众、贫户及无法进行安全耕种者。当他们成为典农部民以后，身份变成依附性甚强的"屯田客"。"客"，名义上是由招募而来，所谓"募民""募良民""募百姓""募贫民"。但实际多出于强制，而非自愿。后来曹操听从袁涣宜顺民意，不欲者勿强的建议，才改变了已往强迫农民屯田的态度。唯就实际情况而论，曹魏统治者之募民屯田，不可能做到真正顺从民意，只是程度上的改善而已。比如《三国志》卷25《辛毗传》载曹丕欲徙冀州士家十万实河南，辛毗认为"今徙，既失民心，又无以食也"。曹丕"遂徙其半"。又如《晋书》卷26《食货志》言太和五年（231年）司马懿"表徙冀州农夫五千人佃上邽"，当也系强制迁徙之例。

前已叙及，典农官是独立于郡县之外的专为供应军粮而设的机构，为了维护典农工作的独立性，典农官与郡县官不同城治事。如《三国志》卷9《曹爽传》注引《魏略》言："洛阳典农治在城外"；《水经注》卷7《济水一》亦言："今荥阳东二十里有故垂陇城，即此是也，世谓之都尉城，盖荥阳典农都尉治。"正因为典农的治所及辖区与郡县隔离，所以日后典农辖地可改为郡县。典农与郡县虽不在一地，但彼此邻接，所以有时在争夺劳动

---

① 《三国志》卷52《顾谭传》。

力等重要问题上，仍难以避免纠纷和摩擦。例如《三国志》卷15
《贾逵传》载：

> 逵领弘农太守，……其后发兵，逵疑屯田都尉藏亡民。
> 都尉自以不属郡，言语不顺。逵怒，收之，数以罪，挝折
> 脚，坐免。

曹魏统治者为了防止典农官和郡县官互相扯皮，有时也以太守兼
领典农。例如曹丕即位后，赵俨"拜驸马都尉，领河东太守、典
农中郎将"①；孟康"正始中，出为弘农，领典农校尉"②；傅玄
在司马昭当权时，"再迁弘农太守，领典农校尉，所居称职"③。
在曹操时期，未见有人兼摄太守与典农官，曹魏后期兼领太守与
典农之事虽然也是个别情况，但说明民屯已逐渐走向衰落。

曹魏前期，典农官虽独立于郡县官之外，但在政治待遇上还
是有所不及，其明显差异即典农官没有贡举权。曹丕时经过颍川
典农中郎将裴潜"奏通贡举，比之郡国，由是农官进仕路泰"④。
前已叙及原为典农属吏的邓艾因上计而得到太尉司马懿的赏识和
提拔；另外，少时与邓艾同为典农属吏的石苞也同样得到司马师
的提拔⑤，二人均致位将相。由于典农官源源不绝地供应军粮，

① 《三国志》卷23《赵俨传》。
② 《三国志》卷16《杜恕传》注引《魏略》。
③ 《晋书》卷47《傅玄传》。
④ 《三国志》卷23《裴潜传》。
⑤ 《晋书》卷33《石苞传》。

而且屯田民又能耕能战，所以担任典农官者多能成名立业。曹操和司马懿是民屯和军屯的主要兴办者，曹操所以能够统一北方，司马氏所以能兼并蜀、吴，其主要原因之一，即在于他们兴办屯田的成功。

三、屯田民的赋役负担

关于曹魏统治者向屯田民征收租税办法，史无正面叙述，只能就有关记载粗略述说。《三国志》卷16《任峻传》注引《魏武故事》说：

> 及破黄巾，定许，得贼资业，当兴立屯田，时议者皆言当计牛输谷，佃科以定。施行后，祗白以为傥牛输谷，大收不增谷，有水旱灾除，大不便。反复来说，孤犹以为当如故，大收不可复改易。祗犹执之，孤不知所从，使与荀令君议之。时故军祭酒侯声云："科取官牛，为官田计。如祗议，于官便，于客不便。"声怀此云云，以疑令君。祗犹自信，据计画还白，执分田之术。孤乃然之，使为屯田都尉，施设田业。其时岁则大收，后遂因此大田，丰足军用。

以上记述，充分表明了耕牛在屯田生产中的重要作用。当时多数人主张根据租用官牛头数，确定政府征收谷物的固定数额。枣祗力排众议，认为傥牛输谷办法，不利于政府积聚军粮。因而他坚执分田之术，但分田之术究竟是怎样的呢？据《晋书》卷109《慕容皝载记》言：

以牧牛给贫家，田于苑中，公收其八，二分入私。有牛
而无地者，亦田苑中，公收其七，三分入私。錄记室参军封
裕谏曰："……魏晋虽道消之世，犹削百姓不至于七八，持
官牛田者，官得六分，百姓得四分；私牛而官田者，与官中
分，百姓安之，人皆悦乐。"

由上可知，枣祗所说"分田之术"，即官府向屯田民授给一定数
量的土地，所获谷物按规定比例分成，用官牛者，官六私四；不
用官牛者，官私对分。这种分成制的租率，系沿用两汉以来地主
豪家向农民出租土地的分成比例。即《汉书》卷24《食货志上》
所说："豪民侵陵，分田劫假，厥名三十，实什税五。"颜师古于
此下注云："谓贫者无田，而取富人田耕种，共分其所收也。"枣
祗所执行的分田之术，也不过由官府代替富人向贫民榨取十分之
五的租税而已。东汉初，马援在苑川（今甘肃兰州市榆中东南）
屯田，也采取与田户中分制，说明对分收获的农产品并非枣祗独
创，乃系沿袭两汉惯例。曹魏统治者采用这种剥削方法可使丰年
多取，灾年少免，从而能够收到积谷供军的效果。在常有战争时
期，农民参加屯田，主要是求得能够安定生产的环境，以延续自
身及家人的生命，因此纵然仅能享受自己劳动果实的一半，也只
有硬着头皮，擦着浑身的汗水，聊以卒岁了。

曹魏并非在任何时间场合对屯田农民都用如此分成租率，据
《晋书》卷26《食货志》载东晋初年后军将军应詹给晋元帝上表
说：

> 军兴以来……下及工商流寓僮仆不亲农桑而游食者，以十万计……宜简流人，兴复农官，功劳报赏，皆如魏氏故事，一年中与百姓，二年分税，三年计赋税以使之。公私兼济，则仓盈庾亿，可计日而待也。

所谓"一年中与百姓"，即农民开始从事屯田生产时期，统治者为了达到"仓盈庾亿"的目的，要让农民活下去，保持农民的劳动能力，所以只好暂时免收赋税，实际也无多余的收获物可以榨取。所谓"二年分税"，是说到了第二年，生产条件虽有所改善，但农民仍缺食短衣，只能收部分租税。所谓"三年计赋税以使之"，指到了第三个年头，农民生活及生产条件基本有保障了，于是便征收全税，同时还给农民加上一定的劳役。如魏高贵乡公曹髦正元二年（255年），魏与蜀军战于洮西，魏军中除正规军外，还有屯田民及少数民族加入战斗，结果，魏军吃了败仗，伤亡惨重，曹髦下诏说：

> 其令所在郡典农及安抚夷二护军各部大吏，慰恤其门户，无差赋役一年；其力战死事者，皆如旧科，勿有所漏。①

以上除了说明屯田客遇有紧急情况须参加对敌战斗，还说明屯田

① 《三国志》卷4《三少帝·曹髦纪》。

农户平时有差役负担。据《三国志》卷12《司马芝传》载大司农司马芝向明帝奏言：

> 武皇帝特开屯田之官，专以农桑为业。建安中，天下仓廪充实，百姓殷足。自黄初以来，听诸典农治生，各为部下之计，诚非国家大体所宜也……夫农民之事田，自正月耕种，耘锄条桑，耕耰种麦，获刈筑场，十月乃毕。治廪系桥，运输租赋，除道理梁，墐涂室屋，以是终岁，无日不为农事也。今诸典农各言："留者为行者宗（疑为'事'之误，观上面有农民之'事田'二字可知）田计，课其力，势不得不尔。不有所废，则当素有余力。"臣愚以为不宜复以商事杂乱，专以农桑为务，于国计为便。

由上可知，在曹操时，屯田民"专以农桑为业"，并未规定有力役、兵役负担。可是到了曹丕、曹叡时，诸典农官令部下经商求富，致使农业劳动力减少，影响到生产。为此，司马芝上奏："不宜复以商事杂乱，专以农桑为务。"这个建议得到了曹叡的同意。当然，积弊已深的经商风气，并非一纸诏书所能矫枉。

从司马芝所言屯田民终岁种田服役的忙迫情况看，他们确实是够辛苦的。但他们所从事的各种杂役都与农事有关，还说不上是额外的劳动负担。至于经商治生则是屯田民非生产性的额外负担，但并非政府规定的劳役。另外，《晋书》卷2《文帝纪》言司马昭于"正始初，为洛阳典农中郎将，值魏明奢侈之后，帝蠲除苛碎，不夺农时，百姓大悦"。有些同志认为在此之前既有苛碎杂役，则不能说没有徭役负担，我以为：所谓"苛"，是额外加派的税役；所谓"碎""杂"，乃零星摊派，诸如此类的苛捐杂税，在封建时代，无时不有，只要不是经常性的，就以不视为正式负担为妥。假若一律都以"有"字概括之，那也就没有区别了。曹魏兴办屯田的目的是解决军食，为了多积粮谷而减轻屯田民的经常性的力役、兵役负担，总是有利的。

至于屯田民有无兵役负担，前已言及，兴办屯田的前提条件之一，即必须保障安全生产，因之在农闲时对屯田民进行军事训练，以便必要时能够自卫。当三国分争时，若指望屯田民完全脱离武装行动，也是不现实的。例如当建安二十三年（218年）春正月汉太医令吉本等反操，攻许，烧丞相长史王必营。当此危急时刻，王必调动颍川典农部民参加平叛，乃是必然的事，谈不上是真正的兵役负担。至于魏与蜀、吴缘边有屯田民的地区发生战争时，偶尔令屯田民参加战斗，亦属难以避免之事。所以这类令屯田民暂时参加战争的事例，不宜视之为有兵役负担。

至于官府给屯田民租用的土地数额及办法，史书未有叙及，因为当时政府掌握的无主荒地颇多，问题不是无地给农民耕种，而是农民不能种，不敢种，因之土地分配事项未成为当时主要讨论课题。毫无疑问，授田之事还是有些记述，例如在授田之前，典农官必须"相土处民"，令民先"择居美田"。曹操在建安七年（202年）发布的《军谯令》提到："将士绝无后者，求其亲戚（指家属）以后之，授土田，官给耕牛"；北魏李彪建议仿照曹魏旧例施行屯田时，曾提到"一夫之田"；《晋书》卷47《傅玄传》载傅玄给晋武帝上疏说：

近魏初课田，不务多其顷亩，但务修其功力，故白田收
至十余斛，水田收数十斛。自顷以来，日增田顷亩之课，而
田兵益甚，功不能修理，至亩数斛以还，或不足以偿种。非
与曩时异天地，横遇灾害也。其病正在于务多顷亩而功不修
耳。

由上可知，曹操开办屯田之初，乃量民力授田，后来统治者为了
多收租谷，逐渐给屯田民增加耕种亩数。结果，广种反而落得薄
收。傅玄的疏上于泰始四年（268年），当时民屯已两次宣布废
止。傅玄所谈者为田兵屯田，但民屯之演变，亦必与此相似，是
可想而知的。

四、军屯

军阀混战之初，曹操"众寡粮单"。兵少，尚可招募；粮单，
则军队越多，越养不起。曹操早时因处于内线作战，没有时间和
条件令军士屯垦。及打败汝颍黄巾军以后，始得在许下兴办民
屯。有力地支持了战争，成为曹操所以能变弱为强的重要因素之
一。三国分立局面形成以后，曹魏于与吴、蜀交界地区屯驻重
兵，粮食需求量甚多，于是军屯乃应运而生。

《晋书》卷26《食货志》载东晋初年应詹给晋元帝上表言曹
操"于征伐之中，分带甲之士，随宜开垦，故下不甚劳，而大功
克举"。这个材料为史家所常引用。但操分兵屯田的情况如何？
曹魏军屯究竟从何时开始？应詹均未讲清楚。《晋书》卷1《宣帝
纪》言：

> （司马懿）迁为军司马，言于魏武曰："昔箕子陈谋，以食为首，今天下不耕者，盖二十余万，非经国远筹也。虽戎甲未卷，自宜且耕且守。"魏武纳之，于是务农积谷，国用丰赡。

从司马懿的话来看，好似在他提出施行"且耕且守"的建议以前，尚未办过军屯。按司马懿在操手下做军司马在建安二十四年（219年），即操临死前一年，这样，就是操立即将司马懿的建议付诸施行，也不会在不到一年的时间，就使得"国用丰赡"。前已叙及，夏侯惇领陈留、济阴太守时，曾"身自负土，率将士劝种稻"，这个措施倒是具体而可信的，但属于个别将领临时劝耕性质，也未足视为曹魏即已正式兴办了军屯。又如《三国志》卷15《刘馥传》的记述：

> 太祖方有袁绍之难，谓馥可任以东南之事，遂表为扬州刺史。馥既受命，单马造合肥空城，建立州治……数年中，恩化大行，百姓乐其政。流民越江山而归者以万数。于是聚诸生，立学校，广屯田，兴治芍陂及茹陂、七门、吴塘诸堨，以溉稻田。官民有畜，又高为城垒，多积木石，编草苫数千万枚，益贮鱼膏数千斛，为战守备。建安十三年卒。

刘馥以扬州刺史召集流民，广为屯田，显然搞的是民屯。只因地近强敌，不能不积极防御，故军事色彩较为浓厚。《三国志》卷

16《仓慈传》言："建安中，太祖开募屯田于淮南，以慈为绥集都尉。"既以"绥集"名官，即寓有保民绥边之意。《三国志》卷54《吕蒙传》言曹操"使庐江谢奇为蕲春典农，屯皖田乡，数为边寇"；同传又言曹操所置庐江太守朱光"屯皖，大开稻田"，为吕蒙所攻擒，庐江亦失守。从以上事实看，魏在与吴交界地区开办民屯是不安全的，只有令驻军兼办军屯，才是进可以攻、退可以守的长策。司马懿后来向操建策举办军屯，当亦有鉴于此而发。

据《三国志》卷13《王朗传》注引《魏名臣奏》载王朗上曹丕奏曰：

> 旧时……有警而后募兵，军行而后运粮，或乃兵既久屯，而不务营佃，不修器械，无有贮聚，一隅驰羽檄，则三面并荒扰，此亦汉氏近世之失，而不可式者也。当今诸夏已安，而巴蜀在画外，虽未得偃武而弢甲，放马而戢兵，宜因年之大丰，遂寄军政于农事。吏士小大，并勤稼穑，止则成井里于广野，动则成校队于六军，省其暴繇，赡其衣食。

王朗以上的话讲得比较具体而周到。可知到曹丕统治之初，军屯尚未大规模兴办，更谈不上有什么效果。曹丕在位只六年，且前两年满足于孙权称臣的虚荣，未能乘吴蜀交兵之际，图取渔人之利，及孙权侍子不至，始兴兵致讨。《王朗传》言曹丕于黄初三年（222年）征吴，过许昌，"大兴屯田"。辛毗等亦劝丕暂息用兵，"则充国之屯田"。丕于其在位之第六年最后一次征吴返归途中赋诗，亦有"兴农淮泗间"之句，说明曹丕时军屯已开始兴建。前已言及黄初中设置专掌军国支计的度支尚书及其下属机构，也表明了军屯已兴办的事实。只因尚在初建阶段，成效未著，故史书失载。

曹叡景初中（237至239年），蒋济上疏言："二贼未诛，宿兵边陲，且耕且战，怨旷积年。"[1]说明曹叡统治晚期，临近吴、蜀地区已开办军屯多年，致使士兵与其妻室"怨旷积年"。所以我们说：曹操时期的屯田基本为民屯，军屯顶多也是刚开始筹办。曹丕、曹叡时，民屯继续发展，但也已出现弊端，如曹丕时听任典农治生；曹叡时因兴宫室而劳民伤农。因之民屯的成效受到了影响。至于军屯，则已正式兴办，且有一定的发展。

至齐王芳时，民屯更形衰落，而军屯则有长足发展。司马懿是兴办军屯的主要人物。如前所述，司马懿在曹操时即建议令边防军且耕且守。司马懿不仅十分重视军粮的生产，并且善于发现和使用优秀人才，邓艾就是由司马懿一手培植起来的佼佼者。《三国志》卷28《邓艾传》言：

> 时欲广田畜谷，为灭贼资，使艾[2]行陈、项以东至寿春。艾以为田良水少，不足以尽地利，宜开河渠，可以引水浇灌，大积军粮，又通运漕之道，乃著《济河论》，以喻其指。又以为昔破黄巾，因为屯田，积谷于许都，以制四方。今三隅已定，事在淮南，每大军征举，运兵过半，功费巨亿，以

---

① 《三国志》卷14《蒋济传》。
② 《资治通鉴》作使尚书郎邓艾，盖艾为主管屯田之尚书郎。

为大役。陈蔡之间，土下田良，可省许昌左右诸稻田，并水东下。……常有四万人，且田且守，水丰常收三倍于西，计除众费，岁完五百万斛，以为军资。六七年间，可积三千万斛于淮上，此则十万之众五年食也。以此乘吴，无往而不克矣。宣王善之，事皆施行。正始二年，乃开广漕渠，每东南有事，大军兴众，泛舟而下，达于江淮，资食有储，而无水害，艾所建也。

《晋书》卷26《食货志》在以上引文下添了一段文字：

遂北临淮水，自钟离而南，横石以西，尽沘（或作"沘"）水四百余里，五里置一营，营六十人，且佃且守。兼修广淮阳、百尺二渠，上引河流，下通淮、颍，大治诸陂于颍南、颍北，穿渠三百余里，溉田二万顷，淮南、淮北皆相连接。自寿春到京师，农官兵田，鸡犬之声，阡陌相属。

关于邓艾开广漕渠的时间，由于古书记载有异，今人看法亦多不同。按邓艾受到司马懿赏识，在懿为太尉时。懿"迁太尉"在曹叡青龙三年（235年），那时司马懿的强劲对手诸葛亮虽已于前一年死去，但懿仍在长安驻防。及青龙四年，辽东军阀公孙渊叛魏，曹叡乃征懿"诣京师"，筹备率军往讨公孙渊事宜。是时曹叡"大修宫室，加之以军旅，百姓饥弊"。懿在出军前谏叡"宜假绝内务，以救时急"①。至景初二年（238年），懿始率步骑四万从京师出发，往讨公孙渊。懿在京师稽留达年余，邓艾以计吏得见懿，并被懿辟为太尉掾。景初二年（238年）年底，懿自辽东归来，经过河内郡汲县时，突然接诏令火速奔还。及懿到洛，已是次年正月初，曹叡病势垂危，于是大将军曹爽与懿并受遗诏辅少帝曹芳。芳即位，爽、懿并领尚书事，估计即在是年（239年），邓艾迁为尚书郎。《晋书》卷1《宣帝纪》言懿于正始元年（240年）"节用务农"，此与《三国志》卷28《邓艾传》所言"时欲广田畜谷，为灭贼资"的记述正相符合。故邓艾可能即于是年奉命行陈、项以东至寿春视察，因而提出在淮河南北进行大规模分兵屯田的建议，被懿采纳，"事皆施行"②。《三国志》卷28《邓艾传》言艾"正始二年，乃开广漕渠"。《晋书》卷1《宣帝纪》则言正始三年（242年）三月司马懿"奏穿广漕渠，始大佃于淮北"；又言正始四年司马懿"以灭贼之要，在于积谷，乃大兴屯守。广开淮阳、百尺二渠，又修诸陂于颍之南北万余顷，自是淮北仓庾相望，寿阳至于京师，农官屯兵连属焉"。按《宣帝纪》正始三年及四年的记述既重复，又头绪不清。《邓艾传》则系陈寿专门记述邓艾之事，自然较为可靠。《通鉴》采用了《邓艾传》的记述。但《宣帝纪》言邓艾在淮、颍二水修筑水利完成于正始四年的说法尚符合事实，因到正始四年晚些时候或稍后，邓艾就被调往关西参征西将军夏侯玄军事。总起来说，邓艾是于正始元年（240年）往淮南北视察，并提出了在淮南北大搞军屯

---

① 《晋书》卷1《宣帝纪》。
② 《三国志》卷28《邓艾传》。

的建议，正始二年乃开始修广漕渠。大致经过两年时间，至正始四年邓艾在淮、颍二水修建的水利工程基本完成，往后出现了"淮北仓庾相望，寿阳至于京师，农官屯兵连属"的盛况。由后一句可知淮南北不仅有规模庞大的军屯，而且农官管理下的民屯，也广泛存在着。

邓艾不仅在淮南北兴办屯田有很大功勋，他到陇右后也有突出业绩。《三国志》卷28《邓艾传》载司马炎泰始三年（267年）段灼上疏说：

> 昔姜维有断陇右之志，艾修治备守，积谷强兵，值岁凶旱，艾为区种，身被乌衣，手执耒耜，以率将士。上下相感，莫不尽力。艾持节守边，所统万数；而不难仆虏之劳、士民之役，非执节忠勤，孰能若此。

邓艾不仅为军士屯田如此辛劳，他任城阳相、汝南太守时，也同样注重农事，史言他"所在荒野开辟，军民并丰"①。他任兖州刺史时上言说：

> 国之所急，惟农与战，国富则兵强，兵强则战胜，然农者胜之本也。……今使考绩之赏，在于积粟富民，则交游之路绝，浮华之原塞矣。②

---

① 《三国志》卷28《邓艾传》。
② 《三国志》卷28《邓艾传》。

可见邓艾不仅自身注意积粟，而且还主张把能否积粟作为考核官吏的准则。

在讲述邓艾兴农积粟的事迹时，也不要忘记司马懿对邓艾的支持，在《晋书》卷1《宣帝纪》的记载上，往往把邓艾在淮南北搞屯田的事说成是司马懿的功劳。司马懿是在淮南北搞军屯的决策者，邓艾是执行者。《晋书》还有类似的记载，如《晋书》卷37《宗室·安平献王孚传》：

> 安平献王孚，……宣王次弟也……出为河内典农……明帝嗣位……转为度支尚书……孚以为擒敌制胜，宜有备预。每诸葛亮入寇关中，边兵不能制敌，中军奔赴，辄不及事机，宜预选步骑二万，以为二部，为讨贼之备。又以关中连遭贼寇，谷帛不足，遣冀州农丁五千屯于上邽，秋冬习战阵，春夏修田桑。由是关中军国有余，待贼有备矣。

可是《晋书》卷1《宣帝纪》及《晋书》卷26《食货志》均言司马懿"表徙冀州农夫五千人佃上邽"。究竟徙冀州农丁五千佃上邽的事是谁主办的呢？看来是度支尚书司马孚先提出建议，经太尉司马懿同意并表请明帝批准后交司马孚执行的。由于司马孚先提出具体意见，所以《司马孚传》讲得很具体而详尽；由于司马懿支持了司马孚的意见，所以史臣也归功于司马懿。古史中类似这样的记述往往而有。

除了淮河南北与陇右两大军屯基地以外，其他沿边地带的军屯也取得了一定的成效。例如在正始年间，征南将军、都督荆豫诸军事的王昶，在新野一带"广农垦殖，仓谷盈积"[①]；征东将军、都督青徐诸军事的胡质，也"广农积谷，有兼年之储。置东征台，且佃且守"[②]。另外，嘉平二年（250年），镇北将军刘靖令军士千人，"导高梁河，造戾陵遏，开车箱渠"，"溉灌蓟南北，三更种稻"。至景元三年（262年）谒者樊晨又对刘靖创建的工程加以扩修，"水流乘车箱渠自蓟西北径昌平，东尽渔阳潞县，凡所润含四五百里，所灌田万有余顷"[③]。

曹魏军屯生产者主要是现役正规军，他们在督将率领下，五里置一营，每营六十人，且佃且守。士兵与家口分离，采取什二分休制，即十分之二的士兵回去探亲，十分之八的士兵从事农耕和战守。所收粮谷全部交由度支系统的官吏保管分配。军士的衣食等生活用品从所收粮谷中拨给。士兵回家期间的廪赐常被停发。由于士兵皆为强壮劳动力，且水利灌溉条件优越，故淮南北四万人每年劳动所得除掉开支外，政府尚可得谷五百万斛，成为日后晋灭吴的重要经济基础。

五、屯田的作用及民屯的废止

民屯起自曹操都许之岁（196年），至魏亡（265年）始止，前后共七十年。军屯倡于建安之末，至魏亡未止。故屯田可谓与曹魏之兴亡相始终。曹魏对屯田经营之勤，效果之显著，在历史上独具特色，至今仍为学人所重视。曹魏屯田地域，西北起河

---

①《三国志》卷27《王昶传》。

②《三国志》卷27《胡质传》。

③《水经注》卷14《鲍丘水》。

西，东南达淮南；东北自幽燕，西南至荆襄。史言"州郡例置田官"，说明屯田范围甚广，但主要集中在许、邺、洛及其邻近地区。邓艾言："昔破黄巾，因为屯田，积谷于许都，以制四方。"可证许在屯田事业中之首要地位。而屯田亦借黄巾起义民众之人力物力始得创建。许，原为豫州颍川郡一县，位居中原，地势平坦，由水路入淮，可抵魏吴经常交兵的淮南地区，故不仅曹操在许大兴屯田，曹丕黄初二年（221年），改许为许昌，次年征吴，仍在许昌"大兴屯田"。邺，自建安九年（204年）为操攻占，操即以之为建立国本之地。曹丕时曾拟将冀州士家十万户实河南，因朝臣反对，结果只徙了一半。曹叡时，"遣冀州农丁五千屯于上邽"，足证冀州从事屯田的劳动者甚多。洛阳，居东西交通要道，地理条件更优于邺，故虽受到战乱的严重破坏，仍能恢复其为全国政治中心的地位。屯田兵民亦广泛布在洛阳四周。故当司马懿在洛阳发动政变时，曹爽在伊水南尚能发屯田兵数千人以为卫。司马懿暗中策划诛灭曹爽时，曾布置其二子司马昭、司马望任洛阳典农中郎将，史言司马师"阴养死士三千，散在民间"，至发动政变，"一朝而集，众莫知所出"[1]。以情实度之，其来自屯田兵丁之可能性甚大，盖屯田民除耕种外，亦为准军事力量。

邻近魏与吴、蜀交界地区，亦为魏屯田重点。操先令刘馥"镇合肥，广屯田"；又以仓慈为绥集都尉，"开募屯田于淮南"。而邓艾倡办之淮南北屯田，规模最大，成效斐然，前已叙及。在荆州方面，新野、襄阳、汉川为屯田据点；邻近蜀汉，濒临渭水之上邽、陈仓、槐里、长安均有兵民屯田。

---

① 《晋书》卷2《景帝纪》。

曹魏选择屯田地点，除首先考虑军事需要外，还选择了交通要道与土地肥沃处。建安十八年（213年），操为魏公后，因修建邺宫室，使冀州西部都尉从事梁习于上党取木材，"习表置屯田都尉二人，领客六百夫，于道次耕种菽粟，以给人牛之费"①。建安十一年（206年）前后，操令国渊典屯田事，渊"相土处民"，即选择肥沃之地以安置屯民。又如当卢毓任谯郡太守时，曹丕"大徙民充之，以为屯田，而谯土地硗瘠，百姓穷困，毓愍之，上表徙民于梁国，就沃衍……遂左迁毓，使将徙民为睢阳典农校尉。毓心在利民，躬自临视，择居美田，百姓赖之"②。

曹魏屯田，多选择有水利或易修渠堨之地。如邓艾在从陈、项至寿春一带巡视后，以为"田良水少，不足以尽地利，宜开河渠，可以引水浇溉，大积军粮，又通运漕之道"。因之著《济河论》一文，以阐述其主张，他终于创办了大规模的颍淮屯田，即此主张的成功体现。

曹魏屯田的作用，约有以下五点：

（1）提供了进行安全农垦的环境。汉魏之际，战乱、抢掠、流徙、饥饿、瘟疫、死丧诸险恶现象，恒见迭出，连到处抢劫的州郡士兵都经常填不饱肚子，有时不能不以蒲、蠃和桑椹充饥，甚至落得瓦解流离，无敌自破。高高在上的汉天子亦被迫流奔在外，皇后衣裳不完。群臣饥乏，尚书郎以下自出寻食，或饥死墙壁间，或为军士所杀。豪族世家亦多羁旅一方。广大贫苦农民中更不断出现"人相啖食、白骨委积"的情况。在以上种种情况

---

①《三国志》卷15《梁习传》。

②《三国志》卷22《卢毓传》。

下，纵然有土地、耕牛、农具，也不敢耕种，种了也难得收到手。诚如当时袁涣所说："民之欲安，甚于倒悬。"[1]所以曹魏的屯田纵然带有很大的强制性，剥削也很重，但毕竟给屯田民提供了安定生产的环境，使之度过最艰难困苦的日子。

（2）使许多不生产者转变为生产者。民屯上的生产者多来自流民、降卒，他们原来不能从事生产，现在把他们安置在国有土地上进行耕垦，使荒田废土重新长出庄稼，无疑是屯田的首要作用之一。

（3）造就了不少有作为的典农官与军政人才。曹魏对屯田积谷既颇注意，所任用的典农官多经过精心挑选，《御览》卷241引《魏略》言曹丕"以农殖大事，将选典农，以徐邈为颍川典农中郎将"。司马芝言"武皇帝特开屯田之官，专以农桑为业"[2]。由于典农官是专门负责屯田积谷的，其产谷积粮多少好坏，直接关系他们的政治前途，故他们比地方行政官更关心农垦大事，担任过典农官的如枣祗、任峻、国渊、梁习、刘馥、仓慈、裴潜、卢毓、王昶、赵俨、司马孚、邓艾、石苞、侯史光、胡质等，对屯田都有较大建树，自裴潜向曹丕"奏通贡举，比之郡国"后，"由是农官进仕路泰"，典农部民中相继出现了一些卓越人才，如邓艾、石苞就是其中的佼佼者。

（4）促进了农业生产的发展。《晋书》卷47《傅玄传》称："近魏初课田，不务多其顷亩，但务修其功力，故白田收至十余斛，水田收数十斛。"魏初屯田照顾到耕作者的实际能力，并非

---

① 《三国志》卷11《袁涣传》。
② 《三国志》卷12《司马芝传》。

一味强迫广耕多种。为了提高产量，魏政府也注意兴修水利。由于农民缺乏耕牛农具，建安初，曹操采纳卫觊建议，设置盐官经营售盐，以其值市买犁牛，供给回到关中的农民耕作。魏设置司金中郎将、司金都尉及监冶谒者，以经营铁的生产和铸造农具。这些措施，都有力地推动了屯田生产，同时也免使无业农民被割据势力引为部曲。

（5）较好地解决了军粮供应，减轻了农民运送粮草的劳役负担。尽人皆知，战胜攻取，离不开粮草供应。三国时战乱频仍，农事荒废，军粮接济更成问题。比如魏吴经常交战的淮南地带，双方不居者各数百里。故邓艾言："每大军征举，运兵过半，功费巨亿，以为大役。"为此，邓艾倡办淮南北屯田，终收灭吴之利。所以说屯田的成功，是魏能战胜其敌国的重要因素之一。嘉平四年（252年），傅嘏论进军大佃之利曰："兵出民表，寇钞不犯；坐食积谷，不烦运士；乘衅讨袭，无远劳费，此军之急务也。"①曹魏屯田在很大程度上，确实减轻了农民运送军粮的沉重劳役负担。

但是，由于封建剥削制度的种种弱点，所有政治、经济状况也必然好景不长，屯田制度之趋于衰落同样不能避免，今试谈其由盛而衰的经过：

自黄巾等农民起义摧垮了腐朽透顶的东汉王朝以后，随之出现了群雄争逐的局面。那时，人民固然最遭殃，但豪族地主亦不能照旧过安逸的寄生生活，他们"捐弃居产，流亡藏窜"，有的还"飘泊风波，绝粮茹草"，甚至弃尸路途。战争固极残酷，却

---

① 《三国志》卷21《傅嘏传》。

也淘汰了政治上的残渣余孽。正因如此，当曹操成为中原霸主之初，政治面貌和社会风气远远胜于衰汉之世，史谓："人拟壶飧之絜，家象濯缨之操，贵者无秽欲之累，贱者绝奸货之求，吏絜于上，俗移乎下。"①史书如此描述，虽涉夸张，缘当时豪族地主既失去其固有的土地财产，亦不得不折节力行，以求登攀仕进之路，因之政风看好，阶级矛盾较前有所缓和，屯田事业亦赖之成功。但，屯田制度，毕竟是战时应急措施，至三分局面形成，战争明显减少，社会秩序相对安定，原来的地主豪族便利用其重新获得的权势地位，侵夺公有田地和劳动力；屯田民亦不愿长此忍受强制军事编制的束缚和日益沉重的赋役剥削。因此，民屯便逐渐走下坡路，如《三国志》卷12《司马芝传》载：

先是诸典农各部吏民，末作治生，以要利入。芝奏曰："王者之治，崇本抑末，务农重谷，《王制》：'无三年之储，国非其国也'；《管子·区言》以积谷为急。方今二虏未灭，师旅不息，国家之要，惟在谷帛。武皇帝特开屯田之官，专以农桑为业。建安中，天下仓廪充实，百姓殷足。自黄初以来，听诸典农治生，各为部下之计，诚非国家大体所宜也。夫王者以海内为家，故《传》曰：'百姓不足，君谁与足！'富足之由，在于不失农时，而尽地力。今商旅所求，虽有加倍之显利，然于一统之计，已有不赀之损，不如垦田，益一亩之收也……臣愚以为不宜复以商事杂乱，专以农桑为务，

①《三国志》卷12《毛玠传》注引《先贤行状》。

于国计为便。"

司马芝以上奏疏透露的情况，对于了解曹魏屯田由盛而衰的演变历程，至关紧要。操时是民屯兴旺时期，是时典农官专以农桑为务，生产情况自然较好。可是操死后，曹丕称帝以来，典农官受当时政治、社会风气的影响，不安心于农业生产，而纷纷经商求富。《三国志》卷4《高贵乡公纪》注引《世语》言魏明帝"青龙中，石苞鬻铁于长安"；《晋书》卷33《石苞传》又言石苞曾"贩铁于邺市"，就是典农官令部下贩物治生的证据。典农官既心在发财，故抽调屯田吏民去为他们经营商事，从而使留者给行者代事田计，怎能不妨害生产呢？另外，继曹丕之后登位的曹叡，大建宫室，劳民伤财，也是破坏屯田事业的一大病害。

其时，外有吴、蜀大敌，内兴百役，"疾病凶荒，耕稼者寡，饥馑荐臻"①，使得吏民皆怨，百姓失业。曹叡死后，在曹爽与司马懿共执朝政的十年之中，曹爽一派趋于骄奢，何晏等"共分割洛阳、野王典农部桑田数百顷，及坏汤沐地以为产业，承势窃取官物，因缘求欲州郡"。他们把屯田土地占为己有，直接威胁了屯田制的存在。司马懿父子为了图谋杀爽夺权，在上则笼络朝臣武将，在下则阴养死士。司马氏专政后，为了达到其篡魏成晋的目的，公开将屯田客带租牛一并赏赐公卿以下官吏。《晋书》卷93《王恂传》载：

> 魏氏给公卿已下租牛客户数各有差，自后小人惮役，多

---

① 《三国志》卷25《高堂隆传》。

乐为之，贵势之门，动有百数。又太原诸部，亦以匈奴胡人
为田客，多者数千。

以上所云"魏氏"，实乃司马氏所为，赐给公卿以下以租牛
客户，系司马氏笼络朝臣以遂其篡夺野心之一种手法。入晋之
后，司马炎更公开祖护侵占官田的王公大臣。如尚书令裴秀、尚
书山涛、中山王司马睦及尚书仆射武陔等各侵占官稻田，经司隶
校尉李熹告发，司马炎虽然表扬了李熹，但对裴秀、山涛等亲信
大臣并不追究问罪，只惩罚了一下为大臣们侵占官田服务的骑都
尉刘尚和立进县令刘友，就算了事。

屯田民对于曹魏政府强制他们进行屯田的举措，一开始就有
所抵制。《三国志》卷11《袁涣传》言："是时新募民开屯田，民
不乐，多逃亡。"经过袁涣向曹操进言，曹操始在一定程度上改强
制为自愿，情况因之有所扭转。据《三国志》卷47《吴主传》载：

> 初，曹公恐江滨郡县为权所略，征令内移。民转相惊，
> 自庐江、九江、蕲春、广陵户十余万皆东渡江，江西遂虚，
> 合肥以南，惟有皖城。

以上江淮间十余万户民众皆惊走吴事，《三国志》卷14《蒋
济传》亦有同样记述。事先，蒋济曾劝操勿徙，其理由为："百
姓怀土，实不乐徙，惧必不安。"可是，操不听从，果然发生了
民众大举逃吴事件。依我看来，江淮间百姓所以惊惶逃吴，主要
原因还不是因为"怀土"，假若只是"怀土"，那末南逃和北徙，

都一样离开本土，更何必冒仓皇奔逃的危险呢？恐怕只有用害怕让他们参加强制性的屯田和对曹魏统治有所疑惧这两条理由来解释，始可得到如实的回答。以上曹魏屯田逐渐产生弊端和趋向衰落的历程即表明其难以持久。前已言及，魏初屯田还能注意到量民力而为，到后来，典农官一方面调屯田民为他们经商谋利，一方面又强迫屯田民多种地，劳动力减少而耕种之地增多，怎能把农事搞好呢？无怪乎后来"至亩数斛以还，或不足以偿种"。说明屯田制已失去其积谷济军的作用。统治者既感到无利可图，屯田民的反抗也日趋严重，屯田兵民反对曹魏统治者的武装斗争，见于史册的有两次：《三国志》卷23《赵俨传》载："屯田客吕并自称将军，聚党据陈仓"，可惜很快便被官军镇压下去。另外，《三国志》卷18《吕虔传》载："襄贲校尉杜松部民炅母等作乱。"有的史书谓"校尉"指典农校尉；"部民"为典农校尉部屯田民[1]。如此说确实，则此次也是典农部民起义。由于曹魏军事力量强大，中央有中外诸军，州郡也都领兵，所以屯田民的反抗，很快便被镇压下去。但，从曹魏后期民屯生产日益萎缩和农民宁愿投向豪族地主为佃客的事实来看，也足以说明农民对屯田的消极反抗到了多么严重的程度。因此到魏陈留王曹奂咸熙元年（264年），当权的司马昭便宣布"罢屯田官，以均政役，诸典农皆为太守，都尉皆为令长"[2]。所谓"均政役"，不过是一个借口，实际是屯田制对统治者已经转化为无利可图，所以就下令废止了。

---

① 朱大渭主编《中国农民战争史》（魏晋南北朝卷）第25页注③。
② 《三国志》卷4《三少帝纪》。

第十三章　士家制度

一、士家制的建立

士家，指世代当兵之家，士家一般集中居住，另立户籍，不与民户混杂。曹魏所以推行士家制，首先是为了保持兵源；同时也有向割据势力争夺劳动力的性质。至少从春秋时起，国君已向出征将帅征取质任。汉魏之际，群雄棋跱，不仅将校轻于去就，士兵亦多窃逃，为了保持固定的兵源和榨取更多的劳动力，曹魏推行了具有时代特色的士家制。唯曹魏士家制，既无明白的成文条款规定，史书亦乏正面阐述，故后人研究，多有疑难，今只根据有限资料，缕述其梗概。

曹操初起兵时，力单势薄，所招合的兵士，常因饥饿而叛逃。及操领兖州牧，势力始为之一振，又因陈宫叛迎吕布，一度濒临危殆。只有到消灭吕布，并打败汝颍黄巾军以后，曹操才组成一支兵势相当强固的军事集团，但仍处于强邻环伺之中。对新附将领如臧霸等也只有采取羁縻策略，以收一时之用，自然谈不上向将士索取质任。建安二年（197年），操在宛遭到张绣降而复叛的突然袭击，事后操对诸将言："吾降张绣等，失不便取其质，以至于此。"①实际情况是，操原先并非不知取质，但羽毛未丰，不敢贸然行之而已。至官渡之战，操打败袁绍后，兵力才强盛到足以威慑天下的程度。嗣后操不断打击袁氏势力，至建安八年（203年），操下令说："自命将征行，但赏功而不罚罪，非国典也。其令诸将出征，败军者抵罪，失利者免官爵。"②表明只有到此时，操才结束了以往对部下宽容迁就的态度，而挺起腰杆来执行军法了。至于操向将士索取质任之事，则系在建安九年（204年）攻下邺城之后才施行的。《三国志》卷18《臧霸传》载：

> 太祖破袁谭于南皮，霸等会贺，霸因求遣子弟及诸将父兄家属诣邺。太祖曰："诸君忠孝，岂复在是！昔萧何遣子弟入侍，而高祖不拒；耿纯焚室舆榇以从，而光武不逆。吾将何以易之哉！"……霸为都亭侯，加威虏将军。

《臧霸传》注引《魏书》亦载：

> 孙观……与太祖会南皮，遣子弟入居邺，拜观偏将军，迁青州刺史。

同卷《李典传》亦载：

> 典宗族部曲三千余家，居乘氏，自请愿徙诣魏郡。太祖

①《三国志》卷1《武帝纪》。
②《三国志》卷1《武帝纪》。

笑曰："卿欲慕耿纯邪？"典谢曰："典驽怯功微，而爵宠过厚，诚宜举宗陈力；加以征伐未息，宜实郊遂之内，以制四方，非慕纯也。"遂徙部曲宗族万三千余口居邺。太祖嘉之，迁破虏将军。

以上三人迁家居邺之事颇相类似，时间亦相近，显然，臧霸等人是揣度操的意向行事的。送质，既向操表达了忠诚，又得加官晋爵，可谓一举两得。在操方面，不仅得到了臧霸等的质任，还可引起其他将领的连锁仿效。可是，跟随主将迁到邺城的宗族部曲，却得不到什么政治、经济上的好处，他们得到的只能是名列士家户籍，长期过着"父南子北，室家分离"的忧思生涯。

其他有些被迁到邺城的士家并非出于自愿。例如《三国志》卷15《梁习传》载：

习以别部司马领并州刺史，时承高幹荒乱之余，胡狄在界，张雄跋扈，吏民亡叛，入其部落（《通鉴》胡注："南匈奴部落皆在并州界。"），兵家拥众，作为寇害（胡注："谓诸豪右拥众自保者。"），更相扇动，往往棋跱。习到官，诱谕招纳，皆礼召其豪右，稍稍荐举，使诣幕府（当指曹操幕府）。豪右已尽，乃次发诸丁强，以为义从；又因大军出征，分请以为勇力。吏兵已去之后，稍移其家，前后送邺，凡数万口。

《通鉴》卷65将此事系于建安十一年（206年）。梁习对并州的豪右和强壮男丁采取了不同的态度，对豪右是以礼相待，以官相诱；对强丁，则编为精勇部队，以令其为曹魏政权效力。等他们走后，剩下的家属便只有听任官府调动了。于是梁习把他们分批迁往邺城，前后达"数万口"，绝大部分都成为士家。这样，曹魏统治者就有兵有粮又有质任，可谓一举而三得了。

二、士家的待遇和地位

士家的待遇和社会地位，不少史家认为士家高于奴婢而低于编户齐民。其论据是：当色婚配，重士亡法，无仕进可能等。关于所谓当色婚配，据《三国志》卷3《明帝纪》注引《魏略》载：

> 太子舍人张茂，以吴、蜀数动，诸将出征，而帝盛修宫室，留意于玩饰，赐与无度，帑藏空竭；又录夺士女前已嫁为吏民妻者，还以配士，既听以生口自赎，又简选其有姿色者，内之掖庭，乃上书谏曰："臣伏见诏书，诸士女嫁非士者，一切录夺，以配战士，斯诚权时之宜，然非大化之善者也（由此可知，曹魏原无限制士女婚嫁之法，明帝录夺已嫁非士者之诏书，不过是暂时权宜之计，并非固有制度）。臣请论之，陛下，天之子也。百姓吏民，亦陛下之子也。礼，赐君子小人不同日，所以殊贵贱也。吏属君子，士为小人，今夺彼以与此，亦无以异于夺兄之妻妻弟也，于父母之恩偏矣（由此可知属于君子之吏尚不以娶士女为耻，士家与百姓并无何区别）。又诏书听得以生口年纪颜色与妻相当者自代（可见诏书的主要目的是使战士能娶妻室，而非一定断绝士

家与一般民众已有的婚姻关系），故富者则倾家尽产，贫者
举假贷赀，贵买生口以赎其妻，县官以配士为名，而实内之
掖庭，其丑恶者乃出与士（指出诏书的目的首先是明帝欲乘
机掠取美女），得妇者未必有欢心，而失妻者必有忧色，或
穷或愁，皆不得志。夫君有天下而不得百姓之欢心者，尟不
危殆（张茂上书首先从曹魏政权的立场和利益着眼）。……
愿陛下沛然下诏，万几之事，有无益而有损者，悉除去之，
以所除无益之费，厚赐将士父母妻子之饥寒者，问民所疾，
而除其所恶，实仓廪，缮甲兵，恪恭以临天下。如是，吴贼
面缚，蜀虏舆榇，不待诛而自服，太平之路可计日而待也。"

以上张茂所谈士女被强行配嫁之事，是有的史家视为士家地
位低于平民的论据之一。但，须知在封建时代，受专制皇帝淫威
压制与凌辱的妇女，非只限于士家。例如晋武帝在泰始九年
（273年），"诏聘公卿以下子女，以备六宫，采择未毕，权禁断婚
姻"。连统治阶级上层妇女都难免被掠夺，遑论士家百姓！魏明
帝下诏录夺士女，虽为了满足其个人贪欲，然亦非全无照顾战士
娶妻之意。如果说诏令虐待了士女，但尚有其利于士息娶妻的一
面。至于一般吏民则徒有失妻之痛，而无任何代偿，这样，怎样
能说士的身份低于平民呢？再如张茂反对录夺士女，主张"厚赐
将士父母妻子之饥寒者"，亦说明当时有识之士还是能够体会到
在三国分争局面下争取军心、民心的重要性。说明当时曹魏君臣
上下并无贱视战士到不及平民的意向。所以我认为把"当色婚
姻"作为士家社会地位不及平民的论据之一，是站不住脚的。据

《三国志》卷5《后妃传》言：

> 文德郭皇后，安平广宗人……后姊子孟武还乡里，求小
> 妻，后止之。遂敕诸家曰："今世妇女少，当配将士，不得
> 因缘取以为妾也。宜各自慎，无为罚首。"

从"宜各自慎，无为罚首"的话来看，如吏民私自娶有碍战士婚姻的妇女为妾，可能为刑法所不容许。当然，这可能只是一纸具文，但总不能得出"当色婚配"为士家地位特别低贱的论据。

下面再谈谈"重士亡法"。据《三国志》卷22《卢毓传》：

> 卢毓，字子家，涿郡涿人也。父植，有名于世……崔琰
> 举为冀州主簿。时天下草创，多逋逃，故重士亡法，罪及妻
> 子。亡士妻白等，始适夫家数日，未与夫相见，大理奏弃
> 市。毓驳之曰："夫女子之情，以接见而恩生，成妇而义重
> ……今白等生有未见之悲，死有非妇之痛。而吏议欲肆之大
> 辟，则若同牢合卺之后，罪何所加？且《记》曰：'附从
> 轻'，言附人之罪，以轻者为比也。又《书》云：'与其杀不
> 辜，宁失不经'，恐过重也。苟以白等皆受礼聘，已入门庭，
> 刑之为可，杀之为重。"太祖曰："毓执之是也，又引经典有
> 意，使孤叹息。"由是为丞相法曹议令史。

以上一段材料，说明曹操初期，因多逋逃，故加重士亡法，虽已过门尚未与夫相见之亡士妻白等，执法者亦欲将其处以死刑，曹

操交给群下讨论，卒听取卢毓之议，免白等死罪。这一事实，似不能说明士的身份之低贱。当操讨袁谭时，"民亡椎冰"，尚得死罪，说明操对平民的刑罚亦并不较对士为轻，所以我认为将士逃亡而罪及妻子的事作为士身份低贱的重要因素之一，也是缺乏说服力的。又据《三国志》卷24《高柔传》：

> 高柔……转拜丞相理曹掾……鼓吹宋金等在合肥逃亡，旧法，军征士亡，考竟其妻子。太祖患犹不止，更重其刑。金有母、妻及二弟皆给官，主者奏尽杀之。柔启曰："士卒亡军，诚在可疾，然窃闻其中时有悔者。愚谓乃宜贷其妻子，一可使贼中不信，二可使诱其还心。正如前科，固已绝其意望，而猥复重之，柔恐自今在军之士，见一人亡逃，诛将及己，亦且相随而走，不可复得杀也。此重刑非所以止亡，乃所以益走耳。"太祖曰："善。"即止不杀金母、弟，蒙活者甚众。

以上材料只能说明曹魏执行之士亡法有过由重变轻的历程，不能说明士的身份比平民更低。同传又载明帝时：

> 护军营士窦礼近出不还。营以为亡，表言逐捕，没其妻盈及男女为官奴婢。盈连至州府，称冤自讼，莫有省者。乃辞诣廷尉。柔问曰："汝何以知夫不亡？"盈垂泣对曰："夫少单特，养一老妪为母，事甚恭谨，又哀儿女，抚视不离，

非是轻狡不顾室家者也。"柔重问曰："汝夫不与人有怨仇乎?"对曰："夫良善,与人无仇。"又曰："汝夫不与人交钱财乎?"对曰："尝出钱与同营士焦子文,求不得。"时子文适坐小事系狱,柔乃见子文,问所坐。言次,曰："汝颇曾举人钱不?"子文曰："自以单贫,初不敢举人钱物也。"柔察子文色动,遂曰："汝昔举窦礼钱,何言不邪?"子文怪知事露,应对不次。柔曰："汝已杀礼,便宜早服。"子文于是叩头,具首杀礼本末,埋藏处所。柔便遣吏卒,承子文辞往掘礼,即得其尸。诏书复盈母子为平民。班下天下,以礼为戒。

以上事实表明营士的身份并非比平民低,第一,窦礼除能养活妻子儿女外,还能养一老妪为母,事之甚谨;且有余钱借给别的营士,表明其家情况尚较优裕;第二,廷尉高柔亲自为窦妻精心处理冤案,表明朝廷对于营士家属的痛痒并非不重视;第三,从诏书"复盈母子为平民"一语看,知窦家原来的身份即等于平民。

关于士家子弟绝无仕进可能的提法,始自著名魏晋南北朝史专家唐长孺先生,唐先生在其《晋书赵至传中所见的曹魏士家制度》一文中认为赵至的出身是士伍,只有从士伍出身这一点去理解,才能解释赵至以后的许多表现和行径。唐先生认为,以赵至的身份在本郡绝无仕进的可能,所以他才远投辽西落户。后来赵至当了州从事,"宦立"的目的可算初步达到了。但他不能使自己的父亲摆脱士籍。他不仅不能荣养,甚至不能公开父子关系。因此,赵至在这种隐痛心理下呕血死去。

唐先生以上讲法，过去也为我所折服，惟最近我细读《晋书》卷92《文苑·赵至传》，觉得唐先生的提法还有商榷的余地。《赵至传》不仅未能真正表明士家子弟不能仕进，反而透漏了一些可以仕进的迹象。首先，当赵母看到缑氏县令到任时的显赫场面，而产生希冀其子将来也能如是的想法，便表明了士伍子弟仍能仕进。假若毫无仕进可能，赵母岂能产生若是念头。再者，假若年仅十三岁的赵至原来没有读过书而具有一定的文化程度，他岂能一感母言，立即诣师受业，到次年便"诣洛阳，游太学"，往后又多次远行，访寻名流嵇康等人。所有这些都非一般士家子弟和农民所能办到，且赵至纵然富有文采和纵横才气，假若赵家经济拮据，亦无盘缠可供赵至支出。唐先生认为赵至所以能外出游学求宦，乃系隐瞒了他的名姓和士家子弟身份，但却未及考虑到赵家的经济状况和赵至母子所产生逐名求仕意向的客观因素，且看《赵至传》中所载赵至与嵇康长侄嵇蕃书自陈其志趣之语曰：

> 顾景中原，愤气云踊，哀物悼世，激情风厉。龙啸大野，兽睇六合，猛志纷纭，雄心四据。思蹑云梯，横奋八极，披艰扫秽，荡海夷岳，蹴昆仑使西倒，蹋太山令东覆，平涤九区，恢维宇宙，斯吾之鄙愿也。时不我与，垂翼远逝，锋距靡加，六翮摧屈，自非知命，孰能不愤挹者哉！吾子……翱翔伦党之间，弄姿帏房之里，从容顾眄，绰有余裕，俯仰吟啸，自以为得志矣，岂能与吾曹同大丈夫之忧乐哉！

由上可知，出身士伍家庭的赵至乃是一个心高意广，胸怀远志，豪迈不羁之人，这样的人不会满足于《晋书》本传所谓"欲以宦学立名，期于荣养"。本传称嵇康死后，赵"至诣魏兴见太守张嗣宗，……嗣宗迁江夏相，随到涢川，欲因入吴，而嗣宗卒，乃向辽西而占户焉"。如此看来，赵至之所以一度有入吴之意，恐与嵇康被司马昭杀害，赵至因而对司马氏心怀不满有关。正因为赵至对晋不满，所以他欲"蹴昆仑使西倒，蹋太山令东覆，平涤九区，恢维宇宙"。这是他的唯一大愿。但他毕竟是一个敏于思维而短于务实的文人。当他刚开始"以良吏赴洛"，有了在晋朝宦达的可能，但又违背个人素愿，就在这种矛盾心理中与世长辞了。如果说赵至临死前的遗恨是未能"荣养"，还不如说他陷于进退两难的政治处境中，更为切合他的为人和志趣。当嵇康死后，赵至尚思奔魏入吴，哪里有顾念双亲而思荣养的念头呢？连《晋书》的作者都未能看穿赵至的内心忧悒所在，更何论生于千余年后的唐先生呢？至于我现在的看法是否有可取之处，也只有等待阅者评定了。

从三国时的情况看，出身士伍的人也非绝不能仕进。曹操时作过郡守等官的河内人杨俊。就提拔过"本皆出自兵伍"的审固、卫恂二人，后审固历官郡守；卫恂为御史、县令。河内人王象少为人仆隶，被杨俊赎免，后象官至散骑常侍。仆隶是史家公认为低于士伍的下贱者，仍能得到仕进，商竖市侩之人，只要能折节力学，亦有出头为官之日。三国时代统治者都以"强者为兵，弱者补户"，如果说战士的社会地位反而不如一般百姓，恐怕是颠倒了轻重。曹操对战士生活待遇的关注一向胜过余事。魏晋之际，"人物播越，仕无常朝，人无定处，郎吏蓄于军府"。军中正是吏士常被拔擢之地，武将如于禁、乐进，均被拔于"行列之间"。许褚"所将为虎士者从征伐……同日拜为将，其后以功为将军封侯者数十人，都尉、校尉百余人"。这样，如果认为士伍无仕进可能，恐怕是与事实不符的。

综上以观，把士家的待遇和地位说得过分低贱是不适宜的。

关于士家的生活和作用，史书极少言及。惟《三国志》卷19《陈思王传》注引《魏略》有一大段极可珍视的记载：

是后大发士息，及取诸国士。植以近前诸国士息已见发，其遗孤稚弱，在者无几，而复被取，乃上书曰："……臣初受封……得兵百五十人，皆年在耳顺，或不逾矩，虎贲官骑及亲事凡二百余人。正复不老，皆使年壮，备有不虞，检校乘城，顾不足以自救，况皆复耄耋罢曳乎？而名为魏东藩，使屏翰王室，臣窃自羞矣。就之诸国，国有士子，合不过五百人，伏以为三军益损，不复赖此。方外不定，必当须办者，臣愿将部曲倍道奔赴，夫妻负襁，子弟怀粮，蹈锋履刃，以徇国难，何但习业小儿哉！愚诚以挥涕增河，鼹鼠饮海，于朝万无益损，于臣家计甚有废损。又臣士息前后三送，兼人（体健力强者）已竭。惟尚有小儿，七八岁已上，十六七已还，三十余人。今部曲皆年者，卧在床席，非糜不食，眼不能视，气息裁属者，凡三十七人；疲癃风靡，疣盲聋聩者，二十三人。惟正须此小儿，大者可备宿卫，虽不足以御寇，粗可以警小盗；小者未堪大使，为可使耘鉏秽草，驱护鸟雀。休候人则一事废，一日猎则众业散，不亲自经营则功不摄；常自躬亲，不委下吏而已。陛下圣仁，恩诏三至，士子给国，长不复发……定习业者并复见送，晻若昼晦，怅然失图……若陛下听臣，悉还部曲，罢官属，省监官，使解玺释绂……虽进无成功，退有可守，身死之日，犹松、乔也……"皆遂还之。

以上材料，说明王侯藩国皆有士息。以曹植为例，他初受封，只"得兵百五十人"，曹植即靠士息担任警卫和农事劳作，小的士息从七八岁即除草护苗，六七十岁以上老士息眼已不能视，气息裁属时，始能摆脱劳役。其壮年之士，则常被政府征去使用。实际上，士息等于私家部曲，故曹植径以部曲称之。但从另一方面也可看到，曹植对于属下的六十名废疾老部曲毕竟还给饭吃，使之苟延残喘地活在人世，这种情况，比许多老无所养、辗转饿死沟壑者尚稍胜一筹。按三国时人的寿命，活到五十岁就不容易，故刘备称"人五十不称夭"。实际上，贫苦劳动大众能活到四五十岁的恐怕还远远达不到半数。从曹植对士息的态度看，也还不是只使用，而全不关心其死活的。单拿曹植属下士息来衡量，可能未必全面和适当，但结合其他许多事实来考察，也不能把士家所受的待遇说成比一般劳动群众更低下。

在这里，有一点需要说明的，即对于士家的待遇和地位不能一概而论，据《晋书》卷48《段灼传》载段灼给晋武帝上疏说：

昔伐蜀，募取凉州兵马、羌胡健儿，许以重报，五千余人，随（邓）艾讨贼，功皆第一。而乙亥诏书，州郡将督，不与中外军同，虽在上功，无应封者。惟金城太守杨欣所领兵，以逼江由之势，得封者三十人。自金城以西，非在欣部，无一人封者。苟在中军之例，虽下功必侯；如在州郡，虽功高不封，非所谓近不重施，远不遗恩之谓也。

由上可知，士是分有等级的，中军的待遇最为优厚，故多由曹氏亲族统领；次为外军，如张辽、乐进、张郃等统率的军队是；再次为州郡兵及杂士，一般虽功高，亦不得封。至于金城太守杨欣所领之兵得封者达三十人，可以算是特殊的例外了。从知士之地位待遇亦大有区别。如在曹植封国中的士息可能属于低贱之列。至于赵至之父可能属于中外军的等级，故赵至能自幼读书，且外出求师，其父亦不断往来于京师洛阳。据《文馆词林》卷662载晋武帝咸宁五年（279年）伐吴诏曰：

> 今诸士家，有二丁、三丁取一人，四丁取二人，六丁以上三人。限年十七以上，至五十以还。先取有妻息者。

根据以上抽调男丁情况推测，当时士家并非每家都有现役士兵，家中如有一丁男，即不在征取之列。至于曹植封国中之士家状况恐怕是郡国中较劣的，陈寿于《陈思王植传》言："时法制，待藩国既自峻迫，寮属皆贾竖下才，兵人给其残老，大数不过二百人。又植以前过，事事复减半。"其他郡国的士家可能丁壮者较多，境遇较好，谈论士家之地位与待遇，应根据总的情况观察，不可以少概全。

三、士家屯田

关于士家屯田，据《晋书》卷47《傅玄传》载傅玄给司马炎上疏说：

> 其一曰：耕夫务多种而耕暵不熟，徒丧功力而无收。又旧兵持官牛者，官得六分，士得四分；自持私牛者，与官中分，施行来久，众心安之。今一朝减持官牛者，官得八分，士得二分；持私牛及无牛者，官得七分，士得三分，人失其所，必不欢乐。臣愚以为宜佃兵持官牛者与四分，持私牛与官中分，则天下兵作欢然悦乐，爱惜成谷，无有捐弃之忧。……

> 其四曰：古以步百为亩，今以二百四十步为一亩，所觉过倍。近魏初课田，不务多其顷亩，但务修其功力，故白田收至十余斛，水田收数十斛。自顷以来，日增田顷亩之课，而田兵益甚，功不能修，至亩数斛已还，或不足以偿种。非与曩时异天地，横遇灾害也，其病正在于务多顷亩而功不修耳。窃见河堤谒者石恢甚精练水事及田事，知其利害，乞中书召恢，委曲问其得失，必有所补益。……

傅玄上此疏的时间为泰始四年（268年），那时傅玄任御史中丞，因颇有水旱之灾，故傅玄谈了便宜五事，前四事，皆谈农事，其时民屯已两次下诏废止，所以傅玄未再提屯田民，也未提自耕农，而对田兵屯田状况，却惇惇致意，一再谈及与之有关诸事，足见田兵屯田在政府农业生产收入中所占的比例，尚不为少；从"天下兵作"四字，也可看出当时田兵屯田的分布范围是甚广泛的。故能否使田兵多为政府增产粮食，关系甚为重要。傅玄认为不量民力的一味榨取，只会使公私两失。他既说"日增顷亩之课，而田兵益甚"，可证政府对田兵的剥削量超过了对其他农民的榨取额。同时，也说明了田兵屯田对政府的贡献还是不小的。

关于军队屯田与士家屯田的区别：

军屯中有军队屯田和士家屯田，军队屯田系集体耕种公地，谷物全部缴公，军中管士兵吃饭①。士家屯田也是耕公家让种的地，但收获谷物按比例公私分成。以上傅玄所说的田兵即士家的主人，原来因他参军而令其家属在家种地（即屯田），他退伍回来后当然仍和家人屯田，所收谷物仍按比例与公家分成。傅玄所说的旧兵即指曹魏时的田兵，田兵及其家属搞的屯田，即士家屯田。

---

① 《三国志》卷28《邓艾传》载邓艾言：军队在淮南北屯田后，"六七年间可积（谷）三千万斛于淮上，此则十万之众五年食也"。

第十四章　曹魏扶植自耕农政策与田租户调制

一、曹魏扶植自耕农和抑制豪强的措施

如前所述，曹魏屯田对军粮供应起了很大的作用，但从总体看，曹魏军队用粮和其他财赋支出，主要还是仰赖于广大个体农民。比如当决定袁曹胜负的官渡之战时，袁军用粮固然靠个体农民供应，而已进行屯田达四、五年之久的曹方军粮亦主要仰给于个体农民。特别是许县所在的颍川郡人民供应军粮尤多，因此，直到曹丕代汉时还下诏说：

> 颍川，先帝所由起兵征伐也，官渡之役，四方瓦解，远近顾望，而此郡守义，丁壮荷戈，老弱负粮……天以此郡，翼成大魏。①

曹丕为了酬劳颍川郡人民，还下诏："复颍川郡一年田租。"②"复田租"，表明供粮者主要是占有小块土地的自耕农。

①《三国志》卷2《文帝纪》注引《魏书》。
②《三国志》卷2《文帝纪》。

河东郡个体农民对支援曹操平定关西，亦起了很大作用。《三国志》卷16《杜畿传》言：

> 河东被山带河，四邻多变，……拜杜畿为河东太守。……是时，天下郡县皆残破，河东最先定，少耗减，畿治之……百姓勤农，家家丰实。……韩遂、马超之叛也，弘农、冯翊多举县邑以应之。河东虽与贼接，民无异心。太祖西征，……军食一仰河东。及贼破，余畜二十余万斛。太祖下令……增秩中二千石。太祖征汉中，遣五千人运，运者自率勉曰："人生有一死，不可负我府君。"终无一人逃亡，其得人心如此。魏国既建，以畿为尚书，事平，更有令曰："昔萧何定关中，寇恂平河内，卿有其功，间将授卿以纳言之职；顾念河东吾股肱郡，充实之所，足以制天下，故且烦卿卧镇之。"畿在河东十六年，常为天下最。

由上可知河东是曹操平定关右及"制天下"的重要军粮供应基地之一，故曹操对久任河东太守的杜畿极为倚重，一再下令表扬。但，陈寿的叙述和曹操的表彰，都只赞扬了太守杜畿，而未曾提及典农官屯田的成绩，说明河东的屯田并不占多大分量。史书涉及河东屯田事项者只有二处：一是魏文帝曹丕时，赵俨继杜畿之后，"领河东太守、典农中郎将"[①]；二是《曹真碑》有曲沃农都

---

① 《三国志》卷23《赵俨传》。

尉①。赵俨以河东太守而兼典农的事，说明文帝时曹魏民屯已开始失去其独立存在的势头。至于以上《杜畿传》引文所言因勤农而致丰实的"家家"及为杜府君努力运送军粮的"民""人"，自然多是自耕农。这种记述反映了自耕农的重要作用。在下面引用史料中也常有类似情况，为了行文顺畅和避免累赘，我们就不再指出和说明了。

统观三国史料，无论就曹魏典农官所管辖的屯田民人数和作出贡献看，都远远不能同郡县个体农民相比拟。正因为自耕农是曹魏立国的主要基石，故统治者对自耕农采取了各种各样的扶植政策，如《三国志》卷21《卫觊传》载：

> 太祖征袁绍……觊以治书侍御史使益州……至长安，道路不通……遂留镇关中。时四方大有还民，关中诸将多引为部曲。觊书与荀彧曰："关中膏腴之地，顷遭荒乱，人民流入荆州者十余万家，闻本土安宁，皆企望思归，而归者无以自业②。诸将各竞招怀，以为部曲。郡县贫弱，不能与争，兵家遂强。一旦有变，必有后忧。夫盐，国之大宝也，自乱来散放，宜如旧置使者监卖，以其直益市犁牛，若有归民，以供给之，勤耕积粟，以丰殖关中……此强本弱敌之利也。"或以白太祖，太祖从之。始遣谒者仆射监盐官，司隶校尉治弘农，关中服从。

————————
① 《三国会要》卷19《食货》。
② "无以自业"，指待耕土地虽多，但无耕牛耕具，观下文可知。

由上可知，原来由关中逃到荆州的十万余家人民陆续回归后，无法自力谋生。关中割据势力韩遂、马超等乘机招引他们作部曲。曹操为了防止众多个体小农落入军阀手中，施行盐业官卖政策，以积赀购置犁牛，作为农民耕种动力，从而达到强干弱枝的目的。表明曹操政权对其赖以立国的主要赋役提供者——个体农民是采取扶植态度的。《三国志》卷16《郑浑传》载：

> 太祖征汉中，以浑为京兆尹，浑以百姓新集，为制移居之法，使兼复者与单轻者相伍，温信者与孤老为比……由是民安于农，而盗贼止息。及大军入汉中，运转军粮为最。又遣民田汉中，无逃亡者。太祖益嘉之，复入为丞相掾。文帝即位，为侍御史，加驸马都尉，迁阳平、沛郡二太守。郡界下湿，患水涝，百姓饥乏。浑于萧、相二县界，兴陂遏，开稻田。郡人皆以为不便。浑曰："地势涝下，宜溉灌，终有鱼稻经久之利，此丰民之本也。"遂躬率吏民，兴立功夫，一冬间皆成。比年大收，顷亩岁增，租入倍常，民赖其利，刻石颂之，号曰"郑陂"。转为山阳、魏郡太守，其治放此。又以郡下百姓，苦乏材木，乃课树榆为篱，并益树五果；榆皆成藩，五果丰实。入魏郡界，村落齐整如一，民得财足用饶。明帝闻之，下诏称述，布告天下。迁将作大匠。浑清素在公，妻子不免于饥寒。

从以上记述中，可以看出有作为的地方官郑浑为重新定居的个体农户，制定了安居生产的各种办法。郑浑这样做的效果是："租入倍常"，给曹魏政府增添了税收；"民得财足用饶"，表明在郑浑的治理下，个体农民的经济状况有长足改善。据同卷《苏则传》：

> 太祖征张鲁……鲁破，则……徙为金城太守。是时丧乱之后，吏民流散饥穷，户口损耗。则抚循之甚谨，外招怀羌胡，得其牛羊，以养贫老，与民分粮而食，旬月之间，流民皆归，得数千家。乃明为禁令，有干犯者辄戮，其从教者必赏。亲自教民耕种，其岁大丰收，由是归附者日多。

金城郡为今甘肃兰州市一带，自古多事，三国时战乱尤甚，可是苏则能够"和戎狄"①，利用羌胡少数民族的牛羊以养贫老；还能在旬月之间，使流民返乡者达到数千家。这二事既是少数民族援助汉人的民族互助佳话，也是曹魏地方官员扶植自耕农的突出事例。《晋书》卷26《食货志》言：

> 当黄初中，四方郡守垦田又加，以故国用不匮。时济北颜斐为京兆太守。京兆自马超之乱，百姓不专农殖，乃无车牛。斐又课百姓，令闲月取车材，转相教匠。其无牛者令养猪，投贵卖以买牛。始者皆以为烦，一二年中，编户皆有车

----

① 《苏则传》注引《魏名臣奏》言："梁烧杂种羌，昔与（韩）遂同恶。遂毙之后，越出障塞。则前后招怀，归就郡者三千余落，皆恟以威恩，为官效用。……则既有恤民之效，又能和戎狄。"

牛，于田役省赡，京兆遂以丰沃。

《仓慈传》注引《魏略》载颜斐令属县民户有车牛事与上述基本相同，另外复述颜斐在京兆时情形：

> 又起文学，听吏民欲读书者，复其小徭。又于府下起菜园，使吏役闲鉏治。又课民当输租时，车牛各因便致薪两束，为冬寒炙笔砚。于是风化大行，吏不烦民，民不求吏。京兆与冯翊、扶风接界，二郡道路既秽塞，田畴又荒莱，人民饥冻，而京兆皆整顿开明，丰富常为雍州十郡最。斐又清己，仰奉而已，于是吏民恐其迁转也。

以上两段关于颜斐在京兆太守任内的记载，不仅提供了清廉有为的地方官颜斐用各种办法以使个体农户获得重要生产工具耕牛大车，并且还使他们达到真能自给自足安居乐业的程度，同时也反映了其他邻郡依然田荒、民困等情况，充分显示做好自耕农工作的重要性。所言"当黄初中，四方郡守垦田又加，以故国用不匮"的话，简单而扼要地概括了小农经济的好坏直接关系国家财政的丰足与亏欠。故黄初年间（220—226年），曹魏的民屯虽然已经开始走下坡路，但由于"四方郡守垦田又加"，仍能支撑军国之费。陈寿在《三国志》卷16《任苏杜郑仓传》末说：

> 自太祖迄于咸熙，魏郡太守陈国吴瓘、清河太守乐安任燠、京兆太守济北颜斐、弘农太守太原令狐邵、济南相鲁国

孔乂，或哀矜折狱，或推诚惠爱，或治身清白，或摘奸发
伏，咸为良二千石。

以上吴瓘等五人是陈寿没有掌握能为他们作传的材料而在别人传
中附带提及的。我们只要翻看一下《魏志》各纪传及裴注，便可
以知道曹魏时能扶植自耕农的地方官还为数甚多①。在古代，小
农经济是脆弱而经不起风吹雨打的，以上一些地方官的措施，无
疑体现了曹魏政权对自耕农的扶植政策，从而有助于自耕农经济
的发展。

　　汉末魏初，由于战乱，一般中小地主及比较富裕的个体户为
了躲避兵祸，多相伴离开乡井，迁往比较安定的地区，以耕作待
时。如《三国志》卷60《全琮传》言："是时中州士人避乱而南，
依琮居者以百数。琮倾家给济，与共有无，遂显名远近。"这些
寄居他乡的士人不可能长期仰赖别人供施，他们必然会种地以自
食。例如"避乱荆州"的河内人司马芝，"居南方十余年，躬耕
守节"②；琅邪人诸葛亮随叔父诸葛玄"避难荆州，躬耕于
野"③。从海道逃到辽东的平原人王烈"躬秉农器，编于四民，
布衣蔬食，不改其乐"④。与王烈一同到辽东的北海人管宁"因
山为庐，凿坏为室，赴海避难者皆来就之而居，旬月而成邑"⑤；

————————

　　①如《三国志》卷15《刘司马梁张温贾传》及传中裴注引《魏略·
列传》等。
　　②《三国志》卷12《司马芝传》。
　　③《三国志》卷35《诸葛亮传》。
　　④《三国志》卷11《管宁传》注引《先贤行状》。
　　⑤《三国志》卷11《管宁传》注引《傅子》。

"邻有牛暴宁田者，宁为牵牛着凉处，自为饮食，过于牛主，牛主得牛，大惭，若犯严刑，是以左右无斗讼之声，礼让移于海表"①。颍川人胡昭，始避地冀州，曾辞袁绍辟命，遁还乡里，"转居陆浑山中，躬耕乐道，以经籍自娱，闾里敬而爱之"②。胡昭、管宁、王烈皆有高度的儒家文化修养，所到之处，甚受人民尊重，皆愿就之而居。不管三人原来是否地主阶级中人，当他们捐弃房屋地产到外地定居以后，便成为自食其力的劳动者。这表明战乱时期原来的中小地主，经过迁移以后，转变为自耕农的，必然为数甚多。而在地主及富裕户大量外逃的中原地区，经过曹魏政府扶植自耕农政策的实施，由佃农或其他贫户转变成自耕农的，当必不在少数。故我们可以说：汉魏之际的战乱年代，中原地区，由于地主阶级迁转死亡，无主土田增多，自耕农户相对有所增加。《三国志》卷15《司马朗传》载：

> （司马朗）迁元城令，入为丞相主簿。朗以为天下土崩……又以为宜复井田。往者以民各有累世之业，难中夺之，是以至今。今承大乱之后，民人分散，土业无主，皆为公田。宜及此时复之。

司马朗以上恢复井田制的建议虽然行不通，但他所说"大乱之后，民人分散，土业无主，皆为公田"的话，确是军阀混战和三国时期的真实情况，是曹魏时期土地关系的一大特色。这种状

---

① 《三国志》卷11《管宁传》注引皇甫谧《高士传》。
② 《三国志》卷11《管宁传附胡昭》。

况，既为曹魏屯田提供了客观条件，也有利于自耕农经济的发展。但是当时豪强地主趁机兼并土地的问题也同时存在着。政论家仲长统也说过：

> 今田无常主，民无常居……土广民稀，中地未垦，虽然，犹当限以大家，勿令过制。其地有草者，尽曰官田，力堪农事，乃听受之，若听其自取，后必为奸也。[1]

仲长统所说"犹当限以大家，勿令过制"，自然是指抑制豪强无止境地兼并土地。可见豪强兼并问题是相当严重的。现在即谈谈曹魏政权对豪强的抑制。在这方面，曹魏政权也有一定的措施。本书第六章，已谈到曹操通过实行法治，在政治上抑制豪强地主。这里着重谈曹魏在经济上打击豪强地主。应该说，曹魏实行屯田，已寓有与豪强地主争夺土地与劳动力的用意。曹操败袁绍，平邺之后，立即"重豪强兼并之法"[2]，主要也是抑制地主豪强对土地的兼并，因此，才能使"百姓"（自然指农民）"喜悦"。在曹操的支持下，曹魏的一些地方官员对所管地区内地主豪强逃避兵役租调的不法行为也采取了惩罚措施。如《三国志》卷12《司马芝传》：

> 太祖平荆州，以芝为菅（今山东章丘县西北）长。时天下草创，多不奉法。郡（济南郡）主簿刘节，旧族豪侠，宾

---

① 《后汉书》卷49《仲长统传》载《昌言·损益篇》。
② 《三国志》卷1《武帝纪》，已见前引。

客千余家，出为盗贼，入乱吏治。顷之，芝差节客王同等为
兵，掾史据白："节家前后未尝给繇，若至时藏匿，必为留
负。"芝不听，与节书曰："君为大宗，加股肱郡，而宾客每
不与役，既众庶怨望，或流声上闻。今调同等为兵，幸时发
遣。"兵已集郡，而节藏同等，因令督邮以军兴诡责县，县
掾史穷困，乞代同行。芝乃驰檄济南，具陈节罪。太守郝光
素敬信芝，即以节代同行。青州号芝"以郡主簿为兵"。

以上事件发生在建安十三年（208年），是时曹操已基本统一了北
中国；且营县亦非边远地区，而营县的大吏兼恶霸刘节仍纵容宾
客白日为贼，拒不服役，这类情况当非仅发生于济南一地，也非
只刘节一人，其他郡国当亦有类似情事。只是像司马芝这样敢于
抑制豪强势力的地方官少见罢了。史言节"宾客每不与役"，可
知豪家宾客不当兵服役，乃系经常情况。《三国志》卷15《贾逵
传》注引《魏略·杨沛传》：

　　杨沛，字孔渠，冯翊万年人……及太祖辅政，迁沛为长
社（今河南葛县东）令。时曹洪宾客在县界，征调不肯如
法，沛先挝折其脚，遂杀之。由此太祖以为能。……会太祖
出征在谯，闻邺下颇不奉科禁。乃发教选邺令，当得严能如
杨沛比，故沛……为邺令……军中豪右曹洪、刘勋等畏沛
名，遣家骑驰告子弟，使各自检敕。

由上可知，杨沛所以能抑制豪强，是由于得到曹操的支持。操对

豪强的策略是能用则用，不能用或犯科为歹，则抑制之。上述司马芝、杨沛二人是贯彻操之抑制豪强较为有力的地方官。

总之，曹魏政权对豪强地主进行了一定的打击和抑制，尽管这些打击措施不可能是根本性的，但对安定社会，恢复经济，扶植自耕农，都起了积极作用。扶植自耕农经济与抑制豪强地主，是构成曹魏实力较快增长的重要因素。

二、田租户调制

如上所述，曹魏统治层所以扶植自耕农，主要是为了增强其服役纳税的能力。下面就谈谈曹魏政府加到自耕农身上的赋役负担。

三国统治者加到自耕农身上的赋役等剥削，史无正面阐述，偶尔有所涉及，亦殊简略。《三国志》卷1《武帝纪》建安九年（204年）载：

> 九月，令曰："河北罹袁氏之难，其令无出今年租赋！"重豪强兼并之法，百姓喜悦。天子以公领冀州牧，公让还兖州。

裴松之于此加注道：

> 《魏书》载公令曰："有国有家者，不患寡而患不均，不患贫而患不安。袁氏之治也，使豪强擅恣，亲戚兼并；下民贫弱，代出租赋，衒鬻家财，不足应命。审配宗族，至乃藏

> 匿罪人，为逋逃主。欲望百姓亲附，甲兵强盛，岂可得邪！其收田租亩四升，户出绢二匹、绵二斤而已。他不得擅兴发。郡国守相明检察之，无令强民有所隐藏，而弱民兼赋也。"

上段引文可名之为《收租赋及抑兼并令》，其内容可概括之为三：（1）从不患寡而患不均的主张出发，曹操强调抑制豪强兼并；（2）确定了田租户调的征收数额；（3）告诫官吏不得庇护豪强，加重农民负担。其中关于田租户调制的具体规定，固然是我们研讨的对象，但是我们探讨自耕农民的负担，不能只局限于所见到的条文规定，也不能仅就经济谈经济，还必须结合统治者的政治措施及豪强兼并农民的具体情况等进行总的衡量。

曹魏的田租户调制乃继承了两汉的赋税制度而有所改革。从田租看，汉代是十五税一或三十税一的分成田租制，曹魏改为亩收四升的定额田租制。两汉统治者向农民按分成制收田租，系多产可以多收，曹魏按定额田租向农民征税，则增产亦不能增收，故更能刺激农民的生产积极性，使之愿意精耕细作，多产归己。《晋书》卷47《傅玄传》载泰始四年（268年）傅玄给晋武帝上疏说：

> 近魏初课田，不务多其顷亩，但务修其功力，故白田收至十余斛，水田收数十斛。自顷以来，日增田顷亩之课，而田兵益甚，功不能修，至亩数斛已还，或不足以偿种。

魏初农作物单位面积产量所以远远高于晋初，其原因之一应是采取了能激发农民生产积极性的定额田租制。

两汉的赋税，除按亩数征收的田租外，还有按人口和年龄征收的算赋和口赋，凡十五岁到五十六岁的成年男女每年缴纳120钱，即一算，称为算赋。七岁到十四岁的儿童每年也要缴纳20钱，称为口赋。曹操平定河北以后，根据当时物价波动剧烈、人民流动频繁、编户较人口易于察知等情况，将算赋、口赋合并为一，改收绢绵实物，同时也将按人征收改为按户征收，确定每户每年出绢二匹、绵二斤，即所谓户调制。

在这里，有一个问题需要研讨一下，即曹魏政府是否还向农民征收稾税？一般的看法，认为曹操既有"他不得擅兴发"的指令，可能就不再收稾税了。我以为这种讲法未必切合实际。据《三国志》卷16《仓慈传》注引《魏略》载：

> 颜斐……后为京兆太守（当在黄初中）……又课民当输租时，车牛各因便致薪两束，为冬寒冰炙笔砚。于是风化大行，吏不烦民，民不求吏。

颜斐是深受京兆人民爱戴的良吏，但他仍令农民输租时"致薪两束，为冬寒冰炙笔砚"之用。据上面记载，这样做是"吏不烦民"的事由之一，由此可知，连官府冬季烤炙笔砚用的束薪，都要农民供给，至于牛马等牲畜吃的稾草岂能不取之于民？据《三国志》卷13《王朗传附子肃传》载景初间（237至239年）王肃给魏明帝言："诸鸟兽无用之物，而有刍谷人徒之费，皆可蠲除。"假若真如曹操所说"他不得擅兴发"的话,那末刍谷之费和人徒之费还从哪里去榨取呢?又据《三国志》卷25《高堂隆传》载栈潜给魏明帝上疏说:

> 陛下……宜崇晏晏,与民休息。而方隅匪宁,征夫远戍,有事海外,悬旌万里,六军骚动,水陆转运,百姓舍业,日费千金。大兴殿舍,功作万计,徂来之松,刊山穷谷,怪石珷玞,浮于河、淮,都圻之内,尽为甸服,当供稾秸铚粟之调,而为苑囿择禽之府,盛林莽之秽,丰鹿兔之薮;伤害农功……

栈潜以上的话是说京畿一大片一大片的土地都被作为苑囿,充作皇帝游猎场所,既占用了大量耕地,也减少了政府"稾秸铚粟"的收入。由是以观,秦汉统治者原来一直向农民征收的刍稾之调并没有被曹魏免除,如果被免除了,栈潜还怎能说"当供稾秸铚粟之调"呢?三国时期,战争频仍,"悬旌万里,六军骚动,水陆转运",复"大兴殿舍,功作万计",假如曹魏果真免除了两汉和平时期都不曾免除的刍稾之调,恐怕是不符合事实的。

再者,关于曹操田租户调制的颁行年月也存在着不同看法,一般的看法是在建安九年(204年)曹操入邺后颁行的;另外的说法,则谓在建安五年或更前一两年。持后说者乃根据《三国志》卷23《赵俨传》如下的叙述:

> 时袁绍举兵南侵,遣使招诱豫州诸郡,诸郡多受其命。

惟阳安郡不动，而都尉李通急录户调。俨见通曰："方今天下未集，诸郡并叛，怀附者复收其绵绢，小人乐乱，能无遗恨！且远近多虞，不可不详也。"通曰："绍与大将军相持甚急，左右郡县背叛乃尔。若绵绢不调送，观听者必谓我顾望，有所须待也。"俨曰："诚亦如君虑；然当权其轻重，小缓调，当为君释此患。"乃书与荀彧（时为尚书令，受曹操信任）曰："今阳安郡当送绵绢，道路艰阻，必致寇害。百姓困穷，邻城并叛，易用倾荡，乃一方安危之机也。且此郡人执守忠节，在险不贰……以为国家宜垂慰抚，所敛绵绢，皆俾还之。"彧报曰："辄白曹公，公文下郡，绵绢悉以还民。"上下欢喜，郡内遂安。

以上材料说明在建安五年官渡战前的曹操辖区已经有按户征收绵绢的制度，至于此制度创始年月及是否为操新创，尚待研究。据《三国志》卷12《何夔传》载：

何夔……出为城父令，迁长广太守，郡滨山海，黄巾未平，豪杰多背叛，袁谭就加以官位。长广县人管承，徒众三千余家，为寇害；……牟平贼从钱，众亦数千，夔率郡兵与张辽共讨定之，……旬月皆平定。是时太祖始制新科下州郡，又收租税绵绢。夔以郡初立，近以师旅之后，不可卒绳以法，乃上言曰："自丧乱已来，民人失所，今虽小安，然服教日浅。所下新科，皆以明罚敕法，齐一大化也。所领六县，疆域初定，加以饥馑，若一切齐以科禁，恐或有不从教者，有不从教者得不诛，则非观民设教随时之意也……愚以为此郡宜依远域新邦之典，其民间小事，使长吏临时随宜，上不背正法，下以顺百姓之心，比及三年，民安其业，然后齐之以法，则无所不至矣。"太祖从其言。

据上，曹操"始制新科下州郡，又收租税绵绢"的时间，正在何夔任长广太守并平定管承等反叛时，我们如果能把何夔任太守及平叛时间弄清楚，操制新科又收租税绵绢的时间也就可以知道了。

如上所述，何夔在任长广太守前，曾任城父令。《何夔传》裴注引《魏书》说：

自刘备叛后，东南多变，太祖以陈群为酂令，夔为城父令，诸县皆用名士以镇抚之，其后吏民稍定。

按刘备叛操在建安四年（199年）十二月，则何夔出任城父令，至早也需到建安五年（200年）初，而何夔再迁长广太守的时间还在此以后，则可断言。

上面所引《何夔传》言在操始制新科下州郡，又收租税绵绢以前，长广郡曾发生"牟平贼"从钱的叛乱，"夔率郡兵与张辽共讨定之"。经查《张辽传》，张辽"别将徇海滨"在建安十年（205年）正月从操破袁谭以后。据《乐进传》："太祖征管承，军淳于，遣进与李典击之，承破走，逃入海岛，海滨平。"《通鉴》

将此事系于建安十一年（206年）八月，《何夔传》既将操下新科又收租税绵绢之事紧接长广郡平叛之后叙述，则其时间即在建安十一年八月稍后，可无疑义。

因此，《通鉴》应将"操制新科下州郡"一段文字移至建安十一年叙述，才符合事实。正因为《通鉴》误将此事提前了六年，紧接李通急录户调叙述，所以引起了史家的错觉，误认为操在建安五年（200年）已制定收田租户调的新科。事实是，操在战胜袁绍前，"诚不意能全首领"，哪里能从事赋税改革！只有当操平定冀州以后，才具备以法令和制度来强化其统治的基本条件。至于在官渡决战以前操辖区已有向农民征收户调之事该怎样解释？我以为史书虽无明确记述，尚可由实际情况作出判断：自初平元年（190年）以后，中原战乱，人民死亡逃散，土地荒废不耕，物价波动剧烈，钱币流通停止。在这种情况下，原来按人丁征收算钱的制度，势必有所更改。因此，掌握军政财赋大权的州牧、刺史不得不在其辖区内改变征收赋税的措施，而将按人口年岁征收算赋口钱改为按户征收绵绢，因为户难隐藏而口易逃匿。至于这种赋税改革究竟由谁先提倡和执行，今史家均言系曹操率先改定，其根据有《三国志》卷15《贾逵传》注引《魏略·杨沛传》的记载：

及太祖辅政，迁沛为长社令，时曹洪宾客在县界，征调不肯如法。

又《三国志》卷9《曹洪传》注引《魏略》曰：

> 太祖为司空时，以己率下，每岁发调，使本县平赀。于
> 时谯令平洪赀财与公家等。太祖曰："我家赀那得如子廉
> 邪！"

按谯县及长社县当时均属豫州，故知至迟至献帝都许后豫州已有
按户征收绵绢之制。但以上两条引文，既未说明此制系操自创，
也未言明创始的确切年月，如据此即断言系操迁帝都许后所创，
证据尚欠充分。据《三国志》卷11《王修传》载初平中（190至
193年），北海相孔融令王修守胶东令，"胶东人公沙卢宗强，自
为营堑，不肯应发调"。所谓"发调"，自然也应同以上两条引文
一样，均指按户征收绵绢之事。从这条资料，可知在献帝都许之
三年前，青州北海国已存在按户收调之事。《三国志》卷6《董卓
传》言初平元年（190年）二月，董卓徙天子都长安后，"坏五铢
钱，更铸为小钱……于是货轻而物贵，谷一斛至数十万。自是
后，钱货不行"。在这种"钱货不行"的情况下，中原各州郡自
必改变向农民征收赋税制度。所以我认为户调制的出现乃献帝初
平年间事，并非操独家新创。正因如是，所以到建安十一年
（206年）操"始制新科下州郡，又收租税绵绢"。因为这种下发
到州郡的新科有关于征收田租户调的各项法律条文，故何夔根据
所领六县的具体情况，请操许其"临时随宜"，暂缓"齐以科
禁"。这样解释，我想是可以说得过去的。

农民除了被封建统治者榨取田租和户调外，还有更繁重的徭
役负担。徭役给被剥削阶级带来的困扰和灾难自古即很严重。三

国时期，干戈不息，人民徭役负担尤为酷烈。例如当建安九年（204年）曹操进攻袁谭时，因川渠水冻，曹操为了通船，竟令农民凿冰，致使"民惮役而亡"，亡者被捉获之后，即处以死刑。又如建安十二年（207年），操北征三郡乌丸，令民"堑山堙谷五百余里"。因为劳役繁重，建安二十四年（219年）正月，"南阳间苦徭役"，于是侯音执太守东里衮与吏民共反。次年春正月，操病死于洛阳，因"士民颇苦劳役，又有疾疠，于是军中骚动，群寮恐天下有变，欲不发丧"①。所有这类情况，都反映劳役之重已使人民难以忍受。曹丕继承王位后，言："闻比来东征，经郡县，历屯田，百姓面有饥色，衣或裋褐不完。"②说明当时百姓生活艰苦。曹丕口头上虽有恤民之语，还声称他嘉尚汉文帝的"宽仁玄默，务欲以德化民"③。实际上，曹丕少时尝因向曹洪假求不称而怀恨。他为太子时，曾使曹植因人向钟繇勒索玉玦，父死不及两载，他即向孙权求取雀头香、大贝、明珠、象牙、玳瑁等多种南海珍品④。凡此都说明他始终不脱骄贵公子之习。曹叡在位十三年（227年五月至239年正月），他自从劲敌诸葛亮死后，即大修宫殿，劳民伤财，群臣多谏，他虽不杀谏者，亦不改奢淫恶行。曹叡死后，曹爽与司马氏相继掌握政权，上层斗争至为激烈，惟于穷奢极欲、过度虐民方面，尚无重大劣迹，然内有所谓"淮南三叛"，外有对蜀、吴之役，劳师动众，运粮修路，无不出之于民，是知农民的痛苦与贫瘠，在近百年之三国史中固无时或已也。

①《三国志》卷15《贾逵传》注引《魏略》。
②《三国志》卷2《文帝纪》注引《献帝传》载禅代众事。
③《三国志》卷2《文帝纪》注引《魏书》。
④《三国志》卷47《吴主传》注引《江表传》。

第十五章　曹魏的农田水利与工商业

一、农田水利与漕运

由于恢复生产与军事运输的需要，曹魏对农田水利与漕运相当注意，其中为农田灌溉而兴修的水利，有以下诸陂塘：

（1）太寿陂。兴修于建安七八年左右，时夏侯惇领陈留太守，"断太寿水作陂，身自负土，率将士劝种稻，民赖其利"。卢弼《三国志集解》卷9《夏侯惇传》引赵一清曰："太寿大约在宁陵襄邑之间。"

（2）芍陂、茹陂及七门、吴塘诸竭。曹操准备与袁绍交战前，任命刘馥为扬州刺史。馥在合肥建立州治，安集百姓，流民越江山而归者以万数。于是"广屯田，兴治芍陂及茹陂、七门、吴塘诸竭，以溉稻田，官民有畜"。芍陂在今安徽寿县南八十里，陂周百二十余里，相传系楚相孙叔敖所造，刘馥予以重修。茹陂在今河南固始县东南四十八里。吴塘在今安徽潜山县西北二十里。七门堰在今安徽舒城县西南百一十里。北宋嘉祐二年（1057年），刘敞写《七门庙记》，谓"七门三堰，灌田凡二万顷，实刘馥所造"。按刘馥死于建安十三年（208年），至嘉祐已有八百余年之久，刘敞尚见百姓庙祀刘馥，说明人民对修渠兴利者的深厚怀念。赵一清谓："七门三堰者，堰在县七门山下，所谓乌羊堰、千功堰、槽牍堰也。"①

（3）魏文帝时，沛郡太守郑浑于萧（今安徽萧县西北）、相（今安徽宿县西北）二县界，兴陂竭，开稻田……比年大收，顷亩岁增，租入倍常。民赖其利。刻石颂之，号曰"郑陂"。

（4）鄢汝新陂及小弋阳陂。魏文帝黄初元年（220年），豫州刺史贾逵外修军旅，内治民事，遏鄢、汝，造新陂；又断山溜长溪水，造小弋阳陂；又通运渠二百余里，所谓"贾侯渠"者也。

（5）成国渠及临晋陂。《晋书》卷26《食货志》谓："青龙元年（233年），开成国渠，自陈仓（今陕西宝鸡市东）至槐里（今陕西兴平县），筑临晋陂，引汧、洛溉舄卤之地三千余顷。"

（6）戾陵竭及车箱渠。嘉平二年（250年），刘馥之子刘靖为镇北将军、都督河北诸军事，他在幽州州城蓟县西北的漯水上修筑了一个分水坝，分出来的水经昌平县往东至潞县（今北京市通县东），长三十余里，称为"车箱渠"，渠水注入高梁河上游，共溉田万有余顷。

另外，魏文帝时，牵招为雁门太守，"郡所治广武（今山西代县西南），井水咸苦，民皆担輂远汲流水，往返七里。招准望地势，因山陵之宜，凿原开渠，注水城内，民赖其益"②。大约与此同时，野王典农中郎将司马孚在河内沁水县沁水上垒石为堰，以资溉田，谓之石门，亦称"枋口"③。魏明帝时，凉州刺

---

①以上据陶元珍《三国食货志》及卢弼《三国志集解》。
②《三国志》卷26《牵招传》。
③《水经注》卷9《沁水》。

史徐邈在今甘肃武威、酒泉一带，"广开水田，募贫民佃之"①。正始时，幽州刺史毌丘俭"穿山溉灌，民赖其利"②。正始末，都督青徐诸军事的胡质亦"通渠诸郡，利舟楫，严设备，以待敌，海边无事"③。

以上堨渠，多为溉田而建。还有主要为军用及航运而开凿的，如：

（1）白沟。即宿胥渎（黄河旧道）。建安九年（204年）春，曹操准备征袁尚，遏淇水入白沟，以通粮道。淇水源出山西，经今河南淇县流入黄河。操在淇水将入黄河处下大枋木以成堰，使水改道东入白沟。这个河口即称为"枋头"。白沟东北流至今河南内黄县城西，纳入自安阳方面流来的洹水后，与在其西的漳河并肩再向东北流去。曹操为了将白沟与漳河连接起来，又开了利漕渠。

（2）利漕渠。建安十八年（213年），操进爵魏公，实际即建立了魏政权。以邺为国都。为了加强邺与四方的联系，乃凿了利漕渠，渠西北起自漳水旁的斥漳（今河北曲周县），往东南至馆陶县的利漕口流入白沟。《水经注》卷10《浊漳水》说："魏太祖凿渠引漳水，东入清洹以通河漕，名曰'利漕渠'"（清洹是白沟的另一名称，清指清河，洹指安阳河）。

（3）平虏渠、泉州渠、新河。建安十一年（206年），操北征乌桓，患粮不继，乃凿以上三渠。自呼沱（即今滹沱河）凿入泒

① 《三国志》卷27《徐邈传》。
② 《三国志》卷28《毌丘俭传》。
③ 《三国志》卷27《胡质传》。

河（上游即今沙河，下游循大清河至天津入海），名"平虏渠"；从沟河口凿入潞河（潞河是白河合温榆水后的下游水道，又名笥沟，即今北运河的前身），名"泉州渠"（因渠南起泉州县而得名，泉州县在今天津市武清县西南）。新河的开凿见于《水经注》卷14《濡水》："魏太祖征蹋顿，与沟口俱导也，世谓之新河矣。"新河是沟通泉州渠与濡水（今滦河）的一条人工运渠。渠的西口，自宝坻县盐官口承鲍丘水为源，东流至滦县注入滦河。

操开凿以上各运渠以后，中原与河北、辽东等地的主要河道便可以互相通航。操自平定河北以后，即将视线转到经常与吴交兵的东南地区，故操及其后继者对从许、洛通向江淮的水道都致力修凿。建安七年（202年），操为了清除河北袁氏势力，曾在浚仪（今开封市）修治睢阳渠，以为运兵输粮之用。建安十四年（209年）春，操率军征吴，"军至谯，作轻舟，治水军。秋七月，自涡入淮，出肥水，军合肥。"建安十八年（213年）及二十二年（217年）初，操两度进军濡须口，都是走的水路。操为了对付吴、蜀两大敌国，末年终于把政治中心放到洛阳。因之许昌和谯县同为魏伐吴的后方重镇。黄初六年（225年），曹丕为了伐吴，曾至召陵（今河南郾城县东），修讨虏渠（在郾城东），引汝入颍，以增加颍水水量。浮颍入淮，尤为曹魏后期水运要道。曹丕、曹叡统治时期，魏吴虽不时交兵，并无决定性的战役。三国后期，魏、蜀、吴三国皇室均呈现衰落景象，只有司马氏方兴未艾，不论在兴农、用兵和人才旺盛诸方面，司马氏都能有所作为。具体事实之一即司马懿与邓艾在淮河南北大兴水利与屯田，其实际情况，前已多次谈及，现只再引用《晋书》卷26《食货志》所述邓艾修广漕渠的一段话：

兼修广淮阳、百尺二渠，上引河流，下通淮、颍。大治诸陂于颍南、颍北，穿渠三百余里，溉田二万顷。淮南淮北皆相连接。自寿春到京师，农官兵田，鸡犬之声，阡陌相属。

由上可知，邓艾在颍、淮二水所修广挖深的河渠甚多，淮阳和百尺二渠也不过是其中的两个而已。这些河渠不只是运送兵粮的主要航道，也有益于溉田兴农积粮。

二、手工业和商业

（1）手工业

曹操对关系军国之用的煮盐冶铁手工业极为重视，他说："先贤之论，多以盐铁之利，足赡军国之用。"[1]操刚起兵时，亲自"与工师共作卑手刀"。见者曰："当慕其大者，乃与工师共作刀邪?"操曰："能小复能大，何苦!"[2]后来操制成"百辟刀"五枚，谓之"百炼利器"。这种防身利器，只给太子曹丕及其他称意的儿子[3]。操与袁绍在官渡决战时，"绍为高橹，起土山，射营中，营中皆蒙楯，众大惧，太祖乃为发石车，击绍楼，皆破"[4]。仅此一事，即说明操平日注意研制武器对克敌制胜的重要作用。

---

① 《三国志》卷11《王修传》注引《魏略》。
② 《太平御览》卷346。
③ 《太平御览》卷345。
④ 《三国志》卷6《袁绍传》。

古时，人们认为担任军器制造的官职，没有出息。操为此特地给司金中郎将王修写信，告以司金中郎将之职，虽低于军师，然而从建功立业观之，尚胜于军师①。后操物色韩暨为监冶谒者，"旧时冶作马排，每一熟石（谓熟铁一石，即120斤），用马百匹，更作人排，又费功力。暨乃因长流为水排，计其利益，三倍于前"。史称暨"在职七年，器用充实，制书褒叹，就加司金都尉，班亚九卿"②。《三国志》卷15《张既传》言："是时，太祖徙民以充河北、陇西、天水、南安民相恐动，扰扰不安，既假三郡人为将吏者休课，使治屋宅，作水碓，民心遂安。"水排和水碓，东汉时已有人制作③。三国时又推广应用于边远地区，技术上也有所改进。魏明帝太和五年（231年），司马懿镇关中，曾"兴京兆、天水、南安监冶"。曹操时铁尚不敷用，故"定甲子科，犯钚左右趾者，易以木械"④。

盐的官营，尚早于铁。官渡战前，操使治书侍御史卫觊镇抚关中，时四方大有还民，关中诸将多引为部曲。卫觊给尚书令荀彧书，建议置盐官，施行盐业官卖政策，以积贽购置犁牛，吸引农民归来。荀彧即以卫觊之议报告于操，操从之，于是遣谒者仆射监盐官，并令司隶校尉钟繇治弘农。由此关中外出农民归者益多，而关中诸将亦服从。此事前已引述。又如《三国志》卷27《徐邈传》言凉州刺史徐邈"上修武威、酒泉盐池，以收虏谷"。《全三国文》卷35载卢毓《冀州论》，提到"河东大盐"，即今山

---

① 《三国志》卷11《王修传》注引《魏略》。

② 《三国志》卷24《韩暨传》。

③ 见《全后汉文》卷15桓谭《新论》。

④ 参看陶元珍《三国食货志》七工商业部分。

西运城市解池生产的池盐。足见当时地方官员对经营盐业也十分重视。

《水经注》卷10《浊漳水》言曹操在邺筑铜雀、金虎、冰井三台，冰井台藏有冰、石墨①，还有粟窖、盐窖。并言："石墨可书，又燃之难尽，亦谓之石炭。"石炭，即煤。操藏盐和石炭于台内，说明对之甚珍视。

三国时，纺织手工业遍及家家户户，故操能施行按户征收绵绢的户调制。操始有丁夫人，因故被遣送归家，后操往探视之，欲令俱归。夫人方织，蹑机如故，终无一言。魏臣许允，以不党司马师，为师所杀，允门人走告允妇，妇正在机，神色不变，曰："早知尔耳。"操之前妻与许允妇皆官宦人家之女，尚如是勤于纺织，一般民间织妇纺织之勤苦，自不待言。

纺织用机，三国时有很大改进。史称扶风马钧，巧思绝世，他改进了绫机，大大提高了生产效率。此事后面再述。

曹魏的纺织产品，虽没有蜀锦那样著名，但蜀锦价格高，数量也有限，广大人民群众无缘穿着，只有富贵人家始能享受。魏的纺织业则丝织品与麻、葛布全面发展。齐地自春秋战国以来即号称"冠带衣履天下"；西汉时，"兖、豫之漆、丝、絺、纻"，被认为系"养生送终之具"②。鲁国之缟，以质地轻美闻名，故诸葛亮劝说孙权抗操时，将入荆操军喻之为"强弩之末，势不能穿鲁缟者也"③。何晏赞美清河（今山东临清东北）的缣、总和

---

① 《太平御览》卷605引《陆云与兄陆机书》云："一日上三台，曹公藏石墨数十万斤。"

② 《盐铁论》卷1《本议》。

③ 《三国志》卷35《诸葛亮传》。

房子（今河北高邑西南）的绨（细葛布）为魏名产①；左思称赞"锦绣襄邑（今河南睢县），罗绮朝歌，绵纩房子，缣总清河"②。曹丕诏谓："夫珍玩必中国，夏则缣、总、绡、縰，其白如雪，冬则罗、纨、绮、縠，衣叠鲜文。"③另外，上党、平阳的麻织布，亦颇足称。曹操提倡节俭，连曹植之妻衣绣，都被处以死刑。这种严格禁奢措施，自然有利于麻葛织物的普遍发展。

（2）商业

东汉时，中原地区商业相当兴盛，王符《潜夫论·浮侈篇》曰："今举俗舍本农，趋商贾，牛马车舆，填塞道路，游手为巧，充盈都邑，务本者少，浮食者众……今察洛阳，资末业者什于农夫，虚伪游手什于末业。是则一夫耕，百人食之，一妇桑，百人衣之，以一奉百，孰能供之！天下百郡千县，市邑万数，类皆如此。"④仲长统《昌言·理乱篇》曰："豪人之室，连栋数百，膏田满野，奴婢千群，徒附万计，船车贾贩，周于四方，废居积贮，满于都城。"⑤在著名的丝绸之路上，"驰命走驿，不绝于时月，商胡贩客，日款于塞下"⑥。东汉末年，由于政治腐败，人祸灾荒，纷至沓来。及至董卓之乱，中原扰攘，民弃农桑，生产衰落，衣食器用，无不短缺，商业几乎停滞，货币常不流通。曹操平定中原后，经济稍有好转。建安二十五年（220年），曹丕继

---

① 《太平御览》卷818引何晏《九州论》。
② 左思：《魏都赋》，见《文选》卷6。
③ 《全三国文》卷6载曹丕诏。
④ 《后汉书》卷49《王充王符仲长统列传》。
⑤ 《后汉书》卷49《王充王符仲长统列传》。
⑥ 《后汉书》卷88《西域传》范晔论曰。

位为魏王，立即下令曰："关津所以通商旅，池苑所以御灾荒，设禁重税，非所以便民，其除池籞之禁，轻关津之税，皆复什一。"①于是涉貊、扶余单于，焉耆、于阗王，皆各遣使奉献。至黄初三年（222年），"鄯善、龟兹、于阗王各遣使奉献……是后西域遂通，置戊己校尉"②。惟古代史家著书，多不屑记述商贾之事，所以留给后世的商业史料，至为零散缺略，且多系官方贸易。如《三国志》卷47《吴主传》注引《江表传》载：

> 是岁（黄初二年；221年），魏文帝遣使求雀头香、大贝、明珠、象牙、犀角、瑇瑁、孔雀、翡翠、斗鸭、长鸣鸡。群臣奏曰："荆、扬二州，贡有常典，魏所求珍玩之物，非礼也，宜勿与。"权曰："……方有事于西北（指刘备将来伐）……彼所求者，于我瓦石耳。孤何惜焉？彼在谅闇之中（丕父操刚死），而所求若此，宁可与言礼哉！"皆具以与之。

《吴主传》载：嘉禾四年（魏明帝青龙三年；235年），"魏使以马求易珠玑、翡翠、玳瑁。权曰：'此皆孤所不用，而可得马，何苦而不听其交易。'"从以上两次魏吴交易可知，曹丕、曹叡父子所感兴趣的东西是海外珍玩，而孙权所需要的则是战马等军用之物。魏吴之间时有互掠对方人口财物的事，但二国交界线很长，且有江河水运之便，加以南北产物有异，因之以所有易所无的需要必然会促进相互贸易。惟当时只有最高统治者始敢公开与

---

① 《三国志》卷2《文帝纪》注引《魏书》载《庚戌令》。
② 《三国志》卷2《文帝纪》。

外交易，其他人私自对外交易是非法的。故当魏大将军曹爽附绢
三十匹让江夏太守王经交市于吴时，王经不发书而弃官归①。纵
然如此，魏吴边境间的互市，还是未曾中断过。据《晋书》卷61
《周浚传》载：

> 初，吴之未平也，浚在弋阳（今河南潢川西），南北为
> 互市，而诸将多相袭夺以为功。吴将蔡敏守于沔中，其兄珪
> 为将在秣陵，与敏书曰："古者兵交，使在其间，军国固当
> 举信义以相高。而闻疆场之上，往往有袭夺互市，甚不可
> 行。弟慎无为小利而忘大备也。"候者得珪书，以呈浚，浚
> 曰："君子也。"

由上可知，纵然在两国边防军相对峙时，与军民生活攸关的商品
交换仍在经常进行，惟常有互相袭夺行为。另外，在本国内地驻
军中也有所谓军市。如《三国志》卷16《仓慈传》注引《魏略》
载颜斐为京兆太守时事：

> 青龙中，司马宣王在长安立军市，而军中吏士多侵侮县
> 民，斐以白宣王，宣王乃发怒召军市候，便于斐前杖一百
> ……宣王遂严持吏士，自是之后，军营、郡县各得其分。

可见在军市中县民常受军吏侵侮，当时管理军市的官吏，叫军市

---

①《三国志》卷9《曹真子爽传》注引《世语》。

候。

在边境地区的贸易中，有地方豪强侵凌异域胡商之事。《仓慈传》言仓慈为敦煌太守时：

> 常日，西域杂胡欲来贡献，而诸豪族多逆断绝。既与贸迁，欺诈侮易，多不得分明。胡常怨望，慈皆劳之。欲诣洛者，为封过所；欲从郡还者，官为平取。辄以府见物与共交市，使吏民护送道路，由是民夷翕然称其德惠。数年卒官。吏民悲感，如丧亲戚，图画其形，思其遗像。及西域诸胡闻慈死，悉共会聚于戊己校尉及长吏治下发哀，或有以刀画面，以明血诚；又为立祠，遥共祠之。

由上可知，在同西域胡商贸易中，敦煌豪族多侵侮胡商，而胡汉商民对善于扶助正常贸易的清官廉吏多怀感戴，视之为受大恩惠。可知大多数商民是衷心维护民族间和睦共处、贸迁有无的。只有少数地痞流氓才见利忘义、惟眼前的财利是图。仓慈与西域客商的融洽和睦关系，堪称古代贸易史上的佳话之一。

前已述及，魏、吴两国中后期，典农官令其部属营商之事都很普遍。这种情况表明社会生产有所恢复，也显示了贵族官吏带头掀起的奢靡之风已经抬头。突出的事例是魏晋之际身任荆州刺史的石崇，竟靠"劫远使商客，致富不赀"[1]。对石崇的贪暴行径，作为最高统治者的司马炎不仅不予以惩处，甚至还帮助大官

---

[1] 《晋书》卷33《石苞传附子崇传》。

僚皇戚王恺与石崇争靡斗富①。从石崇成为著名巨富的事，也足以证明当时远使客商来荆州的众多及携带商品的珍奇贵重，否则，石崇怎能靠劫夺就发了横财呢？

富商大贾同贵族官吏既有相互排斥的一面，也有彼此勾搭以图更大利益的一面。两汉时，商人"交通王侯"、跻身政界的事例已屡见不鲜。汉末战乱，这种情况更属常见。例如中山大商张世平、苏双到涿郡贩马，因看中刘备有政治前途，遂多与之金财，使之合聚徒众。后来刘备在徐州遭遇重大挫败，"祖世货殖"的麋竺又"进妹于先主为夫人，奴客二千，金银货币，以助军资"②。刘备赖此军势复振。史言麋竺"干翻非所长"，可是因他赀财雄厚，仍能受到曹操、陶谦等青睐。麋竺先为徐州牧陶谦别驾，谦死，竺遵谦遗嘱，率州人迎刘备为徐州牧。后跟备投奔曹操，操用竺为嬴郡太守，竺弟芳为彭城相。麋氏兄弟宁愿跟随刘备，而不就职。史言公孙瓒"所宠爱，类多商贩庸儿"③。其中"贩缯李移子、贾人乐何当"，"富皆巨亿"④。由于行商坐贾遍及各地，所以魏、吴派出间者到对方去时，常冒充商贾以行计。凡此都说明三国时虽常有战争，商业并未停滞，商人的活动依然存在。

三、曹魏与倭人的和平友好往来

关于曹魏与周围各民族的贸易，本书在魏与少数民族的关系

① 《晋书》卷33《石苞传附子崇传》。
② 《三国志》卷38《麋竺传》。
③ 《后汉书》卷73《公孙瓒传》。
④ 《三国志》卷8《公孙瓒传》注引《英雄记》。

中当论及，现只谈一下魏与倭人——即三国时之日本的和平友好往来。

中国古籍有关日本的最早记载是战国时人所撰的《山海经》，其中有"倭属燕"的话，说明战国时燕国和日本至少已有政治接触。秦始皇时，徐市率领男女并携带五谷种籽至日本，止王不归[1]。及汉武帝灭卫氏朝鲜，倭人各国使节通于中国者渐多。刘秀建武中元二年（57年），倭国奉贡朝贺，刘秀赐其王以印绶[2]。汉安帝永初元年（107年），"倭国王帅升献生口百六十人"[3]。曹魏时，位于今日本本州近畿一带的邪马台女王国，下辖三十余个小王国，即《三国志》卷30《东夷·倭人传》中所载"今使译所通三十国"。陈寿言女王名卑弥呼，"事鬼道，能惑众，年已长大，无夫婿，有男弟佐治国。自为王以来，少有见者，以婢千人自侍，唯有男子一人给饮食，传辞出入。居处宫室楼观，城栅严设，常有人持兵守卫。"卑弥呼女王对魏极向往，前后两次派出使臣来洛阳。第一次在魏景初三年（239）[4]六月，女王遣大夫难升米、次使都市牛利诣带方郡[5]太守，于是带方太守刘夏遣吏将送女王使臣一行至洛阳。那时魏明帝已于正月病故。由曹爽、司马懿共同辅佐少帝曹芳。其年十二月，魏帝诏书报倭女王曰：

---

①见《史记》卷118《淮南王传》。

②《后汉书》卷85《东夷列传》。

③《后汉书》卷85《东夷列传》。

④《三国志》卷30《东夷·倭人传》载为景初二年六月，但当时司马懿正统率大军在辽东讨伐公孙渊，倭使臣势不得通，故当从《太平御览》作景初三年为是，见卢弼《三国志集解》卷30《东夷·倭人传》。

⑤建安中，公孙康分乐浪郡南部置，治带方（今朝鲜凤山附近）。

制诏亲魏倭王卑弥呼：带方太守刘夏遣使送汝大夫难升米、次使都市牛利奉汝所献男生口四人、女生口六人，班布二匹二丈，以到。汝所在逾远，乃遣使贡献，是汝之忠孝，我甚哀汝。今以汝为亲魏倭王，假金印紫绶，装封付带方太守假授汝。其绥抚种人，勉为孝顺。汝来使难升米、牛利涉远，道路勤劳，今以难升米为率善中郎将，牛利为率善校尉，假银印青绶，引见劳赐遣还。今以绛地交龙锦五匹、绛地绉粟罽十张、蒨绛五十匹、绀青五十匹，答汝所献贡直。又特赐汝绀地句文锦三匹、细班华罽五张、白绢五十匹、金八两、五尺刀二口、铜镜百枚、真珠、铅丹各五十斤，皆装封付难升米、牛利还到录受。悉可以示汝国中人，使知国家哀汝，故郑重赐汝好物也。[①]

次年（魏少帝芳正始元年，240年），魏令带方太守弓遵派人携带诏书、印绶、金帛、锦罽、刀、镜等物赴倭国，一并赐给倭女王卑弥呼。女王因使人上表谢恩。是为魏使第一次赴倭。

正始四年（243年），倭女王卑弥呼又遣大夫伊声耆、掖邪狗等八人，上献生口、倭锦、绛青缣、绵衣、帛布、丹木、狖、短弓矢。魏又拜其大夫掖邪狗等为率善中郎将。是为倭第二次向魏奉献。

正始八年（247年），倭女王卑弥呼与所属狗奴国男王卑弥弓

---

① 《三国志》卷30《东夷·倭人传》。

呼素不和，遣使诣带方郡太守述说相攻击状。于是太守王颀遣塞曹掾史张政等携诏书、黄幢、拜假难升米，并为檄告谕之，是为魏使第二次去倭。这时卑弥呼去世，倭国更立男王，国中不服，更相诛杀，死者千余人，于是复立卑弥呼十三岁的宗女壹与为王，国中始定。张政等以檄告喻壹与，壹与遣大夫率善中郎将掖邪狗等二十人送政等还，因献男女生口三十人，贡白珠五千、孔青大句珠二枚、异文杂锦二十匹。是为倭第三次向魏奉献。

由以上九年中（239 至 247 年）倭魏往来情况可以看出：（1）倭女王国初次给曹魏进献的贡物，仅有男女生口各数人及班布二匹二丈，说明不过是探测一下曹魏对其意向，虽云进贡，其态度乃是不卑不亢的。曹魏嘉其逾远渡海，乃厚加封赏。魏帝诏书也写得真切动听，慰勉有加。所有情节，以今度之，诚不免有大小国家间的不平等差异。然就当时社会发展阶段观之，诚不失为大小国家间和平往来的佳话。（2）倭女王国第一次向魏贡献物品虽极简朴，但第二次已有"倭锦"，第三次有"异文杂锦"，表明自从魏倭往来数年间后，倭国的丝织技术已从无到有，迅速提高。（3）倭女王初次遣使诣魏，只凭口头翻译，未见有书面奏疏，及与魏通使后，乃能利用汉人汉字，上表谢恩，表明倭女王国在文化方面亦有所进步。魏倭的和平友好往来，促进了双方文化经济的交流和提高。

第十六章　蜀汉的经济

一、军士屯田

人们一提到三国时的屯田，就说："吴不如魏，蜀不如吴。"实际，这话也未必很中肯，无论从封建统治者所花费的心思、难度和效果看，蜀汉的屯田都未必不如魏、吴。刘备在时，常征伐在外，诸葛亮镇守成都，足食足兵。刘禅继位，事无大小皆由诸葛亮做主。后主建兴十二年（234年）亮死后，蒋琬、费祎相继执政，都遵守诸葛亮的成规行事，后主延熙十六年（253年）费祎遇刺身死，此后至蜀亡也只剩下十年，掌握军国权柄者，尚有大将军姜维及尚书令董厥、樊建等人，均为诸葛亮生前精心培养者。只因刘禅昏暗，晚年政治受到宦官黄皓干扰，至于衰败不振。由于以上情况，谈论蜀汉屯田便不能不集中研究诸葛亮对屯田及农战等的态度和具体措施。

尽人皆知，诸葛亮出来辅佐刘备，乃"受任于败军之际"，后来亮病死于渭滨前线，也是在两军对峙之时，所以诸葛亮一生事业，一直与战争相始终。亮之平生素志乃是为了给刘备父子重建刘汉政权，进而统一中国，其任务可谓至艰至巨。其一生所筹划经营的也以务农运粮和练兵作战为主，非战无以达其宿愿，不重视农业生产与军事运输就不能支持其以弱攻强的战争。从亮之治国行军措施看，他不仅多次进行北伐，而且在每次出征之前，都致力于务农殖谷，令军民衣食足而后用之。

建安十三年（208年），刘备收荆州江南四郡，始有一块立足之地，他使亮"督零陵、桂阳、长沙三郡，调其赋税，以充军实"。

蜀章武二年（222年），刘备伐吴，大败于猇亭，次年备死，亮辅政，"务农殖谷，闭关息民"。

后主建兴三年（225年），亮南征四郡，"军资所出，国以富饶"。

建兴五年（227年），亮率诸军出屯汉中，从此至亮死，他的主要任务是出师北伐和劝农积谷。他的事业固然建筑在役使农民当兵纳粮的基础上，但他先农后战的政策也是昭然若揭的。实际上，亮搞军士屯田早已开始了。如《水经注》卷27《沔水上》说：

> 亮与兄瑾书云："前赵子龙退军，烧坏赤崖以北阁道……顷大水暴出，赤崖以南桥阁悉坏。时赵子龙与邓伯苗一戍赤崖屯田，一戍赤崖口，但得缘崖与伯苗相闻而已。"

建兴六年（228年）春，亮第一次北伐，扬声由斜谷道取郿，使赵云、邓芝为疑军，据箕谷。魏大将军曹真举众拒之。亮身率诸军攻祁山，前锋马谡败于街亭，赵云、邓芝亦失利于箕谷。故赵云退军时，不得不烧坏赤崖以北阁道。至次年，赵云即逝世。故知赤崖屯田系于诸葛亮出屯汉中后不久，即已兴办。《通鉴》胡注云："赤崖即赤岸，蜀置库于此，以储军资。"这几句话表明，屯田之地，往往设置粮库，反过来说，有粮库之地，也往往是屯田区。赤岸在今陕西留坝东北褒水西岸，往北距魏境之散关已不很远，故诸葛亮选择为屯田地点之一。汉中地区土质肥沃，气候温暖，雨量充沛，物产富饶，自然条件之优越，虽略逊于蜀郡，并不下于魏之淮河两岸。从蜀往汉中运送军粮，需翻高山，越峻岭，远远不如在汉中就地屯田。但当刘备从曹操手中夺得汉中时，汉中人户已被曹操及其将领迁走很多，故史称刘备得汉中，只"得地而不得民"①。在这种情况下，诸葛亮如想在汉中募民屯田，是不可能的，所以只能在汉中盆地和通往魏国的用兵要道兴办军士屯田。诸葛亮北伐，动用的兵力达十万以上，而从事转运粮草物资的兵民又要兼倍于此。所以诸葛亮在汉中地区兴办的屯田地点，必然不在少数。《三国志》卷33《后主传》载：蜀后主建兴十年（232年），"亮休士劝农于黄沙，作流马木牛毕，教兵讲武"。黄沙在今陕西勉县东、褒城南，当褒水流入汉水处。史既言亮在黄沙休士劝农，则黄沙为军士屯田之要地，且屯田规模亦必甚大，故陈寿于《后主传》叙及。在亮北驻汉中的六七年中，除了屯田、练兵、修桥、筑路、制造运输工具木牛、流马以外，还建造了存贮粮谷的斜谷邸阁，集粮于斜谷口。为了弥补运粮的不足，甚至在军事前线也分兵屯田，如《三国志》卷35《诸葛亮传》载：

---

① 《三国志》卷42《周群传》。

> （建兴）十二年春，亮悉大众由斜谷出，以流马运，据
> 武功五丈原，与司马宣王对于渭南。亮每患粮不继，使己志
> 不申，是以分兵屯田，为久驻之基。

史既言亮将所能调动的军队全部调出斜谷，并分兵屯田，则屯田地点，当不限于一处。《三国志》卷26《郭淮传》言："诸葛亮出斜谷，并田于兰坑。"兰坑当在离五丈原不远处。亮当悬军深入敌境，与强大的敌人作殊死战斗之际，犹分兵屯田，以支持长期战争，说明其对屯田的重视，不仅不下于曹魏，且为史册所罕见。这样，怎能说蜀汉忽视屯田呢？亮在渭南屯田所使用的一切工具和种子等，均需由后方携往，而在刀光剑影、弩张马嘶的状态下耕作，自然难度很大，然而亮却能使"耕者杂于渭滨居民之间，而百姓安堵，军无私焉"。如此正正堂堂而富有纪律的军队，战斗力不可能不强，而亮羽扇纶巾、指挥若定的从容安详态度，也表明蜀军的粮食供应已大有改善。所以我们对蜀汉屯田的估价不能过低。当建安二十二年（217年），法正向刘备建策进取汉中时就已说过："今策渊、郃才略，不胜国之将帅，举众往讨，则必可克，克之之日，广农积谷，观衅伺隙，上可以倾覆寇敌……中可以蚕食雍凉……下可以固守要害。"[1]连法正都有此主张，饱受缺乏军粮之患的刘备自然更知道兴农积谷的重要。

至于蜀在汉中兴办的屯田，就其效果看未必即逊于魏之淮南屯田，更肯定超过了魏在雍、凉二州举办的屯田。只缘史书失载，所以不为后人所知罢了。《三国志》卷44《姜维传》注引

---

[1] 《三国志》卷37《法正传》。

《华阳国志》曰：

> 维恶黄皓恣擅，启后主欲杀之。后主曰："皓趋走小臣耳，往董允切齿，吾常恨之，君何足介意！"维见皓枝附叶连，惧于失言，逊辞而出。后主敕皓诣维陈谢。维说皓求沓中（今甘肃临潭县）种麦，以避内逼耳。

不管姜维在沓中种麦出于什么动机，当时蜀汉驻守今陇南及汉中诸将多从事屯田以自食，则属于情理中事。三国时蜀汉史迹失载者最多，而屯田一事尤为陈寿等史家所忽略。关于赵云、邓芝在赤岸屯田事，若非亮与兄瑾书中提及，亦不会为后人所知。就曹魏军士屯田之成效言，最卓著者为淮颍屯田，然其对灭吴究有多大效用，并不很明显，晋将王濬楼船下益州所载军粮乃益州民户所缴纳，已足为灭吴之用而有余。然蜀之汉中屯田则确实起了支持大军北伐的作用。因此，对于蜀汉的屯田事业，未可予以忽视。

二、自耕农和地主经济概况

刘备少时孤贫，他投靠曹操时，曾"将人种芜菁"[①]；"使厮人披葱"[②]。到荆州依刘表时，亦"手自结毦"。诸葛亮少时，流浪荆州，住的是"草庐"，"躬耕于野"[③]。二人以情投志合，契

---

① 《三国志》卷32《先主传》注引胡冲《吴历》。

② 《华阳国志》卷6《刘先主志》。

③ 《三国志》卷35《诸葛亮传》载陈寿《上诸葛氏集表》。

成君臣。正因二人颠沛流离，了解一些民间疾苦，故日后治理荆、蜀，亦较能注意民间疾苦。刘备自樊城南逃时，不忍舍弃十余万难民，说明他同百姓的关系与其他军阀有很大差别。及在荆南，刘备以耒阳县令庞统在县不治，即免其官；入益州后，又几乎杀掉"众事不理"的广都长蒋琬，足证他对地方官的尽职与否，极为关注。这种态度和做法，自然有利于平民百姓。刘备册封诸葛亮为丞相时说："朕遭家不造，奉承大统，兢兢业业，不敢康宁，思靖百姓，惧未能绥。"①这话虽似官样文章，但刘备提到"思靖百姓"，总算知道安定百姓生业的重要性。诸葛亮在隆中时指责刘璋"不知存恤"，可知他对百姓的态度是先"存恤"，后役使。刘备在政治经济措施上，虽亦有放任将士抢掠和杀戮异己之事，然究无重大之屠城滥杀等事件。大体说来，蜀汉统治者既不像吴主孙皓那样"肆行残暴……虐用其民，穷淫极侈"②；也有别于曹叡之大治宫室。蜀汉国小力微，常主动攻魏伐吴，诸葛亮又连年北伐，"国内受其荒残，西土苦其役调"③。供役调的自然主要是个体农户，说明个体农户负担很重。晋人袁准称亮之治蜀，"田畴辟，仓廪实，器械利，蓄积饶"。这又反映蜀汉农民虽然赋调负担很重，但仍有一定余力维持简单的生产和再生产，从而使蜀汉境内土地得到开垦，国家的租调收入也随之增加。前已述及，陈寿在《诸葛亮传》中反复称颂亮的德政，如"吏不容奸，人怀自厉，道不拾遗，强不侵弱，风化肃然"等语，其中

① 《三国志》卷35《诸葛亮传》。
② 《三国志》卷48《孙皓传》评曰。
③ 《三国志》卷35《诸葛亮传》注引张俨《默记》。

"强不侵弱"句所指弱者当然主要是自耕农。这虽不能理解为农民真的不受强暴者欺侮，但豪强欺压农民的情况在诸葛亮辅政时有所减轻，也是不容否认的；另外，"道不拾遗"句，也不能解释为真的无人拾取道旁遗物，但也说明饿肚子的贫穷人家少了些，否则，还谈什么"路不拾遗"呢？我们把"路不拾遗"解释为很少有人拦路抢劫，在封建社会也就算不错了。因此史书上虽然不见有什么关于蜀汉农民经济情况的具体记述，但从人们对诸葛亮的称赞，可以窥知当时个体农民经济确实有一定的发展，生活也比较安定。

总的说来，在刘备、诸葛亮等人的统治下，蜀汉个体小农虽然力役、兵役和赋税的负担并不轻，但所受官吏豪强的额外役使和榨取还是有所减轻的。他们利用这种喘息机会，努力生产，从而使自耕农的经济得以维持和发展。

至于蜀汉地主阶级的经济概况是怎样的？由于材料十分缺乏，难以举出大量事实，这里只能约略言之：

蜀汉统治者始终没有触动过益州地主官僚的固定房地田产，如同《三国志》卷36《赵云传》注引《云别传》所载：

> 益州既定，时议欲以成都中屋舍及城外园地桑田分赐诸将。云驳之曰："霍去病以匈奴未灭，无用家为，今国贼非但匈奴，未可求安也。须天下都定，各返桑梓，归耕本土，乃其宜耳。益州人民，初罹兵革，田宅皆可归还，令安居复业，然后可役调，得其欢心。"先主即从之。

蜀汉统治者不没收原益州官吏地主的土地财产，以换取其为蜀汉政权效力的政策，是讲求实际的。

本书第七章第二节已谈到过益州外来地主与土著地主间的矛盾比较缓和及蜀汉政权比较上轨道等情况，同时指出蜀汉政权通过赏罚分明的法治措施，既限制又利用地主豪强，使蜀汉政权较稳定。这些得益最大的自然还是地主阶级。蜀汉灭亡时，共"领户二十八万，男女口九十四万，带甲将士十万二千，吏四万人"①。其中著籍人数由于蜀汉末年政治衰败，可能有很大程度的隐瞒，但官吏人数则没有隐瞒的必要。所以"吏四万人"可能接近实际。无论怎样说，蜀汉这样小的国家，官吏人数竟如是之多，表明农民百姓的负担是够重的。官吏的众多，意味着地主阶级政治地位和经济利益均有所扩张。《华阳国志》记述蜀郡各县的"冠冕大姓""冠盖""甲族""姓族""望族""首族"，多为作官为吏的大姓豪族。越是富庶的县，大姓越多。如蜀郡之武阳县，"特多大姓，有七杨五李诸姓十二"②。汉安县有"四姓：程、石、郭、姚；八族：张、季、李、赵辈。而程、石杰立，郡常秉议论选之"③。言程、石二姓最为冠冕，郡府常根据当地舆论选二姓之人为吏。广都县"大豪冯氏有鱼池盐井"④；郫县"高、马家世掌部曲"⑤。建安二十三年（218年），高胜、马秦皆叛，合聚部伍达数万人，被李严平定。说明有的大姓豪族在经济

---

①《三国志》卷33《后主传》注引王隐《蜀记》。

②《华阳国志》卷3《蜀志》。

③《华阳国志》卷3《蜀志》。

④《华阳国志》卷3《蜀志》。

⑤《华阳国志》卷3《蜀志》。

和人力上很有势力。但总的说来，蜀之大姓，较之吴、魏世族大姓仍有逊色。他们既比不上吴之顾、陆、张、朱四姓，"多出仕郡，郡吏常以千数"①；更远逊于魏之颍川荀氏、河内司马氏之官位亨通。梁、益大姓拥有的部曲及活动能力亦不及魏、吴的强宗豪右。

从蜀汉统治集团的上层来看，他们一般比较廉洁，少有兼并。刘备、诸葛亮身家孤单，子弟幼弱。诸葛亮在成都仅有"桑八百株，薄田十五顷"，无法与当时豪姓大族相比。蜀汉大臣中只有李严和刘琰比较富有和奢侈，李严有"奴婢宾客百数十人"②；刘琰"车服饮食，号为侈靡，侍婢数十，皆能为声乐"③。其他的就很少能与他们相比。如蜀汉大将军费祎，"家不积财，儿子皆布衣素食，出入不从车骑，无异凡人"④；大将军姜维，"宅舍弊薄，资财无余"⑤；曾与诸葛亮并署左将军、大司马府事的董和，"死之日，家无儋石之财"⑥；尚书令刘巴，"躬履清俭，不治产业"⑦；车骑将军邓芝，"终不治私产，妻子不免饥寒，死之日，家无余财"⑧；尚书令吕乂，"治身俭约"⑨。

综上所述，蜀汉政权既没有触犯地主阶级的土地占有关系，

---

① 《三国志》卷56《朱治传》。
② 《三国志》卷40《刘琰传》。
③ 《三国志》卷40《李严传》。
④ 《三国志》卷44《费祎传》注引《祎别传》。
⑤ 《三国志》卷44《姜维传》。
⑥ 《三国志》卷39《董和传》。
⑦ 《三国志》卷39《刘巴传》。
⑧ 《三国志》卷45《邓芝传》。
⑨ 《三国志》卷39《吕乂传》。

也不曾夺取他们已有的部曲和奴婢。事实是蜀汉地主大姓当官为吏者很多，他们的政治地位和经济利益均有所扩张。但蜀汉政权在一定程度上实行法治，其统治集团上层较能躬履清俭，不多治产，史书上少有兼并土地和劳动力的记载，蜀汉地方豪族的势力也远不及魏、吴世族地主那样强大，因而地主经济的扩张并没有成为十分严重的社会问题。

三、水利和农业

诸葛亮在荆州隐居时，即"躬耕陇亩"，说明他看重农事，并不视之为贱业。刘备得益州后，自己常征伐在外，而委亮以足食足兵的重任。诸葛亮自建安十九年（214年）进入成都，至建兴五年（227年）上表北伐，移驻汉中，在蜀中施政治国达十三年之久，他着重处理的"务农殖谷""育养民物"诸事中，首先是维修与保护著名的都江堰水利工程。在古代，流经今四川灌县的岷江由山地进入平原，常有水灾发生。战国时，秦蜀郡守李冰在人民的协作下，以竹笼装石堆砌成都江鱼嘴，把岷江分成内外两江，既调剂了水量，又便利了浇灌，筑成著名的都江堰。都江堰古称"都安大堰"，亦称"湔堰"。左思《蜀都赋》名之为"金堤"。至西汉文、景二帝时，蜀郡守文翁，又加以整修，于是工程更臻完善。《水经注》卷33《江水》说："蜀人旱则藉以为溉，雨则不遏其流，故《记》曰：水旱从人，不知饥馑，沃野千里，世号陆海，谓之天府。"《水经注》接着又说："诸葛亮北征，以此堰农本，国之所资，以征丁千二百人主护之，有堰官。"可知诸葛亮对此伟大工程是十分珍视与维护的。

诸葛亮之兴修水利，主要着力在汉中方面。汉中盆地西起今陕西勉县，东至洋县，东西长百公里，南北宽十至三十公里。《华阳国志》卷2《汉中志》称："厥壤沃美，赋贡所出，略侔三蜀。"刘邦为汉王时，都于南郑，刘邦东伐，萧何居守汉中，足食足兵。汉末，张鲁据有汉中，史称他"雄据巴、汉垂三十年"，"民夷便乐之"。史又言：汉中"户出十万，财富土沃……韩遂、马超之乱，关西民从子午谷奔之者数万家"。足证汉中是三国时比较安定富乐之区。及建安二十年（215年）曹操攻降张鲁，多次北徙汉川之民。刘备于建安二十四年（219年）虽夺得汉中，但史言其"得地而不得民"。今人撰文亦有言汉中人口几被操迁徙一空者。实际上，操之移民北迁绝不会如是之多①。但汉中盆地靠近南北交通要道地方的居民较前减少，则是促使诸葛亮必须在汉中兴办军士屯田的原因之一。汉水自西而东横贯于汉中盆

---

① 《三国志》卷15《张既传》言："鲁降，既说太祖拔汉中民数万户，以实长安及三辅。"这仅是张既的建议，操当时并未置可否。《三国志》卷23《和洽传》言："太祖克张鲁，洽陈便宜，以时拔军徙民，可省置守之费，太祖未纳，其后竟徙民弃汉中。"说明张既、和洽的建议，操并未及时采纳，只是到最后准备放弃汉中时才徙民。《三国志》卷23《杜袭传》言："后袭领丞相长史，随太祖到汉中讨张鲁，太祖还，拜袭驸马都尉，留督汉中军事。绥怀开导，百姓自乐出洛、邺者八万余口。"可能从汉中徙出的就是这八万余口。《三国志》卷8《张鲁传》载阎圃之言曰："汉川之民，户出十万。"假若每户有四五个人，汉中地区人口总数就有四十余万，即使真能徙出八万余人，也只是占汉中人口的五分之一左右。至于史言备"得地而不得民"的说法，也是史书惯用的夸张描写手法。如言"二三年间，关中无复人迹"（见《后汉书》卷72《董卓传》）。《晋书》卷43《山涛山简传》言："自初平之元，讫于建安之末，三十年中，万姓流散，死亡略尽。"都是显而易见的夸大说法。只不过形容其多，未可信为实数。

地，其众多的支流也给兴办屯田和修建水利工程提供了方便条件。据《清一统志》言，萧何曾在今汉中市北修筑了山河堰，以截流褒水，灌溉农田。诸葛亮劝农于黄沙时，又对山河堰进行"踵迹增筑"。其他市县地方志亦有诸葛亮修建和整治水利工程的传说，我们虽不敢指出何者为真，但诸葛亮为了供应急需的军粮，在汉水及其支流附近兴修水利自属意料中事。据近年考古发掘出的古堰渠、陂池遗址和陶制陂池、陶稻田等文物证实，蜀汉时期汉中水利事业还是相当发达的[1]。特别是在临近北伐要道上的堰渠遗址，更可断定与诸葛亮的修建整治有关。

由于蜀汉统治者注意兴修水利，加上前面所说的诸葛亮积极推行屯田，自耕农因所受官吏豪强的额外役使和榨取有所减轻，从而使他们得以维持简单的生产和再生产，所以蜀国的农业生产获得了一定的发展。袁准称赞蜀汉"田畴辟，仓廪实，器械利，蓄积饶"（已见前引），即可说明蜀汉社会经济当然主要是农业经济呈现出的一派繁荣景象。左思在《蜀都赋》中盛赞成都平原"沟洫脉散，疆里绮错，黍稷油油，粳稻莫莫……夹江傍山，栋宇相望，桑梓连接，家有盐泉之井，户有橘柚之园"。反映了成都平原沟渠交错，稼穑兴旺，稻浪滚滚的如画景象。当时的广汉、绵竹一带，是农业高产区，稻稼能够亩收30至50斛。据《晋书》卷47《傅玄传》载傅玄言曰："近魏初课田，不务多其顷亩，但务修其功力，故白田收至十余斛，水田收数十斛。"北方水田犹能亩收数十斛，则作"为蜀渊府"的绵竹等地亩收30至50斛，当非夸大之辞。不过那时斛小，所谓亩产30至50斛，也不过当今之亩产780—1160斤左右而已①。

诸葛亮所以能把蜀国治理得很好，除了他本人的主观努力以外，也赖有益州殷富作为物质基础。两者相互推动和影响，当然更重要的还是广大劳动人民的汗水滴灌着益州的大地，从而在三国纷扰的战争年代，蜀汉的农业仍有一定的发展。

四、手工业与商业

前已言及，刘备少时与母以贩履织席为业，说明刘备对于手工技艺并不陌生。诸葛亮长于巧思，木牛流马，皆出其意。史言亮"好治官府、次舍、桥梁、道路"，"所至营垒、井灶、圊溷、藩篱、障塞，皆应绳墨"。加以亮素志在于吞魏还都，故对于攻守武器与军粮运送工具的研究尤为注意。《诸葛亮集》有《作斧教》《作刚铠教》《作匕首教》以督励有关官吏提高武器制造质量。陕西汉中地区城固县三国墓出土了九件铜弩机；在定军山附近，出土了大量扎马钉和铜箭镞、铁刀等兵器。以上二地都是蜀汉军队打过仗或驻扎过的，应属蜀汉遗物。扎马钉有铜铁两种，四角锋利，每角约长0.5市寸，随手掷地，总有一角朝上直立。1964年3月在四川郫县太平公社出土的铜弩机上刻有铭文，系刘禅景耀四年（261年）二月卅日中作部造，机上铭文说系"十石机"（一石为120斤），一次十矢俱发②。诸葛亮在《出师表》中

①参看刘琳《华阳国志校注》卷3《蜀志》，巴蜀书社本第261页。
②《文物》1976年第4期。

称："今南方已定，兵甲已足，当奖帅三军，北定中原。"以诸葛亮的慎密、持重，若非其军队的装备确已达到精良程度，安能如此出言。魏将邓艾也说过蜀军"五兵犀利"[1]的话。这些都说明蜀汉手工业发展水平是很高的。

诸葛亮对于关系国计民生最密切的盐铁手工业是极重视的，《三国志》卷41《王连传》载：

> 成都既平，以连为什邡令，转在广都，所居有绩。迁司盐校尉，较盐铁之利，利入甚多，有裨国用。于是简取良才，以为官属，自连所拔也。迁蜀郡太守、兴业将军，领盐府如故。

蜀中多盐井，以广都县为例，"有盐井、渔田之饶，大豪冯氏有鱼池、盐井，县凡有小井十数所"[2]。在蜀汉以前，益州的煮盐事业由民办者甚多，所谓民办，实际是由大小豪民办。《三国志》卷43《张嶷传》言："定莋、台登、卑水三县去郡三百余里，旧出盐铁及漆，而夷徼久自固食。（越嶲太守张）嶷率所领夺取，署长吏……遂获盐铁，器用周赡。"越嶲郡属于南中少数民族地区，这里尚将盐铁收归国营，内地各郡自然更不例外。蜀汉除先以王连领司盐校尉，较盐铁之利外，还以张裔为司金中郎将，典作农战之器。由于王连、张裔领导盐铁生产成效卓著，后来都升为丞相长史，说明蜀汉政府对盐铁事业是重视的。

---

①均见《三国志》卷28《邓艾传》。

②《华阳国志》卷3《蜀志·广都县》。

蜀郡之临邛县除有井盐及铁矿石外，还有火井，即天然气。至迟到三国时，人们已知用井火可以煮盐，用井火煮盐，"一斛水得五斗盐，家火煮之，得无几也"①。相传诸葛亮曾多次到临邛视察火井，还说井火因亮"一窥而更盛"②。这当然没有可能，不过，对于这样奇妙而功效特殊的井火，急于增产富国而又长于巧思的诸葛亮，不可能不饶有兴趣而挖尽心思加以研究，他至少也会把前人已取得的最佳成果予以利用。据说诸葛亮任蒲元为西曹掾，令他在汉中熔金造器，可是，"汉水纯弱，不任淬火"，蒲元就派人去四川取涪水来淬火，最后制出了削铁如泥的钢刀三千口。从现在已经高度发展的炼钢技术来观察，恐怕涪水也没有多少强于汉水的地方，我个人揣度，蒲元派人到蜀取来的涪水也许即系利用井火，出于保密原因，而故意奇化其事，也未可知。

植桑养蚕是我国古老的传统。诸葛亮自言在成都"有桑八百株，薄田十五顷"，可知诸葛亮是把植桑养蚕和耕地种谷同样看待的。同时也说明当时当地人民是把有桑多寡作为衡量家财的尺度之一。当然，更可由此看出诸葛亮对纺织业的倡导和重视。如众所知，诸葛亮说过："今民贫国虚，决敌之资，唯仰锦耳。"诸葛亮深知与强大的魏国为敌，光靠增产粮食和向农民征取赋税是不行的。因为过分征收赋税会失去民心，粮食也难以久存和远运。所以为蜀汉开辟财源的唯一捷径是用名贵的蜀锦去赚取巨额利润，从而支持庞大的军费开支。在诸葛亮的大力倡导和提高技艺的情况下，蜀汉织锦业盛极一时，左思《蜀都赋》说："阛阓

————————
① 《华阳国志》卷3《蜀志·临邛县》。
② 《初学记》卷731《异苑》。

之里，伎巧之家，百室离房，机杼相和。贝锦斐成，濯色江波，黄润比筒，籝金所过。"这几句话，第一，描写了织锦作坊的众多和兴旺；第二，形容蜀锦质高物美，冠绝一时；第三，表明蜀锦能换回大量黄金。《丹阳记》谓："江东历代尚未有锦，而成都独称妙。"《太平御览》卷185布帛条说："三国时，魏则市于蜀，而吴亦资西道。"《三国志》卷32《先主传》注引《典略》言曹操死，刘备"遣军谋掾韩冉赍书吊，并贡锦布"。刘备素日以汉宗室自居，视操父子为篡汉仇敌，但因吴袭杀关羽，攫取荆州，备将东伐，故偷偷向曹丕吊唁曹操之丧，并送锦布，以行权宜之计。正如曹操曾给诸葛亮赠送鸡舌香①一样，故《典略》的记述可能属实。《后汉书》卷82下《左慈传》记有曹操"遣人到蜀买锦"之事，按操比较崇尚节俭，而且禁止穿锦，尚且有购买蜀锦之事，说明魏蜀之间实际贸易并不很少。就蜀汉而论，诸葛亮以赚钱富国为先急之务，自然乐于与魏贸易，且贸易品种也不会只限于蜀锦一项。《左慈传》还言操向左慈表示喜吃"蜀中生姜"，于是，"语顷，即得姜还"。左慈即刻得到蜀姜之事，不过是玩弄魔术，进行欺诈，但魏境已有商贩出售蜀姜，则是完全可能的。诸葛亮曾经多次给孙权送去蜀锦，如《三国志》卷47《吴主传》注引《吴历》曰："蜀致马二百匹，锦千端及方物，自是之后，聘使往来以为常。吴亦致方土所出，以答其厚意焉。"吴蜀既为与国，且有长江水运之便，故二国之间的贸易当较蜀魏之间为兴盛，自不待言。而蜀锦当能通过吴境从海道与东南亚及中亚各国进行贸易，也是意料中事。《蜀都赋》说成都市："市廛所会，万

---

① 《曹操集》（中华书局出版）载曹操《与诸葛亮书》。

商之渊。列隧百重，罗肆巨千。贿货山积，纤丽星繁……舛错纵横。异物崛诡，奇于八方。布有橦华，面有桄榔。邛杖传节于大夏之邑，蒟酱流味于番禺之乡。"《三国志》卷30《乌丸鲜卑东夷传》注引《魏略·西戎传》曰："大秦道既从海北陆通，又循海而南，与交趾七郡外夷比，又有水道通益州、永昌，故永昌出异物。前世但论有水道，不知有陆道。"可以设想，蜀汉时与大秦（即罗马帝国）等国进行包括蜀锦在内的贸易必然较两汉有更大的发展，只是史书失载罢了。

第十七章　孙吴的经济

一、屯田的兴办时间和地点

江南广大地域，土壤肥沃，气候温暖，雨水丰沛，然而人口稀少，可垦地多，农业发展潜力极大。自春秋战国以降，南方经济文化日趋进步。汉末中原战乱，人民大量南移，使孙吴在江南立国获得众多的劳动力和生产技术。三国之中，吴最后亡，孙氏在江南统治八十五年，通过广大军民的艰辛劳动，江南以至岭南的开发，又达到了一个新的高度。日后东晋南朝所以能够以江南半壁与北方经济发达地区相对峙达二百七十余年之久，是与孙吴时期的开发分不开的。

孙吴也和曹魏一样，政府一切开支除仰赖广大个体农民供给以外，还需兴办军民屯田，以补充军粮之不足。由于古代史家对农业生产记述很少，所以流传至今的有关孙吴屯田史料比曹魏更缺乏。我们只能根据一些零碎而模糊的史料，试为蠡测与缕述。据《三国志》卷47《孙权传》载：

> （黄武）五年（226年）春，令曰："军兴日久，民离农畔，父子夫妇，不听相恤，孤甚愍之。今北虏缩窜，方外无

事，其下州郡，有以宽息。"是时，陆逊以所在少谷，表令诸将增广农亩。权报曰："甚善，今孤父子，亲自受田，车中八牛，以为四耦。虽未及古人，亦欲与众均等其劳也。"

以上材料说明：长期战争使农民兵役、劳役负担十分沉重，生活至为困苦。所在少谷情况，使孙吴统治者感到颇有"增广农亩"的必要，从"陆逊表令诸将增广农亩"一语看，诸将均已从事屯田，但需扩大生产。至于孙吴开始兴办屯田的时间，还需稍加讨论。据《三国志》卷58《陆逊传》载：

> 孙权为将军（在建安五年，即公元200年），逊年二十一，始仕幕府，历东西曹令史，出为海昌屯田都尉，并领县事。

《陆逊传》言逊死于孙权赤乌八年（245年），享年六十三。由此推知逊始仕孙权将军幕府在建安八年（203年）。此后逊做过东西曹令史，估计逊出任海昌屯田都尉约在建安十年或稍后。但不能把逊任屯田官作为孙吴开始兴办屯田的时间。一般史家认为吴屯田晚于曹操建安元年的许下屯田。我以为从孙吴的主客观条件看，孙吴也并非没有在建安元年左右已开始兴办屯田的可能。因为江南战争较少，许多地区有安定的环境可以屯田。据《三国志》卷7《吕布传附陈登》注引《先贤行状》载，徐州牧陶谦于兴平元年（194年）或稍前，表陈登为典农校尉，在广陵郡东阳县进行屯田。当时江东情况尚较广陵安定，陈登既然能在广陵屯田，孙策、孙权为什么不能在丹阳郡或吴郡屯田呢？诸如以下情况，都存在兴办屯田的可能，如献帝兴平二年（195年），孙策渡江南下，将扬州刺史刘繇从曲阿赶到豫章，繇将太史慈遁于芜湖山中，自称丹杨太守，并"进住泾县，立屯府，大为山越所附"①。此"屯府"可能即太史慈屯田处所，不然附慈山越何所食呢？太史慈被孙策俘获后，大受亲用。史言："刘繇亡于豫章，士众万余人未有所附，策命慈往抚安"②之。慈完成任务后，孙策对刘繇旧部万余人如何发落，史未叙及，以情理度之，令之屯田，既为当时情况所需，即不能说没有可能。又如《三国志》卷46《孙策传》注引《江表传》载：

（策）自与周瑜率二万人步袭皖城，即克之，得（袁）术百工及鼓吹部曲三万余人……皆徙所得人东诣吴。

《通鉴》系此事于建安四年（199年）。至于袁术部曲三万余人徙吴后如何安置，据《三国志》卷55《陈武传》言"策破刘勋，多得庐江人，料其精锐，乃以武为督"。其他体质较弱的自可能令之屯田。当建安五年（200年）孙策被刺身亡，孙权继统其众，旧策所置庐江太守李术不肯事权，权攻克之，"徙其部曲三万余人"③，这样多的降人，不令其屯田，又何所食？陆逊之出为海昌屯田都尉，即系办理屯田，吴和丹阳两郡还有不少比海昌更为

①《三国志》卷49《太史慈传》。
②《三国志》卷49《太史慈传》。
③《三国志》卷47《吴主传》注引《江表传》。

重要的军事、经济地点，岂有不早已开办屯田之理。孙吴的自然条件极宜屯垦，所缺的是劳动人手，当时江北人民既源源南下，而孙策、孙权又获得袁术、刘繇及刘勋等旧部曲，加以山越人民接连不断地被孙氏降服，所以我们可以确信孙氏在江东立国之初，就会利用敌人旧部曲、南下流民和山越降人兴办屯田。我们对于孙吴举办屯田的时间，不宜估计甚迟。

从地理条件观察，孙吴屯田不可能有曹魏许下和淮南北屯田那样集中。原因之一是南方多丘陵山地，缺乏大的平原旷野。魏吴在长江中下游相对峙的情况是，吴军擅长水战，但因缺马，难以与魏军骁骑争逐于北方旷野，故吴乃防守有余，进攻不足，这就使得吴对魏采取了防守为主、攻取为辅的基本战略。纵然如此，长江中下游数千里，皆需设防，处处置兵，有兵则不能缺粮，因此孙吴屯兵之处，一般都令军士屯田。黄武五年（226年）陆逊上疏建议"令诸将增广农亩"，表明诸将已进行屯田，否则何以言增广呢？诸将不只在防地屯田以自食，得到敌人城池土地，亦往往就地屯田。据《三国志》卷51《宗室·孙韶传》载：魏吴经常交兵的"徐、泗、江、淮"间，双方"不居者各数百里"。由于淮南战争地带接近东吴，且吴军饶江河运粮之利，魏军则输粮线长而运艰，不能不收缩兵力，以免受到吴人掩袭。当时魏在淮南重镇合肥以南，只剩下一个皖城。《通鉴》卷67建安十九年载：

> 初，魏公操遣庐江太守朱光屯皖，大开稻田。吕蒙言于孙权曰："皖田肥美，若一收孰，彼众必增，宜早除之。"闰

> （五）月，权亲攻皖城……获朱光及男女数万口……拜吕蒙
> 为庐江太守。

《吴主传》记此事在建安十九年（214年）。孙权得其地，自然会利用降民继续进行屯田。《三国志》卷26《满宠传》载：

> （青龙）三年（235年）春，权遣兵数千家佃于江北。至八月，（魏征东将军、都督扬州诸军事满）宠以为田向收熟，男女布野，其屯卫兵去城远者数百里，可掩击也。遣长吏督三军循江东下，摧破诸屯，焚烧谷物而还。

皖城是庐江郡治，从其西北方向流来的皖水，经皖城东入长江，其入江之口叫皖口（在今安徽安庆市）。吴嘉禾六年（237年），诸葛恪镇压丹阳山越，获得"甲士四万"，他自领万人，"率众佃庐江、皖口"①。又据《通鉴》卷80晋武帝咸宁四年（278年）载：

> 吴人大佃皖城，欲谋入寇。都督扬州诸军事王浑遣扬州刺史应绰攻破之，斩首五千级，焚其积谷百八十余万斛、践稻田四千余顷，毁船六百余艘。

以上史料说明庐江郡江北部分是孙吴屯田重点区之一，直至吴

---

① 《三国志》卷64《诸葛恪传》。

亡。

孙吴在今安徽的重点屯田区，还有于湖。于湖在今当涂县南，濒临长江南岸。其北至合肥一带，是魏吴以重兵交战的场合。《宋书》卷35《州郡志》言："于湖令，晋武帝太康二年分丹杨县立，本吴督农校尉治。"以吴在于湖设置督农校尉的郡级典农官来看，其屯田应为民屯，而与江北之多为军屯者不同。

毗陵（今江苏常州市），是东吴规模最大的屯田区。《宋书》卷35《州郡志》言："吴时分吴郡无锡以西为毗陵典农校尉。"毗陵西北有建业和京（今镇江市），东南有吴，吴是孙权最初屯驻地。建安十三年（208年）孙权自吴迁京。建安十六年（211年）又自京西都建业（原名秣陵，今南京市）。自吴至建业地带既是孙吴政治、经济中心，又当运河北上要道，而且靠近山越居地。山越是吴国军队和屯田的主要人力来源。所以毗陵成为吴重点屯田区。据《三国志》卷52《诸葛瑾附子融传》注引《吴书》载：

> 赤乌中（238—249年），诸郡出部伍（部队），新都都尉陈表、吴郡都尉顾承各率所领人会佃毗陵，男女各数万口。表病死，权以融代表。

陈表、顾承的队伍中有不少山越人。史既言"诸郡出部伍"，则参加屯田的部队，当还有些是从别处来的。陈表、顾承各自率领的部队及家属各达数万人，说明在毗陵屯田的总人数是很多的，故后来孙权又设毗陵典农校尉。毗陵屯田的重要性也就不言而喻了。

　　孙吴在今江苏南部的江乘、湖熟、溧阳等地，都设有典农都尉①，苏南的屯田，不只为了供应军粮，也有巩固国本、支援四方的作用。

　　孙吴在今湖北境内的屯田也是比较多的。荆州居吴上游，对捍卫下游的安全，至关紧要。魏齐王芳嘉平二年（250年），魏荆州刺史王基曾建议在江陵北沮、漳二水及安陆涢水流经的平原地带"水陆并农，以实军资"②，然后引兵进攻江陵、夷陵等地，以达到取荆灭吴的目的。魏既有此打算，吴对魏的策略，也是务农积谷而后图之。因之吴在长江沿岸的军事重镇和交通要地都开置屯田，其中最重要的当推江陵、夷陵和寻阳。

　　江陵是吴荆州南郡的首府。由于"江陵平衍，道路通利"③，所以吴主要将领周瑜、鲁肃、吕蒙、陆逊、朱然等都曾在江陵镇守。驻军既多，附近土田又肥沃，所以吴把江陵作为一屯田重点，正如魏将江陵以北地区作为屯田重点一样。据《宋书》卷64《何承天传》载何承天《安边论》曰："吴城江陵，移民南涘……襄阳之屯，民夷散杂。"可知江陵是有屯田的。

　　夷陵（也称西陵，今湖北宜昌市）的情况，也同江陵类似。陆抗曾给孙皓上疏言："臣父逊昔在西垂陈言，以为西陵国之西门……如其有虞，当倾国争之。"④说明夷陵地位非常重要。故吴在江陵至夷陵以西地带有重兵驻防，陆抗既以善守御著名，他对军粮的生产与供应，自会有妥善安排。魏人对夷陵亦经常觊觎观

---

① 《宋书》卷35《州郡志》。
② 《三国志》卷27《王基传》。
③ 《三国志》卷58《陆逊附子抗传》。
④ 《三国志》卷58《陆逊附子抗传》。

隙，如《三国志》卷27《王基传》载：

> 王基……出为荆州刺史……随征南王昶击吴。基别袭步
> 协于夷陵，协闭门自守。基示以攻形，而实分兵取雄父邸阁
> （在西陵界，今宜昌市西北），收米三十余万斛，虏安北将军
> 谭正，纳降数千口。于是移其降民，置夷陵县。

雄父邸阁的存米三十余万斛中相当一部分应为驻守夷陵一带军士
及其家口所生产。所谓"纳降数千口"及"降民"，当指守卫雄
父邸阁的军士及在附近屯田的家口。孙吴在夷陵兴办屯田的证
据，虽不直接而明显，但据《宋书·州郡志》等的记述，长江下
游的溧阳、湖熟、于湖、江乘、毗陵等地都有屯田，居于"国之
西门"并驻有重兵的西陵岂有不兴办屯田之理。当凤凰元年
（272年）吴西陵督步阐据城以叛时，陆抗曾言西陵"处势既固，
粮谷又足"。雄父邸阁的存粮当为军民屯田所积储，可毋庸置疑。

今湖北广济县城东三国时有寻阳县，当时隶属吴之扬州蕲春
郡。吕蒙等攻克皖城，擒获魏庐江太守朱光，孙权赐吕蒙"寻阳
屯田六百人，官属三十人"。表明寻阳原有屯田。当吴主孙亮建
兴元年（252年）诸葛恪攻魏合肥新城失败后，仍"图起田于浔
阳"，也说明浔阳是吴屯田据点。类似浔（寻）阳这样的屯田地
点而史书失载者必然不在少数。

除了长江沿岸地带以外，在江南广大腹地也分布着一些屯田
地点。其中有军队驻守的地方，多为军屯；设有农官地区多为民
屯。但孙吴军屯与民屯的区别较曹魏更不易分辨清楚。因为孙吴

的郡县官和屯田官往往由一人兼任。而孙吴文官武将并非截然分途，文官大都带兵，武将多兼领州郡。将士家属一般随军居住，军队驻地的兵士及其家属往往从事屯田，而且附近也可能杂有民人屯田。比如毗陵屯田，有人认为是军屯，因史言"诸郡出部伍"，部伍即军队；有人言是民屯，因为有毗陵典农校尉等农官的设置。事实上，军屯与民屯往往同在一地，或两者互相转化，难以截然划分。不论军屯或民屯，都系军事编制，耕种的都是国有土地，多为了供应军粮。正因为如此，所以当时人并未提出屯田有军、民之分。近人为了醒目和便于深入研讨，始加以区分。但如果不管什么情况，都打算把军屯、民屯划分清楚，就难以办到，且勉强为之，亦未必符合实际，似以阙疑为是。

不管怎样，孙吴屯田的规模是够广泛的。把军民安置在土地上进行耕作，以供应军民粮食的不足，是需要而有益的。孙吴的屯田，对江南广大地区经济的进一步发展，也起了积极作用。

三国时期，魏、吴、蜀三国军民多参预了屯田劳动。他们在极度贫困的生活条件下，拖疲体，淌血汗，辟荒斩棘，从事艰苦的劳动，应当说功在史册，值得同情和追思。

二、孙吴屯田的衰落

探索孙吴屯田的衰落，首先要从屯田生产者的境遇状况谈起。孙权时政治还比较好些，但吴国军民（当然包括屯田兵民）并未免除贫困状态。例如《三国志》卷57《骆统传》载：

是时，征役繁数，重以疫疠，民户损耗，统上疏曰：

"……今强敌未殄，海内未乂，三军有无已之役，江境有不释之备，征赋调数，由来积纪，加以殃疫死丧之灾，郡县荒虚，田畴芜旷，听闻属城，民户浸寡，又多残老，少有丁夫……且又前后出为兵者，生则困苦，无有温饱，死则委弃，骸骨不反，是以尤用恋本畏远，同之于死。每有征发，羸谨居家重累者先见输送。小有财货，倾居行赂，不顾穷尽，轻剽者则迸入险阻，党就群恶。百姓虚竭，嗷然愁扰，愁扰则不营业，不营业则致穷困，致穷困则不乐生，故口腹急，则奸心动而携叛多也。又闻民间非居处小能自供，生产儿子，多不起养；屯田贫兵，亦多弃子。……而兵民减耗，后生不育，非所以历远年，致成功也……方今长吏亲民之职，惟以辨具为能，取过目前之急，少复以恩惠为治，副称殿下天覆之仁，勤恤之德者。官民政俗，日以凋弊，渐以陵迟，势不可久……"权感统言，深加意焉。

根据《骆统传》及其他记述，骆统上此疏的时间当在建安二十二年（217年）至孙权始为吴王的黄武元年（222年）吴蜀夷陵之战以前。从疏中可知孙权统治前半期军民生活的困苦情况：竭尽民力的征役，繁重的赋税剥削，加上战争疾疫，使得田荒户损，军民并困，民间百姓和屯田贫兵，多数生子无法养活。社会政俗，日趋败坏，人民逃亡。骆统出于忧国恤民的满腔热忱，奏请孙权及时寻求补复之计，使残余之民得有活路。由于骆统所言，切中时弊，故孙权深受感动，乐于接受，表明孙权时问题虽多，但统治者尚有一定程度的朝气和作为，故不畏指摘其短。再看孙权的实际言行，比如《三国志》卷47《吴主传》载：

> （赤乌）三年（240年）春正月，诏曰："盖君非民不立，民非谷不生。顷者以来，民多征役，岁又水旱。年谷有损，而吏或不良，侵夺民时，以致饥困。自今以来，督军、郡守，其谨察非法，当农桑时，以役事扰民者，举正以闻。"……冬十一月，民饥，诏开仓廪，以赈贫穷。

《吴主传》注引《江表传》载权赤乌十年（247年）孙权诏曰：

> 建业宫乃朕从京来所作将军府寺耳，材柱率细，皆以腐杇，常恐损坏。今未复西，可徙武昌宫材瓦，更缮治之。

由上二诏，可知孙权尚有一定程度的恤民节用措施。但从孙亮（252至258年在位）、孙休（258至264年）以降，特别是至孙皓统治时（264至280年），每况愈下，积弊重重，屯田军民与广大农民倍受盘剥，苦不胜言。例如孙休在永安元年（258年）下诏说：

> 诸吏家有五人，三人兼重为役，父兄在都，子弟给郡县吏，既出限米，军出又从，至于家事，无经护者，朕甚愍之。其有五人，三人为役，听其父兄所欲留，为留一人，除其米限，军出不从。

以上所说的吏家，即下吏之家。有五口男丁的吏家竟常有三人在外服役，而且还照旧缴纳限米，所以连孙休也感到太苛重，因而下诏削减一人服役。诏书是这样说的，是否能执行还很成问题。不过，吏家尚且负担如此苛重的兵役徭役，自耕农户和屯田兵民之家自然不会比此更好，只有更坏。继孙休之后的孙皓，是著名的暴君，史书所记其虐民事迹，至今读之，犹令人发指。对此，本书第十一章已有所介绍，这里就涉及屯田问题，再作些说明。如《三国志》卷65《贺邵传》载贺邵给孙皓上疏言当时的军民疾苦状况说：

> 自登位以来，法禁转苛，赋调益繁；中官内竖，分布州郡，横兴事役，竞造奸利。百姓雁杼轴之困，黎民罢无已之求，老幼饥寒，家户菜色。而所在长吏，迫畏罪负，严法峻刑，苦民求办。是以人力不堪，家户离散，呼嗟之声，感伤和气。又江边戍兵，远当以拓土广境，近当以守界备难，宜特优育，以待有事，而征发赋调，烟至云集，衣不全裋褐，食不赡朝夕，出当锋镝之难，入抱无聊之感。是以父子相弃，叛者成行。……

另外，《陆凯传》还载有陆凯谏孙皓二十事，如言"征调州郡，竭民财力"；"农桑并废"；"江边将士，死不见哀，劳不见赏"；"州县职司，或莅政无几，便征召迁转，迎新送旧，纷纭道路，伤财害民，于是为甚"；等等。

前已叙及，早在孙权统治前期，吴军民生活就已处于贫困的境地，到孙皓统治时，如同以上贺邵、陆凯所揭示，广大吴国军民更坠入了绝望的苦海深渊，孙吴政权加到军民身上的苛重的徭役和赋税负担，更使广大军民喘不过气来，于是父子相弃，叛者成行。在这样的情况下，屯田事业怎能维持下去呢？东吴政权的残酷剥削特别是苛重的徭役，迫使屯田军民大批逃亡，这是孙吴屯田衰落的最主要原因。

其次，吴国将官令其部曲或屯田吏民经商逐利之事，也加速了屯田的破坏。早在建安二十年（215年）稍后，桂阳太守全柔即命其子全琮乘船赍米数千斛到吴市易[①]。孙休时，屯田官吏经商颇为普遍，孙休在永安二年（259年）下诏曰："自顷年以来，州郡吏民及诸营兵，多违此业，皆浮船长江，贾作上下，良田渐废，见谷日少。"[②]说明州郡长官及屯田官令吏民经商之事已积重难返，影响了粮谷生产，破坏了屯田制度。

此外，孙吴将领通过世袭领兵制，控制士兵和屯田民，使许多屯田土地转入私家手中。孙吴甚至将屯田吏民赏赐给功臣。前已叙及，建安十九年（214年），因吕蒙在攻克皖城战役中立有功劳，孙权拜蒙为庐江太守，"所得人马皆分与之，别赐寻阳屯田六百人，官属三十人"[③]。这是把众多屯田吏民作为赏赐之例。其他以少量田地、客户赏赐功臣之事，更属多见，其中田地可能包括屯田土地，客户可能即屯田民。这些也造成了屯田的衰落。关于世袭领兵制和赐田复客制，后文还要谈到。

---

① 《三国志》卷60《全琮传》。
② 《三国志》卷48《孙休传》。
③ 《三国志》卷54《吕蒙传》。

不过孙吴的屯田，不似曹魏那样兴办时敞开言路，取消时有诏令，而是来无踪去无影，所以很难断定其废止的具体时间。

三、孙吴的自耕农经济和地主土地所有制的发展

孙吴统治地区的广阔大致和曹魏差不多，而适于农作物生长的自然条件却远远优于曹魏。惟从人口的数量和土地开辟的程度来说，孙吴大大落后于曹魏。正因为如此，所以孙吴统治者自始即以掠夺农业劳动力为国策。如：建安四年（199年），孙策攻克皖城，徙袁术百工及鼓吹部曲三万人至吴[①]。建安五年（200年），孙权攻克不肯服从的庐江太守李术于皖城，徙李术部曲三万余人[②]。建安十二、十三年（207、208年），孙权两次进攻江夏太守黄祖，皆虏其人民而还[③]。建安十九年（214年），孙权征皖城，"获庐江太守朱光、参军董和及男女数万口"[④]。赤乌四年（241年），吴将"全琮略淮南，决芍陂，烧安城邸阁，收其人民"[⑤]。赤乌六年（243年），吴将诸葛恪"袭六安，掩其人民而去"[⑥]。孙吴统治者除了向魏边境掠夺农业劳动力以外，还不断掳掠其境内山区越汉人口。这后一农业劳动力来源待讲到吴国境内的少数民族时再行叙述。孙吴通过掠夺迁徙境内外人口，使劳动力不足

---

① 《三国志》卷46《孙策传》注引《江表传》。
② 《三国志》卷47《吴主传》注引《江表传》。《资治通鉴》卷63建安五年叙此作："徙其部曲二万余人。"
③ 《三国志》卷47《吴主传》。
④ 《三国志》卷47《吴主传》。
⑤ 《三国志》卷47《吴主传》赤乌四年。
⑥ 《资治通鉴》卷74魏正始四年春。

的问题，有所缓和，这不仅有利于屯田的推行，也有益于自耕农和地主经济的发展。现在谈谈孙吴的自耕农经济概况。我们从吴国君臣对话中，可以看出孙吴所以能立国的主要力量源泉乃来自广大自耕农民。如嘉禾七年或赤乌元年（238年），孙权对其将帅大臣诸葛瑾、步骘、朱然、吕岱等说："自孤兴军五十年，所役赋凡百皆出于民"①；陆凯给孙皓上疏言："民者，国之根也……民安则君安，民乐则君乐"②；华覈给孙皓上疏亦言："夫财谷所生，皆出于民，趋时务农，国之上急……臣闻主之所求于民者二……谓求其为己劳也，求其为己死也……今……主之二求已备"③，等等。诸如此类的话，都说明个体农民是创造物资财富的基本力量，连封建统治者都有所知悉。事实上，地主阶级口头上说的是一套，做的又是另外一套。我们前面所讲由于封建统治阶层的贪暴腐朽而招致的吴国屯田军民的悲惨遭遇，同样也是广大自耕农民的痛苦写照。有关自耕农的一些具体情况，《三国志》卷60《钟离牧传》有如下记载：

> 钟离牧，字子幹，会稽山阴（今浙江慈溪县）人……少爱居永兴（今浙江萧山县），躬自垦田，种稻二十余亩。临熟，县民有识认之。牧曰："本以田荒，故垦之耳。"遂以稻与县人。县长闻之，召民系狱，欲绳以法，牧为之请。长曰："君慕承宫，自行义事，仆为民主，当以法率下，何得

---

① 《三国志》卷47《吴主传》赤乌元年。
② 《三国志》卷61《陆凯传》。
③ 《三国志》卷65《华覈传》。

寝公宪而从君邪？"牧曰："此是郡界，缘君意顾，故来暂住。今以少稻，而杀此民，何心复留？"遂出装，还山阴。长自往止之，为释系民。民惭惧，率妻子春所取稻，得六十斛米，送还牧，牧闭门不受。民输置道旁，莫有取者。牧由此发名。

由上可知：（1）钟离牧和该认田县民都躬自垦田和春稻，说明他们都是自耕农；（2）当时永兴县荒田甚多，谁垦种即归谁所有；（3）如非己地，而来冒领，侵夺他人劳动果实，即属犯罪，甚至可被县长判处死刑；（4）每亩地所产稻能春得米近三斛，说明产量不低。由此观之，东吴的自耕农经济有一定的发展。永兴县地处钱塘江三角洲上，属江东宜农地区，尚有荒地甚多，其他孙吴广大地域可耕荒地自然所在多有。这对自耕农来说，也是很有利的。《三国志》卷53《阚泽传》言：山阴人阚泽"家世农夫，至泽好学，居贫无资，常为人佣书，以供纸笔"。阚泽先人"世为农夫"，说明是自耕农户，阚泽从小爱好读书，因家贫，买不起纸笔，常为人抄书，以取得一点佣钱，他们的生活是相当困苦的。孙吴君臣不仅在言论上关注自耕农，同时也有一些措施。据《三国志》卷57《骆统传》载：

> 统年二十，试为乌程相，民户过万，咸叹其惠理。权嘉之，召为功曹，行骑都尉，妻以从兄辅女。

可见孙权考察地方官政绩的重要标准，是视其辖区民户有无增减。乌程是侯国，相当于县，原户不满万，经过骆统治理，民户始得过万，户口的增加，意味着纳税、服役和当兵的人增加，所以骆统受到了孙权的赏识，被调到将军府任要职，并妻以族女。这样处置，体现了孙吴政权对增加编户自耕农民的重视。孙吴的编户自耕农属郡县管辖，也叫县户或正户。孙吴编户农民的地位似乎逊于曹魏编户，政府可以更轻易地把他们变为屯田民或军户，甚至赏给功臣作佃客。例如孙权爱将陈武于建安二十年（215年）从权出击合肥时战死，孙权除命武爱妾殉葬外，还赐武家二百户复客，《三国志》卷55《陈武附子表传》载陈武之子陈表得赐之后的情况：

> 嘉禾三年（234年）……以表领新安（今浙江衢州市）都尉……初，表所受赐复人得二百家，在会稽新安县。表简视其人，皆堪好兵，乃上疏陈让，乞以还官，充足精锐。诏曰："先将军有功于国，国家以此报之，卿何得辞焉！"表乃称曰："今除国贼，报父之仇，以人为本。空枉此劲锐，以为僮仆，非表志也。"皆辄料取，以充部伍。所在以闻，权甚嘉之，下郡县，料正户羸民，以补其处。表在官三年，广开降纳，得兵万余人。

由上可知，孙权赐给陈武家的复人（即免除为政府纳税服役的客户），原来并不是依附于别人的客户，所以陈表才说："空枉此劲锐，以为僮仆。"根据当时"强者充兵，弱者补户"的准则，陈表还是让他们充作政府"部伍"（战士）。孙权为了嘉奖陈表的操尚，又令郡县另外料取正户中比较贫弱者给陈表作复客。可见自耕农作为国家编户，可以随时被用于赏赐。《三国志·吴书》中还有类似的叙述，如同卷《潘璋传》：

> 潘璋……嘉禾三年（234年）卒……璋妻居建业，赐田宅，复客五十家。

以上所谓"复客"与"复人"相同，皆谓依附人户。另外，《三国志》卷54《吕蒙传》言蒙卒后，"蒙子霸袭爵，与守冢三百家，复田五十顷"。这三百家为吕蒙守冢者的身份亦与"复客"相当。编户农民既有被政府赏赐给功臣武将作复客的可能，说明他们的身份亦非真正自由。实际上，自耕农也难得完全享有自己用汗水获得的劳动果实，如《三国志》卷52《步骘传》载：

> 步骘，字子山，临淮淮阴人也。世乱，避难江东，单身穷困，与广陵卫旌同年相善，俱以种瓜自给，昼勤四体，夜诵经传。
>
> 会稽焦征羌，郡之豪族，人客放纵。骘与旌求食其地，惧为所侵，乃共修刺奉瓜，以献征羌。征羌方在内卧，驻之移时，旌欲委去，骘止之曰："本所以来，畏其强也；而今舍去，欲以为高，祇结怨耳。"良久，征羌开牖见之，身隐几坐帐中，设席致地，坐骘、旌于牖外，旌愈耻之，骘辞色自若。征羌作食，身享大案，殽膳重沓，以小盘饭与骘、旌，惟菜茹而已。旌不能食，骘极饭致饱，乃辞出。旌怒骘

曰："何能忍此?"骘曰："吾等贫贱,是以主人以贫贱遇之,
固其宜也,当何所耻?"

看样子,步骘和卫旌均非出身于名门望族,故自苏北渡江定
居后,单身贫困,躬自种瓜,属于个体自耕农户。他们因怕受到
豪家及其人客的侵凌,而不得不把一些农产品献给焦征羌。征羌
过去当过征羌县令,故以故官名称之,其人客犹放纵一方,自食
其力的骘、旌也不能不俯首帖耳地修刺送礼,以求平安度日。
骘、旌还都有相当文化,豪族对之犹怠慢若此,一般自耕农民所
受豪族与官府的虐待和盘剥自然就不在话下了。

一般史书认为自耕农的身价高于士卒,我以为未必,因为不
论吴、魏和蜀,都以编户齐民中之"强者充兵,弱者补户"。假
若士卒的待遇不及正户赢民,那末,谁还乐于当兵打仗呢? 至于
自耕农民的处境是否就比私家佃客和国家屯田民好,也需具体分
析,不能一概而论。特别是在战乱之世,个体农民为了逃避兵役
或承受不了苛重的赋役杂税盘剥,投奔豪门,为其役使。豪族为
了扩大私人武装和财富,也施展各种周济手法,使客户甘心受其
役使。比如周瑜、程普死后,孙权曾下令:"故将军周瑜、程普,
其有人客,皆不得问。"[①]这种"人客",即未经政府许可,而私
自招致的非法依附户。私自包庇人客的将军,也绝非只周瑜、程
普二人。这说明战乱之世的编户自耕农,处境险恶,有时还不如
依附于豪家的人客。

前已讲过孙吴统治者对屯田军民的剥削状况,至于自耕农民

---

① 《三国志》卷54《周瑜传》。

所受的赋役等剥削亦大体与屯田军民相同，上节所引用过的史料如骆统、陆凯、华覈、贺邵、陆抗等人的上疏及孙权、孙休的诏令，也主要是针对自耕农民而发的。何况屯田军民也大都来自自耕农民。因此，前面引用过的材料对自耕农同样适用，这里不再援引。但必须说明的即孙吴的自耕农受剥削的方式，有其独特之处，而与曹魏的自耕农有所不同。曹魏施行的田租户调制虽系由两汉的赋役制演化而来，但又有明显的改革。孙吴如何向农民征收田租和绢绵，史无正面叙述。惟孙吴征取算缗，则史有明文，如《三国志》卷48《孙皓传》载：天玺元年（276年），"会稽太守车浚、湘东太守张咏不出算缗，就在所斩之，徇首诸郡"。说明孙吴始终未曾改变汉朝按人口征收缗钱的算赋。按理说，孙吴地广人稀，常有谁垦荒地，收稻即归谁的情况，则田租理应甚轻，但据《三国志》卷48《孙休传》言：

自顷年以来，州郡吏民及诸营兵，多违此业，皆浮船长江，贾作上下，良田渐废，见谷日少，欲求大定，岂可得哉！亦由租入过重，农人利薄，使之然乎！今欲广开田业，轻其赋税，差科强羸，课其田亩，务令优均，官私得所，使家给户赡，足相供养。

从以上情况看，农民的田租负担还是够重的，重得使农民不得不弃农经商。所谓"差科强羸"，即视家赀贫富，定出应缴租税数额。"务令优均"，即课税应平均允当，勿优富欺贫。所谓"官私得所"，只能表明农民并未受到合理对待，官场积弊已深，孙休纵然尚有一点顾及农民利益的愿望，亦何补于事，只是两句空话而已。

现在接着谈一下孙吴的地主经济。

孙吴政权是在江北南下世族地主和江南土著大姓共同支持下成立的。江北南下地主不仅积极参与政权，而且需要重新占有土地和劳动力；江南土著地主也有同样的兼并欲望。孙吴政权为获得这些地主的支持，不仅在政治上给予了仕进的机会和其他照顾，还在经济上给予了种种特权和方便，这就使江南地区的大土地所有制得到了进一步的发展。这主要表现在孙吴将领的世袭领兵制上。孙吴的将领，依例可以世袭领兵，父兄亡后，子弟可以继领其部众官兵，因而所领部众实际上就是将领们的私家部曲。同时，东吴士兵屯田十分普遍，将领领有士兵，也就拥有屯田土地。所以世袭领兵制的实行，意味着将领们可以占有大量的劳动力和土地。也正因为如此，将领领兵的世袭与否和多寡，就直接关系着他们的切身经济利益，也成为孙吴统治集团分享权益的重要内容。比如周瑜有两男一女，女配孙权太子登，长男循尚公主，循早卒，其弟胤又犯罪，徙庐陵，这样，周瑜死后，他的儿子便没有为将的了。于是诸葛瑾和步骘连名上疏，求孙权赦免周胤的罪，还其兵，复其爵，以观后效。权尚未从，朱然和全琮又上疏替周胤说情，孙权碍于大臣的情面，只好应允[1]。周瑜是孙吴第一勋将，诸大将要求孙权赐恩于其子，尚不为太甚。可是，连一般无名将领如成当、宋定、徐顾者流，当他们死后，孙权把他们三人的部曲一齐交由吕蒙带领，吕蒙坚决推辞，他说："顾

---

[1]《三国志》卷54《周瑜传》。

等皆勤国事，子弟虽小，不可废也。"①一连上书三让，孙权只好答应。说明世袭领兵制深入吴国君臣之心，视为理所应得。世袭领兵制大大促进了吴国官吏大族势力的增长。《三国志》卷28《邓艾传》载魏将邓艾言："吴名宗大族，皆有部曲，阻兵仗势，足以建命。"所谓"足以建命"，即指其力量强大得可以按照自己的意图行事，而不必全听命于人主。

除了世袭领兵制，孙吴还有赐田复客制，这也加速了世家大族占有土地和劳动力的势头。如前所述，孙权曾一次赐给吕蒙"寻阳屯田六百人，官属三十人"，吕蒙死后，又"与守冢三百家，复田五十顷"；潘璋死后，"赐田，复客五十家"；陈武卒，即赐"复客二百家"。关于这些情况，记载甚多，可见官僚大族通过这个途径占有土地和复客的当不在少数。

另外，孙吴对中下级官吏，还有所谓"殊其门户"的优待。例如孙权弟孙翊为其部属妫览、戴员等杀死，妫览欲逼取翊妻徐氏。徐氏暗中与翊亲近旧将孙高、傅婴等谋杀妫览、戴员，事成之后，孙权"擢高、婴为牙门，其余皆加赐金帛，殊其门户"②。又如守始平长丁览"为人精微絜净，门无杂宾。孙权深贵待之，未及擢用，会病卒。甚见痛惜，殊其门户"。又如零陵太守徐陵卒后，"僮客土田，或见侵夺，骆统为陵家讼之，求与丁览、卜清等为比，权许焉"③。由此可知，"殊其门户"的好处，乃在于"僮客土田"不见侵夺。可知孙吴也重视保护中下级官吏对土田

①《三国志》卷54《吕蒙传》。
②《三国志》卷15《孙韶传》注引《吴历》。
③《三国志》卷57《虞翻传》注引《会稽典录》。

僮客的占有。

概而言之，在孙吴领兵世袭制和赐田复客制下，南方世家大族拥有大量土地和人手，当然他们还可以通过其他合法和非法手段，肆行兼并。这些都使地主大土地所有制迅速发展，世家豪族的力量也随之扩大。《抱朴子·外篇》卷34《吴失篇》形容吴之世家豪族曰：

> 势利倾于邦君，储积富乎公室……僮仆成军，闭门为市，牛羊掩原隰，田池布千里……金玉满堂，妓妾溢房，商贩千艘，腐谷万庾……粱肉余于犬马，积珍陷于帑藏。

左思《吴都赋》亦言：

> 虞、魏之昆，顾、陆之裔，……朱轮累辙，陈兵而归，兰锜（兵器架）内设。

以上的描写，虽不无夸张之处，吴国的世家巨族拥有经济、军事、政治三个方面的综合势力，则为并时的魏、蜀豪族所难以比拟。东晋南朝门阀势力终究发展到更高的顶峰，孙吴时期实为之奠定了基础。

当然，从客观上的效果而言，江南经济的迅速发展繁荣，也有赖于孙吴八十余年的经营，而且，随着封建依附关系的加强，进一步清除了南方较为严重的奴隶制残余，而封建生产关系的发展，对于南方经济也起了一些促进的作用。

四、孙吴的手工业和海外交往

吴和魏、蜀一样，富有者穿丝绸，劳动群众穿葛麻。江东的丝织品质量虽逊于蜀、魏，麻葛织品则有过之而无不及。《三国志》卷49《士燮传》言："燮每遣使诣权，致杂香细葛，辄以千数。"交州的细葛既可作为贡物送到吴郡，则其质量当有不下于吴郡葛织物的可能。左思《吴都赋》言："蕉葛升越，弱于罗纨。"蕉葛指葛之细者，升（布八十缕为升）越，指越布之细者。就是说，优质越布、葛布比罗纨还柔软。可见葛布的精致。江东的麻织业，东汉初已经兴盛。《后汉书》卷81《独行·陆续传》言续"喜着越布单衣，光武见而好之，自是常敕会稽郡献越布"。汉章帝时，马太后曾以白越三千端为赏赐。《全三国文》载曹丕诏，嗤江东之衣布服葛，谓"江东为葛，宁可比罗纨绮縠"。曹丕的话只能就上层人士的服着而言，至于人民群众的衣着，曹魏并不比孙吴优越。曹丕为魏王后尝言："虽倾仓竭府以振魏国百姓，犹寒者未尽暖，饥者未尽饱"；又言："且闻比来东征，经郡县，历屯田，百姓面有饥色，衣或裋褐不完"①。吴国百姓挨饿受冻的情况在史书中甚少叙及，虽说系由南方天暖物丰使然，但吴民衣着问题较魏为佳，则可能是事实。孙吴的丝织业亦并非太差，《三国志·吴书》常以农桑并提②，说明丝织手工业已遍及家家户户。左思《吴都赋》有"岁贡八蚕之绵"一语，表明纳税民

---

① 《三国志》卷2《文帝纪》注引《献帝传》载禅代之事。

② 如《三国志》卷65《华覈传》载覈给孙皓上疏言孙权时，"广开农桑之业"。又如《孙权传》言：赤乌三年（240年）权诏曰："当农桑时，以役事扰民者，举正以闻。"

户多养蚕织丝。吴皇室有专门织络的女工，孙皓时达到千余人。华覈给孙皓上疏言："今事多而役繁，民贫而俗奢，百工作无用之器，妇人为绮靡之饰，不勤麻枲，并绣文黼黻，转相仿效，耻独无有，兵民之家，犹复逐俗。内无儋石之储，而出有绫绮之服。"①由此可知，农户原多绩麻葛为衣，由于风俗奢靡，穿丝织衣的吏民商贾日益增多，这样便伤害了麻葛业的发展，致使公私皆贫。因之华覈建议令吏士之家普遍绩麻枲，人户一岁一束，则数年之后，布帛必积，而国可富。

吴地自古即以盛产盐铁著称。春秋战国时的吴、越，西汉时的吴王刘濞，都以煮盐冶铁而致富强。周瑜亦曾以吴"铸山为铜，煮海为盐，境内富饶"的理由，劝说孙权抗御曹操，因而有赤壁之捷。

《御览》卷343引陶弘景《刀剑录》言："吴主孙权黄武四年（225年）采武昌山铜铁，作千口剑、万口刀，各长三尺九寸，刀斗方，皆南钢越炭作之。"武昌附近的大冶至今犹以盛产钢铁著名。当时孙吴两度以武昌为首都，即都建业时，亦令重臣陆逊等镇武昌。其所以如此重视武昌，除武昌为长江中游重镇外，其铜铁资源富饶，当亦为原因之一。《三国志》卷64《诸葛恪传》言丹阳及其近郡山出铜铁，山越能自铸甲兵，山越所以能为吴患，其住地出铁为一原因。《三国会要》卷19《盐铁》引《唐六典》言："江南诸郡有铁者，或置冶令或丞。皆吴时置。"吴将贺齐"兵甲器械，极为精好……弓弩矢箭，咸取上材，蒙冲斗舰，望之若山"，致使魏将曹休望而惮之。吴在长江航行的大船即有上

① 《三国志》卷65《华覈传》。

下五层，可容三千人①。当时吴在建安郡（今福建省地）设有典船校尉，掌管谪徙之人作船。大官如临海太守奚熙、会稽太守郭诞等均因故被孙皓送赴建安作船②。

由于孙吴的手工业特别是造船业发达，所以与海外关系也有发展。孙权黄龙二年（230年）正月，孙权遣将军卫温、诸葛直将甲士万人浮海求夷洲（今我国台湾省）及亶洲（今日本）。他们费了将近一年工夫没有找到亶洲，"但得夷洲数千人还"。《三国志》卷60《全琮传》言：权征夷洲，"军行经岁，士众疾疫死者十有八九"。但载回的夷洲数千人，也是一个不小的数字，从此这数千夷洲人与吴人杂居，繁衍子孙。毫无疑问，从此大陆人对夷洲情况有了更多的了解。故此后吴丹阳太守沈莹能撰写出《临海水土异物志》一书③。该书所记夷洲的自然条件与今台湾省北部酷似，而所记当时夷洲人的风俗习惯等也可从今台湾省高山族中找到，说明夷洲即台湾。因此，我们说吴人夷洲之行意义是重大的。当时吴国所辖的交州已包括朱崖洲（今海南岛）及交趾、九真、日南三郡。交州刺史吕岱曾"遣从事南宣国化，暨徼外扶南、林邑、堂明诸王各遣使奉贡"。所谓"奉贡"，实即互市。孙吴与大秦（罗马帝国）也有交往。《梁书》卷54《诸夷传·中天竺国》载：孙权黄武五年（226年），有大秦贾人秦论来到交趾，交趾太守吴邈遣送诣权，权问方土谣俗，论具以事对。

① 《水经注》卷35《江水》引庾仲雍《江水记》云昔孙权装大舶，"载坐直之士三千人"。
② 见卢弼《三国志集解》卷48《孙皓传》凤凰三年。
③ 此书久已散失，今人张崇根撰有《临海水土异物志辑校》，农业出版社1981年版。

时诸葛恪讨丹阳，获黝、歙短人，论见之曰："大秦希见此人。"权以男女各十人，差使会稽刘咸送论。咸于道物故，论乃径还本国。这是大秦人从海道来者。

孙吴的海上交通往来，加强了祖国大陆和台湾的联系，也促进了中外贸易和文化的交流。当时东南亚所产的象牙、翡翠、玳瑁等不断进入中国，中国的土特产品以及文物等也传到各国各地区，这就为东晋南朝海上贸易的进一步发展，奠定了基础。

第十八章　三国时的匈奴和乌桓、鲜卑

一、匈奴

匈奴是我国古老的民族之一。《史记》卷110《匈奴列传》谓："匈奴，其先祖夏后氏之苗裔。"《索隐》："乐产《括地谱》云：'夏桀无道，汤放之鸣条，三年而死，其子獯粥妻桀之众妾，避居北野，随畜移徙，中国谓之匈奴。'其言夏后苗裔，或当然也。"以上匈奴系夏后氏苗裔的说法，学者多持怀疑态度。然《史记》中一些远古记事的真实性已多为考古材料所证实。则匈奴出自夏后氏之说当亦有所据。匈奴妻后母之俗与《括地谱》所言"夏桀之子獯粥妻父之众妾"正复相同。在中国少数民族中，匈奴使用铁制工具较早，显系受汉人影响。故至少在匈奴贵族与夏后氏之间是有一定血缘关系的。据史书记述，自周以降，匈奴即甚强盛。战国时，燕、赵、秦三国邻近匈奴，时遭匈奴抢掠，因之三国皆修筑长城，以为屏障。秦始皇时，先将匈奴逐出河套，继之修缀长城，采取以守为主的长期防御方略。刘邦灭掉项羽后，移兵反击匈奴，被冒顿单于围困于白登，危而后解。汉初各帝皆未能排除匈奴侵扰，唯有权借和亲，嫁女纳币，以求粗安。武帝凭数世之蓄积，靠举国之人力、财力，对匈奴大张挞伐。匈奴被迫远徙，汉之兵马财货损耗亦至巨，致使"海内虚耗"①"官民俱匮"②。往后匈奴虽不足为汉大害，然侵掠边境之事，仍不时发生。至汉宣帝神爵二年（前60年），匈奴贵族因争夺单于位，发生内讧。神爵四年（前58年），匈奴左地贵族共立稽侯狦为呼韩邪单于。宣帝五凤元年（前57年），酿成"五单于争立"的局面。五凤四年（前54年），呼韩邪单于与其兄郅支单于战斗失败，单于庭遂为郅支占有，于是呼韩邪决计降汉。宣帝甘露二年（前52年），呼韩邪款五原塞。次年正月，朝见天子，汉隆重接待，居之北边，赈以谷食。郅支单于亦遣子入侍，图谋离间汉与呼韩邪的关系，未能得逞，乃西行经略右地，初尚得手。但由于郅支骄横，未能得到西域诸国拥戴，落得孤立困厄，在赴康居途中，"人众中寒道死，余才三千人"③。汉元帝建昭三年（前36年），郅支被汉西域都护甘延寿、副校尉陈汤设计谋杀。早在汉元帝永光元年（前43年），呼韩邪已归塞北单于庭。呼韩邪闻郅支死，且喜且惧，喜者劲敌已除，惧者畏汉袭之。乃于汉元帝竟宁元年（前33年）再次朝汉，并求婚以自亲。汉元帝以后宫良家子王嫱（字昭君）赐之。自匈奴内乱，呼韩邪首次朝汉，至此已三十年，汉匈关系基本良好。昭君出塞之后，汉、匈更加亲善。王莽时，因莽一再轻侮匈奴单于，致使双方关系恶化，边隙又起。东汉之初，匈奴经过六十余年较为安定的生活，种人繁殖，势力增强。中土多年战乱，元气损伤，故刘秀对匈奴采取息

---

① 《汉书》卷7《昭帝纪》赞曰。
② 《后汉书》卷90《鲜卑传》议郎蔡邕议曰。
③ 《汉书》卷94下《匈奴传》。

事宁人措施，除赂遗匈奴财帛外，还将幽、并二州人民往常山（在代郡）、居庸关（在上谷郡）东南迁移，另外，增添边地屯兵，修筑亭候，设置烽燧。匈奴贵族仍不时侵犯，上党、扶风、天水、上谷、中山等郡并受其害。刘秀建武二十四年（48年），匈奴上层贵族争夺单于位的斗争又趋激烈，并正式分裂为南北二部。建武二十六年（50年），汉为南单于比立庭于去五原西部塞八十里处。继又听南单于入居云中。后南单于与北单于交战不利，汉又令南单于徙居西河美稷，并设护匈奴中郎将以佑护之。南单于亦自置诸部王，助汉戍守北地、朔方、五原、云中、定襄、雁门、代郡，皆领部众，为汉郡县侦探耳目。从此，南匈奴人众过着比较安定的生活，人口日益繁衍。至汉和帝永元二年（90年），南匈奴党众最盛，领户三万四千，口二十三万七千，胜兵五万。北匈奴则连年内乱，众叛亲离，南匈奴攻其前，丁零寇其后，鲜卑击其左，西域叛于右。加以天灾，人众向南匈奴及汉朝投降者前后相属，于是南单于一再给汉上言，宜及北虏分争，出兵讨之。汉两次遣军大举远征，出塞各三、五千里，较之前汉武帝时，费力少而战功多。北匈奴主力从此退出漠北，其故地尚有十余万户，皆为自北南下的鲜卑人领属。从而促成了鲜卑日后的强盛。

最令人遗憾的是，此时汉朝已经开始走下坡路。政治昏浊，外戚和宦官迭相揽权，国事日非，下民困苦。不仅鲜卑和羌人对汉朝的战争频繁发生，就是南匈奴也"叛服不一"。

南单于与其他割据一方的军阀一样，积极参与了汉魏之际的各种战争。

汉灵帝中平元年（184年），发生的以张角为首的黄巾起义虽然不久便被镇压下去。但其他汉胡人民的起义仍连续发生，其中规模较大的有凉州边章、韩遂的汉羌军，今河北西部山谷区张燕领导的黑山军，都发展到十余万乃至数十万之众。汉朝先派司空张温发幽州乌桓突骑三千讨凉州。这支队伍刚行到蓟中，乌桓因军中饷款亏欠，多叛归。故中山太守张纯怨张温不令自己带领这批乌桓部队，乃与同郡故泰山太守张举及乌桓大人丘力居等联盟反叛，劫略蓟中，杀护乌桓校尉及右北平太守，众至十余万。灵帝中平五年（188年），汉朝调发南匈奴兵，配合幽州牧刘虞讨伐张纯。单于羌渠遣其子左贤王于扶罗将骑前往，匈奴国人恐发兵无已，于是匈奴右部醯落与先已反汉的屠各胡合，共十余万人，攻杀羌渠。于扶罗在外闻知，自立为单于。杀羌渠的国人，恐于扶罗为父报仇，乃另立须卜骨都侯为单于。于扶罗到洛阳讼诉和求助。适逢灵帝病死（189年），董卓带兵入京，天下大乱。于扶罗乃与白波军合兵攻打郡县。时各地多聚众筑壁自保，于扶罗钞掠无所得，部众受到挫伤，只好在河东郡平阳（今山西临汾市西南）停住。须卜骨都侯为单于仅一年而死，南庭不再立单于，只以老王代行国事。

献帝初平元年（190年）初，关东州郡起兵讨伐董卓。于扶罗与驻在上党的张杨一起投靠了袁绍，二人屯兵漳水。次年（191年），于扶罗拟叛离袁绍，张杨不从，于扶罗乃劫持张杨出走，在邺城南被袁绍将麹义击败。既而于扶罗袭杀驻在黎阳的度辽将军耿祉，兵势复振。董卓以朝命封张杨为河内太守。初平四年（193年），袁术从南阳转移到陈留，屯军封丘（今河南封丘西南），于扶罗又依附袁术。袁术被曹操打败后，于扶罗返归平阳。兴平二年（195年），于扶罗死，弟呼厨泉继立为单于。十二月，董承、杨奉等奉献帝东归，李傕、郭汜等追赶乘舆。董承、杨奉屡吃败仗，乃招故白波帅李乐、韩暹、胡才及南匈奴右贤王去卑，共同卫护献帝。建安元年（196年）七月，献帝始到洛阳，去卑又护送献帝到许，然后返回平阳。

建安七年（202年），袁绍甥并州刺史高幹、河东太守郭援及南匈奴单于呼厨泉一齐背叛曹操。操使司隶校尉钟繇围南单于呼厨泉于平阳，呼厨泉降操。

建安十年（205年），操北征乌桓，高幹再次叛操，守壶关口。次年，被操攻克，高幹自入匈奴求救，呼厨泉不受，操遂定并州。

并州既是胡汉杂居之地，又俯邻邺、洛二都，所以曹操对治理并州的人选极为注意。如河东太守杜畿、并州刺史梁习都是操精心选拔出来的州郡要员。《三国志》卷15《梁习传》载：

> 并土新附，习以别部司马领并州刺史，时承高幹荒乱之余，胡狄在界，张雄跋扈，吏民亡叛，入其部落，兵家拥众，作为寇害，更相扇动，往往棋跱。习到官，诱谕招纳，皆礼召其豪右，稍稍荐举，使诣幕府①。豪右已尽，乃次发诸丁强，以为义从；又因大军出征，分请以为勇力。吏兵已去之后，稍移其家，前后送邺，凡数万口；其不从命者，兴兵致讨，斩首千数，降附者万计。单于恭顺，名王稽颡，部

----

① 当指曹操大将军幕府，而非梁习并州刺史府，如是到并州府为官作吏，则习可直接任用，还向谁推荐呢？且如令豪右及丁强在并州，亦无将其家属送邺之理。

> 曲服事供职，同于编户。边境肃清，百姓布野，勤劝农桑，
> 令行禁止，贡达名士，咸显于世。

梁习对并州境内匈奴各阶层的统治是：首先推荐其豪右到中央任职，以防止他们在原地兴风作浪；次即征发强壮男丁，以为"义从"；对一般匈奴部众，则趁中央大军出征，分请以为"勇力"。这样，既可为国家补充精勇军队，同时也给匈奴部众开辟建立军功的机会。等豪右和丁强皆已离境，然后把他们的家属迁往邺城，充作质任。至于不服从调遣和政令的，则予以镇压。对于州界名士，皆量才录用，或贡达朝廷。这样，匈奴上下皆服从供职，同于编户。

至于曹操及其后统治者对移入内地匈奴人的措施，史书有以下记述。《通鉴》卷67建安二十一年载：

> 南匈奴久居塞内，与编户大同，而不输贡赋，议者恐其户口滋蔓，浸难禁制，宜豫为之防。秋七月，南单于呼厨泉入朝于魏，魏王操因留之于邺，使右贤王去卑监其国。单于岁给绵、绢、钱、谷，如列侯。子孙传袭其号。分其众为五部，各立其贵人为帅，选汉人为司马，以监督之。

《晋书》卷97《北狄·匈奴传》亦言：

> 后汉末，天下骚动，群臣竞言胡人猥多，惧必为寇，宜先为其防。建安中，魏武帝始分其众为五部，部立其中贵者

为帅，选汉人为司马，以监督之。魏末，复改帅为都尉。其左部都尉所统可万余落，居于太原故兹氏县（今山西汾阳县）；右部都尉可六千余落，居祁县（今山西祁县东南）；南部都尉可三千余落，居蒲子县（今山西隰县）；北部都尉可四千余落，居新兴县（今山西忻县）；中部都尉可六千余落，居大陵县（今山西文水东北）。

《晋书》卷56《江统传》言：

> 建安中，（曹操）又使右贤王去卑诱质呼厨泉，听其部落散居六郡，咸熙之际（264年），以一部（指左部）太强，分为三率（同帅），泰始之初（265年或稍后），又增为四。

由上可知，随着匈奴部众居地的扩充和人口繁殖，魏晋统治者对匈奴的控制也日愈严密。曹操时的政策是：（1）留单于呼厨泉于邺，以防其惑众生事；（2）令比较顺附的右贤王去卑代行国事；（3）分匈奴之众为五部，以削其势；（4）令汉人为各部司马，以收匈奴贵族之权。这种分而治之的政策，当中枢尚能控制大局时，固无问题，但如遇政治败坏或内乱迭起时，就会失去控制，甚至遭到倾覆之祸。当时有识之士，早已预见及此。《三国志》卷28《邓艾传》载：

　　是时①，并州右贤王刘豹并为一部，艾上言曰："戎狄兽心，不以义亲，强则侵暴，弱则内附，故周宣有猃狁之寇，汉祖有平城之围。每匈奴一盛，为前代重患。自单于在外，莫能牵制，长（去字之误）卑②诱而致之，使来入侍。由是羌夷失统，合散无主。以单于在内，万里顺轨。今单于之尊日疏，外土之威浸重，则胡虏不可不深备也。闻刘豹部有叛胡，可因叛割为二国，以分其势。去卑功显前朝，而子不继业，宜加其子显号，使居雁门，离国弱寇，追录旧勋，此御边长计也。"又陈："羌胡与民同处者，宜以渐出之，使居民表。"

邓艾和曹操一样，他也看到匈奴的民族凝聚力尚极强固，其原来单于虽被分隔在邺，但其中大部分王侯犹足以兴风作浪，仍须继续分割其势，尤须把与汉人杂处的匈奴人设法移居边外，以断祸根。邓艾这种逐渐徙出羌胡的主张比后来晋惠帝元康九年（299年）江统发表的著名的《徙戎论》还早了四十八年。但这种徙戎主张说起来容易，切实行之就很难。如同当时反对徙戎的晋臣所指出：在天灾人祸已经搅得各族人民无法安居时，再强行迁徙数量众多而又对晋朝统治积怨已深的匈奴等族人，恐怕是会招致反抗的。就徙戎政策的本身说，也并非怎样正确和合理的。少数民族人民既然已经进入中原农业区，为什么一定要把他们徙走呢？

―――――――――――

　　①指魏邵陵厉公嘉平三年（251年）。
　　②长卑，卢弼《三国志集解》引沈家本曰："长卑或去卑之讹。"此与《晋书·江统传》以上记载相符，故应从之。

难道少数民族群众就不能在中原居住吗？事实上，匈奴内迁后，生活方式发生了很大的转变，且日益汉化。虽然一直到司马迁撰写《史记》时，匈奴还是过着"逐水草迁徙，无城郭常处耕田之业"的游牧生活。但自呼韩邪单于投汉特别是南匈奴入居塞内后二百余年之间，随着匈奴逐渐内移，其生产方式也逐步由畜牧向农耕转变。《晋书》卷93《王恂传》言：

> 魏氏给公卿已下租牛客户数各有差。自后小人惮役，多乐为之，贵势之门，动有百数。又太原诸部亦以匈奴胡人为田客，多者数千。武帝践位，诏禁募客，恂明峻其防，所部莫敢犯者。

由上可知，汉末魏晋之际，官僚地主靠租佃土地以剥削无地农民的情况是相当普遍的。无地或少地的农民为了逃避政府兵役和劳役负担，宁愿为官僚地主的田客。不仅汉人如此，匈奴等少数民族亦莫不然，他们也成为从事农耕的田客，以至太原诸部役使的匈奴田客即有达到数千人者。《三国志》卷22《陈群子泰传》又载：

> 泰……正始中，徙游击将军，为并州刺史，加振威将军，使持节，护匈奴中郎将，怀柔夷民，甚有威惠。京邑贵人多寄宝货，因泰市奴婢，泰皆挂之于壁，不发其封。及征为尚书，悉以还之。

由上可知，匈奴部众尚有被卖为奴婢者。总之，内迁的匈奴部众，已逐渐转向农业经济，并且纷纷沦为田客和奴婢。

但，匈奴王侯贵人的情况则远远凌驾于一般部众之上。魏及后来的晋朝统治者虽然限制了匈奴王侯贵人的军政权势，在经济上仍给以优裕待遇。《晋书》卷101《刘元海载记》言：

> 刘元海，新兴匈奴人……初，汉高祖以宗女为公主，以妻冒顿，约为兄弟，故其子孙遂冒姓刘氏，……于扶罗子豹为左贤王，即元海之父也……幼好学，师事上党崔游，习《毛诗》、京氏《易》、马氏《尚书》，尤好《春秋左氏传》、孙吴兵法，略皆诵之。《史》、《汉》、诸子，无不综览，尝谓同门生朱纪、范隆曰："吾每观书传，常鄙随、陆无武，绛、灌无文……"太原王浑虚襟友之，命子济拜焉。

以上材料说明，刘渊一家，作为匈奴的贵族，历汉、魏、晋三代而未衰，但已深受汉族文化的影响。刘渊本人少时家境甚为富裕，故能诵读书传，他既明古学，故能与名儒士大夫贯通一气，而为太原士族王浑等友敬。由于刘渊懂得帝王统治人民的史实，更助长了其野心。一到时机成熟，刘邦昔日"大丈夫当如此也"的喟叹便在刘渊脑际盘旋，而欲"成高祖之业"。

综上以观，匈奴在三国时表面似无作为，不过为军阀的附庸。然匈奴入塞既久，其部众既渐从事农业，掌握中原比较先进的生产技能，上层部帅亦通晓中国传统文化。其民族凝聚力既然保存，但许多人口又沦为田客、奴婢，深受汉族地主阶级的压迫和剥削，此皆可资匈奴上层贵族利用。待到三国之后的西晋，因内乱不休，无力对付近在肘腋下的匈奴等族人，这就给匈奴贵族以可乘之机。所以三国时代正是匈奴养精伺隙的关键时代，也是此后他们在中原首次建立少数民族王朝的准备阶段，其重要性是不言而喻的。

二、乌桓

《三国志》卷30《乌丸传》言："乌丸、鲜卑即古所谓东胡。"东胡是我国古老的民族之一，史言商代初期东胡居商之北①。春秋战国时，东胡西邻匈奴，南接燕国②。当时各国常互送质任，燕将秦开曾为质于东胡，甚得东胡信任。秦开归国后，乘东胡不备，袭击破之，东胡却地千余里。秦汉之际，东胡与匈奴都比较强盛。匈奴头曼单于子冒顿曾为质于东胡。冒顿归国后，杀父而即单于位。东胡自恃强盛，相继向冒顿索得千里马及冒顿所爱阏氏，仍不餍足，复向冒顿勒索瓯脱外弃地。汉高帝元年（前206年），冒顿知东胡骄疏可袭，乃发兵一举而灭之，于是东胡属下的乌桓便受匈奴奴役。每年必须向匈奴输送马、牛、羊等牲畜和皮张。至元狩四年（前119），汉武帝遣霍去病击破匈奴左部，乌桓始摆脱了匈奴的羁绊。汉武帝把一部分乌桓迁徙到上谷、渔阳、右北平、辽东、辽西五郡塞外。从此乌桓得临近先进的汉人农业区，对乌桓社会经济的发展提供了有利的条件。汉对乌桓的需求，主要在军事方面，即令乌桓侦察匈奴的动向。乌桓

---

① 见《逸周书》卷7《王会篇》伊尹《四方献令》。
② 《史记》卷129《货殖列传》言燕"北邻乌桓、夫余"。

大人每年朝见汉帝一次。汉设护乌桓校尉，以卫护和监视之，使不得与匈奴交通。至昭帝时，乌桓渐强，乃发匈奴单于墓，以报冒顿时的仇怨。但被匈奴击破。汉大将军霍光打算趁匈奴与乌桓交兵时，出兵打击匈奴。结果，没有邀击到匈奴，却把乌桓袭击了一下，由是引起乌桓的反抗，被汉军击败。宣帝时，乌桓仍为汉保塞。

王莽代汉后，准备打击匈奴，乃征调乌桓等兵屯驻代郡，而质乌桓兵妻子于郡县。乌桓兵恐久屯不休，遂自亡叛，诸郡尽杀其质，由是双方结怨。匈奴诱使乌桓贵族与己连兵寇汉边境。东汉建武二十一年（45年），刘秀遣马援将三千骑出五阮关掩击乌桓。乌桓相率遁逃。但当汉军还师时，乌桓又尾随追击，马援晨夜奔归，因乏食，杀马千余匹。

次年（46年）匈奴发生内乱，乌桓乘机击破之。匈奴北徙数千里。刘秀下诏罢除诸边郡亭候，以币帛招降乌桓。建武二十五年（49年），乌桓大人郝旦等九百余人率众归附，于是封其渠帅为侯王君长者八十一人。皆居塞内，布在缘边诸郡，令招徕种人，给其衣食，遂为汉侦候，助击匈奴、鲜卑。总的来说，乌桓同东汉的关系，好于鲜卑同汉的关系。汉灵帝初，上谷乌桓大人难楼众九千余落，辽西乌桓大人丘力居众五千余落，各自称王。辽东属国乌桓大人苏仆延众千余落，自称峭王；右北平乌桓大人乌延众八百余落，自称汗鲁王，皆有智勇。

灵帝中平四年（187年），前中山太守张纯叛入丘力居众中，自号弥天安定王，为三郡乌桓元帅，抢劫青、徐、幽、冀四州，杀略吏民。次年，汉以刘虞为幽州牧。刘虞前曾为幽州刺史，在胡汉民众中素有威信。丘力居等闻虞至，皆降附。张纯走出塞，为其客所杀。后丘力居死，子楼班年小，丘力居从子蹋顿有武略，代立为大人，总摄辽西、辽东、右北平三部。时袁绍与公孙瓒频繁交战，蹋顿等助绍破瓒，绍赐蹋顿、难楼、峭王、汗鲁王单于印绶，以"宠其名王而收其精骑"①。建安十年（205年），曹操攻占冀州后，袁尚偕同其为幽州刺史的胞兄袁熙投奔蹋顿。蹋顿数与袁尚兄弟入塞为寇。建安十二年（207年），曹操亲率大军往击三郡乌桓②，大破之，斩蹋顿及名王，得汉及乌桓等降人二十余万口。

辽东单于苏仆延与尚、熙投奔辽东太守公孙康，康不敢受而诱杀之，将三首一齐送操。

操归至易水时，代郡乌桓行单于普富庐、上郡乌桓行单于那楼来向操庆贺，表示愿意降服。

原广阳（今北京市房山东北）人阎柔，少时没在乌桓、鲜卑中，为其种人所信向。公孙瓒杀刘虞后，虞手下从事渔阳人鲜于辅等欲合州兵为虞报仇，推阎柔为乌桓司马，柔招诱乌桓、鲜卑，得胡汉数万人。官渡战时，阎柔弃绍降操，操迁柔为护乌丸校尉。操征乌桓，柔将部曲及鲜卑所献名马以助军。操将柔所领万余落及乌桓降众一齐徙居内地。

乌桓部众移居塞内后的情况，《三国志》卷23《裴潜传》有如下的叙述：

①《三国志》卷30《乌丸传》。
②《资治通鉴》卷64建安十年胡注："三郡乌桓，辽西蹋顿、辽东苏仆延、右北平乌延也。"

时代郡大乱，以潜为代郡太守。乌丸王及其大人，凡三人，各自称单于，专制郡事。前太守莫能治正。太祖欲授潜精兵以镇讨之。潜辞曰："代郡户口殷众，士马控弦，动有万数。单于自知放横日久，内不自安。今多将兵往，必惧而拒境，少将则不见惮。宜以计谋图之，不可以兵威迫也。"遂单车之郡。单于惊喜。潜抚之以静。单于以下脱帽稽颡，悉还前后所掠妇女、器械、财物。潜案诛郡中大吏与单于为表里者郝温、郭端等十余人，北边大震，百姓归心。在代三年，还为丞相理曹掾，太祖褒称治代之功，潜曰："潜于百姓虽宽，于诸胡为峻。今计者必以潜为理过严，而事加宽惠；彼素骄恣，过宽必弛，既弛又将摄之以法，此讼争所由生也。以势料之，代必复叛。"于是太祖深悔还潜之速。后数十日，三单于反问至，乃遣鄢陵侯彰为骁骑将军征之。

由上可知，内移的乌桓贵族除仍管辖其部众外，还干预郡事，甚至掠夺郡内外妇女财物。而一般地方官对于骄恣放横的乌桓贵族，多加纵容。郡中大吏且多与乌桓头目相勾搭，共同干政乱法，能够如裴潜之依法惩办者，甚为罕见。当操兵强政明之际，尚且如此，则政治衰落时，情况更不堪设想。而操之所以乐于将乌桓等少数部族迁入内郡，亦不过欲驱使乌桓丁强为之当兵征伐。《三国志》卷30《乌丸传》即言操率乌丸"侯王大人种众与征伐，由是三郡乌丸为天下名骑"。

汉末三国时，利用乌桓丁强当兵作战者，除了曹操以外，还有袁绍父子、公孙瓒、张纯、阎柔等人，已见前述。刘备为平原相时，"自有兵千余人及乌丸杂骑"①。也属利用乌桓等少数部族当兵之例。总之，乌桓内移之后，其贵族受到种种优厚待遇，而一般部众却被驱向战场厮杀。因此，乌桓部众为了逃避征发不休的兵役多次对汉人统治者进行反抗，自系理所当然之事。

《三国志》卷30《乌丸传》的叙述至为简略，而裴注引王沈《魏书》对乌桓则有比较详尽而可贵的记载，现抄录全文于下：

> 乌丸者，东胡也。汉初，匈奴冒顿灭其国，余类保乌丸山（在今内蒙古阿鲁科尔沁旗西北百四十里），因以为号焉②。俗善骑射，随水草放牧，居无常处，以穹庐为宅，皆东向。日弋猎禽兽，食肉饮酪，以毛毳为衣。贵少贱老，其性悍骜，怒则杀父兄，而终不害其母，以母有族类，父兄以己为种，无复报者故也。③常推募勇健能理决斗讼相侵犯者为大人。邑落各有小帅，不世继也。数百千落自为一部，大人有所召呼，刻木为信，邑落传行，无文字，而部众莫敢违犯。氏姓无常，以大人健者名字为姓。大人已下各自畜牧治产，不相徭役。其嫁娶，皆先私通，略将女去，或半岁百日，然后遣媒人送马牛羊，以为聘娶之礼，婿随妻归。见妻家，无尊卑，旦起皆拜，而不自拜其父母。为妻家仆役二年，妻家乃厚遣送女，居处财物，一出妻家。故其俗从妇人

----

① 《三国志》卷32《先主传》。

② 或以山乃因乌丸族在此居住而得名，非先有山名也。

③ 按：权力争夺，应是其中主要原因，盖父兄能碍己掌权，母则不然，盖一般女性对子女唯慈爱而已，非仅以母有族类也。

计，至战斗时，乃自决之。父子男女，相对蹲踞，悉髡头以为轻便。妇人至嫁时乃养发，分为髻，着句决，饰以金碧，犹中国有冠步摇也。父兄死，妻后母执嫂（《后汉书·乌桓传》作"报寡嫂"，淫其嫂曰报，此处执当为报之讹）；若无执嫂者，则己子以亲之次妻伯叔焉①。死则归其故夫。俗识鸟兽孕乳，时以四节，耕种常用布谷鸣为候。地宜青穄（即糜子）、东墙（东蔷，植物名）。东墙似蓬草，实如葵子，至十月熟，能作白酒，而不知作麹糵（发酵剂）。米常仰中国。大人能作弓矢鞍勒，锻金铁为兵器，能刺韦（缝皮革），作文绣（绣花），织缕毡毯（《后汉书·乌桓传》作"织氀毭"，注引《广雅》曰："罽也"，即毛毯）。有病，知以艾灸，或烧石自熨，烧地卧上，或随痛病处，以刀决脉出血，及祝天地山川之神，无针药。贵兵死，敛尸有棺，始死则哭，葬则歌舞相送。肥养犬，以采绳婴牵，并取亡者所乘马、衣物、生时服饰，皆烧以送之。特属累犬，使护死者神灵归乎赤山（即乌丸山，蒙语谓赤色曰乌兰，乌丸为乌兰之转音）。赤山在辽东西北数千里，如中国人以死之魂神归泰山也。至葬日，夜聚亲旧员坐，牵犬马历位，或歌哭者，掷肉与之，使二人口颂咒文，使死者魂神径至，历险阻，勿令横鬼遮护，达其赤山，然后杀犬马衣物烧之。敬鬼神，祠天地日月星辰山川，及先大人有健名者，亦同祠以牛羊，祠毕

---

①如此报寡嫂之人死去，其子亦可以伯母叔母为妻。

皆烧之。饮食必先祭。其约法，违大人言死，盗不止死。其相残杀，令部落自相报，相报不止，诣大人平之，有罪者出其牛羊以赎死命，乃止。自杀其父兄无罪。其亡叛为大人所捕者，诸邑落不肯受，皆逐使至雍狂地。地无山，有沙漠、流水、草木，多蝮蛇，在丁令之西南，乌孙之东北，以穷困之。

以上引文比较详尽地叙述了乌桓的习俗、制度、法令等，史料价值极为珍贵。内言"有罪者出其牛羊，以赎死命"。说明乌桓社会已有贫富两个阶级，富者有罪可用财物赎死。所谓"言出不可违"的大人既产生，则"推募"大人之事，不过偶而发生，通常还应是传子或弟的王位世袭制。所谓"妻后母、报寡嫂"的落后婚俗，与匈奴、鲜卑等部族正复相同。系原始社会群婚制的遗留。从"大人以下，各自畜牧治产，不相徭役"及无以人殉葬等习俗观之，有些史家谓汉魏时乌桓尚处于奴隶制阶段的说法是站不住脚的，应该说已进入封建制阶段的社会。

三、鲜卑

鲜卑与乌桓一样，是东胡的主要组成部分，其言语习俗与乌桓同。只是结婚时先髡头，在季春月大会于饶乐水（即今辽河上游西拉木伦河）上，待饮谯毕，然后配合成双。其领地最盛时东起辽水，西至西域。境内异兽有野马、羱羊、端牛。端牛角可以作弓，世人谓之"角端弓"。又有貂、貀、鼲子，它们的皮毛很柔软，号称天下名裘①。

西汉初，东胡被冒顿击灭后，作为东胡最大支属的鲜卑远逃至辽东塞外，南与乌桓为邻，未曾直接与汉朝发生关系。东汉刘秀初年，匈奴常率鲜卑、乌桓寇钞北边。及南匈奴附汉，鲜卑始与汉通译使。建武三十年（54年），鲜卑大人于仇贲率种人诣阙朝贡，汉封于仇贲为王。明帝永平元年（58年），鲜卑自敦煌以东邑落大人皆来辽东受赏赐，汉令青、徐二州每年给钱二亿七千万。明、章二世，边塞无事。和帝永元五年（93年），北匈奴被汉军击破，向西遁走，鲜卑乘虚进据其地。匈奴余种留者十余万户，皆自号鲜卑，于是鲜卑渐强，不断侵扰汉边，为患更甚于匈奴。至檀石槐统治时（156至181年），寇钞最甚。檀石槐分其广大领地为三部，自右北平东至辽东，接夫余、涉貊二十余邑，为东部；自右北平西至上谷十余邑为中部；自上谷西至敦煌、乌孙二十余邑为西部。三部各置大人领之。汉灵帝即位以后，幽、并、凉三州缘边诸郡无岁不被鲜卑钞略，损失不可胜计。因此熹平五年（176年），汉灵帝召集百官商议对付鲜卑的策略。当时中常侍王甫等主张征集幽州诸郡兵出塞惩击鲜卑，议郎蔡邕表示异议，他说："自匈奴遁逃，鲜卑强盛，据其故地，称兵十万，才力劲健，意智益生。加以关塞不严，禁网多漏，精金良铁，皆为贼有，汉人逋逃，为之谋主，兵利马疾，过于匈奴。"②蔡邕绝望地慨叹："方今郡县盗贼尚不能禁，况此丑虏而可伏乎？"③因此，

①以上大致根据《三国志》卷30《鲜卑传》注引《魏书》。
②《后汉书》卷90《鲜卑传》议郎蔡邕议曰。
③《后汉书》卷90《鲜卑传》议郎蔡邕议曰。

蔡邕提议先"恤民救急"①，即在边境上暂取守势。可是灵帝并不采纳，派遣护乌桓校尉夏育等三将各率万骑分三道出塞击鲜卑。檀石槐命三部大人各帅众逆战，汉将既非智勇，士兵人数也很不足，以致"丧其节传辎重，各将数十骑奔还，死者十七八"②。

从《后汉书》卷90《鲜卑传》的叙述看，鲜卑贵族向东汉王朝降附有五次，每次均时间短暂，而侵犯边境的事却经常发生。这固然与鲜卑社会经济发展阶段有关，而东汉政府的腐化无能，也是构成以天下之大而困于人数不及一大郡的鲜卑的主要原因。

汉灵帝光和四年（181年）左右，檀石槐死，其子和连继立，和连既无才力，性又贪淫，断法不平，人众叛者居半。灵帝末年，和连在钞略北地郡时被人射死。其子骞曼年小，兄子魁头代立。后骞曼长大，与魁头争国，部众离散。魁头死，弟步度根立，是时代郡以西的鲜卑都已叛离，代郡以东的中东部鲜卑也分裂为三个势力集团，其大人一为步度根，其部众分布在并州的太原、雁门等地；二为轲比能，其部众分布在幽州的代郡、上谷等地；三为东部鲜卑素利、弥加、阙机，部众分布在幽州的辽西、右北平、渔阳塞外。

在以上三个势力中，步度根比较亲近曹魏。步度根的中兄扶罗韩亦别拥众数万为大人。建安中，曹操定幽州，步度根与轲比能等通过乌桓校尉阎柔上贡献。后代郡乌桓能臣氏等叛汉，求属扶罗韩。扶罗韩将万余骑迎之。到桑干，氏等以为扶罗韩部威禁

---

① 《后汉书》卷90《鲜卑传》议郎蔡邕议曰。
② 《后汉书》卷90《鲜卑传》。

宽缓，不如属轲比能，又遣人呼轲比能。比能即将万余骑到，于盟誓会上杀扶罗韩，扶罗韩子泄归泥及部众悉归属比能。步度根从此怨比能。魏文帝代汉，田豫为乌桓校尉，并持节护鲜卑，屯昌平。步度根数与轲比能相攻击。步度根部众稍弱，将其众万余落保太原、雁门郡。步度根使人招呼泄归泥曰："汝父为比能所杀，不念报仇，反属怨家。今虽厚待汝，是欲杀汝计也。不如还我，我与汝是骨肉至亲，岂与仇等？"①由是归泥将其部落逃归步度根。步度根一心为魏守边，不为边害。至明帝青龙元年（233年），比能诱使步度根与己和亲，然后寇钞并州，杀略吏民。魏遣骁骑将军秦朗征之，泄归泥将其部众降，拜归义王，居并州如故。步度根为比能所杀。

轲比能本小种鲜卑（即小弱古朴的一支鲜卑部落），因他勇健，断法平端，不贪财物，众推以为大人。其部落近塞，自袁绍据河北以来，中国人多亡叛归之，教作兵器铠楯，为之讲授文字，故比能统御部众，弋猎治军，均模拟中国。建安中，比能通过阎柔上贡献。曹操西征关中，田银反河间，比能将三千余骑助阎柔，击破田银。建安二十三年（218年），代郡乌桓反，比能助之为寇害。操遣子彰率精兵击破之，比能降服。魏文帝黄初元年（220年），轲比能遣使献马，受封为附义王。二年，比能送回汉人在鲜卑者五百余家，居于代郡。三年，比能率部落大人小子及代郡乌桓修武卢等三千余骑驱牛马七万余口交市。五年，比能往击东部鲜卑大人素利。魏护乌桓校尉田豫乘虚掎其后。比能使别帅琐奴拒豫，为豫击破。比能由是怨魏，数为边患，幽、并二州

①《三国志》卷30《鲜卑传》。

吏民颇受其害。比能有控弦十余万骑，每钞略得财物，与众平分，终无所私，故得众力，其他各部大人皆惮之。

魏明帝时，比能对魏仍时附时叛。青龙三年（235年），幽州刺史王雄潜使勇士韩龙刺杀比能，更立其弟，其患始息。

东部鲜卑大人素利、弥加、厥机，因在辽西、右北平、渔阳塞外，道远不为边患，然其种众多于比能。建安中，因阎柔上贡献，通市，曹操皆宠以为王。厥机先死，操立其子沙末汗为亲汉王。魏文帝代汉，又各遣使献马。文帝立素利、弥加为归义王。素利与比能更相攻击。明帝太和二年（228年）素利死，子小，以弟成律归为王，摄其众。

以上主要是叙述汉魏与鲜卑首领之间的关系，至于移居内地的鲜卑人状况，史书上很少记述，然亦有点滴记述可供思考。如《三国志》卷15《梁习传》注引《魏略》载：

> 鲜卑大人育延，常为州所畏，而一旦将其部落五千余骑诣习，求互市。习念不听则恐其怨；若听到州下，又恐为所略，于是乃许之。往与会空城中交市。遂敕郡县，自将治中以下军往就之。市易未毕，市吏收缚一胡。延骑皆惊，上马弯弓，围习数重，吏民惶怖，不知所施。习乃徐呼市吏，问缚胡意，而胡实侵犯人。习乃译呼延，延到，习责延曰："汝胡自犯法，吏不侵汝，汝何为使诸骑惊骇邪？"遂斩之。余骑破胆，不敢动。是后无寇虏。

由上可知，移居内地的鲜卑部众，仍归其部落大人管辖。只有犯法时，州郡地方官始可过问，但常受到鲜卑大人的干扰，动不动就调动骑兵张弓拔刃进行威吓。遇有梁习这样有胆有识的州刺史，始能将他们制服。以上引文既言"鲜卑大人育延，常为州所畏"，说明鲜卑头目依仗武力要挟地方官和侵犯商民的事，是屡见不鲜的。又如《后汉书》卷48《应劭传》载：

> 中平二年（185年），汉阳贼边章、韩遂与羌胡为寇，东侵三辅，时遣车骑将军皇甫嵩西讨之。嵩请发乌桓三千人。北军中候邹靖上言："乌桓众弱，宜开募鲜卑。"事下四府，大将军掾韩卓议，以为"乌桓兵寡，而与鲜卑世为仇敌，若乌桓被发，则鲜卑必袭其家。乌桓闻之，当复弃军还救，非唯无益于实，乃更沮三军之情。邹靖居近边塞，究其态诈，若令靖募鲜卑轻骑五千，必有破敌之效"。劭驳之曰："鲜卑隔在漠北，犬羊为群，无君长之帅，庐落之居，而天性贪暴，不拘信义，故数犯障塞，且无宁岁。唯至互市，乃来靡服。苟欲中国珍货，非为畏威怀德。计获事足，旋踵为害。是以朝家外而不内，盖为此也。往者匈奴反叛，度辽将军马续、乌桓校尉王元发鲜卑五千余骑；又武威太守赵冲亦率鲜卑征讨叛羌。斩获丑虏，既不足言，而鲜卑越溢，多为不法。裁以军令，则忿戾作乱；制御小缓，则陆掠残害。劫居人，钞商旅，噉人牛羊，略人兵马。得赏既多，不肯去，复欲以物买铁。边将不听，便取缣帛，聚欲烧之。边将恐怖，畏其反叛，辞谢抚顺，无敢拒违。今狡寇未殄，而羌为巨

害，如或致悔，其可追乎！臣愚以为可募陇西羌胡守善不叛者，简其精勇，多其牢赏。太守李参沉静有谋，必能奖厉，得其死力。当思渐消之略，不可仓卒望也。"韩卓复与劭相难反复。于是诏百官大会朝堂，皆从劭议。

以上叙述，告诉我们一些重要信息，即：（1）内移乌桓较鲜卑易于役使，但人数较少；（2）乌桓与鲜卑虽同种同文，但常为仇敌，敌对时多，合作时少；（3）鲜卑社会经济发展阶段较低，大体还处在封建制阶段初期，生活及生产工具仰赖外地输入，尤重视铁的输入，但仅凭军事掠夺，难以保证需求，故需与汉人互市；（4）东汉政权以自己之地大、人多、物丰，面对少数民族的敌对行动，仍不能不发夷兵以制夷，其原因绝非汉人不能战斗，实缘汉统治阶层腐化所致。不过，上述记载笼统地指责鲜卑等少数民族"不拘信义"，只知钞略，也有片面之处。史实表明，当时有些地方官吏，由于措施得当，受到这些少数民族的拥护，做到相安无事。如曾任护鲜卑校尉的牵招、曾任护乌丸校尉及护匈奴中郎将领并州刺史的田豫等人均得到有关民族的拥护和思念。我们在这里举出一段有关鲜卑和田豫的佳话。据《三国志》卷26《田豫传》引《魏略》载正始（240—248年）初年：

　　鲜卑素利等数来客见，多以牛马遗豫，豫转送官。胡以为前所与豫物显露，不如持金。乃密怀金三十斤，谓豫曰："愿避左右，我欲有所道。"豫从之，胡因跪曰："我见公贫，故前后遗公牛马，公辄送官，今密以此上公，可以为家资。"

豫张袖受之，答其厚意。胡去之后，皆悉付外，具以状闻。于是诏褒之曰："昔魏绛开怀以纳戎略，今卿举袖以受狄金，朕甚嘉焉。"乃即赐绢五百匹。豫得赐，分以其半藏小府，后胡复来，以半与之。

《三国志》卷26《田豫传》称：

> 豫清俭约素，赏赐皆散之将士，每胡、狄私遗，悉簿藏官，不入家；家常贫匮。虽殊类，咸高豫节。嘉平六年（254年）下诏褒扬，赐其家钱谷。

由上可知，品德高尚的清官田豫，能用恩使少数民族信服。结果在他任护匈奴中郎将兼并州刺史时，使"州界宁肃，百姓怀之"[1]，各族人民过着安定的生活。谁能说鲜卑人"天性贪暴，不讲信义"呢？实际上，天性贪暴和不讲信义的只是鲜卑贵族，而鲜卑群众是崇尚信义的。汉人方面只要有肯抚恤少数民族而持身清廉的将官，少数民族群众照样拥护。由于封建史家所记多以上层人物的活动为中心，所以必然是各族战争多，而民族间的和平往来少。这是我们必须理解的。

---

[1]《三国志》卷26《田豫传》。

第十九章　三国时的羌族和氐族

一、羌族

羌族是同华夏族一样古老的民族。《史记》卷15《六国年表》言："禹兴于西羌",《后汉书》卷87《西羌传》言："西羌之本,出自三苗,姜姓之别也。其国近南岳,及舜流四凶,徙之三危,河关之西南羌地是也。"①诸如以上的传说可信程度如何？尚难断定,不过可以看出羌族与姜姓有血胤关系。羌人从远古即与华夏族同处于今黄河至长江两流域之间,是无可置疑的。殷墟卜辞有大量涉及羌人的记录。当时商王朝称羌人中的男子为羌,女子为姜,卜辞中有殷王娶羌女为妇的事②;也有羌人在商王朝供职的记述③。武王伐纣时,周军统帅吕尚"本姓姜氏",即人熟知的姜太公。

当战国初秦厉公时（前476—前443年）,居住在今甘肃、青

①三危（山）和河关（县）当在今甘肃兰州市的西南部。
②见《吉林大学学报》1963年第1期,于省吾:《释羌、笱、敬、美》。
③见《吉林大学学报》1963年第1期,于省吾:《释羌、笱、敬、美》。

海河湟地区的羌人推无弋爱剑为豪。该地区羌人原以射猎为生，爱剑教之种地和牧畜，于是种人日益繁殖。爱剑的子孙后多往今甘南和川西北迁移，留在河湟间的有二十六种，以爱剑玄孙研所部为最强，其种即以研为名。西汉景帝徙研种于狄道、安故、临洮、氐道及羌道各县。武帝开河西四郡后，羌人摆脱了匈奴的役使。宣帝时，先零羌攻金城，为将军赵充国击败，汉设金城属国，以处降羌。此后直至王莽代汉，汉羌之间大致保持着相安无事的关系。

王莽末，中原战乱，诸羌乘机向内移动。东汉时，羌人与汉人杂居者更多。东汉初期，羌人与汉朝的摩擦与战争尚不严重，至和帝即位前后，羌人与汉朝的战争开始频繁起来。从此以后至汉灵帝建宁二年（169年），段颎把东羌镇压下去，前后共八十余年间，见于史册的战争有三十余次，耗费巨大。至于人民生命财产的损失就更不用说了。无怪乎范晔在《后汉书》卷87《西羌传》论曰："惜哉！寇敌略定矣，而汉祚亦衰焉。"《西羌传》载建武九年（公元33年）班彪给刘秀上奏说：

> 今凉州部皆有降羌，羌胡被发左衽，而与汉人杂处，习俗既异，言语不通，数为小吏黠人所见侵夺，穷恚无聊，故致反叛，夫蛮夷寇乱，皆为此也。

班彪以上的话不是凭空道出，而是他从历代"蛮夷寇乱"的事实分析概括而得的结论。范晔在《西羌传》中也说：

时诸降羌，布在郡县，皆为吏人豪右所徭役，积以愁怨。安帝永初元年夏，遣骑都尉王弘发金城、陇西、汉阳羌数百千骑征西域，弘迫促发遣，群羌惧远屯不还，行到酒泉，多有散叛。诸郡各发兵傲遮，或覆其庐落。于是勒姐、当煎大豪东岸等愈惊，遂同时奔溃。

诸如以上之类的事实多是封建时代少数民族反抗统治阶级压榨的起因。不过，班彪的上言还未敢指出统治阶级上层有权势者最是招致祸乱的罪魁祸首。范晔在《西羌传》则论曰：

朝规失绥御之和，戎帅骞然诺之信，其内属者，或倥偬于豪右之手，或屈折于奴仆之勤。

由于范晔是刘宋时人，所以他论述汉事，能畅所欲言，而不必像班彪那样有所讳避。范晔指责朝廷决策者既不讲求和抚，而频繁征发羌人当兵服役。将帅对羌人也多欺凌讹诈，羌人饱受官吏豪强的役使和折磨，至于精疲力竭。当时讨伐羌人的将帅，不仅驱使汉人打羌人，而且也往往诱使羌人当兵打其他少数民族或羌人。将帅本身则"断盗牢禀，私自润入，皆以珍宝货赂左右（指皇帝亲信之人，如宦官、外戚等），上下放纵，不恤军事，士卒不得其死者，白骨相望于野"①。边郡长官则"多杀降羌……倚恃权贵，不遵法度"。有的县吏略羌人妇，以致引起羌人反抗。

_____

① 《后汉书》卷87《西羌传》。

如《后汉书》卷65《皇甫规传》言:"酋豪泣血,惊惧生变,是以安不能久,败则经年。"其实,羌人并非不知是非好歹,而一味"入寇""杀掠"。比如皇甫规和张奂都是以镇压羌人而出名的将帅,但"先零诸种羌,慕规威信,相劝降者十余万"。史言:"羌性贪而贵吏清,前有八都尉率好财货,为所患苦,及奂正身絜己,威化大行。"①从羌人爱戴清官而仇恨贪吏这一品性而言,他们实不愧为一个纯朴而富有朝气的民族。史书上屡有某羌寇某地的记述,而不书其所以"为寇"之由。应该说作祟者主要为汉"吏人豪右"和朝廷权贵。当然,羌人酋豪在反汉斗争中也有过分杀掠无辜汉民的行动。特别是诸羌之间的相互火并,也给各种羌民造成巨大灾难。总而言之,酿成民族纠纷和仇恨的是汉羌上层统治阶层,而受殃害的是各族人民。

作为羌人根据地的黄河上游、洮水及湟水地带,古时森林繁茂,禽兽众多,气候虽干寒少雨,但土质肥沃,农牧兼宜。从考古发掘所提供的新石器时代文化遗址分布状况来看,河湟的远古文化亦仅次于黄河中下游,而不下于其他地区。所以古羌人在内地站不住脚后,便转移到三河地区居住和繁衍子孙。

羌人与匈奴、鲜卑不同的是,羌人多与汉人杂处,因之羌人务农的成分远远多于乌桓等族。而羌人与汉人互相学习、贸迁有无、和睦相处时期也比较多。《后汉书》卷87《西羌传》有如下的叙述:

其俗氏族无定,或以父名母姓为种号,十二世后,相与

---

① 《后汉书》卷65《张奂传》。

婚姻，父没则妻后母，兄亡则纳釐嫂，故国无鳏寡，种类繁
炽。不立君长，无相统一，强则分种为酋豪，弱则为人附
落，更相抄暴，以力为雄。杀人偿死，无它禁令。其兵长在
山谷，短于平地，不能持久，而果于触突，以战死为吉利，
病终为不祥。堪耐寒苦，同之禽兽，虽妇人产子，亦不避风
雪，性坚刚勇猛，得西方金行之气焉。王政修则宾服，德教
失则寇乱。

由上可知，羌人的优点是能吃大苦、耐大劳，而且勇敢善战，敢
于反抗强暴，缺点是种类分散，不能凝聚为强固的政治集体。

所以进入汉末三国混战局面时，羌人便成为割据者挟之以攻
战的工具。从董卓入洛至献帝东归的七年中，挟持汉帝及大臣的
都是凉州军阀，他们军中都有羌胡。如郑泰当面给董卓说：

天下之权勇，今见在者，不过并、凉、匈奴、屠各、湟
中、义从、八种西羌，皆百姓素所畏服，而明公权以为爪
牙。①

又如当汉朝征调董卓为少府，卓不肯离军而上书言：

所将湟中义从及秦胡兵皆诣臣言："牢直不毕，禀赐断
绝，妻子饥冻。"牵挽臣车，使不得行。羌胡憋肠狗态，臣

---

① 《三国志》卷16《郑浑传》注引张璠《汉纪》。

不能禁止。辄将顺安慰。增异复上。①

《三国志》卷6《董卓传》称：

> 董卓，字仲颖，陇西临洮人也。少好侠，尝游羌中，尽
> 与诸豪帅相结。后归耕于野，而豪帅有来从之者，卓与俱
> 还，杀耕牛与相宴乐。诸豪帅感其意，归相敛，得杂畜千余
> 头以赠卓。汉桓帝末，以六郡良家子为羽林郎……为军司马
> ……

董卓父曾为颍川纶氏县尉，而卓屡与羌中豪帅相交结，说明卓亦
为陇西豪家。《三国志》卷6《董卓传》注引《英雄记》言："卓
数讨羌胡，前后百余战。"卓既以羌胡兵而立功，同时又靠镇压
羌胡而升官。后来他因手握强兵而逐渐骄纵，不肯离兵回朝。卓
死，其部属李傕、郭汜等仍然挟持着汉献帝及公卿大臣。凉州军
人所以如此飞扬跋扈，其军中多羌胡人是原因之一。后来以今陕
甘交界地带为主要据点的韩遂及马腾、马超父子军中亦多羌胡
人。《董卓传》言："韩遂等起凉州……（卓）西拒遂，于望垣峡
北，为羌胡数万人所围。"表明韩遂等军中的羌胡人数当不下数
万。《三国志》卷15《张既传》注引《魏略》言：建安十六年
（211年），韩遂在华阴为曹操大军击败后，逃回湟中。同传注引
《典略》言韩遂在湟中，因穷困，欲奔蜀，部属成公英劝曰："且

----

① 《资治通鉴》卷59灵帝中平六年。

息肩于羌中……招呼故人，绥会羌胡，犹可以有为。"遂从其计。《典略》又言：遂"宿有恩于羌，羌卫护之。……（遂）乃合羌胡数万……会遂死，英降太祖。"总之，韩遂一生始终都受到羌人的支持。

马腾，原籍扶风茂陵。其父桓帝时为天水兰干县尉，失官后，留陇西，与羌人错居。家贫，娶羌女为妻，生腾。腾少贫，常砍材木负至市中售卖。腾身长八尺余，而性贤厚。灵帝末，王国等及氐羌反汉，腾应募从军，积功至征西将军。与韩遂结为异姓兄弟，后以部曲相侵，又成仇敌。建安十三年（208年），腾被曹操征召入朝，部曲由长子超带领。建安十六年（211年），韩遂、马超在渭南与曹操马上会晤，当时"秦、胡观者，前后重沓"①，说明遂、超军中羌胡甚多。操用离间计，使遂、超"更相猜疑，军以大败，超走保诸戎"②。杨阜言："超有信、布之勇，甚得羌胡心。"③超率诸戎一度占有陇上郡县，杀凉州刺史韦康。建安十九年（214年），超受到韦康故吏杨阜、姜叙等的反击，失败后，取道羌人众多的武都逃入氐中，辗转入蜀。

以上董卓、韩遂及马腾马超都系借助于羌胡之力，以跳梁于关陇地区。羌人酋豪因种类各自分散，始终未能有何作为。曹魏统治下的羌人状况，史书记述极其零散，如《三国志》卷15《张既传》载：

---

① 《三国志》卷1《武帝纪》注引《魏书》。
② 《三国志》卷36《马超传》。
③ 《三国志》卷36《马超传》。

酒泉苏衡反，与羌豪邻戴及丁令胡万余骑攻边县。既与（护军）夏侯儒击破之，衡及邻戴等皆降。遂上疏请与儒治左城，筑鄣塞，置烽候、邸阁以备胡。西羌恐，率众二万余落降。其后西平麹光等杀其郡守，诸将欲击之，既曰："唯光等造反，郡人未必悉同。若便以军临之，吏民羌胡必谓国家不别是非，更使皆相持著，此为虎傅翼也。光等欲以羌胡为援，今先使羌胡钞击，重其赏募，所虏获者皆以畀之。外沮其势，内离其交，必不战而定。"乃檄告谕诸羌，为光等所诖误者原之；能斩贼帅送首者当加封赏。于是光部党斩送光首，其余咸安堵如故。

既临二州（既先后任雍、凉二州刺史）十余年，政惠著闻……黄初四年（223年）薨。诏曰："……故凉州刺史张既能容民畜众，使群羌归土，可谓国之良臣。"

由上可知，酒泉汉人苏衡及西平汉人麹光反魏，都有羌胡参加，说明汉人与羌胡间的民族界限已逐渐消除。而曹魏州郡官也用封赏办法诱使羌人杀害汉人反叛首脑，以达到维持其统治汉羌人民的目的。又如《三国志》卷16《苏则传》：

苏则……起家为酒泉太守，转安定、武都，所在有威名。太祖征张鲁，过其郡，见则悦之，使为军导。鲁破，则绥定下辨诸氏，通河西道，徙为金城太守。是时丧乱之后，吏民流散饥穷，户口损耗，则抚循之甚谨。外招怀羌胡，得其牛羊，以养贫老。与民分粮而食，旬月之间，流民皆归，得数千家。乃明为禁令，有干犯者辄戮，其从教者必赏。亲自教民耕种，其岁大丰收，由是归附者日多。李越以陇西反，则率羌胡围越，越即请服……文帝以其功，加则护羌校尉。

由上可知，金城等郡在战乱时，吏民饥饿困窘，还曾得到羌人牛羊的接济。当李越以陇西反抗时，苏则还调动羌人去镇压，使李越恐惧请服，诸如此类的事都表明羌汉民族之间并没有不可逾越的鸿沟，只要汉人政权和地方官长对羌民不加歧视，或稍有体恤，广大羌人部众还是愿意与汉人和睦相处的。

蜀汉政权与羌人的关系，一直较好。诸葛亮在隆中对策时，即向刘备提出"西和诸戎，南抚夷越"。其实际含义，即诸葛亮利用"和""抚"的怀柔政策以达到最大限度地让少数民族为蜀汉政权卖力气、出粮饷的目的。诸葛亮第一次伐魏失败后，"拔西县千余家，还于汉中"；第三次伐魏，取得武都、阴平二郡。《亮传》载后主诏，谓亮"降集氐羌，兴复二郡"。氐羌与二郡并提，说明二郡之氐羌不在少数。《亮传》注引《汉晋春秋》言："亮围祁山，招鲜卑轲比能，比能等至故北地石城以应亮。"亮连远隔魏疆的轲比能都费心思招引，对近在跟前的羌氐，自然更竭力抚纳，以为己用。亮死后，蒋琬、费祎为辅政者。蒋、费二人都认为："凉州胡塞之要，进退有资。"因之向后主建议："宜以姜维为凉州刺史。"[1]可见利用凉州羌胡以与曹魏抗衡，乃是蜀汉

---

[1]《三国志》卷44《蒋琬传》。

始终不渝的一贯方针。到姜维执政时，更"欲诱诸羌胡以为羽翼，谓自陇以西可断而有"①。蜀后主延熙十二年（249年），姜维"依麹山筑二城，使牙门将句安、李歆等守之，聚羌胡质任等寇偪诸郡"②。说明蜀汉利用羌胡作战，也同对汉人将士一样，都以家属为质。延熙十七年（254年），姜维破魏将徐质，"乘胜多所降下，拔河关、狄道、临洮三县民还"③。三县皆为羌胡杂居地区，其中多羌人，自不待言。后姜维率军到沓中种麦，魏帝下诏谓维："往岁破败之后，犹复耕种沓中，刻剥众羌，劳役无已，民不堪命。"④《三国志》卷28《邓艾传》载邓艾谓维必将来寇的原因之一是维"从南安、陇西，因食羌谷，若趣祁山，熟麦千顷，为之县饵"。不久，"维果向祁山，闻艾已有备，乃回从董亭趣南安"。均未得逞。由此可知维所以屡出陇右，首先是由于有羌谷可食，而且，还可以令羌人服劳役兵役。当时陇右诸羌介于魏蜀之间，两国之榨取羌人，并无二致，然如仔细翻阅《三国志》，即可看出蜀汉与羌人的关系较魏为佳。《姜维传》载后主诏曰："羌胡乃心，思汉如渴。"《马超传》载魏臣杨阜说曹操曰："超……甚得羌胡心。"因为蜀较魏小弱，所以仰赖于羌人之助者亦较多，因而对待羌人的态度亦胜过魏。《武帝纪》言夏侯渊曾屠兴国、枹罕，曹操曾屠河池。遍观《蜀志》，则不见有屠城记述。《三国志》卷45《邓张宗杨传》末注引《益部耆旧杂记》载王嗣事曰：

---

① 《三国志》卷44《姜维传》。
② 《三国志》卷22《陈泰传》。
③ 《资治通鉴》卷75嘉平元年。
④ 《三国志》卷4《少帝奂纪》。

　　王嗣，字承宗，犍为资中人也。其先，延熙世以功德显著……迁……汶山太守，加安远将军。绥集羌胡，咸悉归服，诸种素桀恶者皆来首降。嗣待以恩信，时北境得以宁静。大将军姜维每出北征，羌胡出马牛羊毡毦及义谷裨军粮，国赖其资。迁镇军，故领郡。后从维北征，为流矢所伤，数月卒。戎夷会葬，赠送数千人，号呼涕泣。嗣为人美厚笃至，众所爱信。嗣子及孙，羌胡见之如骨肉，或结兄弟，恩至于此。

其他蜀将与羌胡蛮夷接触较多者如马忠、张嶷、董和、诸葛亮等均能得到少数民族的好感或追思。当然，这并不意味着蜀汉对少数民族的榨取较轻，如上引文所说，"姜维每出北征，羌胡出马牛羊毡毦及义谷裨军粮"。又如张嶷为越巂太守，在官三年，既令夷种男女"莫不致力"于"缮治城郭"，又夺取夷徼久自固食的"盐铁及漆"，改为官府经营①。至于诸葛亮，更是令各少数民族"出其金银丹漆、耕牛、战马给军国之用"②的能手。但是，在封建统治者对待少数民族的政策和方式上，用和抚的办法以相招引，总比挥舞钢刀大棒来驱使好。

---

①《三国志》卷43《张嶷传》。
②《华阳国志》卷4《南中志》。

二、氐族

氐族和羌族有同样悠久的历史。《诗经·商颂》言："昔有成汤，自彼氐羌，莫敢不来享，莫敢不来王。"《竹书纪年》亦言成汤及武丁时，曾两次有"氐羌来宾"的事实。说明早在商初氐羌即被迫向商称臣纳贡。古书常以氐羌连在一起称述，说明二族关系至为密切。但古书对氐族的记述更少于羌族。《三国志》卷30《东夷传》末裴注引三国时魏人鱼豢《魏略·西戎传》有一段颇为珍贵的叙述：

> 氐人有王，所从来久矣。自汉开益州，置武都郡，排其种人，分窜山谷间，或在福禄①，或在汧、陇左右②。其种非一，称槃瓠之后，或号青氏；或号白氏；或号蚺③氏，此盖虫④之类而处中国，人即其服色而名之也。其自相号曰"盍稚"。各有王侯，多受中国封拜。近去⑤建安中，兴国氐王阿贵、白项⑥氏王千万各有部落万余。至十六年，从马超为乱。超破之后，阿贵为夏侯渊所攻灭；千万西南入蜀。其部落不能去，皆降。国家分徙其前后两端者，置扶风、美阳，今之

①福禄，依据宋本及中华书局标点本。《汉书》卷28下《地理志》言酒泉郡属县有禄福，二者必有一倒置。

②汧县在今陕西千阳县；陇县即今陕西陇县。

③蚺，当作"丹"，红色。

④虫，疑为"氐"之误。

⑤去，疑为"在"之误。

⑥白项，当作"百项"。

安夷、抚夷二部护军所典是也。其本守善，分留天水、南安界，今之广魏郡所守是也。其俗语不与中国及羌杂胡同①，各自有姓，姓如中国之姓矣。其衣服尚青绛②。俗能织布，善田种③。畜养豕、牛、马、驴、骡。其妇人嫁时着衽露④，其缘饰之制有似羌，衽露有似中国袍。皆编发，多知中国语，由与中国错居故也。其自还种落间，则自氐语。其嫁娶有似于羌，此盖乃昔所谓西戎在于街、冀、豲道⑤者也。今虽都统于郡国，然故自有王侯在其虚落间。又故武都地、阴平街⑥左右，亦有万余落。

由上可知：汉魏时，武都、阴平、天水、陇西、南安、广魏、扶风及酒泉诸郡，都有氐人居住。实际还不止以上各郡。前已言及，商初，氐羌即与商政权常有往来，说明那时氐人居地离商都并不太远。而到两汉时，氐人早已迁至比较偏僻的今甘、陕、川

①此句原作："其俗语不与中国同，及羌杂胡同。"应删去前一"同"字。

②绛，红色。

③善田种，说明氐族从事定居务农生活已很久远。

④衽，衽之俗字，衣服胸前交领部分，因显露于外，故曰衽露。

⑤《汉书》卷28下《地理下》，天水郡有街泉，县城在今甘肃省秦安县东北。《续汉书》志第23《郡国志》汉阳郡略阳县有街泉亭，即街亭。冀县故城在今甘肃甘谷县东。豲道故城在今甘肃陇西县东南。

⑥《续汉书》志第23《郡国五》，武都郡有武都道。广汉属国有阴平道。三国时，武都郡治下辨，县城在今甘肃成县西北。阴平郡治在阴平县城，今甘肃文县。

交界地区，当系商周时氏族逐渐退缩的结果。不过，氏人与汉人是有长期杂居过程的。所以氏人的习俗服饰与汉人有不少相似之处。氏人善田种，能织布，畜养豕牛，多知中国语，姓如中国之姓。说明氏人的文化比较进步。另外，氏人婚、丧与服饰亦有似于羌，盖因氏羌相处时间很长，相互影响亦多。关于氏族的历史渊源，由于魏晋南北朝及其以前古书多以氏羌并提，故学者多以为氏、羌原来属于同一族类。如范晔在《后汉书》卷87《西羌传》赞曰："金行气刚，播生西羌，氏豪分种，遂用殷强"。即认为氏系自羌分出的一支族。近来研究古代民族史的专家如马长寿、黄烈二先生都认为氏、羌虽关系密切，但二族之间仍有不少重要差别，并非同族。我觉得，氏、羌二族在居地、言语、习俗、服饰等方面都有同有异，所以要辨其是否同类，还要参看其他情况，未可遽下断语。即拿汉人来说，亦有"百里不同俗"的谚语。古代经常迁徙的民族自然就更难有一成不变的习俗与种类。先秦古籍既多言西羌出自三苗，氏人的民族渊源经过黄先生考证，也出自三苗，而其考证又具有说服力，所以就难以推翻氏羌同源的传统说法。假如二族确非同一渊源的话，那末，二族经常杂处，能互相友好学习，而鲜有敌对行动，也堪称民族和睦相处的典范了。

除了以上《魏略·西戎传》的记载外，《后汉书》卷86《西南夷传》对氏族状况也有间断叙述：

冉駹夷者，武帝所开。元鼎六年，以为汶山郡[1]。至地

---

[1]两汉时的汶山郡在今四川茂汶羌族自治县周围及其西北一带。

节三年，夷人以立郡赋重，宣帝乃省并蜀郡为北部都尉。其山有六夷、七羌、九氐，各有部落。其王侯颇知文书，而法严重。贵妇人，党母族。死则烧其尸。土气多寒，在盛夏冰犹不释，故夷人冬则避寒，入蜀为佣，夏则违暑，反其聚邑。皆依山居止，累石为室，高者至十余丈，为邛笼……灵帝时，复分蜀郡北部为汶山郡云。

以上一段引文系叙述冉駹夷的一些习俗，引文明言其山有六夷、七羌、九氐，各有部落，然后述其习俗。这些习俗自应系六夷、七羌、九氐所共有，其中之"六夷"究竟为何种"夷"，并没有指点清楚，至于其中的氐、羌，我们在上面已经讲过，习俗有异有同，这里却将氐羌与夷笼统叙述。这样只能解释为这里的氐羌和夷人习俗大致相同。其王侯颇知文书，说明汉化程度较深；"贵妇人，党母族"，表明与乌桓等东胡族有点相似；"死则烧其尸"，表明与氐羌火葬之俗相同；"累石为室"，正是氐族的习俗。"冬则入蜀为佣，夏则反其聚邑"，说明并非奴隶社会。同时也表明这里的民族还不是过着农业定居生活，而是半农半牧。从他们深受汉族文化影响观之，应该已进入封建时代了。总的来看，这三个少数民族是比较能够和睦相处的。

同传又载：

白马氐者，武帝元鼎六年开，分广汉西部，合以为武都。土地险阻，有麻田，出名马、牛、羊、漆、蜜。氐人勇戆抵冒，贪货死利。居于河池，一名仇池，方百顷，四面斗绝。数为边寇，郡县讨之，则依固自守。元封三年，氐人反叛，遣兵破之，分徙酒泉郡。昭帝元凤元年，氐人复叛，遣执金吾马适建、龙额侯韩增、大鸿胪田广明，将三辅、太常徒讨破之。

两汉时，武都郡属益州刺史部，武都与陇西、天水（汉阳）及其临近地带，是氐族的基本根据地。其中的河池县在仇池山上，山上有池，"泉流交灌"；"上有平田百顷，煮土成盐"；"壁立千仞"，形势险要，物产丰富。氐人质直勇敢，敢御强暴。故当西汉盛时，仍敢于一再反抗。至三国时，以曹操之强，氐人仍敢塞道，阻操南下，操虽将其镇压，但仍畏氐人日后为蜀汉效力，"前后徙民、氐，使居京兆、扶风、天水界者万余户"[1]。

同传接着又说：

> 及王莽篡乱，氐人亦叛。建武初，氐人悉附陇、蜀。及隗嚣灭，其酋豪乃背公孙述降汉，陇西太守马援上复其王侯君长，赐以印绶。后嚣族人隗茂反，杀武都太守。氐人大豪齐钟留为种类所敬信，威服诸豪，与郡丞孔奋击茂，破斩之。后亦时为寇盗，郡县讨破之。

氐人虽也经常反抗汉政府加到他们身上的赋役负担，但氐人人数既少，居地又十分分散，所以多被郡县迅速击破。及至黄巾起义

---

[1]《三国志》卷25《杨阜传》。

发生，史书多有羌胡起来响应的记载，可是很少提到氐人的动向，实际上，当凉州各族人民初起义时，即有氐人参加。《三国志》卷36《马超传》注引《典略》言："灵帝末，凉州刺史耿鄙信任奸吏，民王国等及氐羌反叛"，即是其例。又如原为凉州各族起义领导人后来又坠落成军阀的韩遂所以能在关陇从事军事活动达三十余年之久，亦赖有氐羌始终不渝的支持。直到韩遂日暮途穷时，还经金城入氐王千万部①。马腾、马超父子也颇得氐羌助力，如同前已引过的《魏略·西戎传》②所载："兴国氐王阿贵、百顷氐王千万各有部落万余，至十六年，从马超为乱。"《三国志》卷9《夏侯渊传》载："建安十九年，夏侯渊使张郃督步骑五千在前……至渭水，（马）超将氐羌数千逆郃。"《三国志》卷25《杨阜传》言："刘备遣张飞、马超等从沮道趣下辨，而氐雷定等七部万余落反应之。"都是氐族人民被军阀利用以争夺土地人民的事例。

由于氐人居住地介于魏蜀两大势力之间，所以两国对氐族人力物力的争夺也不遗余力。如建安二十一年（216年），夏侯渊击武都氐羌于下辨，收氐谷十余万斛③；建安二十四年（219年），曹操恐刘备北取武都氐区以逼关中，乃令张既至武都，徙氐五万余落出居扶风、天水界④，都是曹魏掠夺氐人粮谷和人口的典型事例。在蜀汉方面，因地小人寡，更把争夺陇右各族人民当作先急之务。由于蜀汉政权必须取得氐、羌各族的最大限度的支持，

① 《三国志》卷1《武帝纪》建安十九年载。
② 《三国志》卷30《东夷传》末裴注引。
③ 《三国志》卷9《夏侯渊传》。
④ 《三国志》卷15《张既传》。

所以对待氏、羌等族的手段比较温和，从而收到的效果也比较好。蜀汉同羌族比较融洽的关系，前已叙及。蜀汉与氏族的关系正复相同，这里不再赘述。现只谈一下氏人的欠缺之处，即氏人的民族凝聚力甚差，例如《华阳国志》卷7《刘后主志》载：

> （建兴）十四年（236年）……武都氏王符健请降，将军张尉迎之，过期不至，大将军琬忧之。牙门将巴西张嶷曰："健求附款至，必无返滞。闻健弟狡，不能同功，各将乖离，是以稽耳。"健弟果叛就魏。健率四百家随尉，居广都县。

以上事件并不是孤立和罕见的，氏羌兄弟分种、各自东西之类的事，乃属司空见惯。前已言之，羌人"强则分种为酋豪，弱则为人附落，更相抄暴"。这样，弱时依附于人，难以图强；强则分种，"无相长一"，力量亦由分而弱。羌人如是，氏人更甚。这就是氏羌所以难得有作为的重要原因。可是，氏人多务农，长期与汉人杂居，因之氏人的文化也不断增进，至晋惠帝元康六年（296年）秦、雍各族人民群起反晋时，即出现推选氏帅齐万年为帝的事。再往后八十余年，更有氏王符坚统一中国北方的盛大业绩，凡此都说明氏、羌民族并不是终无作为的。

第二十章 蜀汉的少数民族

蜀汉的南半部，即所谓"南中"，东汉时分置益州、永昌、牂柯、越嶲四郡（今地名，已见前述）及犍为属国。蜀汉后主建兴三年（225年）诸葛亮南征后，重新划分为七个郡，即：越嶲郡（治邛都，今四川西昌市）；朱提郡（治朱提，今云南昭通市）；牂柯郡（治且兰，今贵州福泉县附近）；建宁郡（治味县，今云南曲靖市）；兴古郡（治宛温，今云南砚山北）；永昌郡（治不韦，今云南保山县）；云南郡（治桥栋，今云南姚安北）。以上各郡均有数量不同的少数民族与汉人杂居。在蜀汉北半部也有氐羌等少数民族，这里不再叙述。现只把南七郡中有显著特色的叟、僰、濮族叙述一下：

一、叟族

叟族系西羌一个支族，先秦时活动于今甘肃、青海及其邻近省区。《尚书》卷2《禹贡》、《史记》卷2《夏本纪》及《汉书》卷6《武帝纪》提及作为西戎之一的"渠搜"，即叟族的前身。《旧唐书》卷91《张柬之传》言："诸葛亮五月渡泸……使张伯岐选其劲卒搜兵"，搜兵即叟兵。《华阳国志》卷4《南中志》言诸葛亮"移南中劲卒青羌万余家于蜀"，青羌即叟之在南中者。春秋战国时，叟人建立蜀国。公元前316年，秦惠王遣司马错灭蜀。汉代史家常称蜀为叟，蜀、叟二字同声通义。周武王伐纣，包括蜀在内的八个小国亦曾参加。蜀郡叟人因与汉人相处日久，逐渐融合。四川东部的巴人亦是一样。可是在蜀郡徼外的西南夷仍有不少经济文化比较落后的叟人部落。大体说来，叟族是由西北往西南移动的。

蜀国的叟人主要居住在越嶲、建宁和朱提等郡，嶲字与叟同声，《史记》《汉书》《三国志》等书所提到的嶲人即叟人。《三国志》卷43《张嶷传》言："越嶲郡自丞相亮讨高定之后，叟夷数反，杀太守龚禄、焦璜。""叟夷"指叟族与其他夷人。《华阳国志》卷4《南中志》言："先主薨，越嶲叟帅高定元叛"；又言益州大姓雍闿"使建宁孟获说夷叟"，这里的夷叟可能指西方的夷人及叟人，也可能只指叟人，因叟亦属西夷，越嶲与建宁二郡的叟人同属越嶲羌。《史记》《汉书》叙及以上二郡的少数民族，或言"蛮夷"（南方的蛮人和西夷），或用"郡夷"（指郡内的夷人，应包括叟族）。东汉以后的史书始提出"叟"这一称呼，这是因为随着时间的推移，民族亦发生阶段性的演变，初期叟族内部只有各自分散的部落，后来各部落逐渐凝聚为一个较壮大的部族，故名之曰叟族。1936年从今云南昭通市（三国时属朱提郡）洒鱼河畔的古墓中发掘出一颗刻有"汉叟邑长"四个字的铜印，旁边还有汉砖出土，说明这颗铜印是东汉或蜀汉颁发给当地叟族酋长的信印。

建宁郡的少数民族还有濮、僰、昆明等族。《三国志》卷43《李恢传》言"赋出叟、濮耕牛、战马、金、银、犀、革"，这句话的意思是说向南夷的叟族和濮族人民征收耕牛等物，《华阳国志》卷4《南中志》叙此作"出其金、银、丹、漆、耕牛、战马给军国之用"。其中的"其"，即指叟、濮二族。昆明族，实系叟族，也称昆族。《史记》卷116《西南夷列传》曾提到昆明族。《华阳国志》卷4《南中志》言夷（西南夷）人大种曰"昆"，小种曰"叟"。二者只是称呼之不同，属氐羌族系统。《三国志·李恢传》言恢曾被围困于昆明，昆明即因住有昆明族而得名。叟族还被称为"氐叟""斯叟""苏祁叟""青叟"（即青羌）等，均因系属氐羌系统的部落或部族而得名。从汉魏之际史料看，各军阀颇喜以叟人为兵。吴人伪制的《后出师表》言："賨叟、青羌、散骑、武骑一千余人，此皆数十年之内纠合四方之精锐，非一州之所有。"《资治通鉴》胡注云："蜀兵谓之叟，賨叟，巴賨之兵也。"胡注释叟为蜀兵，未为甚妥，然征用叟人为兵，实为各军阀所惯为。如《三国志》卷31《刘二牧传》注引《英雄记》曰：

董卓使司徒赵谦将兵向州，说校尉贾龙，使引兵还击焉，焉出青羌与战，故能破杀。

《后汉书》卷72《董卓传》：

吕布军有叟兵内反，引催众得入，城溃。（李贤注：叟兵即蜀兵也，汉代谓蜀为叟。）

《后汉书》卷75《刘焉传》：

兴平元年，征西将军马腾与范谋诛李傕，焉遣叟兵五千助之，战败。（李贤引孔安国注《尚书》云："蜀，叟也。"）

《三国志》卷31《刘璋传》：

璋闻曹公征荆州，已定汉中……遣别驾从事蜀郡张肃送叟兵三百人，并杂御物于曹公。

从以上几段引文观之，叟兵在当时是各军阀喜用的劲旅，而青羌尤以勇敢善战著名。青羌因服饰崇尚青色，故有此称，其善战与板楯齐名，诸葛亮以南中青羌为五部，由名将王平统领。《华阳国志》卷4《南中志》言诸葛亮：

移南中劲卒青羌万余家于蜀，为五部，所当无前，号为飞军，分其羸弱配大姓焦、雍、娄、爨、孟、量、毛、李为部曲；置五部都尉，号"五子"，故南人言"四姓五子"也。以夷多刚很，不宾大姓富豪，乃劝令出金帛，聘策恶夷为家部曲，得多者奕世袭官，于是夷人贪财物，以渐服属于汉，成夷汉部曲。亮收其俊杰建宁爨习、朱提孟琰及（孟）获为官属，习官至领军，琰辅汉将军，获御史中丞。出其金、银、丹、漆、耕牛、战马，给军国之用。

由以上材料可知诸葛亮所以能与强大的曹魏连年争战，而不稍示弱，实赖有南中各族人力、兵员和物资的种种有效支持。诸葛亮的民族政策是尽量笼络各族的大姓豪强，通过他们以最大限度地榨取和利用各族人民为蜀汉政权卖力效劳。这种做法无疑是高层次的阶级压榨，唯客观上对南中各族社会的封建化，起了一定的积极作用。

二、僰族

《文选》卷11载有陈琳（字孔璋）《檄吴将校部曲》，文中提到曹操麾下有"湟中羌僰"等少数民族队伍。《史记》卷117《司马相如列传》数次提到在夜郎西边的"僰"，《集解》引徐广曰：僰乃"羌之别种"。《史记》卷112《主父偃列传》载严安给汉武帝上书亦言及西南夷中的"羌僰"。《后汉书》卷80《杜笃列传》则以"氐僰"并提①。李贤注以为"氐僰""乃西南夷号"。以上材料说明两汉三国时，西北个别地区仍居有僰人，而僰人在西南地区者更多。僰既常与氐羌并称，证明僰族出自氐羌的说法是有根据的。

僰与"白"同音。《水经注》卷33《江水一》引《地理风俗记》谓僰"夷中最仁，有仁道，故字从人"。所谓"仁"，指文明、进步，即经济文化发展水平较高。《华阳国志》卷3《蜀志》言当公元前400年左右，蜀攻青衣（今四川芦山县至雅安市一带，相传为青衣羌居地），"雄长獠、僰"。《汉书》卷28上《地理志》犍为郡僰道县下颜师古注引应劭曰："故僰侯国"（今宜宾市）。

---

① "僰"既与羌并提，又与氐并称，不仅说明僰与氐羌同源，同时亦说明氐羌同源。

《水经注》卷33《江水一》僰道县，"本僰人居之……《秦纪》所谓僰僮之富者也"。三国时，僰道县西南（今云南东北部昭通地区）的平坝中，住有不少僰人，那里有千顷池和龙池，系僰人用以溉田种稻者①。汉武帝时，从僰道往南开了一条经过僰族聚居区通向益州郡味县（今云南曲靖市）的道路。味县是蜀汉庲降都督和建宁郡的共同驻在地，其附近僰族人口也不少。今云南峨山、石屏、建水等县及滇西的楚雄州也分布着僰人。当然，僰人最集中的居地还是在滇池周围的平坝地带。

王莽天凤元年（14年），益州郡发生了以僰人为主力的反莽大起义，王莽调动大军前来镇压，并把胜休县改称胜僰县，说明滇国的主体民族正是僰人。由于僰族居住在宜于农耕的坝子地区，所以与汉民接触最多，逐渐融合，后来僰族在史籍中越来越少见，即因已与汉人融合的缘故。所以今川滇地区的汉人血液中掺杂着不少的优秀僰人的成分。

三、濮族

参加过周武王牧野誓师的庸、蜀、羌、髳、微、卢、彭、濮八族中，以濮族人数最多，而且分布地域广阔。因濮族长期处于分散的部落状态，故有百濮的称号。濮人建立的濮国原在江、汉一带，与同属濮族的楚国为邻，后遂为楚吞并。史家言及楚国境内的民族时，先称之为濮，继称之为越，即因濮、越同源之故。

濮人因不堪楚国的压榨，曾多次起义反抗，均无成就，濮人建立的庸国也被楚吞并。战国时，楚用吴起（前384—前381

---

① 见《太平御览》卷791引《永昌郡传》。

年），"南平百越，北并陈、蔡"①。因为当时在江东立国的越尚在，故楚国境内原濮人小国都称百濮，濮人的居地，东连吴、越。公元前334年，楚终于灭了越国。楚国派到夜郎、滇国去的将军庄蹻，因归路被秦截断，他及带去的将士都留居滇地，与当地各族人民混居。

秦汉三国时，濮人遍及今西南各省区。《华阳国志》卷3《蜀志》言：临邛县有布濮水（河名，在今四川邛县西南）；"濮（地名，在蜀郡）出好枣"。布濮水流经处和濮都住有濮人。扬雄和左思前后各写有《蜀都赋》，都提到"百濮"②。说明两汉三国时蜀地濮人甚多。《华阳国志》卷4《南中志》言：

> 南中在昔盖夷越之地，滇濮、句町、夜郎、叶榆、桐师、巂唐侯王国以十数。编发左衽，随畜迁徙，莫能相雄长。

以上所提到的越，即百越系的濮或獠族。"滇濮"指以滇池为居住中心的滇人，滇人为百濮的一支，滇人的习俗，如喜欢用铜鼓，住"干栏"等，与濮人相同。句町，也是濮人的一支，主要分布于今云南东南部、贵州西南部及广西西北部一带。夜郎国的主体民族为獠人，《太平御览》卷171引唐梁载言《十道志》谓"珍州夜郎郡，古山獠夜郎国之地"。《华阳国志》卷4《南中志》言夜郎竹王"有才武，遂雄夷濮"。《后汉书》卷86《西南夷列

---

① 《史记》卷65《吴起列传》。
② 《全晋文》卷74左思《蜀都赋》："于东则左绵巴中，百濮所充。"

传》称夜郎人为"夷獠",可证夷獠即"夷濮"。《三国志》卷43《张嶷传》注引《益部耆旧传》言蜀汉马忠、张嶷平定南夷刘胄的叛乱后,"牂牁、兴古獠种复反"。证明今贵州与云南东南部有獠人。《华阳国志》卷3《蜀志》言"堂狼县,故濮人邑也,今有濮人塚"。堂狼县在今云南东北部会泽、东川、巧家一带。汉武帝时,滇王在同姓劳深、靡莫的怂恿下抗拒汉使者吏卒。①滇及劳深、靡莫为濮獠族类,则益州郡(蜀汉改建宁郡)固多濮人,故《三国志》卷43《李恢传》所言蜀汉南中赋税出自叟濮,自不待言。滇西之永昌郡尤多闽、越、濮、獠族类,獠即骆越,《魏书》卷101《獠传》谈到獠人习俗如住干兰、用铜器、能卧水底似以鼻饮水、死者竖棺以葬等多与骆越相同,说明系同一族类。獠人与其人口众多的同族骆越住地相距极远,表明越人分布区异常广阔,故史书称之为"百越"。如上所述,濮亦有"百濮"之称。濮、越实为同一族类。

总之,秦汉三国时,西南地区的少数民族,主要有两大族系,一是氐羌族系,如昆、叟、青羌、邛、笮等属之;一为百越族系,如濮、獠、賨(賨族即板楯蛮,汉时很活跃,三国时史书甚少提及,故未叙述)等属之。

---

① 《汉书》卷95《西南夷传》。

第二十一章　吴国的少数民族

一、山越

《三国志》卷64《诸葛恪传》载:

> 丹杨地势险阻,与吴郡、会稽、新都、鄱阳四郡邻接,
> 周旋数千里,山谷万重,其幽邃民人,未尝入城邑。对长吏
> 皆仗兵野逸,白首于林莽。逋亡宿恶,咸共逃窜。山出铜
> 铁,自铸甲兵。俗好武习战,高尚气力,其升山赴险,抵突
> 丛棘,若鱼之走渊,猨狖之腾木也。时观间隙,出为寇盗。
> 每致兵征伐,寻其窟藏,其战则蜂至,败则鸟窜,自前世以
> 来,不能羁也。皆以为难。

以上一段材料,值得注意的是没有提到民族差别,甚至连族名都
未涉及。到孙权采纳诸葛恪掠夺山民充兵的计划时,拜恪为抚越
将军,领丹杨太守,说明《诸葛恪传》所指系越族。可见当时汉
越之间的民族界限已显得若有若无。其中所谓"逋亡宿恶,咸共
逃窜",显然是指因反抗孙吴的统治而逃避赋役的汉人。不消说,
山民大多数是已经大致汉化了的越族遗民。史言山民好武习战、
敢于反抗强暴。官兵前往镇压,他们惯于用待机伺隙、集中突击

和打了就跑的游击战术，因此，封建统治者难以令其就范。吴越之地自古即出铜铁，山民能铸造兵器，食物以粮谷为主。《诸葛恪传》叙述恪降伏山民的方法是："候其谷稼将熟，辄纵兵芟刈，使无遗种。旧谷既尽，新田不收，平民屯居，略无所入。于是山民饥穷，渐出降首。"①可知山民的生活方式与务农为生的汉民并无二致。正因为这样，所以史书上经常不称越民而只称山民。山民与汉民的区别，主要在于山民不给孙吴统治者当兵纳粮。由于山民已基本丧失民族凝聚力，所以便不足威胁到孙吴政权的生存，往往被具有军事知识的将领所征服。如同一般史料所昭示，好像纠纷只是从镇压的官军和逃避赋役的山民之间产生，实际，质朴的山民并不能代表他们自己的利益，他们只能受大小头目的摆布。孙权称帝后，鄱阳太守周鲂为了谲诱魏大司马扬州牧曹休，曾写了假降信，言："乞请将军、侯印各五十纽，郎将印百纽，校尉、都尉印各二百纽"，以便由他转授给鄱阳山越诸魁帅，奖励他们叛吴投魏。由此可知山越中的大小头目是够多的。他们为了霸占山民的劳动果实，自然不愿看到山民出来为吴国政权当兵纳税。所以封建史书所述吴政权与所谓"山越"的矛盾，主要还是吴政权和山越上层分子争夺人力物力的矛盾。

基于以上原因，我们对山越情况要作具体分析，比如以上所说山民"时观间隙，出为寇盗"之类的事就不能简单地视为山民出山抢掠，因为山民不过是魁帅肘腋下类似农奴般的依附者。只有大小魁帅才能挑起事端并从中获得好处。而孙吴与山越双方的上层人物对事端发生的责任也有大小先后的差别，其中孙吴统治

---

① 《三国志》卷64《诸葛恪传》。

者是发动战争的主要负责者。因为孙吴统治者不仅要从山越那里
侵占土地，而且也要从山越魁帅手中夺取兵源和劳动力，即所谓
以山民"强者为兵，羸者补户"，翻看一下《三国志·吴志》各
传，即知孙吴政权从建立到灭亡，一直与讨伐山越的战事相始
终。孙策初到江东，即提出"取吴、会，平山越"的两大军事目
标①。而当时孙策的敌对军阀也力图利用山越遏制孙策，如《资
治通鉴》卷62建安三年载：

> 袁术遣间使赍印绶与丹阳宗帅祖郎等，使激动山越，共
> 图孙策……太史慈遁于芜湖山中，自称丹阳太守……进住泾
> 县，大为山越所附。于是策自将讨祖郎于陵阳，禽之……即
> 署门下督，军还，祖郎、太史慈俱在前导，军人以为荣。

祖郎是山越宗帅名闻江北者；太史慈曾经救援过北海相孔融，名
声著于徐、扬，且为山越所乐于拥戴。孙策擒住太史慈和祖郎
后，立即予以重用，这不只表明孙策善于用人，且标志了当时汉
越之间的民族界限已很轻微。孙权继立以后，也首先"分部诸
将，镇抚山越，讨不从命"。当孙权于建安八年（203年）西伐黄
祖时，因"山越复动"，只好回军，使吕范平鄱阳，程普讨乐安，
太史慈领海昏，韩当、周泰、吕蒙等为剧县令长②。所谓剧县即
指山越反抗较多的县。据《三国志》卷54《吕蒙传》载：

①《三国志》卷54《周瑜传》，已见前引。
②见前引。

> 吕蒙……少南渡，依姊夫邓当。当为孙策将，数讨山
> 越。蒙年十五六，窃随当击贼，当顾见，大惊，呵叱不能禁
> 止，归以告蒙母。母恚，欲罚之，蒙曰："贫贱难可居，脱
> 误有功，富贵可致……"母哀而舍之。

可知讨伐山越，是吴人猎取功名的一个有利可图的途径，因为战胜一个失去民族凝聚力的散漫群体，总是危险小而成功易。所以虽童稚如吕蒙亦欲借讨山越，一显身手。《三国志》卷46《孙策传》载：

> 吴人严白虎等众各万余人，处处屯聚，吴景等欲先击破
> 虎等，乃至会稽。策曰："虎等群盗，非有大志，此成禽
> 耳。"

以上言严白虎等为"吴人""群盗"，而不提其为山越；《三国志》卷56《吕范传》亦称严白虎为"强族"，而不言他是汉人或山越。裴松之在《孙策传》注中发表意见说："于时强宗骁帅，祖郎、严虎之徒，禽灭已尽，所余山越，盖何足虑。"这就明白指出严白虎和祖郎都是山越强宗骁帅了。从总的情况看严白虎是山越大帅，当无可疑，可是事实上他已同汉人强宗豪帅没有什么区别，所以史书上就经常不指出他的族类而只称之为吴人或"群盗""强族""强宗骁帅"。所有这些，都表明严白虎的山越族性已若有若无、和汉人基本没有什么差别。这也是孙吴君臣所以乐于首先降伏山越的原因所在。《三国志》卷58《陆逊传》载：

　　吴、会稽、丹杨多有伏匿，逊陈便宜，乞与募焉。会稽
山贼大帅潘临，旧为所在毒害，历年不禽。逊以手下召（疑
为见）兵，讨治深险，所向皆服，部曲已有二千余人。鄱阳
贼帅尤突作乱，复往讨之……逊建议曰："……克敌宁乱，
非众不济。而山寇旧恶，依阻深地。夫腹心未平，难以图
远，可大部伍，取其精锐。"权纳其策，以为帐下右部督。
会丹杨贼帅费栈受曹公印绶，扇动山越，为作内应，权遣逊
讨栈，栈支党多而往兵少，逊乃益施牙幢，分布鼓角，夜潜
山谷间，鼓噪而前，应时破散。遂部伍东三郡，强者为兵，
羸者补户，得精卒数万人，宿恶荡除，所过肃清，还屯芜
湖。

陆逊已明确说出讨伐山越的主要目的是为了扩充军队，仅陆逊即
从山越获得精兵数万人。如与其他将领贺齐、全琮、钟离牧、韩
当、蒋钦、陈表、凌统、朱桓、张温、张承、顾承、诸葛恪等所
获兵数合计，至少超过二十万。至于用以补户的羸者自然更多。
这就是孙吴所以能在江南立国八十余年的主要原因之一。

二、武陵蛮

　　处于今湖南西部至贵州东界的武陵蛮，自东汉王朝建立后，
即不断进行反抗。孙吴统治时，武陵蛮攻占城邑。孙权以黄盖为
武陵太守，蛮夷前来攻城，时郡兵才五百人，盖乃大开城门，俟
蛮兵半入而夹击之，斩获数百，余皆奔散。尽收诸邑落，诛讨魁

帅，附从者赦之。自春至夏，反叛尽平。史称"诸幽邃巴、醴（俚）、由（傜）、诞（蜑）邑侯君长，皆改操易节，奉礼请见"。吴黄武元年（222年）春，刘备举军东下击吴，自佷山（今湖北长阳县），通武陵，使亲信马良以金帛赐五陵诸蛮夷，授以官爵。刘备被吴将陆逊击败后，马良亦死于五溪。黄龙二年（230年），武陵蛮叛吴，次年，孙权令潘濬会同吕岱、吕范、朱绩等督军五万人前往镇压，经过三年战斗，始获胜利。史称自是"群蛮衰弱，一方宁静"①。

吴主孙休永安六年（263年），蜀灭于魏，武陵蛮夷与蜀接界，吴人惧有变乱，乃以钟离牧为平魏将军，领武陵太守。魏亦遣郭纯为武陵太守，进屯迁陵县之赤沙（今湖南保靖县），诱致诸夷邑君，进攻酉阳县城。郡中震惧，抚夷将军高尚以为："昔潘太常督兵五万，然后以讨五溪夷耳，是时刘氏连和，诸夷率化，今既无往日之援，而郭纯已据迁陵，而明府以三千兵深入，尚未见其利也。"②牧不听，率所领晨夜进军，缘山险行，垂二千里，斩五溪魁帅百余人及支党凡千余级。于是五溪蛮夷又归属吴。钟离牧此后历任公安督、濡须督，又"以前将军假节，领武陵太守。卒官，家无余财，士民思之"。说明武陵各族人民对于清官还是乐于拥护的。

三、南越

关于南越的情况，自小避地交州，并在交州做过多年郡守的

---

① 《三国志》卷61《潘濬传》。
② 《三国志》卷60《钟离牧传》。

薛综，在给孙权的上疏中有概括而系统的阐述，因疏文太长，兹不抄录，仅据以作些介绍：

据薛综所述，秦统一后，岭南地区开始正式隶属中国。西汉初，赵佗在岭南建立了南越政权，汉武帝开置九郡，表明中国对岭南的统治逐步加强。东汉时，锡光在交阯、任延在九真，教当地人民犁耕，建学校，着冠履，定聘娶，使岭南人民的经济文化有进一步的发展。总的来说，岭南习俗不齐，言语歧异，椎结徒跣，贯头左衽，一直到三国时并无很大改变。其男女自相婚配、兄死妻嫂等习俗，较之汉人父母主婚、寡妇守节更合情理。

薛综在上疏中，述说孙吴对岭南采取羁縻政策，这是由于越民经济落后，无何产品可供榨取。至岭南山海珍物，则多被秦、汉、越、吴统治政权及当地官吏豪族掠夺以去。

薛综又述说孙吴在岭南诸多弊政及官吏豪族互相倾轧的情况。长吏的任用，多不适当，而且法宽吏恣，侵渔百姓，强赋于民，以至于引起怨叛等。因此，薛综以为宜审选刺史，以检摄八郡。

孙吴岭南官长当以陆胤为最有特色，《三国志》卷61《陆凯传附弟胤》载中书丞华覈上表推崇陆胤在为交州刺史时的政绩说：

> 胤……在交州，奉宣朝恩，流民归附，海隅肃清。苍梧、南海，岁有暴风瘴气之害，风则折木，飞砂转石，气则雾郁，飞鸟不经。自胤至州，风气绝息，商旅平行，民无疾疫，田稼丰稔。州治临海，海流秋咸，胤又畜水，民得甘

食。惠风横被，化感人神，遂凭天威，招合遗散。至被诏书
当出，民感其恩，以忘恋土，负老携幼，甘心景从。众无携
贰，不烦兵卫。自诸将合众，皆胁之以威，未有如胤结以恩
信者也。衔命在州，十有余年，宾带殊俗，宝玩所生，而内
无粉黛附珠之妾，家无文甲犀象之珍。方之今臣，实难多
得。

从以上华覈赞赏陆胤的话中，可知从汉末到吴的官长率多贪暴，
不得民心，所以交州各族人民一得到陆胤这样好的刺史，都感恩
顺从。说明交州民众拥护好官长，至于民族界限，并不是主要
的。孙吴势力达到岭南，当从建安十五年（210年）孙权派步骘
出任交州刺史开始。延康元年（220年），吕岱继为交州刺史。吕
岱除使交州得到安定外，"又遣从事南宣国化，暨徼外扶南、林
邑、堂明诸王，各遣使奉贡"①。汉末战乱以来，中原民人和学
士南下岭南的颇不乏人，所以在三国时代，岭南的生产、文化还
是有发展的。

----

① 《三国志》卷60《吕岱传》。

第二十二章　中央官制

一、曹操时期的司空、丞相掾属①

曹操早年仕汉，曾"好作政教"，欲为汉征西将军，封侯。及董卓之乱，率土分崩，予操以逐鹿中原的机缘。操先仅有东郡，得荀彧而喻为己之张子房。表明操有效法刘邦与群雄争夺天下的意图。建安元年（196年），操迎献帝都许，掌握封赏大权。自是之后，汉百官多为曹氏之人。由于操当时之军事实力，尚逊于袁绍，故操不能不把大将军让给袁绍，而自为司空。及官渡之役，操大败袁绍，成为中国首强。建安十一年（206年），操扫灭袁氏势力，放手大封功臣二十余人，皆为列侯。其余各以次受封。建安十三年（208年），操北征乌桓凯旋，进一步独揽事权，自为丞相。罢汉之三公官，惟留一御史大夫，亦由己之亲信郗虑担任。建安十六年（211年），操以世子丕为五官中郎将，置官属，为丞相副。另封三子为侯。这样，就为建立魏政权打好了基础。建安十八年（213年）五月，操迫献帝策命己为魏公，开始

---

①曹魏上继东汉，下启西晋，故谈三国官制，自宜以魏为主，至于蜀汉与孙吴的官制，与曹魏大同小异，故仅附带涉及，以省笔墨，而免重复。

建立魏国政权。十一月，初置尚书、侍中、六卿。在此前四个月，操已进其二女于献帝，表示操虽准备取代汉室，但不拟伤害献帝，亦不绝其后嗣。建安二十一年（216年）夏，操进爵为魏王。秋，以魏大理钟繇为魏相国。二十二年（217年）夏，操设天子旌旗。以华歆为魏御史大夫。以五官中郎将丕为魏太子。建安二十五年（220年）正月，操死，丕嗣位为丞相、魏王。二月，以大中大夫贾诩为太尉，御史大夫华歆为相国，大理王朗为御史大夫。三月，以前将军夏侯惇为大将军。

操尝言：“治平尚德行，有事赏功能。”当操图天下时，不能不广泛收罗负有众望和有实际才能的人。即操所谓“有事赏功能”。及功业基本建立之后，又嫉妒其中功高望重之人，思所以抑制之。于是，荀彧、崔琰被戮，毛玠免黜，程昱亦“自表归兵”。此即操所谓“治平尚德行”，“尚德行”的真谛不过任用拘谨中平人才，而排斥异能之士而已。

操虽有为子孙谋万世之业的意图，但无从避免子孙因富贵而奢淫堕落的规律。曹魏先重用其亲族曹氏及夏侯氏，但自曹真死后，曹氏亲族便缺乏拔尖人才。曹叡身后，曹爽与司马懿并肩辅政，曹爽终为司马懿所吞噬。司马氏之揽魏政，虽云靠阴谋，亦由司马懿父子能有所作为，如收罗一批能建事功之人，如邓艾、州泰、王昶、王基、王濬、羊祜、卫瓘等，因之司马氏能凭仗中原之广土众民，次第灭蜀并吴，而统一中国。

谈官职者，不能仅就官名而释职掌。因官吏行使职权，往往不只限于规定范围之内。比如刘晔任司空仓曹掾，从其职务看，不过管理仓谷，但由于刘晔多智略，又为操信任，故操每遇疑难之事，辄以函问晔。又如参司空军事之职，本系参与规划军谋，但其职由王朗、华歆等有名望学问而不擅长军谋者担任时，便只能从容论议了。

在封建君主专制时代，官吏权限之大小，往往不只视其才能与担任何职务，而在于其与君主关系的亲疏。故魏之夏侯氏、曹氏，吴之孙氏皇族，纵才能中平，仍能担负方面重寄。又如丁斐，因与曹操同乡里，又为操所爱，故虽只为一典军校尉，但却能"总摄内外，每所陈说，多见从之"①。又如司空军谋祭酒，虽云系提供军谋者，但常以饶文才、善书檄者为之，如陈琳、阮瑀均是。又如名士邴原，虽"在军历署"，但"终不当事"。因此，不能仅凭官衔定其职务。又如操初用高柔为刺奸令史，并非因他与己亲近，而是"欲因事诛之"。刘备用许靖为太傅、司徒，亦仅利用其浮名，"以眩远近"。孙权以功高望重的陆逊"代顾雍为丞相"，口头上虽然说"有超世之功者……必荷社稷之重"，实际上，不过为了就近监视陆逊，只一年左右，孙权即逼逊致死。基于以上等等情况，我们解释三国官制，不能全按官职名称述说，有些便需将用人与被用者的相互关系结合论说，始能接近历史的真实。

曹操早期由东郡太守起家，接着据有兖州，经过吕布之乱，危而后安，这一段是操之图存阶段。及操迎帝都许，收河南地，关中亦暂时服从。始进入争霸阶段。然而四周仍有强邻，可谓军事侄偬，不获宁息。故其设官置吏，亦多为军事服务。操始起兵，其手下将领有夏侯惇、夏侯渊、曹洪、曹邵、曹仁、曹纯等，皆曹氏亲族。其异姓将吏，有卫兹、鲍信、典韦等，死于战

---

① 《三国志》卷9《曹爽传》注引《魏略》。

斗；另有部将陈宫、别驾毕谌，或叛或逃。由是而论，操重用亲族，亦非无因。然而与强敌争，毕竟不能不掺用智谋之士。故随着曹操军事的扩张，其部下的官吏亦日益增多。操虽名为司空、丞相，实际是不折不扣的皇帝。操在正式建立魏国以前所设置的文武官员实际是新朝代的职官影子，现将操为司空、丞相时任命的官属按职务分述于下：

因在战争时期，故操设置的官属亦以为军事服务者为多。例如担任军师的有荀攸、钟繇、华歆、凉茂、毛玠、成公英等；担任军师祭酒的有郭嘉、董昭、王朗、王粲、杜袭、刘放、孙资等；担任军谋掾的有徐邈、田豫、牵招、高堂隆、贾洪、薛夏、隗禧、韩宣、令狐邵等；任参司空及丞相军事的有荀彧、何夔、贾诩、华歆、王朗、裴潜、刘放、孙资、邢颙、陈群、张范、张承、仲长统、陈群、卫臻等；为司马的有荀彧、典韦、典满、司马懿等。操所以设置这样多的参谋人员，除了因应付战争需要以外，还有广纳众谋，借以发现人才的含义。其中所以有些文人名士，是由于草拟军檄和装潢门面的缘故。

司空、丞相府设有主簿，掌管文书簿籍，并处理曹操身边众事。《三国志》卷19《陈思王植传》注引《典略》言丞相主簿杨修"总知外内事，皆称意。自魏太子以下，并争与交好"。杨修出身于四世三公的家庭，"以名公子，有才能"，为操所用。但在曹植与曹丕争为太子的斗争中，杨修站在曹植一边。操"既虑终始之变"，又妒杨修颇有才策，故以杨修"前后漏泄言教、交关诸侯"为借口，把他杀掉。杨修所以能"漏泄言教"，系因在操身旁，典掌机密。又如贾逵为地方官，以政绩卓著，受到曹操叹赏，以之为丞相主簿。贾逵曾因故与其他三主簿一同署名谏操，从知主簿同时共有四名之多。出纳教令是主簿职务之一。当操征讨刘备时，曾先遣逵至斜谷观察形势，说明主簿有时亦外出执行其他任务，并非只在丞相府内供职①。

丞相长史，官位高于主簿，但接触丞相的时间较少，有时设左右长史。原来做过丞相军祭酒及侍中要职的杜袭后领丞相长史。杜袭随操到汉中讨张鲁时，操加封他为驸马都尉，留督汉中事。并挑选他为镇守长安的留府长史，驻关中。当然，以上并非长史所应有的经常职务。《通典》卷21说：长史"盖众史之长也，职无不监"。长史既署理诸曹事，也办理丞相付与的临时任务。

曹操为司空、丞相时，掾属分东、西曹，主要职务都典管选举。东曹主二千石长史及军吏，西曹主府史署用。担任过东曹掾的以毛玠和崔琰的政绩比较突出。据《三国志》卷12《毛玠传》载：

太祖为司空、丞相，玠尝为东曹掾，与崔琰并典选举。其所举用，皆清正之士，虽于时有盛名，而行不由本者，终莫得进。务以俭率人，由是天下之士莫不以廉节自励。虽贵宠之臣，舆服不敢过度。太祖叹曰："用人如此，使天下人自治，吾复何为哉！"文帝为五官将，亲自诣玠，属所亲眷。玠答曰："老臣以能守职，幸得免戾，今所说人非迁次，是以不敢奉命。"大军还邺，议所并省。玠请谒不行，时人惮之，咸欲省东曹。乃共白曰："旧西曹为上，东曹为次，宜

①以上见《三国志》卷15《贾逵传》。

省东曹。"太祖知其情……遂省西曹……玠居显位，常布衣蔬食。

由上可知：（1）东曹掾的官品虽不高，因执掌用人大权，故为时人所重，认为是"显位"。（2）像毛玠这样的人担任选举官，确能起一些有利于廉政建设的作用。这也是与曹操对他的重用和支持分不开的。（3）像毛玠这样清正不阿的人，下受群僚的嫉妒，上不能满足太子等上层亲贵的贪求；同时，引用的人多了，也为操所猜防，这些都为毛玠日后遭免黜留下了祸根。

当崔琰初授东曹时，操曾下教说："君有伯夷之风，史鱼之直，贪夫慕名而清，壮士尚称而厉，斯可以率时者已。故授东曹。"①

《三国志》卷12《崔琰传》注引《先贤行状》说：

琰清忠高亮……正色于朝。魏氏初载，委授铨衡，总齐清议，十有余年。文武群才，多所明拔。朝廷归高，天下称平。

后来魏国建立以后，崔琰为尚书，毛玠为尚书仆射，二人共典选举。情况已如上述。崔琰的声望更大于毛玠，但结局比毛玠更坏。崔琰既为怨者所诽谤，曾被朱灵誉为"此乃真明主"的曹操也害怕琰的声望危及其身后政权，因之终以莫须有的罪名，逼

---

① 《三国志》卷12《崔琰传》。

使崔琰自杀身亡。

做过司空西曹掾的有陈群，他后来又"为侍中，领丞相东西曹掾"①。做过丞相西曹属的有蒋济②、邵悌③。属小于掾而大于令史。做过司空西曹令史、迁为属的有梁习④，做丞相西曹议令史的有卢毓⑤。

丞相理曹掾属的职务也比较重要。如《三国志》卷1《武帝纪》载操建安十九年（214年）十二月令曰：

> 夫刑，百姓之命也，而军中典狱者或非其人，而任以三军死生之事，吾甚惧之。其选明达法理者，使持典刑。

说明曹操对担任理曹掾属的人选是重视的。《资治通鉴》卷67建安十九年（214年）载：

> 操以尚书郎高柔为理曹掾。旧法：军征士亡，考竟其妻子，而亡者犹不息。操欲更重其刑，并及父母兄弟。柔启曰："士卒亡军，诚在可疾，然窃闻其中时有悔者，愚谓乃宜贷其妻子，一可使诱其还心。正如前科，固已绝其意望，而猥复重之，柔恐自今在军之士，见一人亡逃，诛将及己，

---

① 《三国志》卷22《陈群传》。
② 《三国志》卷14《蒋济传》。
③ 《三国志》卷28《钟会传》。
④ 《三国志》卷15《梁习传》。
⑤ 《三国志》卷22《卢毓传》。

亦且相随而走，不可复得杀也。此重刑非所以止亡，乃所以
益走耳。"操曰："善！"即止不杀。

由上可知，封建刑法对人民反抗服兵役的处罚是极其严酷的。高
柔由丞相理曹掾调为颍川太守后，"复还为法曹掾"，还做过侍御
史、治书执法①、廷尉等属于司法方面的工作，达二十余年之久，
做了一些减轻刑法和有益于民的事。

司空、丞相府还有掌管粮谷的仓曹掾属，任其职者有刘晔、
刘廙、高柔、裴潜、傅幹、杨修等，都是比较有名的官员。蜀汉
丞相仓曹掾曾由姜维担任。吴国未见有仓曹掾属，但设有节度，
掌军粮谷，初用侍中偏将军徐详主之，详死，以诸葛恪代之。诸
葛亮闻知，与陆逊书曰："家兄年老，而恪性疏，今使典主粮谷，
粮谷，军之要最，仆虽在远，窃用不安，足下特为启至尊转之。"
逊以白权，权即转恪领兵②。由此观之，掌管粮谷的仓曹掾是重
要的官职。

另外，丞相下面有户曹掾，掌民户、祠祀、农桑；有兵曹
掾，掌兵事；文学掾，掌教授太子诸王文史经书。这些职官，史
书未有何记述。

前已叙及，曹操以司空掾属国渊典屯田事；以司空掾王修行
司金中郎将。两人均做出重要贡献。现只谈一下操设置校事以刺

———————

①《晋书》卷24《职官》："汉宣帝幸宣室，斋居而决事，令侍御史
二人治书侍侧，后因别置，谓之治书侍御史，……及魏，又置治书执
法，掌奏劾，而治书侍御史掌律令，二官俱置。"

②《三国志》卷64《诸葛恪传》。

察群臣的概况。据《三国志》卷24《高柔传》载：

> 魏国初建，（柔）为尚书郎，转拜丞相理曹掾……复还
> 为法曹掾。时置校事卢洪、赵达等，使察群下。柔谏曰：
> "设官分职，各有所司。今置校事，既非居上信下之旨，又
> 达等数以憎爱，擅作威福，宜检治之。"太祖曰："卿知达
> 等，恐不如吾也。要能刺举而办众事，使贤人君子为之，则
> 不能也。昔叔孙通用群盗，良有以也。"达等后奸利发，太
> 祖杀之，以谢于柔。

由上可知，随着魏国政权的建立，官吏队伍的增加，曹操和臣僚
之间的矛盾也随之深化，因此曹操便利用一些非世族的新进人物
来检举世家出身的所谓"贤人君子"，从而约束世族势力的过分
膨胀，这就是校事官职所以设置的原因所在。关于此事本书第六
章亦已有论述。

总括以上叙述，可知操为司空、丞相时的掾属，实际即是操
自身政权的文武百官。他们的官衔虽不显贵，但实际行使着所谓
三公、九卿及尚书、侍中等重要职务。这是曹魏职官的重要阶段。

刘备和孙权在称王以前的所属掾属，也同曹操为司空、丞相
时大致类似，因限于篇幅，就不另叙说了。

二、三公及诸卿

前已叙及，建安十八年（213年），曹操进爵为魏公，开始建

立魏国政权，初设尚书、侍中、六卿。建安二十一年（216年），操为魏王，进一步加强统治机构，以钟繇为魏相国，华歆为御史大夫。建安二十四年（219年），钟繇因其所辟西曹掾魏讽谋反而免职。建安二十五年（220年），操死，子丕继位为魏王，以华歆为相国，贾诩为太尉，王朗为御史大夫。同年，丕代汉为帝，复置三公官，改相国为司徒，名列太尉之后。改御史大夫为司空。以贾诩为太尉，华歆为司徒，王朗为司空。黄初四年（223年），贾诩死，仍以钟繇为太尉。从三公各自的职务言：太尉主兵事；司徒主民事；司空主水土事。凡国家有大兴造、大疑难事，三公共同讨论。国家有过失，三公共同进谏。在西汉初期，丞相的权力还是较大的：他上辅皇帝，下领百僚，可以推荐三公以下的官吏。丞相在某些情况下可以不向皇帝奏请，辄诛犯罪官吏；丞相总领郡国计簿，负责对郡守、县令进行考绩。景帝、武帝不断削弱丞相权力。原先太尉官阶低于丞相，武帝废太尉，封外戚卫青为大司马大将军，是为最高武职。武帝临终，令外戚霍光以大司马大将军领尚书事，辅佐昭帝。尚书原为少府属官，其长官尚书令的秩位亦不过相当于县令，职责是给皇帝管理文书。臣民上书，先由尚书拆阅，以决定是否上呈给皇帝。这样遇有重要事件，不领尚书事的丞相事先就不知道。说明外朝丞相的实权已为内朝领尚书事的大将军所取代。刘秀重建东汉政权后，鉴于权臣王莽篡夺政权的教训，继续削减相权，三公的权力更形下降，三公不领尚书事，尚书直接向皇帝负责。曹操迎献帝都许后，以荀彧为汉侍中、守尚书令，一些军政农经大事，曹操多与荀彧商议处理。荀彧推荐了许多人担任要职。曹操所以能独揽大权，并非由于他为司空和丞相，而是由于他手握强兵，这是权臣揽权的特殊情况，那时担任御史大夫的郗虑，亦不过处处秉承操的意旨办事而已。

曹魏三公并无多少实权，《三国志》卷24《高柔传》言：

> 魏初，三公无事，又希与朝政。柔上疏曰："……今公辅之臣，皆国之栋梁，民所具瞻，而置之三事，不使知政，遂各偃息养高，鲜有进纳。诚非朝廷崇用大臣之义……自今之后，朝有疑议及刑狱大事，宜数以咨访三公。"

以上是黄初四年（223年）廷尉高柔给曹丕上疏所说的话。自属可信。三公虽无决策大权，毕竟官高禄厚，又有学行资望，且可辟用掾属，故仍为臣民所慕仰，也受到皇帝一定程度的尊礼。如曹丕有一次望见钟繇、华歆、王朗，而对左右曰："此三公者，乃一代之伟人也，后世殆难继矣。"[1]那时，钟繇有膝疾，华歆亦高年疾病，朝廷即令二人乘舆上殿就坐。"是后三公有疾，遂以为故事。"[2]时人对物色三公人选亦持严肃态度。如散骑侍郎孟康推荐崔林任司空时说："宰相者，天下之所瞻效，诚宜得秉忠履正、本德仗义之士，足为海内所师表者。"[3]徐邈因朝廷任命自己为司空，乃叹曰："三公论道之官，无其人则缺，岂可以老病忝之哉！"遂固辞不受[4]。贾诩足智多谋，又有拥护曹丕为太子之

① 《三国志》卷13《钟繇传》。
② 《三国志》卷13《钟繇传》。
③ 《三国志》卷24《崔林传》。
④ 《三国志》卷27《徐邈传》。

功，可是当贾诩被丕任命为太尉后，仍旧受到孙权的讥笑①。说明当三公者仅有智能而无德望，仍受人讥议。《三国志》卷49《士燮传》载，当交州刺史丁宫被征还朝时，对其属吏士壹说："刺史若待罪三事，当相辟也。"后来丁宫当了司徒，果然辟士壹为掾属，说明三公有自辟用僚属之权。又如《三国志》卷11《袁涣传》载，陈郡袁涣为郡功曹，"后辟公府，举高第，迁侍御史"。按魏晋礼制，诸卿见三公，都要跪拜，桓范被任命为冀州刺史，他不愿受镇北将军吕昭的节制，谓其妻曰："我宁作诸卿，向三公长跪耳，不能为吕子展屈也。"②正因为三公位尊望重，所以当曹爽辅政时，吏部尚书何晏掌管用人大权，威势显赫，但他仍找管辂占卜，问己能否当上三公③。由此可知在三国初期，三公虽无实权，但仍为时人尊重。不仅舆论界对之有较高的要求，就是被任命为三公者也往往严格要求自己，不敢玷辱这样崇高而需孚众望的职任。

曹丕代汉为帝后，先以夏侯惇为大将军，继以曹仁为大将军、大司马。黄初七年（226年）曹丕死，中军大将军曹真、镇军大将军陈群、征东大将军曹休、抚军大将军司马懿并受遗诏辅曹叡。曹叡即位，以太尉钟繇为太傅，征东大将军曹休为大司马，中军大将军曹真为大将军。司徒华歆为太尉，司空王朗为司徒，镇军大将军陈群为司空，抚军大将军司马懿为骠骑大将军。以上，太傅、大司马、大将军秩位均在三公上，惟骠骑大将军稍

---

① 《三国志》卷10《贾诩传》注引《荀勖别传》。

② 《三国志》卷9《曹爽传》注引《魏略·桓范传》。

③ 《三国志》卷29《方技·管辂传》。

低于司空。曹叡临死，余人皆去世，只剩下了官为太尉的司马
懿。曹叡用刘放、孙资议，特地提拔了曹真之子武卫将军曹爽为
大将军，与司马懿共同辅佐少主曹芳。爽、懿共督中外诸军，并
领尚书事。至正始十年（249年），司马懿发动兵变，一举诛灭曹
爽兄弟及其亲党。自是之后，魏政全归司马氏，于是往日皇帝成
为傀儡的局面再次出现，三公亦惟司马氏之马首是瞻，谈不上有
什么权柄了。

底下，谈谈曹丕、曹叡统治时诸卿官职情况。

太常。秦时叫奉常，汉景帝改称太常，王莽称秩宗（秩，职
也；宗，祖庙也。秩宗主要掌管有关宗庙祭祀等事宜）。东汉又
恢复太常之名（常，是庙中引神的旗帜）。太常掌祖庙祭祀事。
太常的主要职掌既是祭祀，故经常素食。《汉官仪》载谚语曰：
"居世不谐为太常妻，一岁三百六十日，三百五十九日斋，一日
不斋醉如泥。既作事，复低迷。"

建安十八年（213年）魏国始建社稷宗庙。二十一年始置奉
常、宗正官。黄初二年（221年），由于孙权遣使奉章表示归服，
曹丕使太常邢贞持节拜权为大将军，封吴王，加九锡①。太和三
年（229年），洛阳宗庙建成，使太常韩暨持节迎高皇帝、大皇
帝、武帝、文帝神主于邺。青龙二年（234年）汉逊位皇帝山阳
公薨，使使持节行司徒和洽吊祭。正始二年（241年）少帝曹芳
初通《论语》，使太常以太牢祭孔子于辟雍，以颜渊配。

由上可知，太常的职务主要是祭祠祖宗、天地、圣贤及前往
封拜重要属国之王等。太常的属官有太史、太祝、太宰、太药、

---

① 《三国志》卷2《文帝纪》。

太医、太卜六令丞及博士祭酒等。

光禄勋。秦称郎中令，汉武帝改称光禄勋。王莽称司中。东汉又称光禄勋。曹操为魏公后，设郎中令。黄初元年又称光禄勋。

光禄勋掌宿卫宫殿门户。勋与阍同音同义，阍者掌守宫殿门。光禄勋除守卫宫门外，还不时侍卫皇帝，有时给皇帝传送诏旨，备顾问及进谏。曹魏时担任郎中令或光禄勋者有袁涣、王修、和洽、崔林、高堂隆、缪袭、卢毓、王肃等。从以上诸人传看，并未留下什么事迹，这是因为宿卫宫殿门户事情比较单调，且宫闱事密，鲜为史家所知。同时徼循宫内者尚有卫尉，宫外则有司隶校尉担任监举犯法者，故光禄勋的职务并非很重要。如卢毓原为吏部尚书，曹爽为了把用人大权收归自己，乃以其亲信何晏代毓，而出毓为廷尉，旋又转毓为光禄勋。说明光禄勋的权限不仅逊于吏部尚书，且也逊于廷尉。只是光禄勋毕竟接近皇帝，故向皇帝进谏的机会亦较多。如高堂隆为光禄勋时，向魏明帝上的谏疏即以深刻著称。

光禄勋所以又称郎中令，即因属下多郎，为郎者多由父祖荫庇，靠自己德行才力而进者是少数。郎是官吏的候补者，因郎常在皇帝左右，所以容易升迁，两汉时由郎出身的官吏甚多。

光禄勋的属官有谒者，掌宾赞受事，其长官称谒者仆射，亦名大谒者。

光禄勋的属官还有三都尉：奉车都尉，掌御乘舆车；驸马都尉，掌副车马匹（魏晋之后，尚公主者必拜此官）；骑都尉，领羽林骑。

一些旧史书谓光禄勋属下有大夫、中郎将等官，但从三国史籍观之，光禄勋并无如此大的权力。如《三国志》卷14《蒋济传》言曹丕代汉后，蒋济"出为东中郎将……入为散骑常侍"，及统领诸军镇守合肥的大司马曹仁死后，蒋济复"为东中郎将，代领其兵"。手握重兵的蒋济，绝非光禄勋所能领导。至于前时五官中郎将的担当者乃是曹丕，这种五官中郎将乃系"为丞相副"，高出所有文武百官。《晋书》卷30《刑法志》言：

> 其后，天子又下诏改定刑制，命司空陈群、散骑常侍刘劭、给事黄门侍郎韩逊、议郎庾嶷、中郎黄休、荀诜等删约旧科，傍采汉律，定为魏法。

以上的常侍、侍郎、议郎等都是名臣硕儒，亦非光禄勋所能领导。我们阅读古书，宜结合当时具体情况进行探讨，不可墨守书本上文字规条。

卫尉。秦代即有是官，汉景帝一度改称中大夫令，不久即恢复原名。卫尉掌宫门卫士，徼循于宫中。卫尉寺在宫中，其属官较著名的是公车司马令，简称公车令，掌警卫司马门。经过司马门的人都要下车步行。公车是官署名，凡臣民上书和被征召者，都由公车接待。《史记》卷126《滑稽·东方朔传》谓："朔初入长安，至公车上书。"《三国志》卷19《陈思王传》言：曹"植尝乘车行驰道中，开司马门出。太祖大怒，公车令坐死，由是重诸侯科禁，而植宠日衰。"可见不得曹操特允，都不能私自开司马门及行驰道中。

太仆。秦汉皆有是官，王莽一度改名为太御，职务是给皇帝供应车马。有时太仆亲自为皇帝驾车。养马是太仆职务之一，

《汉书》卷5《景帝纪》言中元六年（前144年），匈奴"入上郡，取苑马，吏卒战死者二千人"。师古注引如淳曰："《汉仪注》太仆牧师诸苑（养马处）三十六所，分布北边、西边，以郎为苑监，官奴婢三万人，养马三十万匹。"曹魏养马情况，史书失载，然据《后汉书》卷84《列女传·董祀妻》载蔡文姬对曹操说："明公厩马万匹"，则曹魏养马当必不少。太仆既常接近君主，又执掌马政，故职位亦非无关紧要。

廷尉。秦时即有是官，汉景帝改称大理，自后或称廷尉，或称大理。魏初称大理，曹丕改称廷尉。廷尉掌刑法狱讼，"廷"字系直、平之义，治狱贵直而且平，故以为号。古代凡掌贼盗及掌司察之官皆称尉。言以武力为后盾也。廷尉是各地上诉的最高司法机构。《三国志》卷24《高柔传》载：

> 护军营士窦礼近出不还，营以为亡，表言逐捕，没其妻盈及男女为官奴婢。盈连至州府，称冤自讼，莫有省者，乃辞诣廷尉。

经过廷尉高柔设法断案，确定为同营士焦子文借钱害命。由是朝廷颁发"诏书，复盈母子为平民"。同上传又载：

> （文）帝以宿嫌，欲枉法诛治书执法鲍勋，而柔固执不从诏命。帝怒甚，遂召柔诣台（《资治通鉴》胡注谓：台指尚书台）。遣使者承旨至廷尉，考竟勋，勋死，乃遣柔还寺。

以上材料说明专制皇帝可以枉法杀人（但此举失人心，后来司马氏专魏政，群臣反对司马氏者甚少，未必与此类事无关）。廷尉高柔能依法不从诏命，总算有一点护法行为。汉魏时，大臣有罪或皇帝有诏命，则"召致廷尉"，即被送到廷尉寺作最后处理，故大臣闻之多自杀。

廷尉的属官有大理正、大理平、大理监，是为廷尉三官，廷尉对案件的判决，三官还可以提出驳议。如《三国志》卷12《鲍勋传》言：

> （文）帝从寿春还，屯陈留郡界，太守孙邕见，出过勋。时营垒未成，但立标埒，邕邪行不从正道。军营令史刘曜欲推之，勋以堑垒未成，解止不举。大军还洛阳，曜有罪，勋奏绌遣，而曜密表勋私解邕事。诏曰："勋指鹿作马，收付廷尉。"廷尉法议："正刑五岁。"三官驳："依律罚金二斤。"帝大怒曰："勋无活分，而汝等敢纵之！收三官已下付刺奸，当令十鼠同穴。"太尉钟繇、司徒华歆、镇军大将军陈群、侍中辛毗、尚书卫臻、守廷尉高柔等并表"勋父信有功于太祖"，求请勋罪。帝不许，遂诛勋。勋内行既修，廉而能施，死之日，家无余财。……莫不为勋叹恨。

由上可知，法律并不能约束皇帝的淫威，然而，三官总算可以提出自己的异议，毕竟比世人皆钳口不言好一点。又如《三国志》卷12《司马芝传》言：

> 司马芝……迁大理正，有盗官练置都厕上者，吏疑女工，收以付狱。芝曰："夫刑罪之失，失在苛暴。今赃物先得而后讯其辞，若不胜掠，或至诬服。诬服之情，不可以折狱。且简而易从，大人之化也。不失有罪，庸世之治耳。今宥所疑，以隆易从之义，不亦可乎!"太祖从其议。

司马芝的话，虽不合乎应把每一案件搞清楚的道理，但在专制法律动不动就酷刑拷打、每每冤杀无辜平民的残虐情况下，还是不无可取的。

大鸿胪。秦称典客，汉景帝改称大鸿胪。王莽称典乐，东汉三国均称大鸿胪。大鸿胪掌与诸侯国及少数民族有关事宜。

建安二十二年（217年），孙权因阴谋夺取荆州，遣使表示降操。及黄武元年（222年）孙权大败刘备后，又复叛魏。魏三公奏请"免权官，鸿胪削爵土"。说明鸿胪是掌管属国和少数民族事务的。曹丕对兄弟诸王颇苛刻，"兵人给其残老，大数不过二百人"。对曾与他争夺太子宝座的曹植更"事事复减半"。还不时向藩国调发士息。后来曹植向曹叡上书言："被鸿胪所下发士息书，期会甚急。"可知向藩国调发士息，亦属大鸿胪职责之一。鸿，大也；胪，传也。皇帝接见诸侯或属国酋长时，掌赞礼者大声传呼之，故称大鸿胪，又称典客。传呼声与乐声并作，故王莽名之曰典乐。大鸿胪最经常的职掌即典诸侯王等朝见天子的礼仪。

宗正。亦秦官，汉平帝时，王莽专权，改称宗伯。莽代汉，并其官于秩宗（太常）。东汉复称宗正。掌皇族与外戚事务。两汉皆以刘姓宗室充任。就史书所见，曹魏时任宗正者仅有曹恪、曹楷，分别见于《晋书》卷19《礼志上》及卷31《后妃·文明王皇后传》。未叙有具体事迹。魏既苛待亲族，又禁外戚干政，宗正之职自然处于无关紧要地位。司马氏专魏政之后，更以光禄勋郑袤兼领宗正[1]，表明宗正更不受重视了。

大司农。秦名治粟内史，景帝改称太农令。武帝改称大司农。王莽先改羲和，继名纳言。东汉复名大司农。魏初设大农，黄初二年（221年）改大司农。蜀、吴亦各有大司农。《续汉书》志第26《百官三》言大司农的职掌说：

> 掌诸钱谷金帛诸货币。郡国四时上月旦见钱谷簿。其逋未毕，各具别之；边郡诸官请调度者，皆为报给，损多益寡，取相给足……郡国盐官、铁官本属司农，中兴皆属郡县。又有廪牺令，六百石，掌祭祀、牺牲、雁鹜之属，及雒阳市长、荥阳敖仓官，中兴皆属河南尹，余均输等皆省。

大司农到东汉时，虽仍说掌钱谷，但也只掌国家钱谷的不大部分，且主要附属机构已不存在，故经济颇形拮据。

三国为扰攘多事之秋，大司农的经济收入自然更差，因之只能供给一些如同水利工程之类的兴建工钱，如《水经注》卷9《沁水》注引《魏土地记》载魏野王典农中郎将司马孚给魏明帝上表曰：

---

① 《晋书》卷44《郑袤传》。

> 臣被明诏，兴河内水利，臣既到，检行……方石可得数
> 万余枚，臣以为累方石为门，若天赐旱，增堰进水……经国
> 之谋，暂劳永逸，圣王所许，愿陛下特出臣表，敕大司农府
> 给人工，勿使稽延，以赞时要。

由上可知，大司农的职掌之一是为兴修水利等事业出雇工钱。我
们前已言及，典农官并不隶属于大司农。假若大司农是司马孚的
顶头上司，他就不会绕过大司农而请求皇帝转"敕大司农府给人
工"了。据《后汉书》卷41《钟离意传》：

> 钟离意……显宗即位，征为尚书，时交阯太守张恢坐臧
> 千金，征还伏法，以资物簿入大司农。诏班赐群臣……时诏
> 赐降胡子缣，尚书案事，误以十为百，帝见司农上簿，大
> 怒，召郎（尚书郎），将笞之。意因入，叩头曰："过误之
> 失，……臣位大罪重，郎位小罪轻，咎皆在臣，臣当先坐。"
> 乃解衣就格（榜床）。帝意解，使复冠而贳郎。

由上可知，朝廷没收贪官赃物，交由大司农保管。赏赐少数民族
的纺织品由大司农拨发。但这些物资的调入和拨发，都不由大司
农作主，大司农的职责只是保管。至于把物资发放给谁及数额多
少，均由尚书秉承皇帝的意旨行事。故数字有错，也只能归罪于
尚书，而与司农无关。曹魏时，国有土地多由典农官管理和耕
种，曹魏以谒者仆射监盐官，以司金中郎将掌制铁器，至于军粮
调拨，特设有度支尚书管理。吴国亦设有节度官掌调拨军粮，所

以三国时的大司农职权比东汉时还要缩小，自不待言。

少府。秦和两汉均置少府，王莽称共工。少府与大司农同管财货。大司农管国家财货，少府管供养皇帝。《汉书》卷19上《百官公卿表》言少府"掌山海池泽之税，以给供养"。《续汉书·百官志》言："少府……掌中服御诸物，衣服宝货珍膳之属。"少府在诸卿中属官最多，机构庞大。其中最重要的属官是尚书、侍中及御史中丞，其权柄之大，超过少府本职，此容后再作叙述。少府属官见于三国史籍者有守宫令、尚方令、御府令等。守宫令掌御用纸、笔、墨、尚书财用诸物及封泥。荀彧于灵帝中平六年（189年）即曾"拜守宫令"。尚方令，掌制御用刀剑弩机诸上好器物。《三国志》卷24《王观传》言：

> 王观……徙少府，大将军曹爽使材官张达斫家屋材，及诸私用之物。观闻知，皆录夺以没官。少府统三尚方御府内藏玩弄之宝。爽等奢放，多有干求，惮观守法，乃徙为太仆。

御府令，《宋书》卷39《百官志》言御府"典宫奴婢作裘衣服补浣之事"。《三国志》卷55《蒋钦传》言孙权赞叹蒋钦"在贵守约，即敕御府为母作锦被，改易帷帐，妻妾衣服悉皆锦绣"。又《三国志》卷25《杨阜传》言：

> 阜（时为少府）又上疏欲省宫人诸不见幸者，乃召御府吏问后宫人数。吏守旧令，对曰："禁密，不得宣露。"阜

怒，杖吏一百，数之曰："国家不与九卿为密，反与小吏为密乎？"帝闻而愈敬惮阜。

由上可知，连身为少府的杨阜都不知后宫人数，而必须向御府吏询问。御府吏因常给后宫人员制作衣服，故能知之。御府吏连其顶头上司杨阜都不敢告知，说明皇帝对后宫人数的保密异常严厉。杨阜曾因年凶民饥，军用不足，而上书请曹叡"发明诏，损膳减服，技巧珍玩之物，皆可罢之"。说明少府所属部门供皇室吃穿玩乐的珍奇宝物必然很多。

以上太常、光禄勋、卫尉、太仆、廷尉、大鸿胪、宗正、大司农、少府九个职官通常称之为"九卿"。以上杨阜在责数御府吏的话中，也提到"九卿"。与九卿同级别的还有执金吾及将作大匠等。

执金吾。秦称中尉，汉武帝改执金吾。王莽称奋武。东汉复称执金吾。魏先称中尉，黄初元年（220年），改称执金吾。职掌为宫外巡卫。吾当御讲，言执金吾，以御非常。卫尉巡行宫中，执金吾则徼循京师。天子出行，执金吾为先导。《续汉书》志第27《百官志四》刘昭补注引《汉官》曰：

> 执金吾缇骑二百人，（持戟）五百二十人，舆服导从，光满道路，群僚之中，斯最壮矣。世祖叹曰："仕宦当作执金吾。"

执金吾的属官有武库令，主兵器。司马懿发动夺权兵变时，先部勒兵马，占据武库①。史书叙述曹爽的罪过亦称爽擅取"武库禁兵"②。可见武库中所藏之兵器颇为掌权或欲夺权者瞩目。

将作大匠。秦称将作少府，景帝改将作大匠，掌修建宫室。《续汉书·百官志四》③言将作大匠"掌修作宗庙、路寝、宫室、陵园木土之功，并树桐梓之类，列于道侧。"注引《汉官篇》曰："树栗漆梓桐。"可见统治者对自己生时及死后的享受都同样注意。广植树木既美化环境，也可增产建筑木材。曹魏直臣杨阜任将作大匠时，对明帝好治宫室等弊政，曾上疏谏净。

三、尚书、侍中、中书等近官

尚书。秦汉时，尚书本是少府属官，职务是给皇帝掌管文书（尚字作主、掌解）。汉武帝以宦者执掌文书，称中书谒者令。司马迁受腐刑之后，即曾为中书令，史称迁"尊崇任职"④。宣帝时，弘恭为中书令，石显为中书仆射，二人皆宦官。元帝时，弘恭死，石显为中书令。《汉书》卷93《佞幸·石显传》言：

> 元帝……以显久典事，中人无外党，精专可信任，遂委以政。事无小大，因显白决，贵幸倾朝，百僚皆敬事显……初元中，前将军萧望之及光禄大夫周堪、宗正刘更生皆给事中。望之领尚书事，知显专权邪僻，建白以为"尚书百官之

---

① 《三国志》卷9《曹爽传》。
② 《三国志》卷9《曹爽传》。
③ 即《续汉书》志第27《百官志四》，以下仿此，不另注明。
④ 《汉书》卷62《司马迁传》。

本，国家枢机，宜以通明公正处之，武帝游宴后庭，故用宦者，非古制也。宜罢中书宦者，应古不近刑人。"元帝不听，繇是大与显忤。后皆害焉，望之自杀，堪、更生废锢。

由上可知，尚书与中书本为一官，因宦官被称为中人，故当他们主管文书时，称之为中书官。由士人主其事，则称尚书，故萧望之称"尚书为百官之本"。至于尚书与中书各自为独立的机构，则在曹魏时。汉成帝时，虽罢中书宦者，但后权归外戚，卒成王莽代汉之局。刘秀建立东汉政权后，鉴于王莽窃权，"政不任下，虽置三公，事归台阁"①。台阁即指尚书台。尚书台与后世的尚书省，名异而实同。东汉最后一个掌权的外戚何进以大将军录尚书事。董卓专政时，委政于守尚书令的王允，允因得与大臣谋杀卓②。建安元年（196年），曹操迎献帝于洛阳，首先"自领司隶校尉，录尚书事"③。献帝都许后，操以其亲信要员荀彧"为汉侍中，守尚书令"。操"虽征伐在外，军国事皆与彧筹焉"④。史称荀彧在台阁，持心平正，不任用自己的不肖群从兄弟⑤。荀彧日后所以为操所忌，乃因他引进智谋之士甚多，社会政治影响广泛，有举足轻重之势。且又有不赞成操代汉的意向。建安十七年（212年），操杀彧，次年，操即建立魏国，以荀攸为第一任尚书

① 《后汉书》卷49《仲长统传》。
② 《后汉书》卷66《王允传》。
③ 《后汉书》卷9《献帝纪》。
④ 军国事指参军谋，选举用人及屯田等，操皆常与荀彧商议，见《三国志》卷10《荀彧传》及《武帝纪》。
⑤ 《三国志》卷10《荀彧传》注引《典略》。

令，再下一年，荀攸死于从操征讨孙权途中。我怀疑荀攸亦非善终。无论我这个揣测是否符合实际，尚书令职任的重要是无可置疑的。从荀攸死后，操任用之尚书令皆不复有功能甚高者，盖操为代汉与子孙计，不愿把大权分给容易养成权势之人故也。

曹操晚年所猜防能危及其政权者在异姓世族。曹丕时则转而排斥同生手足，虽仍继承其父之重用亲族曹氏、夏侯氏政策，但亦逐渐起用异姓世族陈群、司马懿等人。丕晚年更将操提防异姓的措施抛之脑后，使陈群、司马懿与同姓大员曹真等共录尚书事。曹叡不仅对司马懿特加倚重，对懿之长弟司马孚亦甚青睐，他曾赞叹说："吾得司马懿二人，复何忧哉！"于是转孚为度支尚书，"后除尚书仆射，进爵昌平亭侯，迁尚书令"[1]。曹叡临死，令曹爽、司马懿辅少帝。少帝即位，"加曹爽、司马懿侍中，假节钺，都督中外诸军，录尚书事"。《资治通鉴》卷74景初三年（239年）胡注："爽、懿既督中外诸军，又录尚书事，则文武大权尽归之矣。"

东汉时，尚书台不仅是天子政令所自出，而且也是总揽政务的机构，其长官尚书令总揽纲纪，无所不统。每会同，尚书令与御史中丞、司隶校尉皆专席而坐。当时京师号称"三独坐"[2]。实际后二官的权势远远不能同尚书令相提并论。尚书令的副手为尚书仆射。曹魏置尚书仆射一或二人，二人并置时称左右仆射。若尚书令缺，由左仆射代行令事。蜀、吴均只置一仆射。据《晋书》卷24《职官志》的记述，魏有吏部、左民、客曹、五兵、度

---

[1]《晋书》卷37《宗室·安平献王孚传》。

[2]《后汉书》卷27《宣秉传》。

支共五曹尚书。吏部亦称选部，主选用官吏。左民主缮修功作、盐池园苑，客曹主少数民族及外国事务。五兵主中兵、外兵、骑兵、别兵、都兵。度支主军国支计。其中以吏部尚书为最重要，授此职者直称吏部尚书。其他往往只称尚书，而不提其曹名。魏时以五曹尚书、二仆射、一令为八座。曹叡时，陈矫为尚书令，曹叡尝猝至尚书门，矫跪问叡："陛下欲何之？"叡答："欲案行文书耳。"矫曰："此自臣职分，非陛下所宜临也。若臣不称其职，则请就黜退，陛下宜还。"于是叡惭而返。史颇称述陈矫的亮直①。同时也表明了尚书令职权的受尊重。又贾诩劝李傕等攻长安成功，傕等感诩，欲以诩为尚书仆射。诩辞曰："尚书仆射，官之师长，天下所望，诩名不素重，非所以服人也。纵诩昧于荣利，奈国朝何！"于是以诩为尚书，"典选举，多所匡济，傕等亲而惮之"②。当荀彧为尚书令时，曹操以彧功大，上表献帝赠彧官爵，"彧固辞，不通太祖表"③。说明尚书令有决定是否将臣下表疏呈给皇帝省览的权限。《全后汉文》卷34引应劭《汉官仪》说：

> 其三公、列卿、将、大夫、五营校尉行复道中，遇尚书令、仆射、左右丞，皆回车豫避，卫士传不得纡台官，台官过，乃得去。

---

① 《三国志》卷22《陈矫传》。
② 《三国志》卷10《贾诩传》。
③ 《三国志》卷10《荀彧传》注引《彧别传》。

由上可知，所有尚书令仆及左右丞都受到朝中大小官员的尊礼，这是与尚书台官职任的重要分不开的。

曹魏尚书台置左右丞各一人，秩位在尚书下，应劭《汉官仪》说："尚书令、左丞，总领纲纪，无所不统；仆射、右丞掌廪假钱谷。"看来，尚书左右丞是协助令仆掌管台内所有工作与纠举违法事件的。

三国时，皇帝身边的近臣，还有侍中、散骑常侍、给事中等官。

侍中。职掌主要是：备顾问，拾遗补阙。另外，也有赞导、陪乘、出而负玺以至照料皇帝日常生活等事。至少在西汉已有侍中之职，随着君权的加强，侍中的地位也日益重要。东汉末年，为侍中者已多世家硕儒，如杨彪、黄琬、荀悦、荀爽、卢植等。魏国既建，首设"尚书、侍中、六卿"，从亲近皇帝言，侍中尚胜过尚书。最早为魏侍中的有王粲、杜袭、卫觊、和洽四人。王粲出身于"名公之胄"，又饶有才学，为操所信任，先为丞相掾，继迁军谋祭酒。《三国志》卷21《王粲传》言粲"拜侍中，博物多识，问无不对。时旧仪废弛，兴造制度，粲恒典之"，说明侍中的职务尚有兴造制度。据《三国志》卷23《杜袭传》言：

> 杜袭……魏国既建，为侍中，与王粲、和洽并用。粲强识博闻，故太祖游观出入，多得骖乘。至其见敬，不及洽、袭。袭尝独见，至于夜半，粲性躁竞，起坐曰："不知公对杜袭道何等也？"洽笑答曰："天下事岂有尽邪？卿昼侍可矣，悒悒于此，欲兼之乎！"

从杜袭与曹操谈话时间之长看，也可窥知侍中职掌范围的广阔，并非用文字所能概括。《三国志》卷25《辛毗传》载：

> 辛毗……文帝践阼，迁侍中，赐爵关内侯……帝欲徙冀州士家十万户实河南。时连蝗民饥，群司以为不可。而帝意甚盛。毗与朝臣俱见，帝知其欲谏，作色以见之，皆莫敢言。毗曰："陛下欲徙士家，其计安出？"……帝曰："吾不与卿共议也。"毗曰："陛下不以臣不肖，置之左右，厕之谋议之官，安得不与臣议邪！"

案侍中职在皇帝左右，说明其亲近；"厕之谋议之官"，说明其"谋议"的范围是不受限制的。《三国志》卷3《明帝纪》注引《魏书》言曹叡幼时，为操所爱，"每朝宴会同，与侍中近臣并列帷幄"。《明帝纪》注又引《世语》言：曹叡与朝臣素不接，即位之后，"独见侍中刘晔，语尽日"。说明侍中为大臣中比较接近皇帝者，故时人每以侍中近臣为荣，而朝廷为了宠异大臣，亦多加之以侍中官号。如魏少帝曹芳即位后，对辅政大臣曹爽、司马懿皆加"侍中，假节钺、都督中外诸军、录尚书事"。当刘备败于夷陵后，督江北军以防魏师的黄权，因归蜀路绝，被迫投魏，曹丕"拜权为侍中、镇南将军，封列侯，即日召使骖乘"。封蜀将以军职是顺理成章的，拜侍中则是以殊礼宠异黄权。曹丕代汉前，群臣劝进达十四次之多，其中以魏王侍中刘廙、辛毗领衔者五次，以魏尚书令桓阶领衔者三次。以其他官员领衔者，均不过

一、二次。凡此都说明侍中为魏腹心之官。诸葛亮《出师表》特别举出侍中郭攸之、费祎及黄门侍郎董允三位宫中要员。要刘禅"事无大小，悉以咨之，然后施行"。充分说明侍中内臣的重要性。侍中与尚书同为枢要之职，侍中掌机密、尚书统政事。吴国担任侍中的是仪、徐详、胡综三人，被陈寿称为"皆孙权之时干兴事业者"。[①]

散骑常侍和散骑侍郎。据《晋书》卷24《职官》言，秦代已有散骑和中常侍。东汉初，省散骑，中常侍用宦者。魏黄初初，将散骑与中常侍合为一官，因不用宦者而用士人，故省去"中"字，称散骑常侍。其职掌是规谏皇帝，无专管职务。侍中与散骑常侍同在皇帝左右扶侍，侍中居左，常侍居右，皆备皇帝顾问、拾遗补阙。据《三国志》卷4《高贵乡公髦纪》言：

> 诏曰："今车驾驻项，大将军（指司马昭）恭行天罚，前临淮浦。昔相国大司马征讨，皆与尚书俱行，今宜如旧。"乃令散骑常侍裴秀、给事黄门侍郎钟会咸与大将军俱行。

由上可知，当两军交战、决定胜负的紧要时刻，权臣司马昭仍旧不能离开尚书及散骑、黄门等机要官吏，一方面是让他们参与谋划，另一方面也是怕他们发动变乱。散骑侍郎官秩低，但系皇帝培养州郡长吏的对象之一。如《三国志》卷24《崔林传》注引《魏名臣奏》载曹丕诏曰：

---

① 《三国志》卷62《是仪胡综传》。

> 昔萧何荐韩信，邓禹进吴汉，惟贤知贤也。雄（王雄）有胆智技能文武之姿，吾宿知之。今便以参散骑之选，方使少在吾门下知指归，便大用之矣。天下之士，欲使皆先历散骑，然后出据州郡，是吾本意也。

正因为散骑为培育人才之所在，所以不仅要求其人善于骑马，而且也要善于著述，比如刘劭为散骑侍郎时，曾受诏集五经群书，作《皇览》。后劭迁散骑常侍，又受诏作《都官考课》。《三国志》卷3《明帝纪》青龙三年（235年）注引《魏略》载曹叡曾将太子舍人谏书付散骑保存，可知散骑侍郎除规谏献纳外，还掌管书奏文件。

由于散骑常侍时常接近皇帝，故常作为加官，用以尊崇文武大员。比如有权势的中书监、令刘放、孙资仍然都加散骑常侍。据清人洪饴孙《三国职官表》的统计，加散骑常侍职者有七十人左右。

孙吴亦有散骑常侍的官号。如《三国志》卷64《王蕃传》言王蕃"与贺邵、薛莹、虞汜俱为散骑中常侍，皆加驸马都尉，时论清之。"说明其职亦由士人担任，并系正员，而非加官。

给事中与给事黄门侍郎。曹魏时，同侍中、散骑常侍一样既是内朝官又属加官的还有给事中及给事黄门侍郎。它们都参与共平尚书事。给事中因供职殿中，在皇帝身边备顾问，故称给事中，给事中多以加官出现。如黄初中，司马懿以抚军大将军加；曹真以中军大将军加；董昭以光禄大夫加；苏林以博士加。太和中，刘放、孙资以中书监令加等。

秦汉时，宫禁门皆黄色，故号黄门。给事黄门侍郎因在黄门内供职而得名。亦简称黄门侍郎。给事黄门侍郎除侍从皇帝、关通内外之外，还与侍中俱省尚书事，俱管门下众事，故亦称门下侍郎。后世所以称侍中为门下省亦因于此。魏钟会于正始中为秘书郎，迁中书郎。毌丘俭反于淮南，钟会随司马师东征，典知密事。司马昭辅政，会谋谟帷幄，迁黄门侍郎，封东武亭侯。说明黄门侍郎亦为亲密之任。

蜀汉亦设有黄门侍郎。据《三国志》卷39《董允传》载：

> 董允……后主袭位，迁黄门侍郎。丞相亮将北征……以允秉心公亮，欲任以宫省之事。上疏曰："侍中郭攸之、费祎、侍郎董允等，先帝简拔，以遗陛下。至于斟酌规益，进尽忠言，则其任也。愚以为宫中之事，事无大小，悉以咨之。必能裨补缺漏，有所广益。若无兴德之言，则戮允等，以彰其慢。"

当时董允的职务即为黄门侍郎，可见黄门侍郎的职掌主要是参谋议、拾遗补阙，与侍中相同，只是秩位稍次而已。

中书监、令。曹魏时尚书台固为总揽行政的机构，唯中枢实权仍逐渐向更加靠近皇帝的中书监、令转移。曹操为魏王时，设置秘书令，以处理尚书章奏。曹丕于黄初初改秘书令为中书令。又特置中书监，使之排在中书令前。监、令皆挑选文学通达的士人担任。若有密诏下达州郡或边将时，往往不经尚书，径自中书发出。因之逐渐形成中书监、令"实握事要"情况。遇有不测事变，中书监、令即可就近操纵其间，所谓"断割朝命"。本书前在述说曹叡临死挑选辅政大臣时，已详细论及中书监刘放及中书令孙资从中排挤燕王曹宇而推毂曹爽、司马懿，以至于酿成司马氏专魏政的重大变局，足以说明中书监、令权势的炙热。此处自无庸再行赘述。

中书监、令下，设有中书侍郎，简称中书郎。曹叡时，诏举中书郎，时吏部尚书为卢毓。曹叡因言："得其人与不，在卢生耳。"说明皇帝对挑选中书郎相当重视。司马昭当权时，张华"迁长史，兼中书郎。朝议表奏，多见施用，遂即真"[1]。司马炎在位时，荀勖久在中书，专管机事，后守尚书令，甚罔罔怅怅。或有贺之者，勖曰："夺我凤皇池，诸君贺我邪！"[2]从荀勖这种因离开中书而怅惘的情况看，可知尚书台的重要权力已被中书省所夺。

下面再谈谈与尚书令、司隶校尉号称"三独坐"的御史中丞。西汉初，御史大夫有两丞，一曰御史丞，一曰中丞（也叫御史中执法），中丞在殿中兰台掌图籍秘书，外督部刺史，内领侍御史，受公卿奏事，举劾案章（即在殿中察举非法，中丞之名亦由此来）[3]。西汉末，御史大夫转为大司空，而中丞出外为御史台率（实即执行旧御史大夫职权）。东汉及曹魏均如此[4]，魏黄初中，一度将御史中丞改称"宫正"，旋复称中丞。史言魏以鲍勋

---

① 《晋书》卷36《张华传》。

② 《晋书》卷39《荀勖传》。

③ 以上据《通典》卷24《职官六》。

④ 《三国志》卷1《武帝纪》注引《献帝起居注》曰："御史大夫不领中丞，置长史一人。"

为宫正，"百僚严惮，罔不肃然"①。说明认真执行举劾任务的宫正或中丞，还是为众臣所畏惧的。陈群、崔林等均曾任御史中丞。中丞与司隶校尉都是纠察官。

御史中丞和尚书一样，虽出自少府，权力大于少府，盖因专制皇帝为了控制群臣，常以小臣监视和举劾大臣，如州刺史秩位虽低于二千石，但领导二千石，而为一州之长，即其明例。

次于中丞的有治书侍御史，掌律令。卫觊、陈群等曾为之。又有治书执法，掌奏劾。高柔、鲍勋等曾为之。鲍勋早时因执法忠直，得罪了曹丕，丕衔恨在心，终置之于死地，专制皇帝之制法不遵，类多如此。

曹魏时，随着君主专制的加强，监察官的作用日益衰退。一次当大会，殿中御史（侍御史）簪白笔侧陛而坐，明帝问此何官主何事？辛毗曰："此谓御史，旧时簪笔以奏不法，何当如今者，直备位，但耗笔耳！"②说明监察官是趋于没落了。

---

① 《三国志》卷12《鲍勋传》。

② 《通典》卷24《职官六》。

第二十三章　地方官制

一、州官

司隶校尉。汉武帝时置，因负责督率京城徒隶，从事查捕奸邪和罪犯，故称司隶校尉。简称司隶。司隶辖地称司州。曹魏司州下辖河南、河内、河东、弘农、平阳五郡。司隶不只负责纠察贵戚、百官及近郡犯法者，且有直接保卫皇帝及曹操自身的重任。故曹操至洛阳迎献帝时，先自兼司隶校尉。操为经略关中，用钟繇为司隶，先治弘农，后治洛阳。由于钟繇措置有方，关中诸将马腾、韩遂"各遣子入侍"。正始初，徐邈为司隶，"百官敬惮之"。曹爽与司马懿争权时，以其亲信毕轨为司隶。毕轨与曹爽同时被杀。刘备在蜀称帝，以张飞为司隶校尉。飞死，丞相诸葛亮自领司隶校尉。凡此，均说明司隶校尉职位的重要性。《续汉书·百官志》注引蔡质《汉仪》言司隶校尉：

> 职在典京师，外部诸郡，无所不纠，封侯、外戚、三公以下，无尊卑。入宫，开中道，称使者。每会，后到先去。

司隶校尉的主要官属有：都官从事（主察举百官犯法者）①、功曹（即治中，主州选署及众事）；别驾从事（当司隶行部，担任奉引，录众事）；诸曹从事及主簿等。

刺史和州牧。魏共有十三个州，其中之一为司州，其他十二个州为兖、豫、青、冀、幽、并、雍、凉、秦、徐、荆、扬。扬州仅有淮南、庐江二郡。州的长吏为刺史或州牧。州牧的秩位高于刺史，职权相同，皆掌监察郡国守相及地方豪强。随着东汉政权的崩溃，刺史的职权也由监察扩大到军、政财赋各个方面。及董卓之乱发生，各州郡外托勤王之名，内行割据之实。于是纷纷攘攘，互相吞灭。曹操时，丞相主簿司马朗以为天下土崩，乃由于"郡国无搜狩习战之备"，于是施行州郡并领兵，以外备夷敌，内威不轨。故陈寿于《三国志》卷15《刘司马梁张温贾传》称："刺史总统诸郡赋政于外，非若曩时司察之而已。"

州的属吏，以别驾和治中为最重要。别驾与刺史行部，别乘传车，故称别驾。建安十六年（211年），益州牧刘璋手下别驾张松与军议校尉法正谋引刘备入蜀，以取代刘璋。法正到荆州给刘备献策说："张松，州之股肱，响应于内，以取益州，犹反掌也。"《资治通鉴》胡注云："别驾，州之上佐，故曰股肱。"《三国志》卷32《先主传》言刘备得益州后，建立政权，以"诸葛亮为股肱"，可见别驾地位的重要。

治中，在州中的地位，与别驾相伯仲。《三国志》卷15《温恢传》言温恢"入为丞相主簿，出为扬州刺史"，曹操对温恢说：

---

① 《晋书》卷45《刘毅传》言刘毅于魏末"辟司隶都官从事，京邑肃然"。

"得无当得蒋济为治中邪?"蒋济终于被任命为别驾。说明治中与别驾同样重要。吴将鲁肃曾向刘备推荐庞统说:"庞士元非百里才也,使处治中、别驾之任,始当展其骥足耳。"后来庞统当了治中。《三国志》卷40《彭羕传》载:"先主领益州牧,拔羕为治中从事。……处州人之上。"治中主要是在州牧领导下典掌州内事务;别驾常同州牧外出巡视,并监督州属各郡。但二者的职掌不能截然划分,也不能局限于文字条文。二者好比是州牧的左右手,所有军政大事,都常参与议论,比如别驾张松曾同刘璋商议怎样利用刘备以防曹操;治中庞统也曾向刘备提出袭取刘璋的拟议。就是显著的例子。

在州的属吏中,主簿仅次于别驾、治中。《三国志》卷42《杜微传》言:"丞相亮领益州牧,选迎皆妙简旧德,以秦宓为别驾,五梁为功曹,微为主簿。"其中功曹即相当于治中,主簿的秩位虽较低,但常在州牧左右办事,职任更加亲近,例如原为丞相曹操主簿的温恢,一外放即任扬州刺史。又《三国志》卷43《李恢传》言:"先主领益州牧,以恢为功曹书佐、主簿……更迁恢为别驾从事。"州功曹书佐职"主选用",主簿高于功曹书佐,而低于别驾。

州的属吏还有督军从事,职典刑狱、论法决疑[①]。

二、郡国官

河南尹。东汉建都于河南郡洛阳县。河南郡秦时为三川郡,西汉更名河南郡,东汉既都洛阳,为提高河南郡的地位,其长吏

---

① 《三国志》卷45《杨戏传》。

不称太守而称尹。《三国志》卷21《傅嘏传》注引《傅子》云：

> 河南尹内掌帝都，外统京畿，兼古六乡六遂之士。其民
> 异方杂居，多豪门大族，商贾胡貊，天下四会，利之所聚，
> 而奸之所生。前尹司马芝，举其纲而太简，次尹刘静，综其
> 目而太密，后尹李胜，毁常法以收一时之声。嘏立司马氏之
> 纲统，裁刘氏之网目，以经纬之，李氏所毁，以渐补之。郡
> 有七百吏，半非旧也。

曹操先挟帝都许，魏国政权建立以后，又积极经营邺都。洛阳重
新恢复其首都地位，乃在曹丕代汉之后。丕首用一贯能抑制豪强
的地方官司马芝为河南尹。史称芝："黄初中入为河南尹，抑强
扶弱，私请不行，……居官十一年……为河南尹者，莫及芝。"①
继芝为尹者为刘靖，史言散骑常侍应璩与靖书称其任尹时之政绩
曰：

> 富民之术，日引月长。藩落高峻，绝穿窬之心。五种别
> 出，远水火之灾。农器必具，无失时之阙。蚕麦有苦备之
> 用，无雨湿之虞。封符指期，无流连之吏。鳏寡孤独，蒙廪
> 振之实。加之以明摘幽微，重之以秉宪不挠；有司供承王
> 命，百里垂拱仰办。虽昔赵、张、三王之治，未足以方

---

① 《三国志》卷11《司马芝传》。

也。①

陈寿亦言"靖为政类如此。初虽如碎密，终于百姓便之"。司马芝、刘靖为河南尹，正值魏文、明二帝比较兴盛时，故能有所作为。其后接任之李胜为曹爽派人，曾欲有所改革，以增加曹爽派的地位与声望，但遭到元老派的反对。司马懿任用傅嘏为河南尹，建立司马氏之纲纪，河南尹因之大易属吏，"郡有七百吏，半非旧也"。总之，河南尹与司隶校尉同样重要，故揽权者均欲用自己的人。

河南尹的属吏，与郡守大致相同，兹不赘述。

郡太守和王国相。三国时，王国由相治理，相的职任同于郡太守，不受王的干涉。《武帝纪》言操"为济南相，国有十余县，长吏多阿附贵戚，赃污狼藉，于是奏免其八……郡界肃然"。史既言操为济南国相，又言"郡界肃然"，则郡与国实无若何区别。又如《三国志》卷46《孙坚传》注引《吴录》言庐江郡宜春县为人所攻，长沙太守孙坚将越界往救，理由为"以全异国，以此获罪，何愧海内乎？"卢弼《集解》注曰："国者郡国也。"说明郡与国可以通称。又如孔融为北海相，不肯碌碌如平居郡守，也是国与郡通称之例。由于国与郡无何区别，故本节只谈郡守，以省篇幅。

王先谦《后汉书集解》卷120之后附载司马彪《续汉书·郡国志》五第23下谓：魏郡国九十一，属国一；蜀郡二十三；吴郡四十六，都尉二。凡三国郡一百六十，属国一，都尉二。

---

① 《三国志》卷15《刘馥子靖传》。

郡太守除"掌治民、进贤、决讼、检奸"外，还可以自行任免所属掾史。《日知录》卷8言："守相命于朝廷，而自曹掾以下，无非本郡之人……其辟用之者，即出于守相，而不似后代之官，一命以上，皆由于吏部。"《三国志》卷13《钟繇传》注引谢承《后汉书》曰：

> 南阳阴修为颍川太守，以旌贤擢俊为务，举五官掾张仲方正，察功曹钟繇、主簿荀彧、主记掾张礼、贼曹掾杜祐、孝廉荀攸、计吏郭图为吏，以光国朝。

太守既可以推举孝廉、方正，又可以自用属吏，在一定程度上，宛如独立王国。以上引文所谓"国朝"，亦系指郡府而言。最突出的例证，是太守能擅自杀人，而不受到惩罚，甚至也不受社会舆论的指责。如北海相孔融"一朝杀五部督邮"，仅仅因为他们向农民征取租税稍迟了些。又如法正为蜀郡太守，"擅杀毁伤己者数人"。不用说滥杀和误杀人的太守是很多的。三国时各国的吏治比东汉后期有甚大改善，尚且如此，其他政治昏黑时代就更不用说了。

郡太守与州刺史不同点之一是刺史无副职，而太守有副职，即郡丞。丞亦由朝廷任命，丞多与太守素无瓜葛，故丞一般不操实权。边郡不设丞而设长史，长史系武职，有事时，带兵作战。《三国志》卷15《张既传》注引《魏略》言太和中，诸葛亮出陇右，陇西太守游楚遣长史马颙出御，蜀兵退还，太守获封侯，长史及其他掾属亦得赏赐。说明长史直接受太守指挥，以免太守与丞互相扯皮，贻误战机。

郡太守之下，还有都尉，秦称郡尉，汉景帝改称都尉，掌佐太守典武职甲卒，秩比二千石。刘秀建武六年（30年），省诸郡都尉，并罢都试之役，惟边郡往往置都尉或属国都尉。三国时，魏河南郡有伊阙都尉。魏郡有西部都尉，沛国有南部都尉；阳平郡有东部都尉。蜀、吴一些郡有都尉，典掌军事，禁盗贼。

郡太守的属吏，《宋书》卷40《百官志下》有简要叙述：

> 郡官属略如公府，无东西曹，有功曹史，主选举。五官掾主诸曹事。部县有督邮、门亭长。又有主记史，催督期会。汉制也，今略如之。诸郡各有旧俗，诸曹名号往往不同。

郡府属吏，重要的当推功曹、五官掾、督邮和主簿。功曹在郡中的地位，好比朝中的相国。《三国志》卷7《臧洪传》言："（广陵）太守张超请洪为功曹，……政教威恩，不由己出，动任臧洪。"《晋书》卷45《刘毅传》言刘毅"侨居平阳，太守杜恕请为功曹，沙汰郡吏百余人，三魏称焉，为之语曰：'但闻刘功曹，不闻杜府君。'"时人王基亦称刘毅"往日侨居平阳，为郡股肱"。说明功曹如果能得太守充分信任，即可行使其总理郡府政务的权力。

五官掾在郡中的地位亦同功曹相仿佛，如《后汉书》卷81《独行·谅辅传》言：

> 琼辅……仕郡为五官掾。时夏大旱，太守自出祈祷山
> 川，连日而无所降。辅乃自暴庭中，慷慨咒曰："辅为股肱，
> 不能进谏纳忠，荐贤退恶，和调阴阳，承顺天意……咎尽在
> 辅。"

由上可知，五官掾的主要职责是进谏纳忠，荐贤退恶，和功曹差
不多。又《三国志》卷38《秦宓传》言：

> 先主（刘备）既定益州，广汉太守夏侯纂请宓为师友祭
> 酒，领五官掾，称曰仲父。

由此可知，任五官掾者往往为博学有行之士。《三国志》卷43
《吕凯传》言蜀永昌郡人吕凯"仕郡五官掾、功曹"。由此看来，
五官掾的秩位和权限还是稍次于功曹，故吕凯以次由五官掾升为
功曹。史书上常见功曹而很少提到五官掾，也说明五官掾官职的
重要性逊于功曹。

督邮。职掌为督察郡属各县，一郡有二至五部督邮。前曾提
到北海相孔融因五部督邮收民租税不够而杀之，可知督邮负有督
收租税的责任。《三国志》卷12《司马芝传》有"令督邮以军兴
诡责县"的话，表明督邮有监督各县发民服兵役之责。刘备早年
为安喜县尉时，曾有鞭杖督邮之事①，说明督邮的差使常引起基
层官吏及民众的厌恶，故儒生学士多不乐当此职。然而如有清白

---

① 见《三国志》卷32《先主传》及注引《典略》。

正直的督邮也可改变一下为民众所厌恶的形象，表明督邮的好坏，关系于吏治者良非鲜浅。

下面再谈谈主簿及所谓"纲纪"之职。有关史书叙及郡属官吏，常提到功曹和主簿。如《三国志》卷44《姜维传》载：蜀汉后主"建兴六年，丞相诸葛亮军向祁山，时天水太守适出案行，维及功曹梁绪、主簿尹赏、主记梁虔等从行"。功曹和主簿都是郡府重要官吏。主簿的官位虽次于功曹，但主簿在太守左右执掌文书及迎送宾客等亲近职事。《太平御览》卷265引《吴录》言包咸"为吴郡主簿，太守黄君行春，留咸守其郡"。令主簿担负看守家门的重任，说明主簿系亲要之职。因为功曹和主簿为郡中股肱要职，所以史书常以郡中纲纪为功曹和主簿的代称。有些史书谓纲纪为郡中一个官职名称，是错误的。《三国志》卷22《徐宣传》言广陵郡人徐宣"与陈矫并为纲纪，俱见器于太守陈登"。又据同卷《陈矫传》，知陈矫系太守陈登手下功曹，则徐宣不可能同时也为功曹，他只能是主簿或其他要吏。因此，当时人把纲纪作为功曹和主簿的代称。《三国志》卷29《朱建平传》言黄初七年（226年）十二月三十日日晨，兖州刺史夏侯威"请纪纲大吏设酒……威罢客之后，合眠疾动，夜半遂卒"。这里述说的纪纲大吏不可能只是一人，更非指纲纪一官。只能是指几个主要的州吏。《三国志》卷22《卢毓传》言："毌丘俭作乱，大将军司马景王出征。毓纲纪后事"；《三国志》卷61《陆凯传》言："近者汉之衰末，三家鼎立，曹失纲纪，晋有其政。"《卢传》"纲纪"二字作动词用，当"总理"解；《陆传》"纲纪"，当名词用，作"法纪"或"纲维"解。基于以上理由，纲纪并非某一官名，只是功曹、五官掾和主簿重要郡吏的代称。

三、县官

两汉三国时，有朝廷命官的基层行政区域，除大多数为县外，还有侯国、邑、道等名称。列侯所食曰国；皇太后、皇后、公主所食曰邑；有蛮夷曰道。西汉平帝时（1至5年），共有县、道、邑及侯国1587个。县或置令，或置长，视其辖区大小、人口多少及令长资历而有异。内地，每个县大率方百里。县受郡管辖，太守每年春行县劝农桑，秋巡县课吏。《汉书》卷19上《百官公卿表》说：

> 县令、长，皆秦官，掌治其县。万户以上为令，秩千石至六百石。减万户为长，秩五百石至三百石。皆有丞、尉，秩四百石至二百石，是为长吏。百石以下有斗食、佐史之秩，是为少吏。

关于县令长的职掌，《续汉书·百官志》有较具体的叙述：

> 本注曰："皆掌治民，显善劝义，禁奸罚恶，理讼平贼，恤民时务，秋冬集课，上计于所属郡国。"

实际上，县令长的具体职掌很难用文字概括清楚。三国时有关史料更为缺乏，只能从点滴史料中窥知一二。例如《三国志》卷11《袁涣传》注引《魏书》记梁相袁涣所属谷熟县事曰：

谷熟长吕岐善朱渊、爰津，遣使行学，还，召用之，与相见，出署渊师友祭酒、津决疑祭酒。渊等因各归家，不受署。岐大怒，将吏民收渊等，皆杖杀之。议者多非焉。涣教勿劾。主簿孙徽等以为渊等罪不足死，长吏无专杀之义……谓之师友，而加大戮，刑名相伐，不可以训。涣教曰："……主簿取弟子戮师之名，而加君诛臣之实，非其类也……间者世乱，民陵其上，虽务尊君卑臣，犹或未也。而反长世之过，不亦谬乎！"遂不劾。

按两汉三国习俗说，被辟举者与举主、府君之间有君臣关系，前者对后者有报恩和尽忠的义务。但另一方面，被辟召者如避而不仕，举用者也往往加以容忍，以表示自己有成全贤者高志的气概与风度。有些不应召出仕者也更获得高名。如谷熟长这样不容分说便杖杀学人，这种专横滥杀行为，实骇人听闻，即在当时，也是"议者多非之"。而身为谷熟长顶头上司的梁相袁涣却为了维护所谓尊君上而抑臣下的封建教义，为谷熟长强词诡辩，不令追究，不能说非官官相护的恶劣行为。袁涣号称有清行名望，犹如此包庇县长，不可不谓虐矣。

《三国志》卷11《王修传》注引王隐《晋书》曰：

（王）修一子，名仪（为司马昭所滥杀）……子裒……痛父不以命终，绝世不仕……以教授为务……门人为本县所役，求裒为属。裒曰："卿学不足以庇身，吾德薄，不足以荫卿，属之何益？且吾不捉笔已四十年。"乃步担干饭，儿负盐豉，门徒从者千余人。安丘令以为见己，整衣出迎之于门。褒乃下道至土牛，磬折而立。云："门生为县所役，故来送别。"执手涕泣而去。令即放遣诸生。一县以为耻。

以上材料说明：县令有决定谁服役之权，诸生亦有服役的义务。诸生就师习业，多寓避役之意。诸生为了避役，亦托人情。当时社会舆论亦以令诸生服役为不体面之事。

　　三国时，内地的县大致地方百里，辖区虽小，但为朝廷人役物资所自出。三国创建人早年都作过县令长。曹操年轻时，"除洛阳北部尉，迁顿丘令"。刘备初除安喜尉、下密丞，"后为高唐尉，迁为令"。孙权"年十五，为阳羡长"。因之他们知道县令长的善恶关系于国计民生者甚大，故对县令长的人选，尚属留意。《三国志》卷12《何夔传》注引《魏书》言："自刘备叛后，东南多变，太祖以陈群为酂令，夔为城父令，诸县多用名士以镇抚之。"《三国志》卷23《常林传》言并州"刺史梁习荐州界名士林及杨俊、王凌、王象、荀纬，太祖皆以为县长"。蜀汉名臣庞统、蒋琬都先为县令，受过刘备的责怪与免黜。孙权早时为了镇压山越，使"韩当、周泰、吕蒙等为剧县令长"。三国时县令长的政绩同郡守相一样，比汉末有一定程度的清明。魏国杨沛、郑浑、张既、温恢、贾逵、常林、吉茂、沐并、时苗、杨俊、杜袭、赵俨、张纬诸人为县长时，或较能抑制豪强，或能促进生产，或能增添人口，或称有治能。蜀汉在诸葛亮的治理下，出现了历史上罕见的清明情景。孙吴对东南地区的开发，有所贡献，这些是与各县人民及较佳令长的作用分不开的。

县丞、尉是令长的副佐，一般每县有丞一人，尉一人，大县有尉二人或更多。

《通典》言县丞"兼主刑狱囚徒"。《续汉书·百官志》本注曰："丞署文书，典知仓、狱。"县丞还掌管粮仓和刑狱。《三国志》卷46《孙坚传》记述孙坚早年曾为盐渎、盱眙、下邳三县丞。裴注引《江表传》言"坚历佐三县，所在有称，吏民亲附"。可知孙坚为县丞时是有职有权的。至于一般县丞能起多少作用，就要看他们的本领及其与县令的关系了。

《续汉书·百官志》本注言："尉主盗贼，凡有贼发，主名不立，推索行寻，按察奸宄，以起端绪。"从知县尉的职责是缉捕罪犯。《三国志》卷1《武帝纪》言曹操年二十，举孝廉为郎，除洛阳北部尉，裴注引《曹瞒传》言操"初入尉廨，……有犯禁者，不避豪强，皆棒杀之"。从知县尉的职掌除缉拿"盗贼"外，还抑制权豪犯法者。因洛阳系首都，人口众多，故分东西南北部。操为北部尉时，能敢作敢为，亦是特殊事例，一般县尉，则难起若是作用。

东汉三国时，县之属吏大体如郡，也是分曹置掾史。《续汉书·百官志》言县"各署诸曹掾史"，本注曰：

> 诸曹略如郡员，五官为廷掾，监乡五部，春夏为劝农掾，秋冬为制度掾。

廷掾为县重要属吏，相当于郡五官掾。其职掌一般为进谏荐贤，祭祀鬼神。除此之外，还加了监乡五部的责任，春夏农忙季节下乡劝农；秋冬则从事教民等制度化的工作。《后汉书》卷48《爰延传》言：

> 爰延……清苦好学，能通经教授……县令陇西牛述好士知人，乃礼请延为廷掾、范丹为功曹、濮阳潜为主簿，常共言谈而已。后令史昭以为乡啬夫，仁化大行，人但闻啬夫，不知郡县。

由此亦可知，县的主要属吏和郡一样为功曹、主簿及廷掾。廷掾的职务比较清闲，故爰延只共县令言谈，后来新县令把爰延下调到乡为啬夫，乡啬夫犹后世的乡长，管一乡人，秩位虽小，但接近生产群众，充分发挥了爰延的才干。纯朴的劳动民众只知有乡啬夫来领导他们，而不知郡守县令是干什么的。这等事，充分体现了乡里基层组织对农民大众的重要性。

至于三国时代基层组织和基层官吏，资料缺乏，其制度大抵沿袭两汉，未见有重要变化，兹不赘述。

第二十四章　三国的经学和史学

一、曹魏的经学

自汉武帝罢黜百家、独尊儒术以后，经学更成为士人求仕的途径之一。因之儒生众多，名师辈出，死于建安五年（200年）以后的巨儒有赵岐、卢植、郑玄、司马徽、宋忠、谢该、董扶、任安、杨厚、刘熙、士燮、王朗等。其中郑玄是两汉经学的集大成者。郑玄（127—200年），字康成，青州北海国高密县人，少为乡啬夫，北海相杜密见而异之。遣往太学就业，师事京兆第五元，始通《京氏易》《公羊春秋》《三统历》《九章算术》。又从东郡张恭祖受《周官》《礼记》《左氏春秋》《韩诗》《古文尚书》。后到关中，师事扶风马融。融素骄贵，门徒众多，以次相传授，鲜有入其室者。玄三年不得见，惟由高业弟子传授。玄日夜研读，不稍怠息。后融闻玄善算，乃召见，大奇之，玄因得质问疑义。问毕辞归。融谓门人曰："郑生今去，吾道东矣"①。

玄东归后，以"家贫，客耕东莱，学徒相随已数百千人"②。会党锢事起，玄亦遭禁。玄本无意仕宦。至此，更埋首注经，博

---

①《后汉书》卷35《郑玄传》。
②《后汉书》卷35《郑玄传》。

采众说，断以己意，不受今古文家法约束，卓然自成大家，人号"郑学"。范晔论曰：

> 自秦焚六经，圣文埃灭。汉兴，诸儒颇修艺文。及东京，学者亦各名家，而守文之徒，滞固所禀，异端纷纭，互相诡激。遂令经有数家，家有数说，章句多者或乃百余万言，学徒劳而少功，后生疑而莫正。郑玄括囊大典，网罗众家，删裁繁诬，刊改漏失。自是学者略知所归。[1]

清人皮锡瑞在其所著《经学历史》五《经学中衰时代》说：

> 郑君博学多师，今古文道通为一……闳通博大，无所不包，众论翕然归之，不复舍此趋彼。于是郑《易注》行，而施、孟、梁丘、京之《易》不行矣；郑《书注》行，而欧阳、大小夏侯之《书》不行矣；郑《诗笺》行，而鲁、齐、韩之《诗》不行矣；郑《礼注》行，而大小戴之《礼》不行矣；郑《论语注》行，而齐、鲁《论语》不行矣。

刘师培在其《经学教科书》第一册说：

> 郑君博稽六艺，粗览传记，所治各经，不名一师，参酌今古文，与博士之经不尽合，然尊崇纬书，不背功令。又以

---

[1]《后汉书》卷35《郑玄传》。

　　著述浩富，弟子众多。故汉魏之间，盛行郑氏一家之学。

　　在以经学为仕进阶梯的封建时代，各学派之间的异议与斗争亦不可免。拥戴郑氏者固然很多，与之争高低者亦不乏人。先是，吴人虞翻对郑玄所注五经提出了许多责难。继之，魏王粲、蒋济，蜀李譔，对郑注亦多异议。而反对郑学最力的是王肃。肃系魏初名臣王朗之子，后他又成为专擅魏政的司马昭的妻父。王肃遍注群经，极力攻击郑氏。治郑学的孙炎、王基、马昭等亦出而驳王申郑。王肃为了与实力深厚、门徒众多的郑学相颉颃，乃伪造《孔子家语》《孔丛子》诸书，并据之撰《圣证论》，以攻评玄。但伪品总会被人识破，结果，只欲盖弥彰，贻讥后世而已。

　　魏人鱼豢在其所著《魏略》中，以董遇、贾洪、邯郸淳、薛夏、隗禧、苏林、乐详七人为儒宗。董遇撰《周易章句》《老子训注》，尤精《左氏传》，为之作朱墨别异，对治经开一新法。人有欲从学者，遇不肯教，只说："必当先读百遍"，"读书百遍，而义自见"；又说：读书"当以三余"，"冬者，岁之余；夜者，日之余；阴雨者，时之余也"[1]。这些教言，对于鼓励后学扎扎实实地打好基本功底，无疑是有重要意义的。

　　贾洪"特精于《春秋左传》"。薛夏"博学有才"，受到曹丕赏识，每呼之为薛君而不名。隗禧与人讲《诗》，"说齐、韩、鲁、毛四家义，不复执文，有如讽诵。又撰作诸经解数十万言"[2]。邯郸淳"博学有才章，又善《仓》、《雅》、虫、篆、许氏

————————
　　① 《三国志》卷13《王朗附子肃传》注引《魏略》。
　　② 《三国志》卷13《王朗附子肃传》注引《魏略》。

字指"①。苏林，"博学，多通古今字指，凡诸书传文间危疑，林皆释之"②。乐详，"黄初中，征拜博士……五业并授，其或难解，质而不解，详无愠色，以杖画地，牵譬引类，至忘寝食，以是独擅名于远近"③。

除以上七人外，魏儒师还有周生烈，作《周易》《春秋例》《毛诗》《礼记》《春秋三传》《国语》《尔雅》诸注；杜宽，删集《礼记》及《春秋左氏传》解。糜信，撰《春秋穀梁传注》《春秋说要》；杜预著《春秋左氏经传集解》等。

研究魏世经学，须加注意的，即那时老庄玄学已经抬头，其影响于经学者亦非鲜浅。两汉时，由预言而发展成的图谶与经学相掺混。刘秀既曾用赤伏符麻痹人民，张角亦以"黄天当立"号召农民起义，学术不能脱离社会政治，故经学亦为迷信气氛所弥漫。郑玄治经尚掺引纬书，其他迷信色彩更加浓厚的今文学者更不用说了。逮正始年间，王弼注《易》，排斥术数而谈哲理，何晏等人作《论语集解》，亦与已往经说大异其趣。魏晋人说经，崇尚玄言，文辞简约隽永，训诂之精，虽逊于前，而迷信色彩则为之一扫。重要经书遗留至后世者，如《周礼》《仪礼》《礼记》为郑玄注，《公羊传》为何休注，《穀梁传》为东晋范宁注，《周易》为魏王弼注，《尚书》为东晋梅赜伪造，《左传》为杜预集解，《诗》为西汉毛亨传、郑玄注。由此可知，三国时期的经学不仅在经学史上占有重要地位，而且也有别开生面之处。

---

① 《三国志》卷21《王粲传》注引《魏略》。
② 《三国志》卷21《刘劭传》注引《魏略》。
③ 《三国志》卷16《杜恕传》注引《魏略》。

二、蜀、吴的经学

蜀汉先主刘备，曾被其部下彭羕讥为"老革"（即老兵）。但刘备对于经学并非一无所知。他早年就学于名儒卢植，领徐州牧时，闻治道于郑玄，定蜀以后，设儒林、典学校尉及劝学从事等官，以鸠合典籍，典掌旧文。诸葛亮领益州牧以后，选用官吏，皆妙简旧德。说明蜀汉在戎马倥偬之际，仍重视儒学。益州士人自先汉以来，官爵声誉虽不及中州，至于著作和为世师式，并不下于余州①。益州在东汉末年的儒学大师有董扶、任安、杨厚、周舒等。陈寿《三国志》卷42有《杜微、周群、杜琼、许慈、孟光、来敏、尹默、李譔、谯周、郤正传》，以上十人皆儒学之士，其中李譔和尹默皆梓潼郡涪县人，二人曾赴荆州从司马徽、宋忠受古学，皆通经史。李譔注古文《易》《尚书》《毛诗》《三礼》《左氏传》《太玄指归》诸书，皆依贾逵、马融之说，而与郑玄立异。他同王肃素无往来，而注经多不约而同。尹默专精《左氏春秋》，"自刘歆条例，郑众、贾逵父子、陈元方、服虔注说，咸略诵述，不复按本"②。来敏"涉猎书籍，善《左氏春秋》，尤精于《仓》《雅》训诂，好是正文字"③。谯周"耽古笃学"，"研精六经"，"凡所著述，撰定《法训》《五经论》《古史考》之属百余篇"④。

吴主孙权尝言自己少时读《诗》《书》《礼记》《左传》《国

---

① 《三国志》卷38《秦宓传》。
② 《三国志》卷42《尹默传》。
③ 《三国志》卷42《来敏传》。
④ 《三国志》卷42《谯周传》。

语》等书，惟不读《易》。到他统事以后，"省三史、诸家兵书，自以为大有所益"①。他手下的武将吕蒙原来文化程度很低，经过孙权劝导，"始就学，笃志不倦，其所览见，旧儒不胜"②。

在三国以前，吴人对于经学的造诣，不仅逊于中原，且不胜楚、蜀。及孙氏政权建立，江东治经史者始多。对经学钻研之最著者，当推虞翻之治《易》。自虞翻高祖至翻五世，世传《易》学。翻虽处乱世，长于军旅，但研注不替。翻尝将其所著《易注》，寄少府孔融，融答书曰："闻延陵之理《乐》，睹吾子之治《易》，乃知东南之美者，非徒会稽之竹箭也。又观象云物，察应寒温，原其祸福，与神合契，可谓探赜穷通者也。"③翻对汉末注《易》者荀爽、马融、郑玄、宋忠等虽有赞赏，亦有微词。他指出郑玄所注五经，违义尤甚者百六十七事。又认为宋忠解释扬雄之《太玄》，"颇有缪错，更为立法，并著《明杨》《释宋》，以理其滞"④。虞翻不仅在学术上能发表自己见解，在政治上亦正直敢谏；又性不协俗。因此，既为孙权所不容，又常被人谤毁，终于被流徙交州。翻在南十余年，"虽处罪放，而讲学不倦，门徒常数百人，又为《老子》《论语》《国语》训注，皆传于世"⑤。

孙吴大臣张昭著有《春秋左氏传解》及《论语注》。卫尉严畯著《孝经传》《潮水论》。议郎唐固著《国语》《公羊》《榖梁

---

① 《三国志》卷54《吕蒙传》注引《江表传》。
② 《三国志》卷54《吕蒙传》注引《江表传》。
③ 《三国志》卷57《虞翻传》。
④ 《三国志》卷57《虞翻传》注引《翻别传》。
⑤ 《三国志》卷57《虞翻传》。

传》注①。中书令阚泽以经传文多，难得尽用，乃斟酌诸家，刊约《礼》文及诸注说，以授二宫。又著《乾象历注》，以正时日。每朝廷大议，经典所疑，辄谘访之。太子太傅程秉，逮事郑玄，后避乱交州，与刘熙考论大义，遂博通五经，著《周易摘》《尚书驳》《论语弼》，凡三万余言。郁林太守陆绩博学多识，作《浑天图》，注《易》，释《玄》，皆传于世。

由上可知，吴、蜀经学虽不及曹魏，但亦各有发展。

三、荀悦的《汉纪》

荀悦（148—209年），字仲豫，颍川郡颍阴县（今河南许昌市）人。祖淑，有名于世，当时名贤李固、李膺等皆师宗之。有子八人，号称"八龙"，其中以悦叔爽最著名。董卓专政，拉拢名士，辟用爽等。爽自到任至进拜司空，仅九十五日。爽虽被卓破例拔用，但仍乃心汉室，暗中图谋诛卓。悦早失父，年十二，能说《春秋》，性沉静，好著述。汉末政在阉官，悦隐居不仕。悦从弟彧，为曹操所重用。及献帝都许，乃征悦，为黄门侍郎，迁秘书监。献帝颇好文学，荀悦、荀彧及孔融侍讲禁中。建安三年（198年），献帝以《汉书》文繁难省，乃令悦依编年体《左传》撰《汉纪》，至建安五年（200年）书成。

《后汉书》卷62《荀悦传》言《汉纪》"辞约事详，论辨多美"。至唐，刘知几撰《史通》，按古代史书体裁分为六家，即：尚书家（记言）、春秋家（记事）、左传家（编年）、国语家（国别）、史记家（通史纪传）、汉书家（断代纪传）。刘知几对《左

---

① 《三国志》卷53《阚泽传》。

传》及《汉纪》颇为赞赏，他在《史通·六家篇》言："《左传》家者，其先出于左丘明……其言简而要，其事详而博，信圣人之羽翮，而述者之冠冕也。……当汉代史书，以迁、固为主，而纪传互出，表志为重，于文为烦，颇难周览。至孝献帝，始命荀悦撮其书为编年体，依《左传》著《汉纪》三十篇。自是每代国史，皆有斯作，……或谓之春秋，或谓之纪，或谓之略，或谓之典，或谓之志，虽名各异，大抵皆依《左传》以为的准焉。"刘知几在《史通·二体篇》亦言："班、荀二体，角力争先，欲废其一，固已难矣。后来作者，不出二途。"可见刘知几已把《汉纪》与《汉书》相提并论，说明《汉纪》在史学史上的地位是相当高的。《汉纪》的价值，即在开一新体裁，以补《史记》《汉书》等纪传体互相重复、于文为烦的不足，从而创立了以年月系事的编年史书体例。自荀悦撰成《汉纪》以后，陆续有张璠、袁宏各撰《后汉纪》、孙盛撰《魏氏春秋》、干宝撰《晋纪》。往后各代都有撰此体裁者，说明荀悦创建之功，实不可没。有了《汉纪》就可以与《汉书》互相印证，补短取长，便于读者诵读和研究。

《汉纪》的取材，绝大多数来自《汉书》，自己也稍有增删。如谏大夫王仁、侍中王闳的谏疏，皆《汉书》所无①；关于壶关三老茂，《汉书》无姓，《汉纪》则云姓令狐；朱云请尚方剑，《汉书》作"斩马剑"，《汉纪》乃作"断马剑"。据唐张渭诗"愿得上方断马剑，斩取朱门公子头"②，证明《汉书》有误字。是

①《钦定四库全书提要》（载于龙溪精舍丛书本《前汉纪》）。
②同上。

知《汉纪》自有剪裁，非一味抄袭者比。《后汉书·荀悦传》言：
"时政移曹氏，天子恭己而已，悦志在献替，而谋无所用，乃作
《申鉴》五篇。"所谓《申鉴》，即申论前事，以为后世鉴戒之意，
仅从此题目观之，即知悦著书并非脱离政治者，献帝自建安元年
被曹操移至许，虽然生活得到安定，然操对献帝的监视和控制，
远远胜过已往凉州军阀，而献帝亦企图诛操。在这种情况下，悦
势不得保持中立，历来学者多以为荀悦不满曹操专政，其著书的
目的即在于规劝曹操作一汉室忠臣，而勿为王莽篡夺，遗臭万
年。但也有个别史家不同意这个意见。依我看，荀悦出身于儒门
世家，个人并不怎样热衷于权势名利，故栖迟衡门，年逾半百，
始行出仕。从他的阅历和家世看，他不可能参预诛操谋划。但从
他所撰《申鉴》及《汉纪》的思想内容看，连他自己都不回避乃
"有监戒焉"。所以他在《申鉴》中要"在上者……肃恭其心，慎
修其行，内不回惑，外无异望，则民志平矣"。这是明确劝告曹
操修德慎行，内不回惑伤忠贞，外无异望图汉鼎。继之又言：
"古者天子诸侯有事，必告于庙，朝有二史，左史记言，右史书
事，事为《春秋》，言为《尚书》。君举必记，善恶成败，无不存
焉……得失一朝，而荣辱千载。善人劝焉，淫人惧焉。"这是告
诫曹操，要黾勉作周公，永远留典型于后世，获荣誉于万代，切
勿作王莽，逞快于一时，遭诟辱于千载。

从《申鉴》的内容看，如"人不畏死，不可惧以罪；人不乐
生，不可劝以善……故在上者先丰人财，以定其志，……善恶要
乎功罪，毁誉效于准验，听言责事，举名察实"，等等名言嘉语，
表明荀悦不仅明于治乱之理，而且具有一定的朴素唯物主义思
想。然而他在《汉纪》中却喋喋不休地谈论天人感应与灾异迷信

之事，显而易见的是他企图以此来恫吓曹操，使操日后亦不能不对自己不相信天命之事加以解释①。

四、鱼豢的《魏略》

有关三国史的撰述，《史通》外篇《古今正史》有简要的概述：

> 黄初、太和中，始命尚书卫觊、缪袭草创纪传，累载不成。又命侍中韦诞、应璩、祕书监王沈、大将军从事中郎阮籍、司徒右长史孙该、司隶校尉傅玄等，复共撰定。其后王沈独就其业，勒成《魏书》四十四卷。其书多为时讳，殊非实录。
>
> 吴大帝之季年，始命太史令丁孚、郎中项峻撰《吴书》，孚、峻俱非史才，其文不足纪录。至少帝时，更敕韦曜、周昭、薛莹、梁广、华覈，访求往事，相与记述，并作之中，曜、莹为首。当归命侯时，昭、广先亡，曜、莹徙黜，史官久缺，书遂无闻。覈表请召曜、莹，续成前史，其后，曜独终其书，定为五十五卷。
>
> 至晋授命，海内大同，著作陈寿，乃集三国史，撰为国志，凡六十五篇……先是，魏时京兆鱼豢，私撰《魏略》。

---

① 见操《自明本志令》，载于《三国志·武帝纪》注引《魏武故事》。

由上可知，曹魏官撰史书为王沈主撰之《魏书》。孙吴官撰史书为韦昭①主撰之《吴书》。《晋书》卷39《王沈传》言王沈于魏正元年间（254年至258年）"与荀顗、阮籍共撰《魏书》，多为时讳，未若陈寿之实录也"。那时，高贵乡公曹髦因不能忍受当傀儡皇帝的耻辱，决定对司马昭发动突然袭击。当曹髦把这个计划告诉给侍中王沈、散骑常侍王业后，沈、业二人立即驰马向司马昭告密。因此，王沈受到司马氏重用，官运亨通，但为众议所非，《魏书》也因袒护司马氏，被讥为非实录。

《吴书》的主撰韦昭，孙皓时为侍中，领左国史。因孙皓暴虐，群臣多阿谀顺旨，数言天降祥瑞，以博得孙皓欢心。皓以问昭，昭曰："此人家筐箧中物耳。"②皓又欲令昭为父和作纪，昭以和"不登帝位"③，不予照办。诸如此类的事，使皓衔恨在心。凤凰二年（273年），皓竟杀昭。与昭共撰《吴书》的薛莹、华覈皆正人君子，且有才学。故《吴书》尚为史家所许可。

《魏略》，系魏郎中鱼豢私撰，《史通·古今正史》谓"魏时京兆鱼豢私撰《魏略》，事止明帝"。然据《三国志》卷4《三少帝纪》注引《魏略》记有嘉平六年（254年）九月司马师废齐王曹芳及郭太后议立高贵乡公事甚详，则知《魏略》记事非只止于明帝，而是止于三少帝时。近人张鹏一《魏略辑本》谓鱼豢死于晋太康以后，则鱼豢入晋后还活了十六年以上，可知鱼豢不曾仕晋。看来，鱼豢是忠于曹魏而耻为晋臣者，故《魏略》叙事颇注

①因避司马昭讳，晋人将韦昭改称韦曜，今除引文外，悉恢复韦昭原名。

②《三国志》卷65《韦曜传》。

③《三国志》卷65《韦曜传》。

重品节作风。裴松之注《三国志》，引用之书，以《魏略》为最多，《魏略》虽早已亡佚，但从裴注中尚可窥知其梗概。从《魏略》的内容和文字看，还是相当好的。鱼豢是关中人，所以对西北的风土人情多有叙述。例如《三国志》卷30《东夷传》裴注引《魏略·西戎传》不仅能补陈书之缺，而且史料价值极为珍贵，被史家誉为"殊方记载，最为翔实"[①]。《魏略》很注意对三国时各阶层人物的描写，例如鱼豢为董遇、贾洪、邯郸淳、薛夏、隗禧、苏林、乐祥七人作《儒宗传》，其序曰：

> 从初平之元（190年）至建安之末（220年），天下分崩，人怀苟且，纲纪既衰，儒道尤甚……至太和、青龙中，中外多事，人怀避就，虽性非解学，多求诣太学。太学诸生有千数，而诸博士率皆粗疏，无以教弟子，弟子本亦避役，竟无能习学……又是时朝堂公卿以下四百余人，其能操笔者，未有十人，多皆相从饱食而退。嗟夫！学业沉陨，乃至于此，是以私心常区区贵乎数公者，各处荒乱之际，而能守志弥敦者也。

由上可知，曹魏时，子弟入太学，多是为了避役，而在太学教授生徒的博士，也大都粗疏，学无根底。朝中公卿以下能执笔为文者也不到十人。无怪乎鱼豢要叹息学术的坠落了。鱼豢在《儒宗·董遇传》中介绍了董遇接受弟子的先决条件，即不论学习什

---

① 参看卢弼《三国志集解》卷1《武帝纪》建安十六年裴注引《魏略》。

么书，都"必当先读百遍"。他说："读书百遍而义自见。"鱼豢在《儒宗传》中，还揭露了地方旧姓豪族欺凌单家（非富强之家）的情景。如在《薛夏传》说：

> 薛夏，字宣声，天水人也。博学有才。天水旧有姜、阎、任、赵四姓，常推（可能为"雄"字之误）于郡中，而夏为单家，不为降屈。四姓欲共治之，夏乃……东诣京师。太祖宿闻其名，甚礼遇之。后四姓又使囚遥引夏，关移颍川，收捕系狱。时太祖已在冀州，闻夏为本郡所质，抚掌曰："夏无罪也，汉阳儿辈直欲杀之耳！"乃告颍川，使理出之，召署军谋掾。①

由上可知，天水郡四姓豪族平素称霸郡中，单家薛夏独不肯降事之，四姓豪族便千方百计地想对他下毒手，薛夏投奔曹操后，四姓仍企图捕他论罪。地方豪族对名闻中原的学者，尚如此狠毒，一般单家百姓所受不法豪族的欺压程度自然更不在话下了。

《魏略》中还有《清介》《纯固》《勇侠》《知足》《游说》《佞幸》等传②。清代学者钱大昕谓《魏略》"诸传标目，多与他史异"③；高似孙称《魏略》"特为有笔力"；"亦一时记载之隽

---

① 《三国志》卷13《王朗传》裴注引《魏略》。

② 《三国志集解》卷1《武帝纪》建安十六年裴注引《魏略》下卢弼集解。

③ 《三国志集解》卷1《武帝纪》建安十六年裴注引《魏略》下卢弼集解。

也"①。

《隋书》卷33《经籍志二》："《典略》（可能为《魏略》之误）八十九卷，魏郎中鱼豢撰。"《旧唐书》卷46《经籍志上》："《魏略》三十八卷，鱼豢撰；《典略》五十卷，鱼豢撰。"《新唐书》卷58《艺文志二》："鱼豢《魏略》五十卷。"

由于以上三志记载各异，所以有的学者认为《典略》与《魏略》是一书，有的则认为是二书②，不管怎样，二书皆为鱼豢所撰，而且皆为裴松之《三国志注》所引用，是没有争论的。由于本书引用《魏略》中的记载已不少，故在这里不再多述。

---

① 《三国志集解》卷1《武帝纪》建安十六年裴注引《魏略》下卢弼集解。

② 参看杨翼骧编《中国史学史资料编年》第76页，南开大学出版社出版。

第二十五章　三国的哲学思想

一、玄学的兴起

东汉初期，封建统治者提倡名教，奖励气节，故东汉士风之高涨，胜过其他朝代。降至东汉中后期，政治每况愈下，外戚宦官交相把持政柄，敢于同戚宦斗争的士人多罹祸殃。桓、灵之世，宦官肆虐，两次兴起党锢之祸，其被杀戮禁锢者，"皆天下善士"，故义烈之士范滂慷慨陈词："古之循善，自求多福；今之循善，身陷大戮！"①因之士人对东汉王朝的统治产生厌倦情绪，所谓"积多士之愤，蓄四海之怒"②。其后黄巾等农民起义连续发生，至董卓率兵入洛后，东汉王朝开始分裂，各军阀互相攻战，士人因投身非所而肝脑涂地者，所在多有。三国鼎立局面形成以后，又有曹氏代汉以至司马氏篡魏之事，士大夫侧身其间，因惧被卷入政争而遭横祸，乃求助于老、庄清静无为、卑弱自持的理论，此为玄风所以兴起的原因之一。

自汉武帝罢黜百家、独尊儒术以后，士人以钻研经书为主要仕进之途。但统治者所赖以控制思想的儒家经典流弊甚多，一是

---

① 《后汉书》卷67《党锢列传·范滂》。
② 《资治通鉴》卷68献帝建安二十四年。

荒诞无稽，今文经学者之谶纬迷信说教为有识之士所不齿。二为经师传授各有家法，抱残守缺，党同伐异，不仅妨碍学术的自由探讨，而且陷入无休止的党派纠纷之中，因之士人多"弃经典而尚老庄，蔑礼法而崇放达"[①]。三为经师训诂章句之学过于烦赘，学者释经，"而务碎义逃难……说五字之文，至于二三万言"[②]。于是崇尚事功之士读经便不求甚解；游谈之士则转而探索老庄，此为玄风兴起的原因之二。

汉魏之际，战乱频仍，士人地主的土地财产受到了重大损失，但他们有高度的文化修养和崇高的社会声望。各军阀为了壮大自己，对他们不能不拉拢重用。特别是曹魏九品中正制颁行以后，上层士人多了一层世代为官的保障，可以少受一些"白首穷经"的折磨了。在经济和生活享受上，上层士人过着优厚和逍遥自适的生活。为了掩盖他们骄奢淫逸的生活和空虚的心灵，便打起老庄的旗号，装作恬淡无竞和超世绝俗的模样，以显示其清高。这是玄风兴起的原因之三。

以上所谈是三国时士人所以兴起玄风的主要因素。但容许他们有谈玄说虚的客观条件，也是必要的。自曹操官渡之捷至曹叡身亡，四十年间，清谈玄风尚隐而未盛。到正始时，皇帝幼小，既不能行使政权，而辅政大臣曹爽和司马懿又互相争夺，都不愿开罪士人，因此，玄风得以煽起，而君主无为、大臣揽权的理论也得到了抬头。

玄是虚无深远的意思。颜之推在其所撰《颜氏家训·勉学第

---

① 《日知录》卷13《正始》。
② 《汉书》卷30《艺文志》。

八》称《周易》《老子》《庄子》为"三玄"。玄学的表现形式是口谈玄理、注释玄书和行为放诞。倡导者多系达官贵人及其依附者。一般谓玄学始于魏正始年间（240—249年），实则，试观秦汉以来的史籍，避世嫉俗、清静自守的士人君子，固无时不有。拿东汉一代来说，从东汉初期的冯衍、傅毅、淳于恭，到汉魏之间的马融、仲长统、蔡邕、孔融、焦和、孔伷、习祯、郑泉诸人，都不同程度地具有老庄达生任性的言行。即就曹魏统治者来说，曹丕在为帝前，与诸文士交游，曾先后令其甄、郭二夫人出面拜客。曹丕即位后，"常羡汉文之为君，宽仁玄默"。曹植在曹操时，饮酒不节，对客傅粉、跳舞、击剑，读俳优小说数千言。《三国志集解》的作者卢弼认为曹丕、曹植所以放诞若此，系"孟德家风所致"①。实则，曹操本人也是够放诞的。史称操"为人佻易无威重……，每与人谈论，戏弄言诵，尽无所隐"②。操甚好色，克敌制胜，常掠占人妻，说明操本人也不甚检束，盖玄风之兴，实当时社会风气使然，非一、二统治者所能左右。

二、何晏与王弼的玄学

　　何晏与王弼是兴起玄学的中心人物。何晏，字平叔，南阳宛县人，为何进之孙。曹操"为司空时，纳晏母，并收养晏"③。后操以女妻晏，故晏与曹氏关系颇为密切。晏美姿容，有才学口辩，操甚宠之，然因行动缺少检束，为曹丕所憎。故黄初时无所

---

① 《三国志集解》卷21《王粲传附邯郸淳》注引《魏略》。
② 《三国志》卷1《武帝纪》注引《曹瞒传》。
③ 《三国志》卷9《曹爽传》注引《魏略》。

事任。曹叡亦未重用晏。正始十年（249年），晏与曹爽等为司马懿所杀。魏晋人对何晏的评议多有贬抑，何晏在政治上是失败者，诚有恶多归之处，但不可能全是子虚乌有之谈。何晏同其他清谈家一样，多系名不符实、行不及言的人物。据《三国志》卷9《曹爽传》注引《魏氏春秋》：

> 初，夏侯玄、何晏等名盛于时，司马景王亦预焉。晏尝曰："唯深也，故能通天下之志，夏侯泰初是也；唯几也，故能成天下之务，司马子元是也；惟神也，不疾而速，不行而至，吾闻其语，未见其人。"盖欲以神况诸己也。

何晏认为夏侯玄看问题深刻，能精通哲理；司马师遇事见微知著，能建立事功。但都比不上自己能达到不行而至、不谋而成的神化地步，实际上，这不过空口说大话罢了。

何晏的著作有《论语集解》10卷、《道德论》2卷、《集》11卷。

王弼，字辅嗣，山阳高平（今山东微山县西北）人。祖凯，是著名文学家王粲的族兄。刘表以女妻凯，生业，即弼父。王粲家多藏书，粲亡后，其书悉归业。故弼少时得博览群书。弼生于黄初七年（226年），死于嘉平元年（249年），寿止二十四岁。晋初何劭给弼作传说：

> 弼幼而察慧，年十余，好老氏，通辩能言。父业为尚书郎。时裴徽为吏部郎，弼未弱冠，往造焉。徽一见而异之，

> 问弼曰:"夫无者,诚万物之所资也。然圣人莫肯致言,而
> 老子申之无已者何?"弼曰:"圣人体无,无又不可以训,故
> 不说也。老子是有者也。故恒言无(《世说》"无"作
> "其")所不足。"寻亦为傅嘏所知。于时何晏为吏部尚书,
> 甚奇弼,叹之曰:"仲尼称后生可畏,若斯人者,可与言天
> 人之际乎?"①

上面的引文可以说明:(1)"无"是万物产生的本原,这看法已
为当时一般学者所承认。(2)王弼言孔圣人是能够体会"无"
的,只因"无"不可用言语来表达,所以孔子不肯致说;老子是
承认"有"的作用的,只因他对"无"的看法有所不足,所以总
谈之不休。照王弼这样解释,儒家孔圣人倒成了道家的祖师,而
老子对"无"的认识反而不如孔子。表面上是称道孔子,实际是
借孔子以提高玄学的地位。王弼口头上说老子对"无"的体会有
所不足,实际是说老子不如他,他要发展和完善老子的学说。
(3)当时何晏已经贵为吏部尚书,在学术界声名藉甚,可是他一
见到王弼就大为欣赏,认为他可以与自己共同探讨"天人之际"。
这是因为他们在哲学观点上基本一致的缘故。

何晏和王弼继承了老子的客观唯心主义理论。把"无"作为
哲学的最高范畴。《晋书》卷43《王衍传》言:

> 魏正始中,何晏、王弼等祖述老、庄,立论以为:天地

---

① 《三国志》卷28《钟会传》注引。

> 万物皆以无为本。无也者，开物成务，无往不存者也。阴阳恃以化生，万物恃以成形，贤者恃以成德，不肖恃以免身。故无之为用，无爵而贵矣。

以上记述说明何晏、王弼是玄学的倡导者。正始元年（240年），王弼还只有十五岁，何晏那时年在半百左右，王弼所以能进入尚书台为郎，是由于何晏的援引。从玄学倡建而言，何晏之力为多；以玄学的实际成就言，王弼后来居上。

王弼的主要著作有《老子道德经注》2卷、《周易注》10卷、《论语释疑》3卷、《老子指略》（辑佚）、《周易略例》。

王弼、何晏的玄学与两汉神学目的论有显著区别。两汉神学目的论是被阴阳五行、谶纬迷信神秘化了的儒家思想。玄学则在继承和发展道家思想的基础上，援道入儒，调和儒道。两汉神学目的论表现为宗教式的教条，而玄学则表现为思辨性的论理。所以无论从中国古代理论思维的发展过程看，还是从中国古代哲学史的角度看，王、何玄学都有值得研究的价值。

王弼虽然祖述老子，但二者亦有所不同。老子关于有无问题的讨论主要从天地万物的起源着眼。关于天地万物的起源，古代朴素唯物主义曾以金、木、水、火、土五种基本元素或阴阳二气等来说明，而老子则以无形无象、不可名状的"道"或"无"作为生成万物的根源。这是老子"天下万物生于有，有生于无"的客观唯心主义理论。王弼的基本观点是"以无为本，以有为末"的本体论。"以无为本"与"有生于无"是有区别的。王弼认为"无"既然无形无象，它就不能独立自明，而必须通过"有"（具体事物）才能被人了解，所以"无"必须存在于天地万物之中，而成为天地万物赖以存在的共同根据。王弼认为"有生于无"，并非如母生子那样"出即离矣"。"无"和"有"，既不能在时间上分先后，也不能在空间上分彼此。它们只是本末和体用的关系。所以王弼说："有之所以为利，皆赖无以为用也。"①这是说：万物所以各能表现出其性能和作用，都是靠了"无"这个本体。王弼说过："万物万形，其归一也。何由致一，由于无也。"②言万物虽有万形，最终只能回归它们的共同根本——"无"。

然而作为万物本体的"无"有什么具体的规定性呢？王弼认为这种本体是不能有具体的规定性的。因为世界万物各不相同，如果有了具体的本体规定，就无法成其为万物的本体了。所以他认为如果硬要为本体作出某种规定，就只能是否定性的规定。即以"听之不可得而闻，视之不可得而彰，体之不可得而知，味之不可得而尝"的"无"来称呼它。黑格尔说得好，"这个无规定的直接性的东西，实际上就是无"③。魏晋玄学家所以经常把"无"称为世界万物的本体，也是唯心主义逻辑思维发展的必然结果。正因为王弼是通过寻求万物本体而找出了"无"这个抽象的规定，所以尽管他采用了老子的某些观点，但却不走老子那条"道生一，一生二，二生三，三生万物"④的宇宙生成论的老路，而是通过一系列"体用""本末""动静""一多"等范畴来论证他自己"贵无"的理论体系。从而把中国古代哲学由宇宙生成论

---

①王弼：《老子》11 章注。

②《老子》42 章注。

③黑格尔：《逻辑学》上卷第 69 页。

④《老子》42 章注。

的水平提高到世界本体论的新阶段。

　　由于王弼的哲学体系是唯心主义的，所以不免有不能自圆其说和谬误之处。他在讲到"体用"或"本末"的关系时，曾提出"守母以存其子""崇本以举其末"①的观点，这本来是对的。可是他在其《老子指略》（辑佚）又作出"崇本以息末"的说法，按照这一说法，就割裂了事物的现象与本质的内在矛盾统一关系，如果说，脱离了任何具体的现象之外，还另有一个"本"存在，它只能是唯心主义的虚构而已。

　　王弼还通过歪曲动静关系来论证他的"以无为本"的观点。他说："动息则静，静非对动者也。"②这是说动的结果必然归于静，动只是静的变态，动是相对的，静才是绝对的。他又说："凡有起于虚，动起于静，故万物虽并动作，卒复归于虚静，是物之极笃也。"③他认为应当从动的现象中看到静的本体，因之他提出"反本"的主张，实际是让人们安于现状，不要起来反对封建统治秩序。

　　从玄学家"以无为本"的观点出发，何晏、夏侯玄都主张为政要顺应自然。夏侯玄说："天地以自然运，圣人以自然用"④；何晏说："自然者道也，道者无也。"⑤王弼对此有更多的发挥，他说："万物以自然为性，故可因而不可为也，可通而不可执

----

① 《老子》38章注。
② 王弼：《周易注》卷1《上经·复卦》。
③ 《老子》16章注。
④ 《列子》卷4《仲尼第四》张湛注引何晏《无名论》。
⑤ 《列子》卷4《仲尼第四》张湛注引何晏《无名论》。

也。"①所以为政也应崇尚自然无为。他说:"自然者,无称之言,穷极之辞也。"②所谓"自然",即玄学家所讲的"道"或"无"。"穷极",指事物的本体。王弼又说:"善治政者,无形、无名、无事、无政可举,闷闷然,卒至于大治。"③王弼认为只要崇尚自然,笃守无为,则万物自化。因而他反对用严刑峻法。他说:"若乃多其法网,烦其刑罚,塞其径路,攻其幽宅,则万物失其自然,百姓丧其手足,鸟乱于上,鱼乱于下。"④他认为:为政者应"以无为为居,以不言为教,以恬淡为味",然后才能达到"治之极也"⑤。

王弼虽然如此强调无为,但他却同意老子的愚民主张,要使百姓"无心于欲""无心于为"⑥,像婴儿那样听从大人的摆布。王弼唯心主义哲学的阶级性由此也就暴露无遗了。

王弼贵无哲学之为封建统治者服务,还可从他论"一多"的关系中得到提示。他说:"万物万形,其归一也。何由致一?由于无也。由无乃一,一可谓无。"⑦一既是无,自然是万物的本体。万物都是由一派生的,所以一是万物的本原,因之他提出了一以统众、以寡治多的原则。他说:"夫众不能治众,治众者至

①《老子》29章注。
②《老子》25章注。
③《老子》58章注。
④《老子》49章注。
⑤《老子》63章注。
⑥《老子指略》。
⑦《老子》42章注。

寡者也；夫动不能制动，制天下之动者，贞夫一者也。"①王弼认为：在多样性的物质现象之外，还有一个主宰世界的"无"或"一"。这个"无"或"一"也只能是唯心主义哲学家所尊奉的上帝的代名词而已。

在对待自然和名教的关系上，王弼认为名教出于自然。即谓自然是主，名教是末。他在解释《老子》"始制有名"一语时说："始制，谓朴（道的别名）散始为官长之时也，始制官长，不可不立名分以定尊卑。"②官长名分既由道产生，它们的存在就是必要而合乎自然法则的。所以王弼的政治观点是以道家的自然无为为主，以儒家的伦理名教为辅。在他看来，"名教"就是"自然"，"无为"也是"有为"，无论名教也罢，"无为"也罢，都是统治和麻痹人民的工具。

在人性论方面，王弼主张性为主，情为末，即所谓"性其情"③。在这里，王弼与何晏的观点有所不同：

何晏以为圣人无喜怒哀乐，其论甚精，钟会等述之。弼与不同，以为：圣人茂于人者神明也，同于人者五情也。神明茂故能体冲和以通无，五情同故不能无哀乐以应物。然则圣人之情，应物而无累于物者也。今以其无累，便谓不复应物，失之多矣。④

①王弼：《周易略例·明象》。贞是正或主的意思。
②《老子》32章注。
③《周易》卷1《乾卦注》。
④《三国志》卷28《钟会传》注引何劭《王弼传》。

圣人有没有和普通人一样的喜怒哀乐之情，不仅是何晏等与王弼
相互间争论的问题，也是怎样看待当时士族地主的穷奢极欲的生
活的问题。何晏、钟会等是典型的过着奢侈生活的花花公子，可
是他们却不敢承认作为封建统治者代言人的孔圣人也有同于众人
的欲望和感情。王弼对此有比较开明的见解，他认为圣人照样有
喜怒哀乐，圣人胜过众人的只是智慧（即"神明"）。因为圣人
的五情与众相同，所以遇到重大悲喜事故时，圣人的情绪也会有
相应的反映。只因为圣人能体验"自然"而贯通"无"的道理，
所以不会因此丧失理智而有过分行动。如果仅仅因为看到圣人不
被感情牵累，便谓圣人没有哀乐之情，那就大错了。

王弼在回答荀融难其《大衍义》时说：

> 夫明足以寻极幽微，而不能去自然之性。颜子之量，孔
> 父之所预在。然遇之不能无乐，丧之不能无哀。又常狭斯
> 人，以为未能以情从理者也，而今乃知自然之不可革。足下
> 之量，虽已定乎胸怀之内，然而隔逾旬朔，何其相思之多
> 乎？故知尼父之于颜子，可以无大过矣。①

在这里，王弼再次以孔子与其得意门生颜渊的关系说明孔子遇到
颜渊不能无乐，丧掉颜渊不能无哀，证明圣人也有哀乐之情。这
样，王弼就把圣人同凡人的界限疏通了起来，使之符合人性之

---

① 《三国志》卷28《钟会传》注引何劭《王弼传》。

常。所以在人性论方面，王弼的见解要比何晏踏实得多。

人性论是经常遇到的哲学问题，所谓人性主要指的是人的阶级属性，没有超阶级超历史的抽象的人性。王弼所说的人性是把宇宙本体"无"的原则用在人身上，这就只能是抽象的、虚构的人性。王弼在上段引文中讲过"以情从理"的话，但这里的"理"只是为封建统治阶级服务的"理"，带有明显的阶级性。

在认识论上，所谓"言尽意"还是"言不尽意"，一直是魏晋玄学讨论中的一个重要课题。王弼是主张"言不尽意"的，他说：

> 夫象者，出意者也。言者，明象者也。尽意莫若象，尽象莫若言。言生于象，故可寻言以观象；象生于意，故可寻象以观意。意以象尽，象以言著。故言者所以明象，得象而忘言；象者所以存意，得意而忘象。犹蹄者所以在兔，得兔而忘蹄。筌者所以在鱼，得鱼而忘筌也……然则，忘象者，乃得意者也；忘言者，乃得象者也。得意在忘象，得象在忘言①。

王弼这段话的主要意思是说："言"和"象"都直接间接产生于"意"。故可由言、象以观意。但言、象只是认识的工具，而非意的本身，故不能等同于意。如果拘执而固守着言、象，必然得不到意的本来含义，所以得意必须"忘言""忘象"，以求得言外之

---

① 《周易略例·明象》。

意、象外之体。

王弼认为言和象是认识的工具，而非认识的目的。他把认识的对象与认识的工具区别开来，这一点是可取的；但他过分夸大了"言""象"和"意"之间的区别，而把它们根本对立起来，最后只能使他自己陷于神秘的不可知论。我们知道，事物的本质即事物本身内在的规律，现象是事物内在本质的表现，它们是对立的统一。人的正确认识，总是在实践的基础上透过事物的现象而掌握其本质。可是唯心主义者王弼既把本质虚构为脱离客观事物的"无"或"道"；同时又把事物的本质与现象割裂开来。这样，便暴露了他的唯心主义的不可知论的实质。

三、嵇康、阮籍的哲学思想

（1）嵇康的简历

嵇康（223—262年），字叔夜，谯国铚县（今安徽宿县西）人。父昭，曾为魏督军粮治书侍御史。康早孤，靠母、兄抚育成人。康少有俊才，豪迈不群，任性而行。不修名誉，博览群书，尤好老、庄。景初三年（239年），魏少帝曹芳即位时，康年十七，后娶曹操子沛王林的孙女为妻①，曾做过中散大夫。嘉平元年（249年）正月，司马懿发动政变，杀曹爽及其党何晏等，独揽政柄，从此嵇康隐居不仕，他与阮籍等寓居河内郡山阳县（今河南修武）。史称：

> 陈留阮籍、谯国嵇康、河内山涛，三人年皆相比。康年

---

① 《世说新语》卷1《德行》注引《文章叙录》。

少亚之。预此契者，沛国刘伶、陈留阮咸、河内向秀、琅邪
王戎。七人常集于竹林之下，肆意酣畅，故世谓"竹林七
贤"①。

竹林七贤结伴游处的时间大概在正始末年至嘉平末年的五六年
内②。七人中，嵇康和阮籍是著名的文学家，在哲学史上也有一
定地位。二人一生的言行和遭遇也多类似。至于其他五人，或者
在司马氏手下做了大官，或者在学术、人品上表现平庸。我们在
此只谈谈嵇康和阮籍的政治处境和哲学思想。

　　嵇康只活了四十岁，便被司马昭杀害。他短促的一生，可以
司马懿发动政变为分界线而分为两段。前一段即嵇康二十七岁以
前，"康以魏长乐亭主婿，迁郎中，拜中散大夫"③。这时，大致
过的是读书弹琴、饮酒咏诗，"自足于怀"的无忧虑生活。后一
段则过着如同孤臣孽子般的生涯。所以我们说：司马懿杀曹爽政
变不仅使魏政权落于司马氏之手，也使嵇康一生发生重要转折。
司马氏要篡位，主要依靠军事实力和儒家豪门的支持。但篡位的
勾当毕竟名不正、言不顺。因此，司马氏除广泛笼络有名望的士
大夫以外，还为自己图谋篡代制造理论根据。于是汉朝统治者先
已行之有效的儒家伦理名教便应时而出。司马氏首先标榜一个孝

---

　　①《世说新语》卷5《任诞第二十三》。
　　②《集圣贤群补集》言七人"在嘉平中（249至253年），并居山阳，
共为竹林之游"。据《晋书》卷43《山涛传》，山涛辞州职，归河内，
"未二年，有曹爽之事，遂隐身不交世务"。故七人共游时间在正始末至
嘉平中。
　　③《世说新语》卷1《德行》注引《文章叙录》。

字，用以诱导士人慎言保身，勿为祸先；另外又宣扬尧舜禅代、汤武革命，给士人指明政治方向，让他们为新王朝的建立出力效劳。

在司马氏的威逼利诱下，不仅儒门世族纷纷投靠，就是鼎鼎大名的"竹林七贤"也起了分化，山涛、向秀、刘伶、阮咸、王戎相继做了或大或小的官。阮籍则采取既应诏做官又不好好干，既讽刺又间或为之效劳的左右摇摆的对策。只有嵇康依然横眉冷眼，坚持"守志无二"的一贯立场。他说：

> 有宏达先生者，恢廓其度，寂寥疏阔，方而不制，廉而不割，超世独步，怀玉被褐，交不苟合……见素抱朴，内不愧心，外不负俗……

以上对宏达先生的描述，无疑是嵇康的自我表白。他"义不负心"，"刚肠疾恶，轻肆直言，遇事便发"的性格，毕竟不能见容于当世，而死在司马氏及其依附者的屠刀之下了。

嵇康的著作流传下来的有鲁迅辑校的《嵇康集》、戴明扬的《嵇康集校注》。鲁迅对嵇康的著作用力甚勤，对嵇康的人品评价甚高。戴明扬的《校注》，在校正文字、收集旧闻方面，多有创获，是研究嵇康的较为完备的著作。

（2）嵇康"越名教而任自然"的政治思想

名教与自然的关系，是魏晋思想界经常研讨的问题之一，也是嵇康政治思想的核心。前已言及，何晏、王弼援道入儒，把道家的"自然"与儒家的"名教"相结合，认为名教出于自然。由于何晏、王弼代表了当权派的利益，所以他们主张君主无为，大臣掌权。曹爽、何晏等被杀以后，嵇康所面临的政治环境已经不同于往日，这时的情况是"人为刀俎，我为鱼肉"。身为曹氏之婿的嵇康，因年少官微，没有像魏亲戚大臣何晏、夏侯玄那样相继被杀。但刚直任性的嵇康毕竟不曾向司马氏投降，他对司马氏所宣扬的禅让和礼教等名堂一概嗤之以鼻，给以相应的揭露和抗争。

儒家名教和忠、孝、节、义等封建道德，自两汉以来即是统治者束缚下民、维护封建统治的得力工具，司马氏以臣下而觊觎君位，自然无法利用忠节作为欺骗口号。因此，司马氏倡导的名教特别突出一个"孝"字。他们每逢废君弑主，都把不孝的大帽子扣到被害者头上。嵇康对此深恶痛绝，他强调了"名教"和"自然"的对立，主张取缔假礼法，"越名教而任自然"。他说："矜尚不存乎心，故能越名教而任自然；情不系于所欲，故能审贵贱而通物情。"①他认为六经与礼法都是统治者用以束缚人性的工具，只有恢复人的本性，才能符合自然的规律，社会上所以存在虚诈和争夺，是在上者假造所谓仁义道德的结果。他说：

> 及至人不存，大道陵迟，乃始作文墨，以传其意。区别群物，使有类族，造立仁义，以婴其心。制其名分，以检其外，劝学讲文，以神其教；故六经纷错，百家繁炽，开荣利之途，故奔骛而不觉。②

---

① 《嵇康集》第6卷《释私论》。
② 《嵇康集》第7卷《难自然好学论》。

　　嵇康把社会上出现贵贱等级和追逐荣利的现象，归之于至人不存和大道衰微的结果，显然是不符合社会发展的规律的。但他对统治者制造仁义、等级、崇经等以束缚下民的手脚，予以无情的揭露和批驳，是具有积极意义的。他说：

　　　　君位益侈，臣路生心，竭智谋国，不吝灰沉。赏罚虽存，莫劝莫禁。若乃骄盈肆志，阻兵擅权，矜威纵虐，祸蒙丘山。刑本惩暴，今以胁贤。昔为天下，今为一身。[①]

以上的话显然是针对司马氏而说的。他的笔锋辛辣，爱憎鲜明。这是对窃国弄权者的口诛笔伐。司马氏一贯标榜六经和礼教，也不过是为了掩盖篡权而披上的一层面纱。一个拥兵擅权谋人国家者，还谈什么"名教"呢？因此，嵇康对于司马氏所谓的"名教"，自然就不屑一顾了。嵇康不仅主张摒弃"名教"，而且还希望建设如同原始时代那样无伪无争的社会。他说：

　　　　洪荒之世，大朴未亏，君无文于上，民无竞于下，物全理顺，莫不自得。饱则安寝，饥则求食，怡然鼓腹，不知为至德之世也。若此，则安知仁义之端，礼律之文？[②]

　　嵇康所以如此称赞愚昧的原始社会，不能简单地理解为他真

[①]《嵇康集》第10卷《太师箴》。
[②]《嵇康集》第7卷《难自然好学论》。

的想开历史倒车，而只是不满于现实，借古讽今罢了。

（3）嵇康的唯物主义自然观

嵇康哲学思想的基础是他的唯物主义自然观，这是从王充那里继承过来的。王充说："天地含气之自然也"①；"天地合气，万物自生"②。嵇康也认为世界的本源是"元气"。他说：

> 元气陶铄，众生禀焉。③
> 浩浩太素，阳曜阴凝，二仪陶化，人伦肇兴。④
> 天地合德，万物资生，寒暑代往，五行以成。⑤

关于天地万物的形成问题，一直是唯心主义和唯物主义斗争的重要内容之一。正始时期，以何晏、王弼为代表的"贵无"玄学，认为世界万物来源于精神性的本体"无"，得到了很多人的承认。嵇康的思想虽然也受道家影响，但他所吸收的是道家的天道自然无为部分，至于道家"有生于无"的思想，则为他所排斥，所以嵇康的世界观既不同于老、庄，又迥异于何晏、王弼。

嵇康的唯物主义思想大量地体现在他的《声无哀乐论》一文中。文中对世上流传的一些迷信传说提出了有力的批驳：星相家宣播人的寿命可由占卜和相术预知。嵇康对此提出批驳说："然

---

① 《论衡》卷11《谈天》。
② 《论衡》卷18《自然》。
③ 《嵇康集》第6卷《明胆论》。
④ 《嵇康集》第10卷《太师箴》。
⑤ 《嵇康集》第5卷《声无哀乐论》。

唐虞之世，命何同延？长平之卒，命何同短？此吾之所疑也。"①
《左传》中一些迷信的记述，如僖公二十九年，介葛卢来鲁，听
见一头牛的鸣声，即知其所生三头小牛已被作为祭祀用的牺牲；
又如襄公十八年，楚军北侵，晋人师旷说："我先后吹了北风和
南风的歌曲，知南风不竞，楚师必不会取胜"；又如昭公二十八
年，晋人羊舌肸之母听见其孙降生时的啼声似豺狼，就预知此儿
日后必定丧家。嵇康对以上怪诞传说一一加以驳斥，指出这些歌
声、啼声和牛鸣同所说结果并无关系。不过是事后附会或俗儒妄
记。

在声音与人的感情关系上，嵇康说：

> 心之与声，明为二物，二物之诚然，则求情者不留观于
> 形貌，揆心者不借听于声音也。察者欲因声以知心，不亦外
> 乎？②
> 声之与心，殊途异轨，不相经纬。③

嵇康反复强调声音本身并无所谓哀乐，只是"物之自然"，和人
内心喜怒哀乐并不相干，声音乃人们意志之外的客观存在。嵇康
这种看法符合唯物主义原则，应予以肯定。但，嵇康没有把自然
的声音（声波）同经过人为艺术加工的音乐区别开来，就否定了
音乐的社会性。作为上层建筑的意识形态的音乐必然体现着作者

---

① 《嵇康集》第 8 卷《难宅无吉凶摄生论》。
② 《嵇康集》第 5 卷《声无哀乐论》。
③ 《嵇康集》第 5 卷《声无哀乐论》。

的思想感情，如果把它与声音等同起来，就不妥当了。

在人的形体和精神关系上，嵇康认为二者是相互依赖的。他说："形恃神以立，神须形以存。"①他这样指出形体和精神互为依赖而不相离，是正确的。但未分别主次，没有指出精神产生于形体，即物质先于精神，因此，难免令人怀疑他是二元论者。这是其欠缺之处。

嵇康注意养生之道，他著《养生论》，否认人能成仙，但认为如能在形、神两方面善自保养，可以长寿。他说："神躁于中"，则"形丧于外"，所以要人们"爱憎不栖于情，忧喜不留于意，泊然无感，而体气和平"②，加以"呼吸吐纳，服食养身，使形神相亲，表里俱济"③。他指出："富贵多残，伐之者众也；野人多寿，伤之者寡也。"④这话有见地而不全面，穷人虽不能纵欲，但也不能饱腹暖身；富人不仅"伐之者众"，他们争权夺利，或求长生服毒药，也会自损其寿。嵇康认为"导养得理，以尽性命，上获千余岁，下可数百年，可有之耳"⑤。有些同志认为这是唯心主义的空想。其实从现代医学的迅速发展来看，未来人的寿命逐渐延长到数百岁以上，未必就无可能。不过，从嵇康讲求服食之性来说，倒是存在着服毒致死的危险，因为在魏晋之际，死于吃炼丹之药的人也确实不少了。

（4）"求之自然之理"的唯物主义认识论

---

① 《嵇康集》第3卷《养生论》。

② 《嵇康集》第3卷《养生论》。

③ 《嵇康集》第3卷《养生论》。

④ 《嵇康集》第4卷《答难养生论》。

⑤ 《嵇康集》第3卷《养生论》。

嵇康的认识论强调对自然的认识问题，他说：

> 夫推类辨物，当先求之自然之理，理已定，然后借古义以明之耳。今未得之于心，而多恃前言以为谈证。自此以往，恐巧历不能纪耳。①

这是说人们在对某种事物进行判断的时候，首先要弄清事物的本质及其规律性。"得于心"是对事物的融会贯通。他认为判断事物不能只靠感性认识，更重要的是作出理性判断。只有这样，才能正确反映事物的本质。如果没有掌握事物的本质及其规律，只以古人的话为依据，进行无休止的推论，是无法得到正确认识的。他反对"以己为度"的主观臆断。他说："故善求者观物于微，触类而长，不以己为度也。"②同时，嵇康也强调用"效验"来鉴别认识的真伪，他说："夫所知麦之善于菽，稻之胜于稷，由有效而识之。"③说明嵇康是强调认识问题应当有客观标准的。正因为这样，嵇康才敢于反对"立六经以为准""以周孔为关键"的俗儒认识标准。

嵇康的认识论还有一些辩证法的因素。他把人的认识分为"理知"和"目识"两种形式④。即有的事物，尽管有了正确的认识方法，却不能即时认识它，比如橡树和樟树，外形很相似，须

---

① 《嵇康集》第5卷《声无哀乐论》。
② 《嵇康集》第9卷《答释难宅无吉凶摄生论》。
③ 《嵇康集》第4卷《答难养生论》。
④ 《嵇康集》第3卷《养生论》。

长到七年以后才能辨认清楚。所以嵇康认为认识事物要兼顾各种因素，不能主观、片面，要以"求诸身"和"校外物"相结合。他说：

> 夫至理诚微，善溺于世，然或可求诸身而后悟，校外物以知之。①

在认识方法上，嵇康反对儒家所谓"多同"和"思不出位"的观点，他说：

> 以多同自减，思不出位；使奇事绝于所见，妙理断于常论；以言通变达微，未之闻也。②
> 以多自证，以同自慰，谓天地之理，尽此而已矣。③

"多同"，是指赞同多数人的意见；"思不出位"，是说不做超出自己职掌范围内的事，这都是儒家不负责任的无原则的认识方法。嵇康对此坚决反对，他认为如果人们都这样，那就只能循规蹈矩，因循保守。他在这里提出了一个有启发性的见解，他说："天地广远，品物多方，智之所加，未若不知者众也。"④因此，他主张放开眼界，独立思考，以"通变达微"，开拓真理，这是

---

① 《嵇康集》第4卷《答难养生论》。
② 《嵇康集》第4卷《答难养生论》。
③ 《嵇康集》第3卷《养生论》。
④ 《嵇康集》第8卷《难宅无吉凶摄生论》。

具有积极作用的见解。

总的来看，在玄学唯心主义占统治地位的时期，嵇康的元气自然论的朴素唯物主义思想虽还不足战胜以王弼为代表的以无为本的唯心主义本体论，但他继承了王充以来的某些唯物主义传统，还是有积极作用的。他在政治上反对虚伪的礼教，敢于同强权进行斗争；在认识论上，强调理性，反对盲从，主张独立思考，能冲破儒家思想的束缚，启发人们自由思维，是有益的。但，在他的思想中也有一些消极的东西，如消极遁世及唯心主义杂质等。这种思想矛盾正是时代的产物。

（5）阮籍的简历

阮籍（210—263年），字嗣宗，陈留尉氏（河南今县）人。父瑀，是有名的"建安七子"之一。籍年三岁而丧父。史称籍："容貌瑰杰"，"博览群籍，尤好老、庄"；"才藻艳逸，而倜傥放荡，行己寡欲，以庄周为模则"；"嗜酒能啸，善弹琴，当其得意，忽忘形骸"①。以上的叙述反映了阮籍的特点是：富有文才；爱好老庄；不拘礼俗。

阮籍有名当世，又系名人之子，所以他要想做官，是很容易的。可是，由于他放荡寡欲，所以到三十而立之年，还没有做官。直到魏少帝曹芳时，他才被太尉蒋济召为掾，不久就谢病归乡。后又做了几天尚书郎，曹爽召他为参军，他又以疾辞。所以曹爽被诛后，他没有受连累，因此，"时人服其远识"。后来司马懿父子三人相继执掌魏政，阮籍在他们手下做过从事中郎。司马

---

① 以上引文见《晋书》卷49《阮籍传》及《三国志》卷21《王粲传》。

师立高贵乡公曹髦为帝，封籍为关内侯。司马昭执政时，阮籍曾主动要求作东平相，到任旬日而还。后知步兵校尉营有好酒，乃求为步兵校尉，到任后，依然只喝酒，不过问政事。

阮籍"性至孝"，但母死不哭，仍照常饮酒食肉，吊者来哭，他只站在旁边发呆。他时而兴高采烈，旁若无人，时而又作途穷之哭，有时无英雄之叹。他口不论人过，但对礼俗之士，常以白眼相看，惹得其人怨恨。他常辞官，有时也主动要求做官。他反对司马氏的篡夺及其假礼教，可是当司马昭辞受九锡时，他受公卿委托给司马昭上劝进笺，虽被迫而为之，但文辞壮美，对司马昭多加推崇。他不愿在大将军府为佐职，可是离开后仍时常回府参加宴会，还曾向司马昭作书推荐卢播，好似他同司马昭的关系还相当不错。人们说阮籍"多隐避，百代之下，难以情测"。要把这个问题解释清楚，须先讲一下阮籍所处的时代背景。

阮籍对魏晋两代统治者未留下一句指名道姓的褒贬。他的诗文以隐晦著称，其中多因物写情，触景伤怀，以古喻今，忿世畏时等内容，如："终身履薄冰，谁知我心焦"；"渔父知世患，乘流泛轻舟"等词句，处处体现出他对司马氏当权派怀有戒心，不得不作"佯狂避时"的姿态。从阮籍的家世来说，他与曹魏王室的关系是较好的。其父阮瑀曾在曹操麾下草拟军书檄文，为操所信用。阮瑀又与曹丕有文字之交，瑀于建安十七年（212年）不幸早逝，曹丕为此特作《寡妇赋》，以叙其妻儿悲苦之情[①]。可知阮瑀与魏室的关系相当密切。这是阮籍不满于司马氏攘夺帝位的原因之一。在司马氏方面，由于想取代魏室，也千方百计地笼络

---

① 见《全三国文》卷4魏文帝《寡妇赋并序》。

在社会上有影响的名士大族。史称："朝论以其（籍）名高，欲显崇之。"①假若阮籍也像嵇康那样不同司马氏合作，便可能遭遇与嵇康相同的命运。因此阮籍对司马氏就采取了若即若离的态度。阮籍虽不敢明显地顶撞司马氏，但他也没有像山涛、向秀、王戎等那样完全倒向司马氏。他选择了一条中间路线，即一方面虚与委蛇，一方面又用喜怒笑骂、利落锋利的笔调讽刺司马氏的阴险与虚伪，使千载之下犹能理解其难以表述的肝膈本怀。这正是阮籍手法高超之处。阮籍的行为虽逊于嵇康的从容就义，但其用心亦可谓良苦，其穷途之哭、号血之泣，实有不得已者。以嗣宗之才调，竟不得申其素志，而常沉沦于酒醉之中，亦可哀矣。

阮籍的著作有《阮步兵集》1卷（明人张溥《汉魏六朝百三家集》本）。近上海古籍出版社整理出版了《阮籍集》。他写的《乐论》《通易论》《通老论》《达庄论》《大人先生传》，是有价值的哲学论文。

（6）阮籍的自然观和历史观

阮籍在谈到天地万物的本源时说：

> 天地生于自然，万物生于天地。自然者无外，故天地名焉。天地者有内，故万物生焉。当其无外，谁谓异乎？当其有内，谁谓殊乎？②

这是说：万物是天地生的，天地是自然生的。然而自然和天地有

---

① 《三国志》卷21《王粲传》注引《魏氏春秋》。

② 《阮籍集》卷上《达庄论》。

什么区别呢？阮籍认为自然广大无垠，囊括一切。天地即在自然里面，天地之内，生育着万物，所以天地和自然实际并无区别。阮籍接着又说：

> 地流其燥，天抗其湿。月东出，日西入，随以相从，解而后合。升谓之阳，降谓之阴。在地谓之理，在天谓之文。蒸谓之雨，散谓之风。炎谓之火，凝谓之冰。形谓之石，象谓之星。朔谓之朝，晦谓之冥。通谓之川，回谓之渊。平谓之土，积谓之山。男女同位，山泽通气。雷风不相射，水火不相薄。天地合其德。日月顺其光。自然一体，则万物经其常。入谓之幽，出谓之章。一气盛衰，变化而不伤。

这是说：天地间万物生长和风雨雷电等各种现象虽千变万化，都是一气的运动。由此可知，阮籍的自然观是一元论的唯物主义。

但是在下面，阮籍又提到"神"，他说：

> 人生天地之中，体自然之形。身者，阴阳之精气也。性者，五行之正性也。情者，游魂之变欲也。神者，天地之所以驭者也。

显然，阮籍认为"神"是天地所以产生和支配万物的神妙作用。即是说"神"是由物质产生的精神，精神是第二性的，物质是第一性的。

阮籍在《大人先生传》说：

> 时不若岁，岁不若天，天不若道，道不若神，神者，自然之根也。

"神者，自然之根"，这里的"神"字又怎样解释呢？神既然是自然之根，是否就说"神"是高于自然之上的有意识东西呢？我们认为不能这样解释。此处的"根"，也只是指自然界加于万物的生长等作用。前面的"道"是作"规律"解，并非有意旨的东西。神也是一样，它只指自然加于万物的作用。阮籍在下面又说：

> 太初何如？无后无先，莫究其极，谁识其根？邈渺绵绵，乃反复乎大道之所存，莫畅其究，谁晓其根？

上面的两个"根"字，都当"作用"解。所以"自然之根也"句中的根字也应当"作用"解。这句话的意思和"天地之所以驭者也"句一样，都是指来自天地或自然的作用。

阮籍在《通易论》中谈论到《易》和天地的关系时说：

> 《易》之为书也，本天地，因阴阳，推盛衰，出自幽微，以致明著……覆焘天地之道，囊括万物之情……此天下之所以顺自然，惠生类也。

可见阮籍认为《易》这本书的内容是反映"天地之道"和"万物

之情"的，它所阐明的变化和规律来自天地和自然，而非出自什么"神"和上帝的恩赐。因此，阮籍的结论是："天地，《易》之主也；万物，《易》之心也。"①这就是说：推动万物万事变化的主宰是物质属性的天地，而非"神"或其他有意识的东西。因此我们说阮籍的自然观基本是唯物主义。

阮籍对历史发展的看法，与嵇康基本相同。他认为远古有一个顺乎自然的理想社会，说：

> 昔者天地开辟，万物并生，大者恬其性，细者静其形……明者不以智胜；暗者不以愚败。弱者不以迫畏，强者不以力尽。盖无君而庶物定，无臣而万事理。②

他又说：

> 圣人明于天人之理，达于自然之分，通于治化之体，审于大慎之训，故君臣垂拱，完太素之朴，百姓熙洽，保性命之和。③

然而阮籍理想中的这种社会往后是怎样变坏的呢？阮籍说：

> 三皇依道，五帝仗德，三王施仁，五霸行义，强国任

① 《阮籍集》卷上《通易论》。
② 《阮籍集》卷上《大人先生传》。
③ 《全三国文》卷45阮籍《通老论》。

智：盖优劣之异，薄厚之降也。①

由上可知，在三皇、五帝时代，还是他理想中的社会的继续。那时在上者"依道""仗德"，顺应自然，朴素无扰，人们之间无利害冲突，也就无所谓善恶是非，因此能保持"太素之朴"，而使"百姓熙洽"。但阮籍认为从三王时代起，社会政治情况就开始逆转，越来越往下滑，所谓"施仁""行义"，也不过是掩盖其反自然、反人民的实质与骗术而已。阮籍对这种统治给人民带来的不幸和灾难，深表愤慨，他说：

> 君立而虐兴，臣设而贼生。坐制礼法，束缚下民。欺愚诳拙，藏智自神。强者睽眠而凌暴，弱者憔悴而事人。假廉以成贪，内险而外仁……竞能以相尚，争势以相君……竭天地万物之至，以奉声色无穷之欲……惧民之知其然……严刑以威之……②

阮籍不仅严厉揭发假仁假义，"坐制礼法"的君主和媚主虐民、贪如豺虎的官吏，而且对一般循规蹈矩、追名逐利的君子们也予以抨击，认为他们不过是裤裆里的虱子，可悲亦复可笑！

总的看来，阮籍的历史观是唯心的，但他不满于阶级社会的残暴、丑恶和伪善，而向往"太素之朴"的社会，这种社会没有

---

① 《全三国文》卷45阮籍《通老论》。
② 《阮籍集》卷上《大人先生传》。

暴君恶吏的压榨，"刑设而不犯，罚著而不施"[①]；"害无所避，利无所争"[②]；"善恶莫之分，是非无所争"[③]。这种描述实际就是他对现实政治的不满与批判，具有一定的积极意义。

———————————

① 《阮籍集》卷上《通易论》。

② 《阮籍集》卷上《大人先生传》。

③ 《阮籍集》卷上《达庄论》。

第二十六章　三国的文学艺术

一、三国的文学

三国时期的文学，以建安年间最为兴盛。兴盛的原因，一是由于战争年代，名、法、道、纵横各家学派纷纷兴起，传统儒家经术独尊的地位受到冲击，士民思想倍形活跃；二是随着社会经济情况急剧变化，人民生活既疾苦，士人的遭遇又多种多样，因此，死板雕砌、华而不实的汉代辞赋，远远不能反映人民的现实生活和不平之鸣；三是由于曹操父子的大力提倡，在他们周围聚集了不少有才华的文学之士。《文心雕龙》第45《时序》说：

> 自献帝播迁，文学蓬转，建安之末，区宇方辑。魏武以相王之尊，雅爱诗章；文帝以副君之重，妙善辞赋；陈思以公子之豪，下笔琳琅：并体貌英逸，故俊才云蒸。

钟嵘《诗品·序》也说：

> 降及建安，曹氏父子，笃好斯文，平原兄弟，郁为文栋；刘桢、王粲为其羽翼。次有攀龙托凤，自致于属车者，

盖将百计，彬彬之盛，大备于时矣。

在数以百计的彬彬文士中，三曹、孔融、王粲等人尤为突出。建安文学以有风骨著称，风骨指风格和骨气，换言之，即着重真性情的流露，而不崇尚辞藻的雕饰。然而开建安风骨的先河者，当推经学大师郑玄。兹依次叙说于下。

（一）郑玄的散文

经学大师郑玄（127—200年），虽不以文章著名，但其散文是颇具特色的。今录《后汉书》卷35《郑玄传》载郑玄《戒子益恩书》的前一部分：

> 吾家旧贫，（不）为父母群弟所容①，去厮役之吏，游学周、秦之都，往来幽、并、兖、豫之域，获觐乎在位通人，处逸大儒，得意者咸从捧手，有所受焉。遂博稽六艺，粗览传记，时睹祕书纬术之奥。年过四十，乃归供养，假田播殖，以娱朝夕，遇阉尹擅势，坐党禁锢，十有四年，而蒙赦令。举贤良方正有道，辟大将军三司府。公车再召，比牒并名，早为宰相。惟彼数公，懿德大雅，克堪王臣，故宜式序。吾自忖度，无任于此。但念述先圣之元意，思整百家之不齐，亦庶几以竭吾才，故闻命罔从。而黄巾为害，萍浮南

---

①汲本、殿本有"不"字；元刻本及唐人碑无"不"字。根据《戒子书》及《玄传》，应无"不"字。"为父母群弟所容，意谓吾家虽贫，但父母群弟仍旧包含（有优待意）我，终于听从了我不愿为小吏而愿读书游学的志愿。可参考《后汉书集解》引周寿昌等语。

北，复归邦乡，入此岁来，已七十矣。宿素衰落，仍有失
误，案之礼典，便合传家。今我告尔以老，归尔以事，将闲
居以安性，覃思以终业。自非拜国君之命，问族亲之忧，展
敬坟墓，观省野物，胡尝扶杖出门乎？家事大小，汝一承
之，咨尔茕茕一夫，曾无同生相依。其勖求君子之道，研钻
勿替。敬慎威仪，以近有德。显誉成于僚友，德行立于己
志。若致声称，亦有荣于所生，可不深念邪！可不深念
邪！①

以上《戒子书》写于建安元年（196年），郑玄以简短扼要的自我
叙述，把自己一生的经历和志趣交代得清清楚楚。在汉末政治昏
败、社会动乱的时代，一位对学术钻研不息的正派学者，既作出
了出类拔萃的成绩，也受到举国上下的共同尊重。他既不希冀高
位，也不掩饰自己未免于俗的好名心理；他所谆谆嘱咐与寄希望
于儿子的也只是君子之道和有荣于先人的声誉。充分体现了大学
者的风度与本色。从文章的内容到文字都朴实无华、纯正自然，
无人为雕琢迹象，而气势强劲，起伏转合，若见其人，百读不
厌。从文章语气看，与曹操《自明本志令》颇相近似，气势不减
于操，而浑厚坦素，抑又过之，实开建安风骨之先河矣。

（二）曹操的诗文

曹操一生，不仅备历政治风险，且戎马倥偬，但他从幼"能
明古学"，"御军三十余年，手不舍书，昼则讲武策，夜则思经

---

①载于《后汉书》卷35《郑玄传》。

传，登高必赋，及造新诗，被之管弦，皆成乐章"①。说明他不仅是一位能征善战的将帅，也是一位才学并茂的文学家。

曹操的诗歌现存二十余首，都是乐府歌辞。他以乐府旧题描述当时的政治现实和社会动乱。其五言诗，如《薤露行》，叙述"惟汉廿二世，所任诚不良"，因之逐渐陵夷，招致"贼臣（指董卓）持国柄"，至于国祚沦丧，暗示他的得国，并非取自汉室，乃得之于逐鹿群雄。

又如《蒿里行》，叙述各军阀不齐心协力讨伐董卓，而自相吞噬，袁术甚至在淮南僭号称帝。由于战乱频仍，招致百姓大量死亡。此诗乃一首有价值的史诗。但我们也不能由此就认为曹操真正关心人民，如同我们在前面所叙述的，操本人也有大量屠杀无辜人民的暴行，我们对他的文学作品，也只是就文艺角度，作些评论，并非认为操真能言行一致。

曹操的《短歌行》表述了他思才爱士的迫切心情，宣示他将继续招揽英俊，以完成统一大业。

曹操在《龟虽寿》诗中所写"老骥伏枥，志在千里；烈士暮年，壮心不已"，显示了他老当益壮的豪迈进取胸怀，至今犹起着令人们激励和自我策勉的积极作用。

《观沧海》所写"秋风萧瑟，洪波涌起。日月之行，若出其中，星汉灿烂，若出其里"。这诗描述了广阔无际的沧海景色，是我国古代最早的海上写景诗。

曹操的诗，造句质朴简约，但"气韵沉雄"，犹如"幽、燕

---

① 《三国志》卷1《武帝纪》注引《魏书》。

老将"①。不假华词雕琢，而格调自然高迈。故《诗品》卷下《魏武帝》言："曹公古直，颇有悲凉之句。"

曹操尤长于为文，其书、表、教、令等虽多简短，然立意深沉，气魄雄伟，情文并茂，引人入胜。如《三国志》卷18《褒扬泰山太守吕虔令》及《武帝纪》载《军谯令》，不仅文简意赅，磊落有致；也是他御将爱士的写照。操在《褒吕虔令》所言"夫有其志，必成其事"两句，可列为格言，足以激励有志之士。

曹操的《让县自明本志令》是一篇独具特色的自叙散文。《三国志》卷1《武帝纪》注引《魏武故事》已将令文全部抄录。这篇令文不只是研究曹操政治思想和为人处世的珍贵材料，而且在文学上也属于上乘佳作。通篇文句质朴自然，毫无文人雕琢气息，而如海浪翻滚，气势汹涌，声调抑扬顿挫，雄健有力，如果说操之统武行师，足以鞭挞群雄的话，则操之笔锋所指，亦堪屹立千古，虽对操怀有成见者，亦不得不叹为"文词绝调"②矣。

（三）曹丕的诗文

曹丕一生基本处于贵公子以至皇帝的令人恭畏的地位，因此，他的诗文反映的内容就比较平板、单调，缺乏坎坷不平之鸣。他的诗歌成就较高的是五、七言诗。其中《燕歌行》一首最为人欣赏：

秋风萧瑟天气凉，草木摇落露为霜。

群燕辞归鹄南翔，念君客游思断肠！

---

① 敖陶孙：《诗品》。

② 卢弼《三国志集解》卷1《武帝纪》注引李安溪语。

　　慊慊思归恋故乡，君何淹留寄他方？

　　贱妾茕茕守空房，忧来思君不敢忘，不觉泪下沾衣裳。

　　援瑟鸣弦发清商，短歌微吟不能长。

　　明月皎皎照我床，星汉西流月未央。

　　牵牛织女遥相望，尔独何辜限河梁！

诗中描写在萧瑟的秋夜，一个妇女思念远客他乡的丈夫，情意缠绵，刻画细腻，语句秀丽流畅，声调婉转多姿，音节和谐响亮。在此以前，七言诗还未见有这样成熟的作品，故曹丕可说是七言诗的奠基人。但曹丕受宫廷奢侈生活的局限，诗篇不免缺乏生活气息，即以这篇《燕歌行》而论，有瑟可弹的妇人因思念其夫而断肠、掉泪，甚至不能入睡。然而她丈夫在外做什么呢？从"君何淹留寄他方"语句看，其夫并非从军和充苦力，她之所以忧思，不过怕夫思归和自己守空房而已，这同无食缺衣的劳苦农妇思念其九死一生的从军丈夫相比之下，就未免显得不那样扣人心弦了。

　　曹丕的散文，数量虽不及曹植，但从文学造诣上讲，较曹植实有过之而无不及。例如曹丕的《与吴质书》，文字清新隽永，通俗流畅。以储君之尊，仍能笃于故旧，情深谊长，宛如布衣之交；对亡友的怀念与悼惜，凄楚感人。其中对诸文士文学作品的评论，也甚为允当，实属情文并茂的上乘之作。

　　曹丕在其《典论·论文》中，发表了一些评论诗文的精辟见解，开文学批评的先河。他摆脱了传统儒家的观点，强调"文以气为主"，气指气魄、才气、精神，与风骨是相通的。他特别强调了文章的重要性，认为写出好的文学作品，乃"经国之大业，不朽之盛事"。他在评论文章时，常提到作者的品德和风格，说明他重视这些因素对作品的关系。他指出了文人相轻、贵远贱近及向声背实等鄙习。《三国志》卷2《文帝纪》注引曹丕《典论·自叙》，谈到他本人才艺成长过程及生活琐事，信手拈来，亦饶有情致，是一篇好的散文。

（四）曹植的诗文

曹植（192—232年），字子建，年十余岁，已善属文。操见其文，问："汝倩人邪？"植跪曰："言出为论，下笔成章，顾当面试，奈何倩人！"[1] "时邺铜爵台新成，太祖悉将诸子登台，使各为赋，植援笔立成，可观，太祖甚异之。"[2] 特见宠爱。操在时，植虽未得为太子，但也过着豪华适意的生活。操死，丕袭位为魏王，立即杀掉原来拥戴曹植的丁仪、丁廙兄弟，曹植也几乎被杀。曹叡时，曹植的情况稍有好转，但他屡求试用，都被婉言谢绝。他终于在四十一岁时（太和六年）赍志而殁。在丕、叡统治的二十年中，曹植是在郁郁寡欢中度过的，但他的诗文却因此而愈工。所以说曹植一生，在政治上是失败者，在文学上，却是成功者。陈寿评他"文才富艳，足以自通后叶"[3]。《诗品》称他为"建安之杰"。这可以算是"失之东隅，得之桑榆"了。

曹植的诗，现存八十余首，辞赋与散文共四十余篇，可说是数量和质量兼优。他的五言诗，上逾秦汉，下起两晋南北朝，堪

---

① 《三国志》卷19《陈思王植传》。

② 《三国志》卷19《陈思王植传》。

③ 《三国志》卷19《陈思王植传》。

称五言冠冕。试看他的《薤露行》：

> 天地无穷极，阴阳转相因。人居一世间，忽若风吹尘。
> 愿得展功勤，输力于明君；怀此王佐才，慷慨独不群。
> 鳞介尊神龙，走兽宗麒麟；虫兽犹知德，何况于士人！
> 孔子删诗书，王业粲已分；骋我径寸翰，流藻垂华芬。

诗中所说具有王佐才而不得施展的士人，无疑就是他自己了。他在屡求参与并吴灭蜀的战争被拒绝之后，也只有作赋吟诗，以寄托其怀才不遇的情怀，并诉之于后代读者。

曹植的《赠白马王彪》诗，作于魏文帝黄初四年（223 年）五月。是时曹植与母兄曹彰、异母弟曹彪，往朝京师，曹彰在京邸忽得暴疾，死得不明不白。至七月，曹植与曹彪拟同路东归，以展契阔，但为有司所阻，曹植忿而成诗。诗共有七首，逐次述说胸怀，实际只是一首，诗中以途中所见景物和跋涉艰辛为陪衬，突出控诉了对乃兄曹丕长期疏远骨肉的怨望和忿慨。政治上的失意和触物感怀相结合，再加上逼真的艺术手法，写成了融眼泪、热血和不平之气为一体的感慨激昂的佳作。

曹植主要以诗博得大名，文赋也不少逊。其给魏明帝《上疏陈审举之义》言："豪右执政，不在亲戚。权之所在，虽疏必重；势之所去，虽亲必轻。盖取齐者田族，非吕宗也；分晋者赵、魏，非姬姓也。惟陛下察之。"①正是切中曹丕、曹叡父子重异姓而疏骨肉用人政策的弊端。曾几何时，魏的大权竟旁落于司马

---

① 《三国志》卷 19《陈思王植传》。

氏，可谓不幸而言中，足见曹植不仅有文才，其识见亦有过人者。又如他的《与司马仲达书》①，指摘了司马懿对吴只守不攻的策略。前已言及，因司马懿有出谋佑助曹丕保住太子宝座之功，故自丕至叡对司马懿特别重用，授以抗御吴、蜀的军事大任。老奸巨滑的司马懿不肯主动打击敌人，唯固营自守。他深知如克吴灭蜀，自己可能遭兔死狗烹之灾，不如拥兵自重，保住个人势力，以相机图事。早在曹叡即位之初、司马懿受命屯宛拒吴时期（太和元年至太和五年间），曹植已能洞悉司马懿之奸，直率地予以揭露与指责，可谓独具只眼。凡此，均证明曹植非徒文人纸上谈兵者，其壮志不遂，抑亦吴、蜀与司马氏之幸欤？

曹植的赋，以《洛神赋》最为脍炙人口。此赋模仿宋玉《神女赋》，写于黄初三年（222年）。赋中述说曹植从京师还过洛水，忽逢一美艳绝伦而又品性端正的神女，爱慕之心，油然而生，至于冒昧向之求婚。神女怜其赤诚，嘉其才华，只因"人神道殊"，无缘相配，最后神女赐植以"江南明珰"，黯然而别。此事来由为何，后人多加臆测，实则，不过为植怀才不遇之自我写照而已。

（五）所谓蔡琰的《悲愤诗》《胡笳十八拍》等

蔡琰，汉末著名文学家蔡邕之女。据《后汉书》卷84《列女传》载：

> 陈留董祀妻者，同郡蔡邕之女也。名琰，字文姬。博学有才辩，又妙于音律。适河东卫仲道，夫亡，无子，归宁于

---

① 《全三国文》，引自《艺文类聚》59。

家。兴平中（194至195年），天下丧乱，文姬为胡骑所获，没于南匈奴左贤王。在胡中十二年，生二子。曹操素与邕善，痛其无嗣。乃遣使者以金璧赎之，而重嫁与祀。

祀为屯田都尉，犯法当死。文姬诣曹操请之。时公卿名士及远方使驿，坐者满堂。操谓宾客曰："蔡伯喈（蔡邕字伯喈）女在外，今为诸君见之。"及文姬进，蓬首徒行，叩头请罪，音辞清辩，旨甚酸哀。众皆为改容。操曰："诚实相矜，然文状已去，奈何？"文姬曰："明公厩马万匹，虎士成林，何惜疾足一骑，而不济垂死之命乎？"操感其言，乃追原祀罪。

有名的《悲愤诗》，即载于此传中，全诗共540个字，不仅叙述了蔡琰自己被掳入胡、思亲抛儿等痛苦情节，也反映了兵荒马乱、国破家亡，给广大北方人民带来的深重灾难。这是一首现实主义的长篇史诗，全诗言语朴实，抒情细腻，凄切动人，洵为佳作。

但，这诗存在着是否为蔡琰本人所作的问题。从诗中内容看来，这诗断非蔡琰所作，理由是：

（1）本传言"兴平中（194至195年），天下丧乱，文姬为胡骑所获"。然在此两三年前，即初平三年（192年）蔡邕已为王允所诛，可是，诗中尚有"感时念父母"之句，这是不合情实处。

（2）诗言："既至家人尽，又复无中外"。然据《晋书》卷34《羊祜传》，羊祜乃蔡邕外孙，祜又是司马师之妻景献羊皇后同产弟。则羊家和司马氏都和蔡琰有亲戚关系，怎能说蔡琰无中外之亲呢？且《后汉书》卷60下《蔡邕传》言邕"与叔父从弟同居，三世不分财"。家中人多业广，仕宦者多，蔡琰归时也不会到"家人尽"的地步。说明作诗的人对蔡琰的家庭情况并不了解。这是第二个可疑点。

（3）诗中既言"托命于新人，竭心自勖厉"，表明这诗是蔡邕初嫁董祀时写的。可是又说"常恐复捐弃"，这样，刚结婚就怕被遗弃，似有对董祀不甚信任的味道。既未必符合蔡琰当时心情，而且让董祀看了，也会不舒服。当董祀犯了死罪时，蔡琰立即找曹操求情，且"旨甚酸哀"，表明他们夫妻间感情还是不错的。三国时社会风俗对再醮之妇，并不歧视。且当时男女嫁娶皆以连婚高门为荣，像蔡琰这样既有才学，音律书法，无不擅长，且又出身名门世家，理应受到董祀尊重。实际情况是，蔡邕名满天下，"贵重朝廷"，友徒众多，蔡琰能传家学，故曹操以金璧赎之。曹丕、丁廙诸人还为之作《蔡伯喈女赋》，皆哀其遇而重其才，可谓名噪一时。当蔡琰见曹操请求赦免董祀时，满座公卿名士，"皆为改容"。素日执法较严的曹操格外为之开恩，遣快足"追原祀罪"，还让蔡琰书写昔家中散失坟籍。凡此，都说明蔡琰归来后的地位不只不"鄙贱"，而且才女薄命遭遇，更博得众人同情，名声也更高，所以诗中怕被人遗弃的说法不似蔡琰本人应有的口吻，而系好事者伪造。

（4）诗中怀念二子处亦嫌过多，这样，既碍于董祀，也有失蔡琰的体面，如真舍不得二胡子，当时何必回来呢？当然，做母亲的不可能不惦念出腹子，但暗自掉泪可以，不厌其烦地公开宣讲，喋喋不休，则不符合妇女们的心理。当曹操谓蔡琰："今当使十吏就夫人写"所诵忆坟籍时，琰立即以"男女之别，礼不亲授"相婉辞，说明蔡琰是颇知男女之防的。以蔡琰之才，苟欲传世，尽可拿出伤时哀民之作，仅以念二胡子而宣示世人，岂其情耶？

（5）诗中"拥主以自强"语，似非蔡琰所宜言，因为曹操也正在"挟天子以令诸侯"，蔡琰理应加以回避。

（6）《后汉书·董祀妻传》言："文姬为胡骑所获，没于南匈奴左贤王。在胡中十二年。"参以《晋书》卷101《刘元海载记》，蔡琰有可能没于南匈奴左贤王刘豹，当然，不一定为刘豹所纳，也可能落于刘豹手下大小匈奴贵族之手，不管为谁所得，蔡琰之居住地应不出今山西省中西部汾水流域一带①。而《悲愤诗》中所言之"长驱西入关"，"边荒与华异，人俗少义理，处所多霜雪，胡风春夏起"，"悠悠三千里"，这些含糊记述，都说明作伪者并不确知蔡琰没于南匈奴左贤王的地点，此亦为诗非蔡琰自作之证。

《后汉书·董祀妻传》还载有蔡琰的第二章骚体《悲愤诗》，亦系伪作。诗第二句言"宗族珍兮门户单"，既不符合事实，下两句"身执略兮入西关，历险阻兮之羌蛮"，也与匈奴左贤王居地不合，以西方之羌与南方之蛮合并称述，亦非当时人所惯为。其余语句略无新意，只依据五言《悲愤诗》而写，不值一驳。

到唐宋时，忽然出现所谓骚体《胡笳十八拍》。1959年郭沫若先后撰写论文，论述《胡笳十八拍》乃蔡琰所作。于是众说纷

①曹操平定并州高幹在建安十一年春。《通鉴》胡注言："南匈奴部落皆在并州界。"那时"单于恭顺，名王稽颡"（胡注：名王即匈奴诸部王也）。操赎蔡琰当在建安十一二年，与兴平中蔡琰被胡骑所获，正相符合。

纻。我以为此诗之为伪作，不难识别，其中"为天有眼兮何不见我独漂流？为神有灵兮何事处我天南海北头？我不负天兮天何配我殊匹？我不负神兮神何殛我越荒州？""胡人宠我兮有二子，鞠之育之兮不羞耻"等语，令人读之感到既庸俗欠雅，又迷信无识，把蔡琰的"博学多才辩"又遵守传统妇道的风貌格调丧失殆尽。考之蔡琰家世，父邕既被称为"旷世逸才"①，又"性笃孝"，当他被王允枉杀之日，"搢绅诸儒，莫不流涕……兖州、陈留间皆画像而颂"②。曹操所以赎蔡琰归，即因痛邕无嗣。人们对蔡邕如此尊敬思念，饱受凌辱的蔡琰对于亡父的冤死，岂有不痛心疾首，号咷泣血之理。但《悲愤》三篇，竟无一语道及乃父惨遭杀害之奇冤大祸，而念念不忘的只有"胡儿"。若真如是，蔡琰当日何必回来呢？观蔡琰谒操救夫时之焦急哀伤神态，可知蔡琰归后的意愿也不过欲与董祀白头偕老、平安度日而已。假若蔡琰"疾没世而名不彰"的话，她完全可以写些哀悼慈父等文，交给曹氏父子宣示于众，大可不必公开宣扬自己忘不掉胡儿，那样，连赎她回来的曹操也会不爱听。以情理度之，饱受传统儒学教养的蔡琰，归来后当以未能奋身守节、抗御强暴为耻，尚何遑大事宣讲己诞生胡儿之事耶？所以我确信三篇皆为好事者所伪作。

（六）孔融和王粲的诗文

孔融（153—208年），字文举，年幼，即以颖悟有才辩著称，后官至虎贲中郎将。会董卓擅权，融常忤卓意，被外调为北海

---

① 《资治通鉴》卷60初平三年（192年）。

② 《后汉书》卷60下《蔡邕传》。

相。时值战乱，而融干能非所长，在北海六年，屡遭挫败，召至许，历任将作大匠、少府、大中大夫。融知操终图汉室，常执异议。操忌而杀之，诛及妻小。

曹丕爱融文辞，以为不减班固、扬雄。尝以金帛购求融文。《典论·论文》将融列为建安七子之一①。称其"体气高妙，有过人者。然不能持论，理不胜词"。

孔融文章，气势充溢，文笔隽永流畅，其《论盛孝章书》尤为人所传诵。盛宪，字孝章，会稽人，器量雅伟。曾为吴郡太守，以疾去官。孙策平定吴、会，诛其英豪，宪素有高名，策深忌之。孔融忧其不能免祸，乃与曹操书，请辟用之。制命未至，宪已为孙权所害②。孔融在书中强调了招揽贤才的重要，突出尊贤贵在行动，并以齐桓公、燕昭王的招贤建功实例催促曹操迅速采取行动。此书立意高远，文笔隽拔雅致，情理委婉动听，时至今日，仍有诵读价值。

王粲（177—217年），字仲宣，山阳高平人，出身名门，少有异才，博闻强记。性善算，作算术，略尽其理，善属文。早年受到蔡邕的赏识，许身后赠以家藏书籍。值时战乱，自长安流寓荆州。曹操为魏公，以粲为侍中，博物多识，典掌兴造制度。

建安二十二年（217年）春，粲随操征吴，途中遇疫身亡。

王粲的诗，以《七哀诗》最有名，今录其第一首：

———————————

①曹丕《典论·论文》提到"今之文人，鲁国孔融、广陵陈琳、山阳王粲、北海徐幹、陈留阮瑀、汝南应玚、东平刘桢，此七子者……"，因称"建安七子"。

②《三国志》卷51《宗室·孙韶传》注引《会稽典录》载有孔融《与曹公论盛孝章书》及序语。

西京乱无象，豺虎方遘患。复弃中国去，委身适荆蛮。
亲戚对我悲，朋友相追攀。出门无所见，白骨蔽平原。
路有饥妇人，抱子弃草间。顾闻号泣声，挥涕独不还！
未知身死处，何能两相完？驱马弃之去，不忍听此言。
南登霸陵岸，回首望长安。悟彼下泉人，喟然伤心肝！

诗中叙述经过战争洗劫的关中，出现了白骨遍野的悲惨景象，充分体现了作者对无辜人民的深切同情，自然也是对战乱制造者的痛恨与诅咒。其中叙饥妇弃子后，"挥涕独不还"，说明她丈夫早已死亡或被拉去当兵服役在外，只剩下孤零零的饥妇一人，令览者倍感凄切伤神。

王粲另一著名作品——《登楼赋》，是在荆州避乱时所写，内中描述他思乡和怀才不遇的沉郁心胸，立意清新，文字舒畅，具有浓厚诗意，摆脱了已往汉赋雕砌堆积的陈旧气息。

孔融和王粲的文学造诣，在建安七子中是较高的。陈寿《三国志》独为粲立传，其他魏国文人只附带叙及，或只寥寥数语，其重视王粲是不言而喻的。

（七）阮籍和嵇康的诗文

以上诸人的文学作品大致在汉末魏初，人们习惯称之为"建安文学"。到三国后期，魏国文坛亦趋消沉，只有阮籍和嵇康的诗文比较有名，文学史上所说的"正始文学"，主要即以阮、嵇为代表。二人的简历和哲学思想，前已作过叙述，这里只谈谈他们的文学作品。

阮籍在哲学上的造诣，逊于嵇康，但在文学上的名声则超过了嵇康。《文心雕龙》第47《才略》称"嵇康师心以遣论，阮籍使气以命诗"。意思是说嵇康的文章善于推论哲理，阮籍的诗则极有气势和风度。阮籍遗留至今的八十二首五言《咏怀诗》，素称名作。从诗的内容看，多讽刺时事，充满着内心的苦闷，从表达技巧说，采用了隐晦曲折的笔调。例如：

> 嘉树下成蹊，东园桃与李。秋风吹飞藿，零落从此始。
> 繁华有憔悴，堂上生荆杞。驱马舍之去，去上西山趾。
> 一身不自保，何况恋妻子。凝霜被野草，岁暮亦云已。

从这首诗还是比较容易看出魏晋易代之际反映到阮籍心中的苦闷、畏惧和无可奈何的情绪。他这种心情，也是后代文人士大夫所经常遇到的，因之就能引起共鸣，为人们所喜爱。又如：

> 驾言发魏都，南向望吹台。箫管有遗音，梁王安在哉！
> 战士食糟糠，贤者处蒿莱。歌舞曲未终，秦兵已复来。
> 夹林非吾有，朱宫生尘埃。军败华阳下，身竟为土灰！

这首诗借战国时魏国自取灭亡来影射曹魏权移司马氏。由于曹叡荒淫奢侈，致使战士离心，由于曹叡不能引用品才兼优的大臣，而托国于曹爽庸人，致为司马懿所啖食，酿成亡国易主的悲剧。又如：

昔年十四五，志尚好诗书，被褐怀珠玉，颜闵相与期。

开轩临四野，登高望所思。丘墓蔽山冈，万代同一时。

千秋万岁后，荣名安所之？乃悟羡门子，噭噭今自嗤。

这诗说他自己本有济世志，但魏祚将移，既不能为权逆势力效力，而保持忠节荣名，对丘陇枯骨，亦有何益！不如走羡门子的求长生之路。实际，这只是他无可奈何的自我解脱。

陈寿说阮籍"才藻艳逸"[1]；刘勰说"阮旨遥深"[2]，"响逸而调远"[3]；钟嵘谓阮籍"咏怀之诗，可以陶性灵，发幽思，言在耳目之内，情寄八荒之表"[4]。因之《诗品》把阮籍的诗列为上品。说明魏晋南朝的人对阮籍的诗是评价很高的。

阮籍的咏怀诗在五言诗的发展中占极重要的地位，这种以咏怀为题的抒情诗，对陶渊明、陈子昂、李白诸名家都有不同程度的影响。

当然，阮籍咏怀诗中有些避世、求仙和宣扬老庄虚无思想的部分，在当时和后代也产生了不良的影响。

嵇康的诗文，在文学史上也有一定的地位，诗以四言为佳，例如他的《赠兄秀才从军》诗云：

息徒兰圃，秣马华山。流磻平皋，垂纶长川。

① 《三国志》卷21《王粲传》。
② 《文心雕龙》第6《明诗》。
③ 《文心雕龙》第27《体性》。
④ 《诗品·晋步兵阮籍诗》。

目送归鸿，手挥五弦。俯仰自得，游心太玄。

嘉彼钓叟，得鱼忘筌。郢人逝矣，谁与尽言！

这是嵇康赠其兄嵇喜从军的诗，但诗中并未提到与从军有关系的事，所描写的悠闲情趣和高迈风格，却是属于他自己的。表明嵇康并不赞成其兄热衷于功名利禄的行动。嵇康的散文很有名，其《与山巨源绝交书》，对他好友山涛愿意拉他做官的意向，给以断然拒绝，并表示愿承受由此而招致的一切后果，从而宣告了他坚决不与司马氏同流合污的政治态度。书中文笔峭直峻刻，刚毅不屈，恰似他的为人。

二、三国的书法与绘画

（1）书法

方块形的汉字，与其他用拼音字母构成的文字大有区别，汉字本身即是一种艺术，故郭沫若认为："中国的文字，在殷代便具有艺术的风味。殷代的甲骨文和殷周金文，有好些作品都异常美观。"①据学者研究，甲骨文上面的字系先用毛笔书写，然后镌刻，刻时先直后横，而且在笔划上涂以朱墨颜色，其目的显然是为了让字迹鲜艳悦目。经周、秦、西汉长期演进，至东汉时出现了不少的书法大家。三国时虽戎马倥偬，书法人才仍有增不减。拿曹操来说，史称："汉世安平崔瑗、瑗子寔、弘农张芝、芝弟昶，并善草书，而太祖亚之。"②唐人张怀瓘著《书断》，称曹操

---

① 《古代文字之辩证的发展》。
② 《三国志》卷1《武帝纪》注引张华《博物志》。

"尤工章草，雄逸绝伦"，列为神、妙、能三品中之妙品，并言："操子植，字子建，亦工书。"曹操辅政时，尚书卫觊"好古文、鸟篆、隶、草，无所不善"[1]。觊子瓘善草书，孙恒善隶书，恒撰《四体书势》，为书法史上之珍贵文献。其中谈到汉灵帝"好书，时多能者，而师宜官为最"。另一书家梁鹄，对师宜官的书法加以精心揣摩，因而大有进境，以善书为选部尚书，掌管选官用人。时曹操欲为洛阳令，而鹄以之为北部尉。后鹄到荆州依刘表，及操入荆州，鹄惧而面缚向操请罪，操署鹄为军假司马，令在秘书，以写书自效。因此，操丞相府中，多有鹄手迹，操甚至将鹄字悬于卧室内，朝夕赏玩，终于得出了鹄书胜过师宜官的结论。自魏至晋，洛阳宫殿题署多出鹄手。据说鹄宜为大字，另一书法家邯郸淳宜为小字。鹄谓邯郸淳得力于东汉书法家王次仲。《四体书势》称"鹄之用笔，尽其势矣"。

魏时最负盛名的书法家应推钟繇。繇，字元常，颍川长社人。曹操执政，繇以侍中守司隶校尉，持节督关中诸军。官渡之役，繇送马二千余匹于操。后操征关西，得以为资。魏国既建，繇身居相国、太尉、太傅高位，死于曹叡太和四年（230年）。繇为书，师法工篆隶的曹喜、擅长行书的刘德升、长于八分的蔡邕，能脱颖而出，集各家之长。《书断》称繇："真书绝世，刚柔备焉，点画之间，多有异趣，可谓幽深无际，古雅有余，秦汉以来，一人而已……其行书则羲之、献之之亚，草书则卫、索之下，八分则有《魏受禅碑》，称此为最。……元常隶、行入神，八分、草入妙。"在书法史上，钟繇与汉代草圣张芝并称"钟

---

① 《三国志》卷21《卫觊传》。

张"；与时人胡昭并称"钟胡"；与东晋书圣王羲之并称"钟王"，可证其书法地位之崇高。

胡昭，字孔明，与钟繇同为颍川人。始避难冀州，辞袁绍辟命，遁还乡里，转居陆浑山中，躬耕乐道。当地疲役之民起而反抗曹操，但互相约誓，言："胡居士，贤者也，一不得犯其部落。"①说明纯朴的人民，对于安贫乐道的士人，还是青眼相看的。史言："昭善史书（即史籀大篆），与钟繇、邯郸淳、卫觊、韦诞并有名，尺牍之迹，动见模楷焉。"②

邯郸淳，亦颍川人，博学，有才章，又善苍、雅、虫、篆、许氏字指。初平时，自三辅客荆州，荆州内附，曹操素闻其名，"召与相见，甚敬异之"③。操以淳为临淄侯曹植文学。时曹丕与植争为乃父继嗣，而淳屡向操称述植才，由是为丕所不悦。后丕称帝，尚未加害于淳，以之为博士、给事中。盖亦爱其才也。

韦诞，字仲将，有文才，善辞章，官至侍中、中书监。诸书并善，尤精题署，曹魏洛、许、邺三都宫殿台观多诞题字，南梁书画家袁昂称诞书如龙威虎振、剑拔弩张。

钟繇少子会，字士季，亦善书，行、草兼美，工隶书，当司马氏攘夺魏政之际，会为司马氏腹心。司马昭令钟会统十万众伐蜀，邓艾之军自阴平道潜行，先到灭蜀。钟会忌艾功大，会用其"善效人书"的伎俩，遣使者于剑阁遮夺艾所上表而另摹写，令辞指悖傲，以使司马昭疑艾有异志，而达到陷害艾的目的④。这

---

① 《三国志》卷11《管宁传附》。

② 《三国志》卷11《管宁传附》。

③ 《三国志》卷21《王卫二刘传》注引《魏略》。

④ 《三国志》卷28《钟会传》注引《世语》。

是书法被人利用以遂其阴谋的事例。

孙吴书法家以皇象最有名。史称:"皇象,字休明,广陵江都人。幼工书。时有张子并(张超字)、陈梁甫能书。甫恨逋(张怀瓘《书断》作"瘦"),并恨峻,象斟酌其间,甚得其妙,中国善书者不能及也。"①《书断》言:"休明章草入神;八分入妙;小篆入能。"《抱朴子·外篇·讥惑》言:"吴之善书,则有皇象、刘纂、岑伯然、朱季平,皆一代之绝手。"除此以外,吴尚有张昭善隶书,张纮善小篆,孙权善行、草书,孙皓善小篆、飞白。《书断》称:"吴处士张弘,字敬礼,吴郡人……并善篆、隶,其飞白妙绝当时……敬礼飞白入妙,小篆入能。"另有吴郡人沈友,"其笔之妙,舌之妙,刀之妙,三者皆过绝于人"②。

至于蜀汉,陈寿《三国志》卷35《诸葛亮传》称诸葛瞻"工书画"。元代人郑杓《衍极》称:"诸葛武侯,其知书之变矣。"元人刘有定注云:"先主作三鼎,皆亮篆、隶。八分书极其工妙,今帖中有'玄莫大寂,混合阴阳'等字。"从帖中八字含义观之,似属浅人伪托。然诸葛亮长于书画,当为事实。据说张飞亦善书,卢弼《三国志集解》卷36《张飞传》注引《名胜志·碑目》,有流江县题名云:"汉将张飞率精兵万人,大破贼首张郃于八濛,立马勒石。盖飞所亲书也。"书虽未必为飞亲书,但若非飞能书,后人亦无缘杜撰。《三国志》卷42《谯周传》称谯周"尤善书札"。

---

① 《三国志》卷63《赵达传》注引《吴录》。
② 《三国志》卷47《吴主传》建安九年注引《吴录》。

（2）绘画

三国时最著名的画家当推曹不兴。不兴或名弗兴，吴国吴兴人。以善画，名冠一时，长于人物及衣着。曾在长达五十尺的大幅绢上画人物，因心灵手快，须臾即成。所绘人物，头面手足，胸臆肩背，不失尺度，衣纹皱折，尤别开新样。《三国志》卷63《赵达传》注引《吴录》言：孙权使不兴"画屏风，误落笔点素，因就以作蝇。既进御，权以为生蝇，举手弹之。"足见不兴写生之妙，已达到以假乱真的程度。不兴特擅长画龙。唐人朱景玄《唐朝名画录》言吴赤乌元年（238年）冬十月，不兴画一赤龙，至刘宋时，为陆探微所见，而叹其神妙。由于当时佛教、佛画已传入中国，故不兴受其影响，亦画佛像，所以在画史上有"佛画之祖"的称号。

魏少主曹髦，亦以善画著称，其最擅长者为人物故实。唐人张彦远《历代名画记》谓曹髦之画独高魏代。魏之徐邈、杨修、桓范、嵇康等，蜀之诸葛亮、亮子瞻、张飞均能画。许多绘画史著作提到吴王赵夫人，谓夫人系丞相赵达之妹。查孙权时任丞相者，并无赵达。《三国志》卷63《吴志·赵达传》中之赵达，乃系知术数者。魏国有一任校事的赵达，然史书均无赵达进妹于权之事。至于所传夫人为权作五岳河海城邑之形于方帛上之事，乃见于《拾遗记》①，是书着重宣扬神仙方术，多荒诞不经，故未可信。

---

①《隋书·经籍志》卷2有《王子年拾遗记》10卷，撰者王嘉，字子年，王子年东晋时人，南梁萧绮曾加整理。内容虽荒诞不经，但文笔甚佳，故能流传于后。

总之，当三国军书交驰之际，书法之用，毕竟重于画卷欣赏，这也许是三国时绘画所以落后于书法的缘故吧？

第二十七章　三国的科学技术

一、马钧在机械学上的新成就

三国时代，科学技术有了进一步的发展，出现了一批杰出的科学家，他们在各个领域取得一系列重要成就。在机械学方面，以马钧的创造最为突出。

马钧，字德衡，魏国扶风（今陕西兴平县）人。生卒年月不详。他的事迹见于《三国志》卷29《方技·杜夔传》裴注引傅玄给他作的序文中。马钧原为魏博士，家境较贫，他拙于言谈而富有巧思。旧织绫机"五十综者五十蹑（织布机上提综的踏板）"，"六十综者六十蹑"，既笨且重，织一匹绫要花费几十天的时日。马钧统统简化为十二蹑，这样就大大提高了生产效率和质量。魏明帝时，马钧升任给事中，一次，马钧与散骑常侍高堂隆、骁骑将军秦朗为古代有无指南车一事发生争辩。高、秦二人不相信古人能造出指南车，马钧认为指南车并不难造。于是，二人请准明帝，令马钧试作指南车，果然一举而成功。人们认为这是一件奇迹，"从此天下服其巧"。当时京都洛阳可以种菜的园地很多，只是缺水灌溉。马钧为之作翻车，令儿童转之，于是井水源源流出，其浇水效果超过一般提水工具达百倍之多。有人给魏明帝贡献百戏木偶，设计虽尚精巧，但木偶不能动作。魏明帝令马钧设法改造。马钧把大木雕刻成形如车轮的东西，平放在地上，然后引水使轮转动，轮既动，上面的木偶也一齐动作，它们或击鼓吹箫，或唱歌跳舞，或跳丸掷剑，或缘绳倒立，形象栩栩如生，变化多端，使观者大享眼福。

马钧认为诸葛亮制作的连弩"巧则巧矣，未尽善也"；言他可以增加连弩功效五倍。另外，马钧还拟制一种威力极大的攻城器具——发石车。但这两项计划，既遭到同行的嫉妒和责难，又为在位者所忽略，竟不能付诸实施，因此，傅玄感慨言之说：

> 夫同情者相妒，同事者相害，中人所不能免也。故君子不以人害人，必以考试为衡石；废衡石而不用，此美玉所以见诬为石，荆和所以抱璞而哭之也。……此既易试之事，又马氏巧名已定，犹忽而不察，况幽深之才，无名之璞乎？后之君子其鉴之哉！马先生之巧，虽古公输般、墨翟、王尔，近汉世张平子不能过也。公输般、墨翟皆见用于时，乃有益于世。平子虽为侍中，马先生虽给事省中，俱不典工官，巧无益于世。用人不当其才，闻贤不试以事，良可恨也。①

二、杰出的地图学家裴秀

裴秀（223—271年），字秀彦，河东闻喜（山西今县）人，

---

① 《三国志》卷29《方技·杜夔传》注引傅玄序。

出身于官僚世家。祖茂，汉尚书令；父潜，魏尚书令。秀少好学，八岁能属文，博学强记，早获声闻。曹爽辅政时，任黄门侍郎。后受司马氏重用，官至尚书令、司空。司马昭前往淮南讨伐诸葛诞时，裴秀亦随从参预谋略，说明他有些军事经验。担任司空后，又掌管土地、田亩及地图制作等事务，他个人饶有绘制地图的兴趣与技能，因之在制图学方面有突出的成就。

首先，裴秀创制了《制图六体》，即编制地图所应遵循的六条准则：一、"分率"，即比例尺；二、"准望"，即方位；三、"道里"，即距离；四、"高下"；五、"方邪"；六、"迂直"。其中后三条说明各地间由于地势起伏、倾斜缓急、山川走向而产生的问题。裴秀认为以上六条是相互关联、相互制约的。如果地图上没有比例尺的标记，则不能确定距离的远近。如果只有比例尺的标记，而无方位，则某地的方向虽然从某一方向看是对的，但从其他方向看就不对了。如果只有方位的确定，而无道路的实际路线和距离的表示，那么在有山水相隔的地方就不知该怎样通行了。如果只有路线和距离的标记，而无地面高低起伏和路线曲直的形状，则道路的远近必定与其距离不符，方向也弄不清。所以六条准则必须综合运用，相互印证，才能确定一个地方的位置、距离和地势情况。因此可以说，现代地图学所需要的主要因素，除经纬线和投影以外，裴秀都已谈及了。自此以后，直至明代利玛窦的世界地图传到中国前，我国绘制地图的方法基本上都依据裴秀所规定的"六体"，可见其成就和影响是至深且巨了。

其次，裴秀编绘了《禹贡地域图》十八篇。裴秀看到汉朝保存下来的一些地图既没有比例的表示，也没有方位的确定，连有名的山脉河流都不备载；一些地图虽有粗略的轮廓形状，但不够精确，难以依据；甚至有的地图更绘得奇形怪状，远离实际。为此，裴秀仔细钻研古代地理资料，比较了往古和当时的山脉河流、池塘沼泽以及疆域界限、行政区域变化，还查考了古代城市乡村聚落和水陆交通的变迁，运用其制图六体的科学方法，编制了《禹贡地域图》十八篇。

另外，裴秀又将原有粗重的用八十匹缣制作的《天下大图》，加以改造，以"一分为十里、一寸为百里"的比例进行缩制，使之成为容易省览的小而明确的《方丈图》。这种缩小了的《方丈图》就是现在所说的小比例尺（1∶1,800,000）地图。到刘宋时，文学家谢庄（421—466年）制造出一个方丈大的木质地形模型，后来北宋沈括、南宋黄裳与朱熹，都用木材、面糊、木屑、胶泥及蜡等制造地形模型。这些都是裴秀方丈图的继续演进，说明裴秀对后代地图学的发展具有深远影响。

三、刘徽在数学上的贡献

三国以前，我国数学要籍，首推《九章算术》。刘徽在数学上的贡献，主要在其《九章算术注》一书。《隋书》卷16《律历上》载："魏陈留王景元四年刘徽注《九章》。"是知《九章算术注》完成于景元四年（263年）。《隋书》卷34《经籍志三》有《九章算术》十卷、《九章重差图》一卷，均注明系刘徽撰。后《九章重差图》失传，唐人将《九章算术注》内有关数学用于测量的《重差》一卷取出，独成一书，因其中第一个问题系测量海岛，故改名为《海岛算经》。刘徽这两部著作是我国数学史上宝贵的文献，即在世界数学史上也有一定的地位。今述其主要贡献如下：

　　1.极限观念与割圆术。极限意识在春秋战国时已出现，实际加以应用的是刘徽。刘徽已领悟到数列极限的要谛，故能有重要创获。刘徽的杰出贡献首推他在《九章算术注》中创立的割圆术，其所用方法包含初步的极限概念和直线曲线转化的思想。在一千五百年前能运用这种思想，是难能可贵的。

　　有了割圆术，也就有了计算圆周率的理论和方法。圆周率是圆周长和直径的比值，简称π值。π值是否正确，直接关系到天文历法、度量衡、水利工程和土木建筑等方面的应用，所以精确计算π值，是数学上的一个重要任务。

　　在刘徽以前，已有许多人计算过π值。最早的π值是3，后来又发展到3.1547或$\sqrt{10}$。但如何求得，从未有人加以科学的阐明。刘徽建立的割圆术，是在圆内接正六边形，然后使边数逐倍增多，他说："割之弥细，所失弥少，割之又割，以至于不可割，则与圆周合体而无所失矣。"[①]这是因为，圆内接正多边形无限多时，其周长极限即为圆周长，面积即为圆面积。他算到正192边形时，求得圆周率为3.14的近似值。他又用几何方法把它化为$\frac{157}{50}$，后人即将3.14或$\frac{157}{50}$叫作"徽率"。刘徽以为还可继续求，唯他不曾再求。以上圆周率是当时世界上的最佳数据。公元前三世纪希腊数学家阿基米德曾提出圆周长于内接圆内多边形而小于圆外切多边形周长，算出了$3\frac{10}{71}<\pi<3\frac{1}{7}$的数值。但阿基米德是用的归谬法，他避开了无穷小和极限，而刘徽应用了极限的概念，且只用圆内接正多边形的面积计算，而省去了计算圆外切正

————————

　　① 《九章算术》第一章《方田注》。

多边形的面积，从而收到了事半功倍之效。

2.关于体积计算的刘徽定理。一般地说，柱体或多面体的体积计算比较容易解决，而圆锥、圆台之类的体积就难以求得。刘徽经过苦心思索，终于找到了一条途径，他分别做圆锥的外切正方锥和圆台的外切正方台，结果发现："求圆亭（圆台）之积，亦犹方幂中求圆幂"，圆面积与其外切正方形的面积之比为π：4，由此他推得：圆台（锥）的体积与其外切正方台（锥）的体积之比，也是π：4。很显然，如果知道了正方台（锥）的体积，即可求得圆台（锥）的体积。刘徽这个成果，看似简单，实际起着继往开来的重要作用，故有的现代数学家称之为"刘徽定理"。在古代没有微积分的时候，这条定理起着微积分的作用，在现代数学中仍有其价值。刘宋时祖冲之、祖暅父子继承刘徽定理而得出更为进步的祖氏原理。在西方，直到1635年意大利数学家卡瓦列利才有了与祖氏父子类似的思想，比祖氏父子已晚了一千一百多年，比刘徽更迟了一千三百多年。

3.十进小数的应用。在数学计算或实际应用中总不免出现奇零小数，在刘徽以前，一般是用分数或命名制来表示，如"一升又五分升之三"，即 $1\frac{3}{5}$ 升，"或七分八厘九毫五忽"等，在位数较少时，尚可凑合，当小数位数太多时，便很不方便，因之刘徽建立了十进分数制。他以忽为最小单位，不足忽的数，统称之为微数，开平方不尽时，根是无限小数，这又是无限现象。他说："微数无名者以为分子，其一退以十为分母，再退以百为母，退之弥下，其分弥细，则朱幂（已经开出去的正方形面积）虽有所弃之数（未能开出的部分），不定言之也。"用现代方法写其方根近似值是（$\sqrt{N} = a_0 + \dfrac{a_1}{10} + \dfrac{a_2}{10^2} + \cdots\cdots + \dfrac{a_n}{10^n}$）忽。

刘徽在对奇零小数的处理上所创立的十进小数记法，在世界数学史上也是一项重要的成就，外国的同样方法，到十四世纪才出现，比刘徽晚了千余年。

4.改进了线性方程组的解法。《九章算术》中有一章专讲线性方程组问题。用一种"直除法"求解，即解方程组时把多个未知数逐步减少到一个未知数，然后反过来求出所有未知数的值。"直除法"的消元（未知数）要通过对应项系数累减的办法来完成，比较麻烦。刘徽对"直除法"加以改进，在解二元一次方程组时，用了"互乘对减"的方法，一次消去一项，如同后来的加减消元法。刘徽虽然只用过一次"互乘对减法"，但他知此法带有普遍性，可以推广到任何元数的线性方程组。刘徽还使用配分比例法解线性方程组，也是有创造性的成果。在欧洲，直到十六世纪法国数学家布丢解线性方程的方法才与《九章算术》的"直除法"相似，然而已比《九章算术》晚了一千七百多年，而且没有刘徽改进的解法好。

5.总结和发展了重差术。我国古代，将用"表"（标杆）或"矩"（刻划以留标记）进行两次测望的测量方法称做"重差术"。《九章算术注》中第九章《勾股》，主要讲测量高、深、广、远问题，说明当时测量数学和测绘地图已有相当水平。刘徽《重差》一卷所以被改称《海岛算经》就是因为其第一题是讲测量海岛的。"重差"之名，古已有之，刘徽对之进行了深入而具体的研究，他解释重差的含义说："凡望极高，测绝深，而兼知其远者，必用重差，勾股则必以重差为率，故曰：重差也。"刘徽的《海岛算经》共有九个应用题，都有解法和答案。其解法都可以变成平面三角公式，起着与三角同等的作用，可说是我国古代特有的三角法。

关于刘徽的身世，因史书失载，难以确知。《宋史》卷105《礼八》记述宋徽宗大观三年（1109年）追封古天算家七十余人，其中有"魏刘徽淄乡男"。男是宋徽宗给刘徽追加的封爵，古时大臣死后常以其旧乡追封之。曹魏时，带"淄"的地名只有临淄县（属青州齐国），北宋时，除临淄外，还有淄川县（今山东寿光县），故知刘徽是今山东淄博市至寿光县一带人。因魏晋史书不载刘徽生平事迹，故有的数学史家谓刘徽系布衣数学家。然刘徽在《九章算术注》中自言他曾见"晋武库中有汉时王莽所作铜斛"，刘徽若是一介平民，何以能熟知京师武库重地的古代珍物？又何以有测望海岛并常为修筑巨大工程而深究数学的必要？从刘注中，可以看出刘徽的学识文笔均属上乘，如此人才，在当时仕宦，实极容易。陈寿《三国志》对政经大事及重要人物，每多遗漏，刘徽不见于史，自不足为奇。查《隋书》卷34《经籍志三》有《鲁史欹器图》一卷，并注明为仪同刘徽撰，隋志于后再载刘徽撰的《九章算术》十卷和《九章重差图》一卷时，仅注明"刘徽撰"，而不再冠以官名，这也是刘徽曾做过官的又一证据。清人姚振宗谓曹魏无"仪同"之官，因而他以为此仪同非刘徽。然据《三国志》卷43《黄权传》云"景初三年（蜀延熙二年，239年）（黄）权迁车骑将军、仪同三司"，怎能说魏无仪同之官呢？由于以上理由，我以为刘徽并非布衣学者，而曾仕于魏、晋之际。

四、张仲景和他的《伤寒论》《金匮要略》

汉末三国，祖国医学又有了重要发展，张仲景的医学成就特别引人注目。

张仲景，名机，南阳涅阳县人，约生于汉桓帝和平元年（150年），死在汉献帝建安二十四年（219年）。他自幼好学，博览群书，特好医学，师事同郡名医张伯祖。建安初，军阀混战，扰攘不休，中土人民死亡流徙，"疫疠数起"①，"家家有强（僵）尸之痛，室室有号泣之哀。或阖门而殪，或举族而丧"②。仅在建安十年（205年）前，张仲景宗族二百余口，死亡即达三分之二，其中死于伤寒病者占百分之七十。这种惨痛情况，使张仲景对于医术钻研更勤，他总结前人医学成果，博采药方，写了许多有价值的医学用书。惜多已亡佚，留传于后世者，唯有《伤寒杂病论》十六卷。经后人整理校勘，将书中伤寒部分定名为《伤寒论》；杂病部分定名为《金匮要略》。《伤寒论》十卷、二十二篇，三百九十七法，一百一十三方，论述了伤寒等外感热性病的病理、诊断、治疗及用药。《金匮要略》六卷二十五篇，包括内科、外科、妇产科、皮肤科等四十多种杂病的治疗方法一百三十九条，二百六十二方，以脏腑经络学说作为基本论点，重视内脏间的整体联系性，强调保持人体的正气，同时也不忽视去邪。

我国古代所说的伤寒，和现在专指伤寒杆菌所导致的伤寒病不同，《内经·素问·热论篇》说："今夫热病者，皆伤寒之类

---

① 《三国志》卷2《文帝纪》注引《魏书》。
② 《续汉书》志第17《五行五》注引陈思王语。

也";又说:"人之伤于寒也,则为热病。"可见古人所说的伤寒是指一些因外感而带高烧症状病的通称,除今日所说的伤寒病外,还包括其他多种传染病。这类病病情复杂,转变急剧,诊断和治疗都比较难。张仲景除"勤求古训,博采众方"外,还用四诊,即望诊、闻诊、问诊和切脉,从多方面了解病情,然后加以分析综合,归纳为六经,即三阳(太阳、少阳、阴阳)和三阴(太阴、少阴、厥阴)六种症候类型。凡抗病力强、病势亢奋的,是三阳病;抗病力弱,病势虚衰的,是三阴病。治疗三阳病,以驱邪为主,以期迅速消除病灶。治疗三阴病,以扶正为主,以增加病人的抗病能力,调动人体积极因素。在具体医疗时,还以阴、阳、表、里、寒、热、虚、实为辨证的提纲,先分析病情是阳证或阴证。由阴阳辨明表里,再辨明虚实,再辨明寒热,这就是祖国诊断学上著名的"八纲"。一般而言,有兴奋、充血、发热等症候和脉象洪大有力浮滑的是阳证;病势沉伏而难发现、恶寒、厥冷、脉象沉迟、细弱无力的是阴证;病症发生在体表的是表证;在内部的是里证;凡病毒滞留体内,而精气已现虚弱的是虚证。邪气充实,但精力仍足以抵抗的是实证;病态表现有寒性倾向的是寒证,有热性倾向的是热证。

症状辨明后,再进行治疗。张仲景根据前人和自己治病经验,把对各种症状的治疗方法概括为汗、吐、下、和、温、清、补、消八种。即邪在肌表用汗法(发汗),邪壅于上用吐法(催吐),邪实于里用下法(泻下),邪在表里之间用和法(解毒),寒证用温法,热证用清法,虚证用补法,积滞和肿块一类病症用消法。这些治疗法则概括力强,实用价值高,可以根据不同的病情,单独或配合使用。张仲景的学术思想和有关病症的论述有继往开来的作用，至今仍为学习祖国医学者所必读。

五、著名外科医生华佗

华佗，一名旉，字元化，沛国谯县人，早年游学徐州，兼通数经。沛相陈珪举佗孝廉，太尉黄琬辟，均不就。唯以从医为事，足迹遍及今河南、山东及安徽、江苏之江北地区。治愈患者甚众。他精于方药，每疗疾，开汤药不过数种，抓药不用称量，随手取来，自然适度。为人针灸，不过扎一两处，每处七八针，针拔即见效。除内科及针灸外，还精通妇产及儿科，尤擅长外科。为了解除病人手术时的疼痛，他总结前人行医经验，加上自己对醉酒现象的观察借鉴，完成了麻醉术的发明，《后汉书》卷82下《方术传》言华佗在动手术前，先令病人以酒服麻沸散，使之沉醉无所觉，这是祖国医学上的一大突破。据说阿拉伯医生知道用麻醉剂，即系从中国学到的，说明用酒和麻沸散作临床手术前的麻醉剂，是具有世界意义的。《三国志》卷29《方技传》言：

> 若病结积在内，针药所不能及，当须刳割者，便饮其麻沸散，须臾便如醉死无所知，因破取。病若在肠中，便断肠湔洗，缝腹膏摩，四五日差，不痛，人亦不自寤，一月之间，即平复矣。

说明华佗当时已能作切除肿瘤及割除肠胃病灶等手术。其做法与现代外科手术大致相仿，足见其技术之高超。

华佗非常重视日常防病和保健工作，他对徒弟吴普说："人体欲得劳动，但不当使极尔。动摇则谷物得消，血脉流通，病不得生，譬犹户枢不朽是也。是以古之仙者为导引之事，熊颈鸱顾，引挽腰体，动诸关节，以求难老。吾有一术，名五禽之戏，一曰虎，二曰鹿，三曰熊，四曰猨，五曰鸟，亦以除疾，并利蹄足，以当导引。体中不快，起作一禽之戏，沾濡汗出，因上著粉，身体轻便，腹中欲食。"①

华佗以上做法，正似今人做体操，打太极拳，生于一千七百年前的华佗能够重视体育锻炼，不能不说是难能可贵了。

曹操素有"头风"病，每一发作，心乱目眩。他闻华佗医术高超，召到诊治，为之针灸，随手而差。因此，操使佗常在左右，佗辞以妻病，归乡不返。操怒而杀之。佗死后，操头风症未除，操因曰："佗能愈此，小人养吾病，欲以自重，然吾不杀此子，亦终当不为我断此根原耳。"②曹操这话是说错了，操的头风病，即现代医学亦难为之根除。华佗曾言操病，"此近难济，恒事攻治，可延岁月"③，倒是符合事实之语。但操枭雄，用政治手腕对待医人，是猜忌过甚了。及后曹操爱子仓舒病困，操叹曰："吾悔杀华佗，令此儿强死也。"④。设使当时华佗尚在，也未必能使仓舒起死回生，但若非膏肓之疾，也非没有治好的可能。在古代，因有奇才异能而招致杀身之祸者，实所在不鲜，华佗之死，也是其中悲剧之一。

---

① 《三国志》卷29《方技传》。
② 《三国志》卷29《方技传》。
③ 《三国志》卷29《方技传》。
④ 《三国志》卷29《方技传》。

后 记

　　我生长在河北省定州市西南合村，儿时祖父授以古文旧史，我个人也喜读爱国英雄故事，尤嗜读《三国演义》，为了知晓三国人物的真实情节，也不时翻阅陈寿《三国志》中一些著名人物的传记。我青年时顶佩服诸葛亮，至今犹老而弥笃。我在学校主要讲秦汉魏晋南北朝史和历史文选课。由于三国历时很短，我开选修课时不曾开《三国史》，而是开《秦汉史》，但也讲至三国鼎立局面形成以后。我在西北大学学习时（1941—1945年），主要读先秦古籍，毕业后主要攻读秦汉史。但，我对秦汉史的熟悉，远远赶不上三国史。三国为时短，材料少，易掌握。《三国志》为年青时所常读，故记忆比较牢靠。曹孟德言："人少好学则思专，长则善忘"，我对此深有同感。我于1983年从兰州大学回到河北，先曾打算在旧秦汉史讲义的基础上写成秦汉断代史，但因规模较大，眼高手低，力不胜任，乃转而写《三国史》。我非常感谢人民出版社张作耀、张维训、乔还田、张秀平诸先生给我的帮助和教益，特别是维训先生自始至终给拙稿提出了许多宝贵意见，甚至亲自动手改正错误和不妥之处；而秀平先生首先提出建设性意见，尤令我永志不忘。安徽大学历史系王鑫义主任给我提过许多意见和要求，还寄赠他未曾发表的论著稿，使我获益匪浅。我幼时老师、乡前辈数学家赵慈庚老，对拙稿有关数学等部分，给以精心指导，感戴实深。

我年临古稀，余日无多，人之将死，其思也善，每念平生受教惠最多的是杨拱辰师；我作研究生时导师翦伯赞老亦多加关助。其他师友，一事之助，一言之教，亦何尝不盘桓脑际，愧无以为报！一生百无所长，唯读书思古最是心愿，颇悔素日为学律己不严，致老而无成，此区区拙稿，尚望海内同好，悯而教之，实为至幸。

马植杰（原名植仁）

1992.7.6

于河北省社会科学院